Australien

Text Annette König

Fotos Günter Karl und Stefan Weindl

SCONTO

Inhalt

Seite 1:
1 Was der Highway Number One für Kalifornien ist, ist die Great Ocean Road für Australien; spektakuläres Küstenszenarió über 300 Kilometer auf dem Weg zum australischen »Big Sur«, dem großen Süden.

Seite 2/3:
2 Das Opernhaus Sydneys ist ein Wahrzeichen der Stadt. Sein charakteristisches, weltweit bekanntes Dach ist mit weißen Keramikziegeln gedeckt (Foto: Manfred Braunger).

Seite 4/5:
3 Mit dem Geländewagen unterwegs im »Outback« (Foto: Manfred Braunger).

Einleitung

»In meiner Kindheit hörte ich das Wort ›Australien‹ nie, ohne daß ich an die Eukalyptus-dämpfe des Inhalierapparates und an ein endloses, von Schafen bevölkertes rotes Land denken mußte. Mein Vater erzählte gern – und wir hörten gern – die Geschichte von dem australischen Schafmillionär, der in London in einen Vorführraum von Rolls-Royce schlenderte, alle kleineren Modelle verschmähte, sich für eine enorme Limousine mit einer gläsernen Trennwand zwischen Chauffeur und Fahrgästen entschied und beim Hinblättern des Bargelds arrogant hinzufügte: ›Jetzt werden mir die Schafe nicht länger in den Nacken blasen können.‹ Von meiner Großtante Ruth wußte ich außerdem, daß Australien das Land war, wo die Menschen mit dem Kopf nach unten gingen. Ein Loch, von England geradeaus durch die Erde gebohrt, würde unter ihren Füßen aufplatzen. ›Warum fallen sie nicht um?‹ fragte ich. ›Schwerkraft‹, flüsterte sie. Sie hatte in ihrer Bibliothek ein Buch über diesen Kontinent, und ich starrte verwundert auf Bilder vom Koalabären und vom Lachenden Hans, vom Schnabeltier und vom tasmanischen Buschteufel, vom alten Känguruhmann und dem gelben Dingohund und von der Hafenbrücke von Sydney. Aber am besten gefiel mir das Bild, das eine Aboriginalfamilie auf Wanderschaft darstellte. Es waren magere, knochige Menschen, und sie gingen nackt. Ihre Haut war sehr schwarz, nicht das glänzende Schwarz von Negern, sondern ein mattes Schwarz, als hätte die Sonne jede Möglichkeit der Spiegelung aufgesogen.« (aus: Bruce Chatwin, Traumpfade)

Traumpfade oder »songlines« sind die für uns unsichtbaren Wege der Aborigines, die den australischen Kontinent durchqueren und entlang denen – so will es der Schöpfungsmythos der Ureinwohner – die Ahnen wanderten und mit ihren Liedern die Welt erschlossen. Bis zum heutigen Tage dürfen die Traumpfade nicht überschritten werden. Und es kommt zum Konflikt zwischen zwei Welten, wenn eine Erdölfirma oder eine Straßenbaugesellschaft ihre Landvermesser ausschickt. Die Aborigines haben eine erdgebundene Philosophie: Wenn man das Land verwundet, verwundet man sich selbst. Die Aborigines waren ein Volk, das auf leichten Füßen über die Erde schritt. Je weniger sie der Erde wegnahmen, um so weniger mußten sie ihr zurückgeben. Das ist das Minimum dessen, was man verstehen muß, wenn man Australien mit offenen Augen bereisen will. Den Traumzeit-Mythos der Aborigines ganz zu begreifen wird uns vielleicht nie möglich sein. Aber man kann mehr als ein bloßer Tourist sein, wenn man ihn im Hinterkopf behält, während man über die Kontraste dieses Kontinents staunt.

Da sind die Strudel einer hypermodernen Metropole wie Sydney und die endlosen, glühendroten Ebenen des Outback, Überfluß und Leere, Menschenmengen und Einsamkeit. Hier hört man australische Rock- und Popmusik aus den Lautsprechern einer Disco dröhnen. Dort beschwört das dumpfe Bariton-Gebrumme des Didjeridoo die Traumzeit der Aborigines herauf. Hier lebt man in glitzernden Wolkenkratzern, dort in unterirdischen Höhlenwohnungen. Hier rasen sie auf den Skiern die schneeglitzernden Pisten der Snowy Mountains hinab, dort kämpft sich ein Jeep zwischen Kamelherden durch die flimmernde Hitze der Great Sandy Desert. Und in Queensland kreischen Papageien in den undurchdringlichen grünen Irrgärten der Regenwälder, wo die feuchte Hitze der Tropen das Leben bestimmt.

In Australien kann man stundenlang fliegen, ohne überhaupt ein einziges Bundesland zu verlassen. Und Trucks donnern tagelang über schnurgerade Highways, um das Outback mit Lebensmitteln zu versorgen. Während sich eine reiche Farmersfrau aus dem Norden in ein Flugzeug setzt, um ihren Friseur aufzusuchen, hat ein Aboriginal vielleicht gerade wortlos seinen Job verlassen, um sich zu Fuß für unbestimmte Zeit auf den »Walkabout« zu machen, um den Traumpfaden seiner Wallaby- oder Ameisen-Ahnen quer durch den Kontinent zu folgen.

Australien lehrt uns ein neues Verständnis von Zeit und Raum – ein Land, das sich mit anderen Dimensionen mißt und in dem sich auch zweihundert Jahre nach seiner offiziellen Entdeckung noch vieles entdecken läßt.

4 Der Litchfield Park bei Darwin gehört zu den stadtnahen Ausflugszielen, die die Leute aus Darwin am Wochenende als Abwechslung zum Strandleben aufsuchen.

Geschichte

Tjukurpa – die »Traumzeit« der Aborigines

Der fünfte Kontinent, der als jüngstes Mitglied unsere Weltgeschichte mitschreibt, ist eigentlich der älteste Erdteil. Geologen haben in Australien die frühesten Gesteinsformationen überhaupt entdeckt. Flora und Fauna existieren in archaischen Formen, die in anderen Gebieten der Erde nie entwickelt wurden, oder in Evolutionsstufen, die längst überwunden sind. Die abgeschiedene Insellage auf der Südhalbkugel ermöglichte den ersten Australiern, den Aborigines, an den jahrtausendealten Formen ihrer Gesellschaft festzuhalten – bis zum Ende des 18. Jahrhunderts zumindest. Bis zum Erscheinen des weißen Mannes in Gestalt der ersten Siedler wurde das ökologische Gleichgewicht nie durch menschliches Eingreifen gestört oder gar zerstört. Eine Hybris – das Bedürfnis, sich die Natur untertan zu machen – kam bei der engen Naturverbundenheit und dem nomadischen Jäger- und Sammlerdasein der Aborigines nie auf. Als die Europäisierung begann (um 1790), lebten auf dem Kontinent rund 30 000 Aborigines (lateinisch: von Anbeginn hier lebende Einwohner), die sich nach sprachlichen, territorialen und ethnosozialen Gesichtspunkten auf etwa 600 Stämme verteilten. Die ältesten Steinwerkzeuge, die in Penrith, einem Vorort von Sydney gefunden wurden, sind vermutlich mehr als 45 000 Jahre alt. Der Homo sapiens lebte demnach in Australien etwa 12 000 Jahre früher als in Europa. Also: Was heißt hier »fünfter« Kontinent.

Vor rund 20 000 Jahren gehörten die heutigen Inseln Java, Sumatra und Borneo noch zur asiatischen Landmasse. Sie und die noch miteinander verbundenen Landmassen von Australien und Neuguinea trennte eine 100 Kilometer breite Meeresstraße. Die von Norden nach Süden vordringenden Menschen, die sehr wahrscheinlich auch den Dingo mitbrachten, müssen diese Wasserstraße überquert haben, waren also der Welt älteste Seefahrer. Die heutigen Aborigines lassen sich physisch und kulturell auf diese Umbruchzeit vor etwa 8000 Jahren zurückverfolgen. Besonders die Sprache deutet auf einen gemeinsamen Ursprung: 85 Prozent der rund 260 Aboriginal-Sprachen sind einander stark verwandt. Davon sind allerdings über 50 inzwischen ausgestorben. Eine Art von Zeichensprache wird von allen Stämmen übergreifend verstanden. Dem Reichtum der Sprache entspricht ein kultureller Reichtum an Mythen, Riten, Musik, Tänzen und bildlichen Darstellungsformen. Die Naturnähe des Aboriginal bestimmte und bestimmt sein Verhältnis zum anderen Menschen, zur Umwelt, zu den Göttern und Geistern. Dabei ist der tiefe Glaube an eine Wiedergeburt die Triebfeder des Lebens. Ausgangspunkt ihrer Metaphysik ist die »Traumzeit«, in der Aboriginal-Sprache »Tjukurpa«. Tjukurpa bezeichnet die innere Verbundenheit jedes einzelnen Aboriginal mit der Zeit, in der ihre großen Geister lebten, deren Seelen als unsterblich gelten und bis in die Gegenwart das Leben der Menschen beeinflussen. In den heroischen Sagas der Traumzeit sind vorzeitliche Schöpferwesen durch das Land gezogen und haben Täler gegraben, Berge errichtet und Flüsse fließen lassen. Sie schufen Regenwälder, Klippen und Höhlen und bevölkerten dann das Land mit Lebewesen ihrer Gestalt – Pflanzen, Vögeln, Säugetieren, Fischen und Menschen. Das Schöpferwesen Kunija zum Beispiel, eine Schlange, hat nach den Überlieferungen der Ureinwohner auf einem großen flachen Sandhügel gelebt und gejagt. Der Hügel ist zu Stein geworden und besteht weiter als Uluru, jener riesige Monolith im Innern Australiens, der von den Weißen dann Ayers Rock genannt wurde. Wilkuda, der Jäger, breitete das Fell eines riesigen Känguruhs aus, das er erlegt hatte, und dieses wurde dann der Eyre-See. Mit der Traumzeit und ihren Schöpferwesen ist ein Stamm oder auch ein einzelner durch ein Totem verbunden. Bis zum Erscheinen der Europäer war das Gebiet eines Stammes durch ein Netzwerk von Pfaden verbunden, die Wege der großen Geister oder die »Walkabouts«, denen man immer folgte. Das Land ist übersät mit heiligen Stätten, die tabu waren und es noch heute eigentlich sind, wie zum Beispiel der inzwischen hauptsächlich von Touristen heimgesuchte Ayers Rock, ganz besondere Bäume im Regenwald der Cape-York-Halbinsel, oder einige Inseln im Barrier Reef. Die Verbindung des Aboriginals zu seinem Land war nie die eines Besitzenden oder Nutzenden, sondern ist geprägt von Ehrfurcht, weil es ihm das Nötige zum Leben gibt, und von Furcht, weil er in ihm Gesetze wirksam sieht, die er als Einflüsse der großen Ahnen und Geister begreift, die

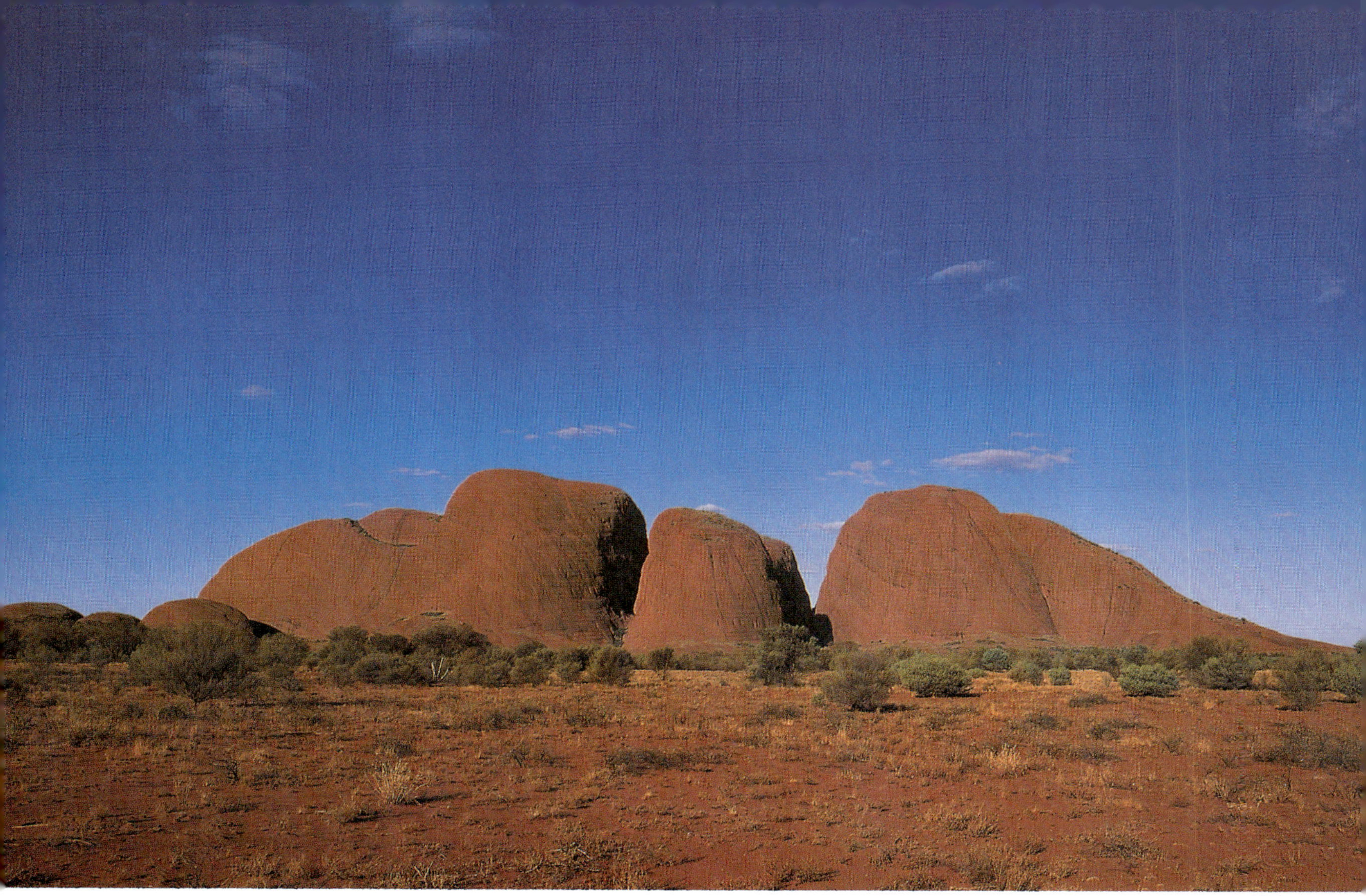

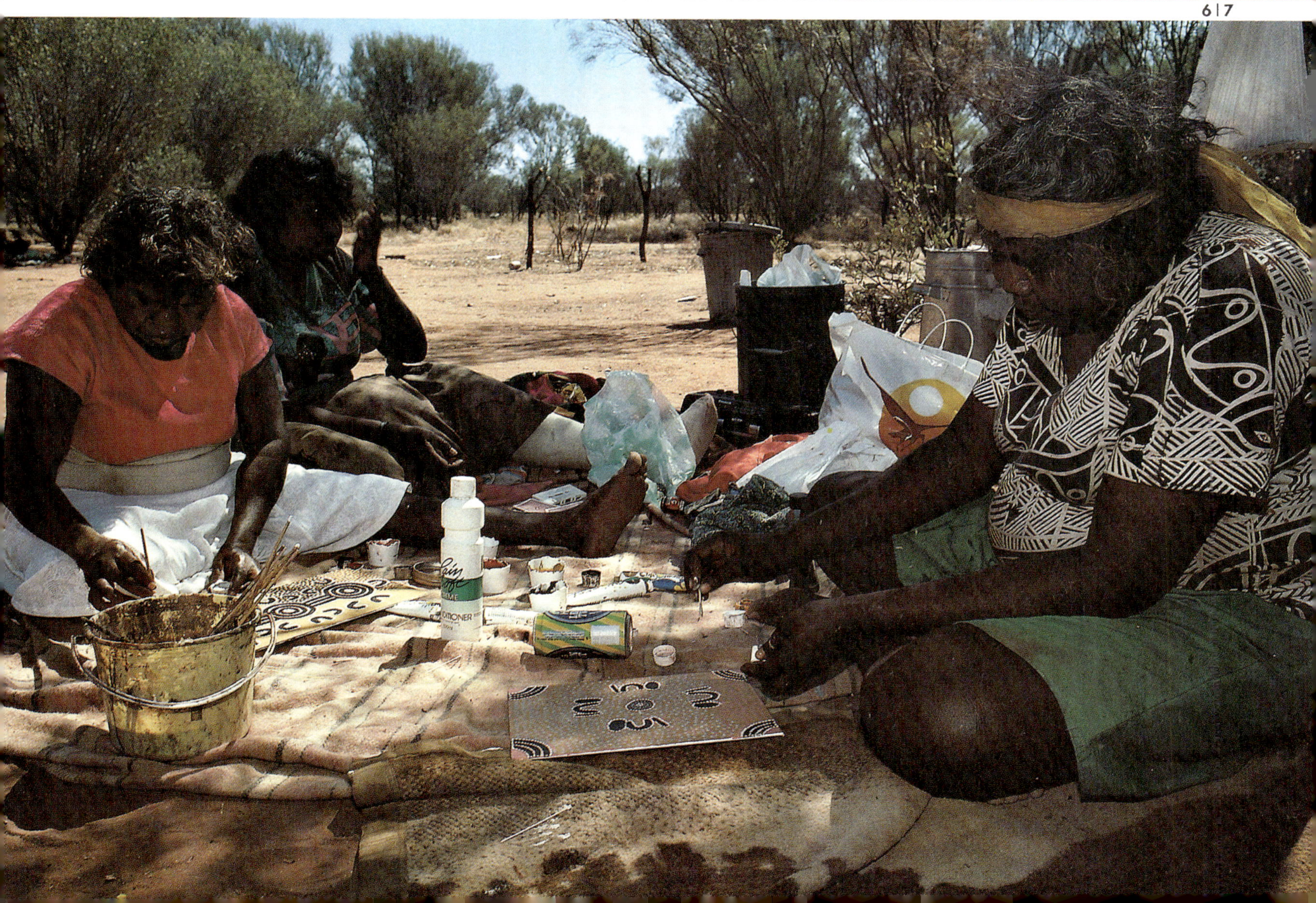

11 Die große alte Dame der etablierten Aboriginalkunst ist Thancoopie. Das Museum of Modern Art in New York und viele andere bedeutende Museen und Galerien in aller Welt reißen sich um ihre archaischen, fast prophetisch anmutenden Keramiken. Thancoopie lebt bescheiden in einer kleinen Hütte bei Cairns und unterrichtet an Universitäten und in Schulen der Aboriginal Communities.

12 Im roten, heißen Herz Australiens ist Alice Springs die einzige größere Stadt. 25 000 Einwohner leben hier am Wendekreis des Steinbocks in einem modernen Außenposten der Zivilisation.

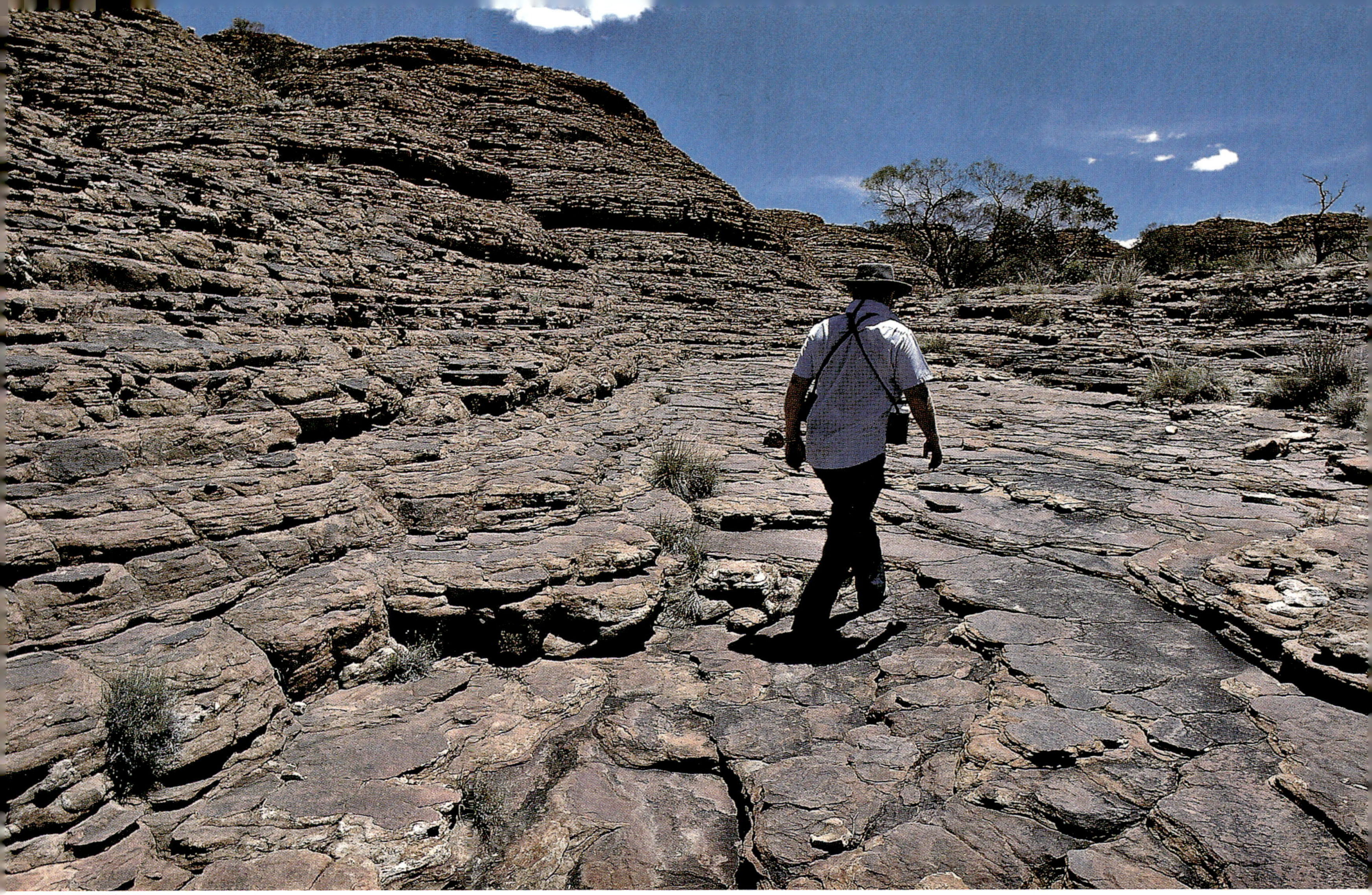

13 | 14

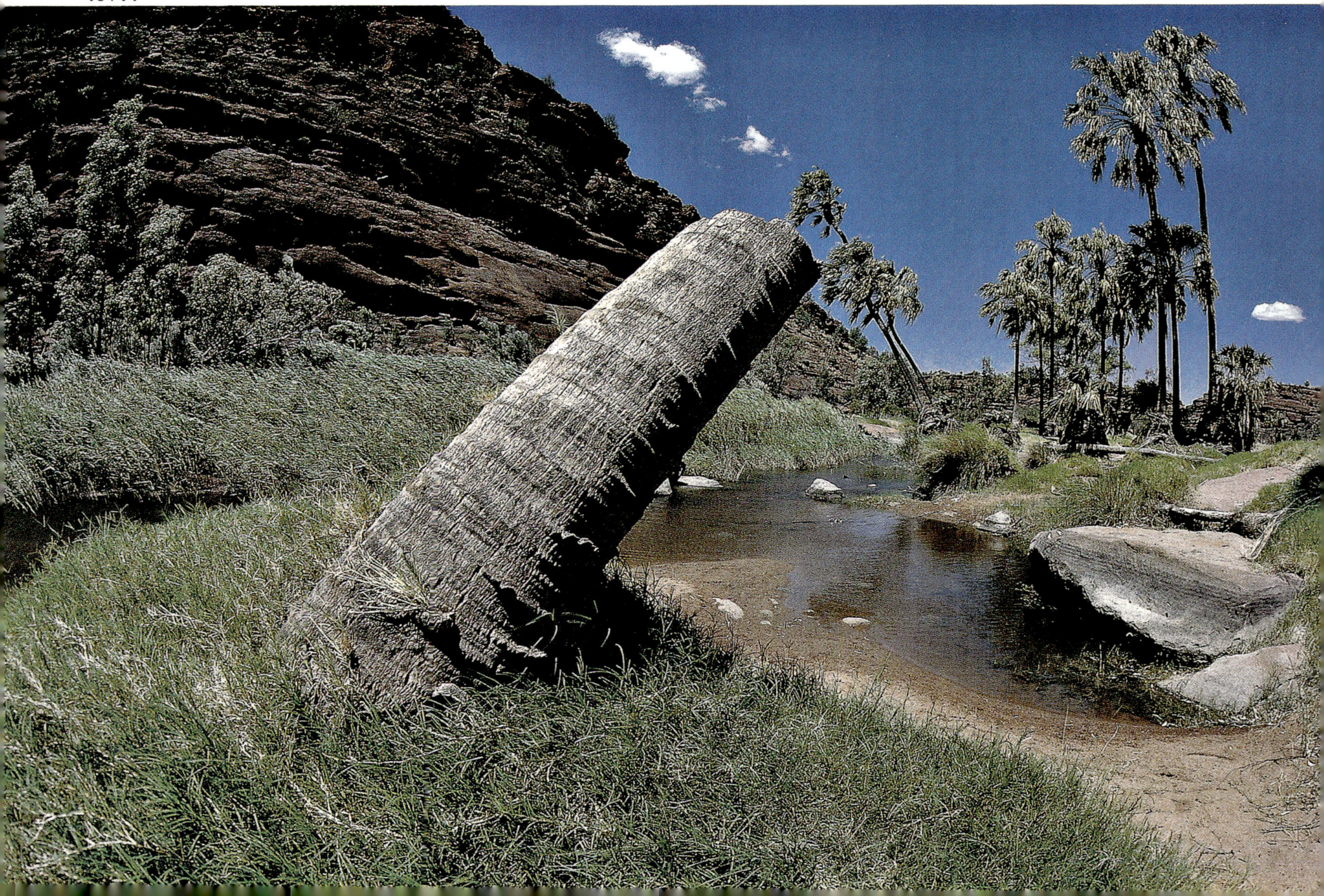

die Menschen für das Brechen eines Tabus strafen. Die »Traumzeit« ist also nicht nur der Beginn der Welt, eine vergangene Zeit, sondern die tiefe, auf ewig unabänderliche Verankerung des Menschen, seiner Eigenschaften und seiner Handlungen in seiner Umwelt bis heute.

Der Wettstreit um die Entdeckung der Antipoden

Der Glaube an ein unbekanntes Südland, eine »Terra Australis Incognita«, beschäftigte schon seit der Antike den Geist von Philosophen und Gelehrten und die Phantasie von Dichtern und Abenteurern. Vor allem nach der Entdeckung Amerikas durch Christoph Kolumbus wuchs aus dem Glauben an ein kontinentales Gegenstück zu Europa auf der Südhälfte der Erdkugel die feste Überzeugung, daß es existieren müsse. Doch nicht die Europäer, sondern die asiatischen Nachbarn waren wahrscheinlich die ersten Entdecker Australiens. Malayen, Inder, vielleicht sogar chinesische oder arabische Handelsleute dürften schon vor ein paar hundert Jahren mit ihren Schiffen weit ins südostasiatische Inselgebiet vorgestoßen und an die australische Küste gelangt sein. Doch die erste systematische Suche wurde von den Europäern im Zuge des Entdeckerenthusiasmus zu Beginn des 16. Jahrhunderts eingeleitet. Lange stritten sich Portugiesen, Franzosen und Spanier um die Entdeckerlorbeeren. Doch strengen wissenschaftlichen Nachprüfungen hielten ihre Behauptungen nicht stand. So fand Alvaro de Mendana 1567 zwar die südlichen Solomonen, nicht aber den verheißenen Kontinent. Und Pedro Fernandez de Quiros freute sich 1606 ebenfalls zu früh. Denn das Land, das er betreten hatte, stellte sich als eine der Inseln der heutigen Neuen Hebriden heraus. Kapitän Luiz Vaez de Torres war auf der heißesten Spur. Er segelte weiter nach Westen und durchfuhr die nach ihm benannte Meeresstraße (Torres Strait) zwischen Neuguinea und Australien. Er dürfte das Festland Australiens sogar gesichtet haben, aber »entdeckt«, nein, entdeckt hatte er es auch nicht.

Der eigentliche Ruhm gebührt den Holländern. Seit Beginn des 17. Jahrhunderts stießen sie mehrfach durch Zufall auf die Westküste Australiens, wenn sie auf dem kürzesten Wege zu den holländischen Besitzungen in den südostasiatischen Inseln von ihrer nordöstli-

chen Route ab dem Kap der Guten Hoffnung südwärts abgetrieben wurden. Auf diese Weise entdeckte Kapitän Dirck Hartog schon 1616 eine nach ihm benannte Insel etwa 700 Kilometer nördlich vom heutigen Perth. Die »Leeuwin« erreichte 1722 den südwestlichsten Punkt Australiens. Und andere holländische Seefahrer erfaßten 1623 kartographisch sogar in etwa die Umrisse der Küste bei Arnhem Land im Norden. Höhepunkt der holländischen Entdeckungsgeschichte Australiens waren die Fahrten von Abel Janszon Tasman, der 1642 Australiens große südliche Insel, das heutige Tasmanien, entdeckte, die er damals Van Diemen's Land nannte, da die Exkursion dem Ehrgeiz des Generalgouverneurs von Batavia, Anthoonij van Diemen, zu verdanken war. Weiter westlich stieß Tasman auf die Südinsel Neuseelands, auf die Tongas und Fidjis. Auf seiner zweiten Fahrt 1644 umsegelte er die Küstenlinie der australischen Cape-York-Halbinsel im Norden, so daß die Holländer um 1700 die besten Karten und Kenntnisse der »Terra Australis Incognita« besaßen. Doch nach van Diemens Tod erlahmte der Entdeckungsdrang der Holländer. Außerdem hatten sie mit dem Dreißigjährigen Krieg in Europa genug zu tun. Und so konnte es geschehen, daß die Engländer die neuen Herren der Antipoden wurden.

Kapitän Cook

Ende des 17. Jahrhunderts verschlangen die Engländer die Bücher des Abenteurers William Dampier, dessen Erzählungen – eine gekonnte Mischung aus Phantasie und Forschung – den Nerv der Zeit trafen. Von seiner ersten Weltumsegelung, bei der er auch auf die Nordküste Australiens stieß, brachte Dampier abenteuerliche Seefahrergeschichten und wenig schmeichelhafte Berichte über die Aborigines mit. Das wachsende Interesse der Engländer an »Neu-Holland« inspirierte 1726 übrigens auch Jonathan Swift zu seinem berühmten Werk »Gullivers Reisen«. Vielleicht las auch Kapitän James Cook Dampiers Reisebeschreibungen an einem englischen Kamin. Jedenfalls setzte er am 26. August 1768 die Segel der »Endeavour«, um sich auf die Suche nach Australien zu begeben. Sein Auftrag lautete, das Land im Namen des englischen Königs – aber mit Zustimmung der Eingeborenen – in Besitz zu nehmen. Zu den Passagieren der »Endeavour« gehörte außer-

13 Den King's Canyon prägt karge Felslandschaft, auf den ersten Blick. Der zweite Blick offenbart viele seltene, sogar endemische Pflanzenarten.

14 Wie eine kleine australische Oase wirken die schattenspendenden Palmenkronen des Palm Valley (Northern Territory). Während ringsum felsiger Boden eine ganz andere Vegetation sprießen läßt, hat die sandige Mitte des Talkessels eine tropische Mikroregion entstehen lassen.

dem der reiche Gutsbesitzer und Botaniker Joseph Banks mit einem standesgemäßen Gefolge, zu dem der schwedische Botaniker Dr. Daniel Carl Solander, zwei Künstler, vier Diener und ein paar Windhunde gehörten: nicht gerade die ideale Besetzung für ein so hartes Unternehmen. Nur einem Unwetter verdankte es Cook, daß es nicht bei der Landung auf Tahiti und Tasmanien blieb. Der Sturm verschlug die »Endeavour« im April 1770 sozusagen »aus Versehen« an die Ostküste Australiens, wo Cook einen geeigneten Landungsplatz fand, der den an Bord befindlichen Botanikern eine reichliche Flora für ihre Studien und Sammlungen bot und deshalb kurzerhand »Botany Bay« getauft wurde – heute für jeden Sydney-Besucher ein Begriff.

Als Cook die Reise gen Norden fortsetzte, riß ein Korallenriff den Rumpf der »Endeavour« auf, so daß er eine Zwangspause bei Cape Tribulation mit dem heutigen Cooktown einlegen mußte. Als er die Reise fortsetzen konnte, befolgte er den Auftrag der britischen Admiralität und hißte auf einer Insel bei Cape York, die fortan »Possession Island« hieß, die königliche Flagge. Das Land an der von ihm bereisten Ostküste nannte er »New Wales«, woraus später der Name für den Staat »New South Wales« hervorging. Er hatte den Kontinent für die englische Krone – zumindest provisorisch – in Besitz genommen. Aber die Ureinwohner wurden, entgegen der Weisung der Admiralität, keineswegs um ihr Einverständnis gebeten.

Australien als Strafe

Am 18. Januar 1788 traf das erste von elf Schiffen der »first fleet« in Botany Bay ein. An Bord: 718 Gefangene, davon 153 Frauen mit 11 Kindern, begleitet und bewacht von 211 Soldaten – nur wenige mit Familie –, mit dem befehlenden Kapitän Arthur Phillip. Bei ihrer Ankunft wurden sie durchaus freundlich von den Aborigines empfangen, die noch nicht ahnten, daß das Willkommen der Fremden den Abschied von ihrer Jahrtausende währenden Traumzeit bedeuten sollte. Hier an der Südostküste des neuen Kontinents wollten sich die Engländer der überflutenden Zahl an Sträflingen entledigen. Mit dem Verlust der amerikanischen Kolonien in diesen Jahren konnten unliebsame Gefangene auch nicht mehr über den Atlantik abgeschoben

werden. Auch hatte um die Mitte des 18. Jahrhunderts die Bevölkerung in England stark zugenommen. Und erste Auswirkungen der industriellen Revolution hatten die unteren Schichten multipliziert. Die Gefängnisse waren hoffnungslos mit harmlosen Dieben überfüllt, und die Schiffsbäuche moderner Segler in den englischen Häfen dienten als Notzellen. Da kam der neue Kontinent gerade recht. Der britische Innenminister Lord Sydney war es, der 1786 die ersten gesetzgebenden Schritte für eine Besiedlung Australiens durch Sträflinge ermöglichte. Nach ihm wurde auch die erste Siedlung in New South Wales benannt: Sydney.

Zwischen 1793 und 1810 erreichten jährlich 400 Verbannte den Hafen von Sydney, um 1815 waren es bereits mehr als 1000 und ab 1826 an die 5000. Insgesamt schickte England rund 160000 Gefangene nach Australien. Davon starben allerdings regelmäßig zehn Prozent während der Tortur der monatelangen Schiffsreise. Die Anfänge waren hart, denn die Sträflinge waren zum Pionierleben weder ausgebildet noch motiviert. Die wenigen Ausgebildeten – Handwerker, Verwaltungsangestellte, Ärzte oder Juristen – wurden sofort der Regierung unterstellt. Die Masse wurde den wenigen freien Siedlern als Arbeiter zugewiesen. Die Arbeitgeber fungierten zwar als Aufseher, hatten aber eigentlich nicht das Recht, die Gefangenen auszupeitschen. Sie hatten sie zu versorgen, mit Kleidern, Unterkunft und Lohn, der jedoch meistens in Naturalien wie Tee, Tabak, Zucker und besonders Alkohol »ausgezahlt« wurde. Die nicht von den Siedlern ausgewählten Sträflinge arbeiteten in Baukolonnen für die Regierung. Die unbeugsamsten und arbeitsscheusten unter ihnen schufteten tagsüber aneinandergekettet und unter Prügeln in sogenannten »chain gangs«. Nachts schliefen sie wie Tiere zu je dreißig Mann aneinandergekettet in engen Boxen. Wirtschaftliche Hilfen aus England trafen nur spärlich ein. Dürreperioden und Krankheiten und der Lernprozeß der Farmer, die zunächst mit den umgekehrten Jahreszeiten und dem Klima »downunder« nicht zurechtkamen, sorgten immer wieder für Rückschläge. Daher hatte Gouverneur Arthur Phillip schon zwei Jahre nach Gründung der Kolonie um die Entsendung freier Siedler gebeten. Einige von ihnen verbuchten rasch große Erfolge, besonders durch die Zucht von Merino-Schafen. Doch das Leben blieb lange

15 Känguruhs im Outback – in Australien kein ungewöhnlicher Anblick.

16 Der Arnhem Highway gleicht streckenweise einem Pfad durch einen skurrilen Skulpturenpark. Ungezählte Termitenhügel wachsen hier bis zu fünf Meter in den Himmel, rundliche Gebilde wie von Henry Moore oder spitze wie von Antoni Gaudi. Findige Geschäftsleute haben für die Werke der fleißigen Insekten schon eine Marktlücke entdeckt: als Vorgartenschmuck oder Objekt fürs Büro, nicht jeder kann sich einen Henry Moore leisten.

17 Der Baum mit seinen Bewohnern in der Krone weist den Weg: Hier beginnt der Kakadu-Nationalpark.

18 Schon nach kleineren Regenfällen im trockenen Outback verwandelt sich auch der bescheidenste Creek oft in eine breite »Wasserstraße«, durch die sich nur die krisenerprobten Trucks vorwärtspflügen.

Folgende Abbildung:

19 Im Northern Territory schlägt das glühende Herz des Kontinents. Das rote Land im heißen Zentrum um Alice Springs wartet nicht nur mit der Touristenattraktion des Ayers Rock auf, sondern am Straßenrand finden sich auch andere Launen der Natur wie die scheinbar von Riesenhand verstreuten »Devil's Marbels«, die die Erosion fast kugelrund formte.

◁ 16

17 | 18

BOUNDARY CREEK

entbehrungsreich, ein Männerland, in dem Frauen noch jahrzehntelang eine Rarität bleiben sollten. Alkohol wurde das Mittel, mit dem Phillip die Männer zur Arbeit motivierte. Alkohol wurde zum Zahlungsmittel. Und Alkohol wurde zum Seelentröster, der die Weißen die Tyrannei der Entfernung und die Aborigines die Tyrannei der Weißen vergessen ließ. Hatte ein Gefangener ein Drittel seiner Strafe verbüßt, erhielt er ein »ticket of leave«, das ihm die volle Bewegungsfreiheit innerhalb der Kolonie ermöglichte. Nach einem weiteren Drittel wurde er bedingt begnadigt. Und am Ende erhielt er ein »Zeugnis der Freiheit«, das ihn zwar formal emanzipierte, tatsächlich aber den Stempel »Sträfling« keineswegs löschte. Trotzdem kehrten die wenigsten nach England zurück. Einerseits, weil sie sich die Überfahrt nicht leisten konnten, andererseits, weil sie inzwischen in dem neuen Kontinent verwurzelt waren.

Vom Mammutgefängnis zur Kolonie

Je mehr Verbannte emanzipiert wurden, desto mehr führte sich das Zuweisungssystem zwischen freien Siedlern und Gefangenen selbst ad absurdum. Ein Sträfling, dem Familie oder Verwandte freiwillig in die Kolonie gefolgt waren, konnte zum Beispiel seiner eigenen Frau als Arbeiter zugewiesen werden. Sträflinge, die als Hilfskräfte für Regierung oder Anwälte arbeiteten, hatten freien Zugang zu vertraulichen Informationen und sogar zu den Gefängnissen. Sträflinge waren plötzlich als Lehrer oder Journalisten beschäftigt und hatten so einen gar nicht willkommenen Einfluß auf die Gesellschaft der neuen Kolonie. Selbst die strengsten Moralisten mußten schließlich einsehen, daß die Zeit eigenständig neue Zeichen setzte. Unter Gouverneur Grose waren zudem die Offiziere des New South Wales Corps durch Privilegien bei der Landverteilung und ein Handelsmonopol zu doppeltem Reichtum gekommen, der in krassen Gegensatz zum mühsamen Vorankommen der freien Siedler stand. Als die Offiziere auch noch den lukrativen Alkoholhandel für sich entdeckten, waren Korruption und Betrug Tür und Tor geöffnet. Von der Ernennung Lachlan Macquaries 1810 zum Gouverneur versprach man sich in England nicht nur die Eindämmung der Macht des New South Wales Corps, sondern auch die endgültige Wandlung der Verbannung in

eine rechtschaffene, wertvolle Kolonie. Macquarie erkannte, obwohl er ein Vollblutsoldat und keineswegs ein Politiker war, daß dies ohne eine völlige Gleichstellung und Achtung der Emanzipierten nicht machbar sein würde. Also ermöglichte er ihnen den Zugang zu allen Ämtern und die freie wirtschaftliche Entfaltung. Er hob ihr Selbstbewußtsein mit Einladungen zu Festen in seiner Residenz und durch soziokulturelle Einbindung in die Gesellschaft, was ihm wiederum den Zorn der »Exklusiven« einbrachte, die ihren Status als freie Einwanderer mit einem gehobenen Anspruch auf Privilegien verknüpften. Aber Macquarie konnte sich schließlich gegen diese Minderheit durchsetzen. Auch bereitete er dem Währungschaos ein Ende, indem er 1816 die ersten Banken gründete, und taufte den Kontinent mit dem noch immer geläufigen Namen »New Holland« offiziell und endgültig »Australia«. Auch versuchte er, die Beziehungen zu den Aborigines zu verbessern. Sein einziger Fehlschlag, denn die Aborigines zeigten nicht das geringste Interesse daran, sich einer autokratischen Macht unterzuordnen und zogen sich statt dessen auf sich selbst zurück. Auch ein großer Teil der Emanzipierten fühlte sich in dem autokratischen System unterrepräsentiert, strebte nach mehr Rechten und organisierte sich schließlich in einer Art Partei. Ihr nach London entsandter Sprecher Edward Eager erwirkte im britischen Unterhaus eine neue Verfassung, die Australien fortan gesetzlich und politisch den anderen britischen Kronkolonien gleichstellte – wenngleich ihm eine eigene Verfassung weiterhin verwehrt blieb. Nach New South Wales wurde Van Diemen's Land kolonialisiert, das heutige Tasmanien. Aber für die Erschließung des riesigen Kontinents wurden weitere Zentren notwendig, um Siedlungswillige in die unerforschten Gebiete zu locken. Immer noch war die Angst vor einer holländischen oder französischen Besetzung des von Sydney unkontrollierbaren Westens groß. So wurde aus Franzosenfurcht im Dezember 1826 Albany an der Südwestküste Australiens gegründet und wenig später das heutige Perth mit der Hafenstadt Fremantle an der Mündung des Swan River. Bis 1840 entstanden auf private Initiativen hin zwei weitere Kolonien: Victoria und South Australia. Der Anachronismus zwischen dem Status als Strafkolonie und der Notwendigkeit unabhängiger Pionier- und Aufbauarbeit wuchs. Australien als

20 Im Südwesten des »roten Herzens« Australiens ragen die Sandsteinfelsen des King's Canyon bis zu 214 Meter steil empor.

»Strafe« verlor seinen Sinn. 1837 prüfte ein Untersuchungsausschuß das Deportations- und Zuweisungssystem – mit dem Ergebnis, daß 1840 die Sträflingstransporte nach New South Wales eingestellt wurden. Nur Van Diemen's Land sollte noch bis 1853 als Verbannung für schwere Fälle dienen. Nun stand auch der langersehnten Verfassungsreform (1842) nichts mehr im Wege. Australien wurde interessant. Der Zustrom freier Siedler aus Europa sowie die Expeditionen namhafter Forscher – Charles Darwin, John Edward Eyre oder Ludwig Leichardt – bewiesen, daß die Mauerblümchenzeit des Kontinents vorüber war. Erst jetzt wurde Australien wirklich »entdeckt«.

Die Squatters

Die raumgreifende zweite Entdeckungsphase Australiens wurde gefördert durch den englischen Bedarf an Wolle. Für die Schafhaltung war viel Land erforderlich, eines der wenigen Dinge, die man in Australien im Überfluß zur Verfügung hatte. Doch das unzulängliche Landvermessungswesen konnte mit der Ungeduld der Einwanderer und Emanzipierten nicht Schritt halten, die mit ihren vollbepackten Wagen und den oft im Spiel erworbenen Schafen nicht schnell genug hinaus ins offene Land ziehen konnten, um dort in freier Willkür Land in Besitz zu nehmen und Farmen, »stations«, zu gründen. Diese unkontrollierbaren Landnehmer, »squatters« genannt, waren der Regierung in den ersten Jahren ein Dorn im Auge, denn sie mußte sich mit den verärgerten Siedlern herumplagen, die ihr Land ordnungsgemäß erworben hatten. Doch schon bald verlor der Begriff »squatter« seine negativen Assoziationen, denn inzwischen wurde fast jeder so genannt, der seine Schafe über die Grenzen der mittlerweile 19 Grafschaften hinaus weiden ließ. Und einige brachten es sogar rasch zu Vermögen und Ansehen. Das Pionierleben im Busch war hart. Die Squatters begnügten sich mit einer provisorischen Hütte und ernährten sich wechselweise von Brot und Hammelfleisch. Im Busch waren sie den Launen der Natur ausgesetzt: Dürre, Überschwemmungen, Buschbrände, Wassermangel und – akutem Frauenmangel. Ganz automatisch entwickelte sich zwischen den Männern der Stations eine unkomplizierte, selbstverständliche Hilfsbereitschaft und Kameradschaft, die man bis heute »mateship«

nennt und die auch heute noch so gemeint ist; auch wenn ein Fremder in einem Pub oder Deli jovial mit »G'day, mate« begrüßt wird. Wie der Squatter ständig auf der Suche nach neuen Weideflächen für seine Schafe war, so zog der »swagman« mit seinem Bündel (swag) von Station zu Station auf der Suche nach Arbeit. Der »sundowner«, eine parasitäre Abart des »swagman«, pflegte bei Sonnenuntergang auf der Farm einzutreffen, zu spät zum Arbeiten, aber gerade noch rechtzeitig zum Abendessen. Der »sundowner« machte sich das ungeschriebene Buschgesetz zunutze, nach dem jedem Einkehrenden Verpflegung und Unterkunft gewährt wurden, ohne nach Namen oder Herkunft zu fragen.

Das Schicksal der Aborigines

Die Folgen des »squatting« waren für die Aborigines fatal. Die Nutzung ihrer Jagd- und Lebensräume als Weideland wurde als selbstverständliches Recht des weißen Mannes angesehen. Das Recht der Einheimischen existierte nicht. Ein Zusammenleben wurde unmöglich. Für den Diebstahl auch nur eines Schafes mußte so mancher Aboriginal mit seinem Leben bezahlen. Dazu kam, daß sich die Squatters ob ihres fast frauenlosen Daseins Frauen von den Stämmen der Aborigines »besorgten«. Konnten diese Frauen je zu ihren Familien zurückkehren, brachten sie oft verhängnisvolle Souvenirs der Zivilisation mit: Geschlechtskrankheiten, die bis dahin in ihrer Stammeswelt unbekannt waren und die Geburtenraten rapide sinken ließen, oder eine Schwangerschaft aus dem erzwungenen Verhältnis mit einem weißen Mann. Diese Nachkommenschaft wurde meist sofort nach der Geburt von den Aborigines getötet. Vereinzelte Annäherungen wurden immer wieder von Greueltaten unterwandert: regelrechte Treibjagden und »Geschenke« wie mit Arsen vergiftete Lebensmittel. Eine wahre Tragödie war das Schicksal der Tasmanier auf Van Diemen's Land, die in einem halben Jahrhundert völlig ausgerottet wurden. Für die Gefangennahme eines Tasmaniers setzte der Gouverneur 1828 Belohnungen aus, um sie aus dem Weideland herauszuhalten. Die daraufhin veranstalteten Fangjagden (capture parties) endeten für die Tasmanier in einem Sammellager auf Gun Carriage Island in bedrückender Enge, die Epidemien förderte und sie ihrer natürlichen Lebensweise be-

raubte, so daß sie nach und nach dahinsiechten. Als man die Ausmaße der Internierung erkannte und versuchte, wenigstens die Kinder zu retten, war es bereits zu spät. Als der klägliche Rest des Stammes 1847 nach Oyster Cove bei Hobart verlegt wurde, zählte er nur noch 44 Mitglieder, sieben Jahre später nur noch 16. Am Ende wurden die Tasmanier als menschliche Rarität gehütet. William Lame, der letzte männliche Stammesangehörige, starb 1869 im Alter von 34 Jahren. Trugania, die letzte Frau, starb 1876 – siebzig Jahre nach Beginn der europäischen Besiedlung – und wurde wie ein Tier museumsreif ausgestopft.

Goldrausch

Schon 1850 wurden vereinzelt die ersten Goldklumpen in Australien gefunden. Doch die wenigen Eingeweihten schafften es im Interesse der schwierigen infrastrukturellen Lage, diese Entdeckung geheimzuhalten, um das Chaos nicht noch zu vergrößern. Ab 1848 aber erfaßte der Goldrausch Kaliforniens auch die australischen Siedler. Allein im Januar 1849 verließen acht Schiffe Port Jackson Richtung Kalifornien. Eine kurze Auswanderungswelle, denn 1851 machte Edward Hargraves bei Bathurst die historische Entdeckung: Goldseifen, also goldhaltige Sande. Und um den Run auf die kalifornischen Goldfelder zu stoppen, hatte nun auch die Regierung kein Interesse mehr daran, die Funde geheimzuhalten. Hargraves erhielt die erste Lizenz zum Goldschürfen. Seine Entdeckung in Ophir, New South Wales, wurde zum Virus, der das Goldfieber in Australien entfachte. Die Stunde der Glücksritter hatte geschlagen. Massen strömten nach New South Wales – zum Kummer der gerade gegründeten neuen Kolonien, die um jeden Siedler buhlten. Der Bürgermeister von Melbourne setzte kurzerhand eine Belohnung für jeden aus, der in Victoria Gold entdeckte. Man suchte und fand – so viel Gold, daß Victoria New South Wales rasch überflügelte. Noch im gleichen Jahr, 1851, wurde allein in Victoria Gold im Werte von über einer Million Pfund Sterling gehoben. In den siebziger Jahren wurde dann auch in Queensland Gold geschürft, später auch in Western Australia in Coolgardie und Kalgoorlie, schließlich auch im Norden. Australien wurde zum Wallfahrtsort für Glücksritter aus aller Herren Länder. Die Bevölkerungszahlen auf dem neuen Kontinent stiegen sprunghaft an, in Victoria in zehn Jahren um das Sechsfache. Die Regierung war dem Ansturm der Goldgierigen aus London, Liverpool, Hamburg, Bremen, San Francisco, New York, Kanton und Shanghai kaum gewachsen. Die Goldgräber verwandelten das Land in ihrem Goldfieber in eine wahre Kraterlandschaft. Die Absicherung der Löcher war so dürftig, daß hier so mancher statt des großen glänzenden Glücks sein finsteres Grab fand. Überhaupt währte das Glück nur kurz. 1858 förderte ein Digger im Durchschnitt nur noch Gold im Wert von rund 70 Pfund Sterling. Viele von ihnen mußten bald eine geregelte Arbeit annehmen, die wegen des Bevölkerungsansturms allerdings auch nicht gerade üppig gesät war. Die Versorgungs- und Unterhaltungsbranche der über Nacht entstandenen Goldgräbersiedlungen kam schneller zum großen Geld. Selbst die legendenumwobene Tänzerin Lola Montez, die König Ludwig I. von Bayern so hingerissen hatte, daß er sie zur Gräfin erhob, hatte nach ihren Erfahrungen mit den Goldgräbern Kaliforniens Anteil am goldenen Rausch Australiens. Ihr verwegener Spinnentanz brachte ihr statt der üblichen Blumen Goldnuggets ein, die ihr das männliche Publikum begeistert vor die Füße warf. Viele konnten sich auch nach dem Versiegen der Goldminen lange nicht von ihrem Traum trennen und durchkämmten die Kraterlandschaft erneut auf der Suche nach kleinsten Nuggets. Diese Nachgräber (fossickers) kündigten bereits den Exodus der Goldfelder an, wenngleich der deutschstämmige Bernhard Holtermann noch 1872 in Hill End, New South Wales, den größten Goldklumpen der Geschichte barg.

Trotz seiner Kurzlebigkeit hatte der Goldrausch für die Innenpolitik Australiens nachwirkende Folgen. Die Invasion der Glücksritter erforderte eine Verstärkung der Polizei und Verwaltung. Um die Kosten wieder einzubringen, verschärfte die Regierung Lizenzbedingungen und -gebühren. Durch die ständigen, strengen Lizenzprüfungen der Polizei fühlten sich die Digger provoziert. Im Eureka Valley reagierten sie besonders aufgebracht. Es kam zu einem Kleinkrieg zwischen Goldgräbern und Regierungsgewalt. Als Zeichen ihres Widerstandes verbrannten die Digger öffentlich ihre Lizenzen auf dem Scheiterhaufen, verbarrikadierten sich und hißten als Symbol ihrer Einigkeit die hellblaue Flagge mit dem Kreuz des Südens, die auch heute

26 Eine Aboriginallegende erzählt, daß die geologischen Rundformationen der Flinders Ranges in der Traumzeit durch zwei schlafende Schlangen entstanden sind. Sie umschließen eine Ebene, in der Eukalyptus- und Nadelbäume, Zypressen und Coolibahs wachsen. Trockene Grasebenen vor rotbraunen Bergketten prägen die Landschaft des Flinders-Ranges-Nationalpark (South Australia). Die Sonne brennt hier so heiß, daß selbst die örtlichen Telefonzellen mit Solarenergie betrieben werden. Nur im Frühjahr verwandeln sich die trockenen Landstriche kurzzeitig in wahre Wildblumenblütenmeere.

noch in den Minenstädten Australiens flattert. Der Sturm der Polizei 1854 auf die »Eureka Stockade« wurde zugunsten der Regierung entschieden. Dennoch wurden die wegen Hochverrats verurteilten Anführer der Goldgräber freigesprochen: ein indirektes Schuldbekenntnis der Regierung an den chaotischen Zuständen. Die Entscheidung, das Lizenzwesen auf eine einmalige Zahlung von einem Pfund Sterling pro Jahr zu beschränken, entschärfte die Situation zusätzlich. Außerdem sollten die Goldgräber in Zukunft in politische Entscheidungsprozesse einbezogen werden. Und so waren die Digger schließlich maßgeblich daran beteiligt, daß sich gegen Ende des 19. Jahrhunderts endgültig eine Demokratie in Australien formte.

Australien heute

Das große Fest der Australier ist vorbei. Die Zweihundertjahrfeier von 1989 ist nun Sache der Historiker. Für die Australier war sie mehr als ein Rückblick ein Start ins dritte Jahrhundert des Kontinents. Und die Zukunft wird nicht mehr von Glücksrittern, sondern von den Erfolgen der Wirtschaftspolitik gekennzeichnet sein. Nach fast neun Jahren Regierungszeit wurde Premierminister Bob Hawke 1991 von seinem ehemaligen Finanzminister Paul Keating im Amt abgelöst. Da beide der Labour Party angehören, regiert diese also – mit der Liberal Party und der National Party als Opposition – weiter. Hawke hatte immer wieder angekündigt, er wolle Australiens Leistungsbilanzdefizit und die Auslandsschuldenlast rapide abbauen, »damit wir von Veränderungen im Welthandel nicht mehr so in Mitleidenschaft gezogen werden«. Ein frommer Wunsch, denn die Schulden belasten den Staatshaushalt enorm und von den Wirtschaftsabkommen zwischen der Europäischen Gemeinschaft, den USA und Japan ist Australien wohl abhängig, hat aber kaum Einflußmöglichkeiten. Keating soll es nun besser machen. Immerhin: Der Anteil an Staatsschulden am Bruttosozialprodukt war innerhalb von fünf Jahren von 27,3 Prozent auf 16 Prozent zurückgegangen. Das ist vor allem verschiedenen Reformen der letzten Jahre zu verdanken: der Freigabe des Wechselkurses des Australischen Dollars, der Liberalisierung des Finanzsektors mit Abschaffung der Devisenkontrollen und Zulassung ausländischer Banken, der Aufhebung der Rohölpreisbindung, den Bestimmungslockerungen für die inländische Luftfahrt und das Fernmeldewesen sowie der zunehmenden Privatisierung. Trotzdem: die weltweite Rezession belastet Australien in besonderem Maße und man ist trotz der reichen Bodenschätze auf ausländische Investoren angewiesen. Die Hebung der Bodenschätze, Silber, Kupfer und vor allem auch Uranerz, kollidiert immer wieder mit dem in Australien beispielhaften Naturschutz. Als jüngster Kontinent, auf dem die Zivilisation mit all ihren destruktiven »Nebenwirkungen« Einzug gehalten hat, konnte Australien von den Fehlern anderer Industrienationen lernen. So gibt es zum Beispiel ein neues australisches Gesetz zum Schutz der Ozonschicht, das eine doppelt so schnelle Verringerung des Verbrauchs von ozonabbauenden Chemikalien erbringen wird, wie international vereinbart. Allerdings schwebt das Damoklesschwert des Ozonlochs am unmittelbarsten über den Häuptern der Australier. Die Hautkrebsgefahr, gerade bei Bürgern, die aus beruflichen Gründen ständig der Sonne ausgesetzt sind, hat sich in den letzten Jahren brisant erhöht. Schon im Kindergarten werden Aufklärungskampagnen gestartet. In spielerischem Geschmiere wird der Umgang mit UV-strahlenschützenden Hautpflegeprodukten gelehrt und mit lustigen Verkleidungsaktionen wird den Kindern das Tragen von Kopfbedeckungen und Sonnenbrillen ebenso selbstverständlich wie die Überzeugung, daß ein bronzebrauner Teint »out« ist. Damit, daß gerade der unberührteste Teil unserer Erde von den Zivilisationsschäden des Ozonlochs oder des Treibhauseffektes besonders betroffen ist, haben wir ein tragisches Eigentor geschossen.

Um die vielfach noch ungestörte Evolution und das vorhandene ökologische Gleichgewicht Australiens zu bewahren, werden immer neue Regionen in die UNESCO-Liste des Welterbes aufgenommen. Große Gebiete wurden den landesweit rund 340 Aborigines-Communities in Selbstverwaltung zugesprochen. Beides kompliziert natürlich den Zugriff der Regierung auf dort vorhandene Bodenschätze, auf die die australische Wirtschaft wiederum angewiesen ist. Die große Herausforderung im dritten Jahrhundert europäischer Besiedlung ist das Verhältnis der Nation zu ihren Ureinwohnern und den Torres-Strait-Insulanern, die inzwischen nur noch rund 1,5 Prozent der Bevölkerung ausma-

27 Vor der Spitze der Fleurieu-Halbinsel, südlich von Adelaide, liegt Kangaroo Island. Hier sind Einwohner mit Wackelohren, großen braunen Augen und Beuteln vor dem Bauch eindeutig in der Mehrzahl gegenüber den nur 4000 menschlichen Inselbewohnern.

Folgende Abbildung:

28 Bevor die Wasserkraft-Elektrizitätswerke den Lake Peddar im Westen Tasmaniens überfluteten, galt der einstige Gletschersee, eingebettet in weißen Quarzsandstrand und umgeben von mächtigen Berggipfeln als einer der schönsten Seen Australiens. Es ist eher der Reiz verfälschter anstatt unverfälschter Natur, der den Abstecher nach Lake Peddar lohnt.

31 ▷

29 Nicht alle der riesigen Waldgebiete Tasmaniens können ständig aufgeforstet werden. So wie hier am Mount Wellington sieht man vielfach nach die Spuren der Stürme, die manchmal über die Insel toben.

30 Einsam steht dieser Leuchtturm an einer der wildzerklüfteten Küsten Tasmaniens.

31 Ein in feuchten Dunst eingesponnener Märchenwald aus Riesenfarnen, moosbewachsenen Felsen, gurgelnden Wildbächen und scheuen Blüten: Solche Szenerien wie bei den Russell Falls findet man auf Tasmanien an vielen Stellen.

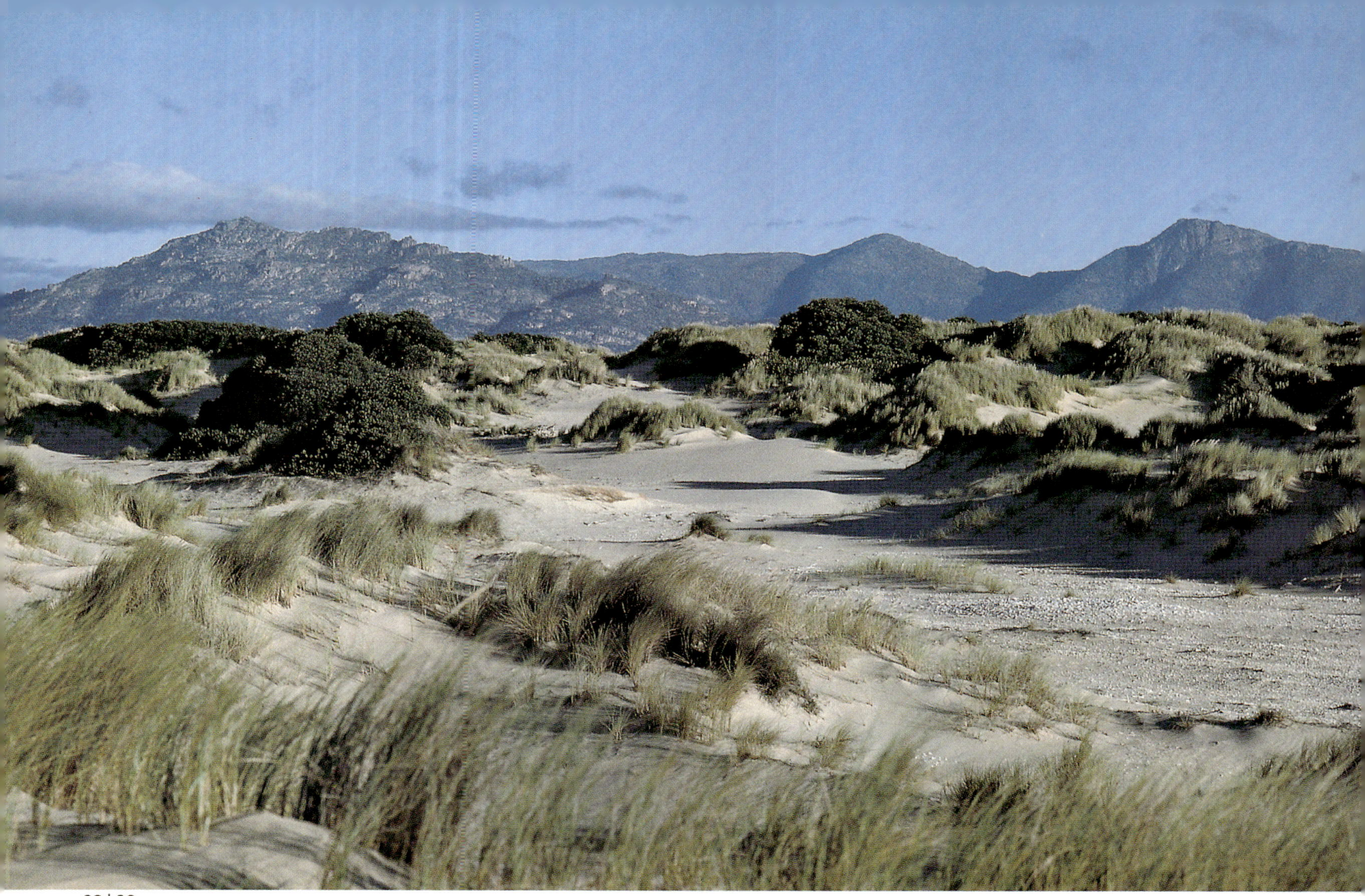

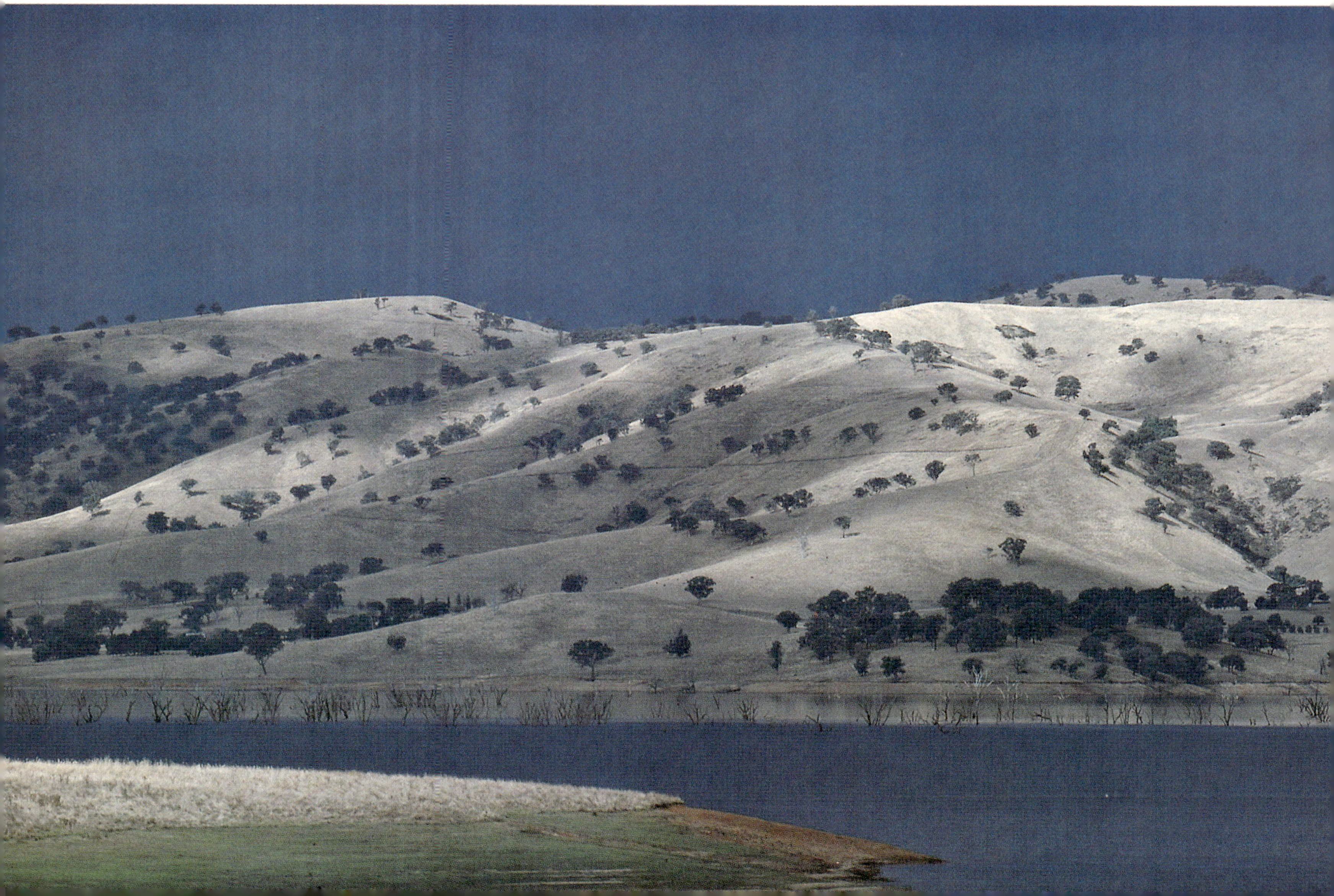

chen. Da ihre Ausbildung, ihre Wohn- und Beschäftigungssituation und ihre Gesundheit trotz besonderer Hilfsmaßnahmen immer noch weit schlechter sind als die der übrigen Gesellschaft, hat sich die Regierung zu einer Rehabilitation der Ureinwohner verpflichtet. Durch die europäische Besiedlung wurde ihnen ihr Land genommen, ihre Kultur und ihr Sozialgefüge weitgehend zerstört. Ihre traditionelle Lebensform als Jäger und Sammler, die mit den Jahreszeiten wanderten und nur diejenigen Dinge als »Besitz« bezeichneten, die sie zum täglichen Überleben benötigten, widerspricht der herrschenden kapitalistischen Lebensweise so sehr, daß eine Integration im herkömmlichen Sinne absolut vergeblich ist.

Eines hat man inzwischen begriffen: In der westlichen Kultur wird Grund und Boden als persönliches Eigentum angesehen. Aber in der Kultur der Aborigines ist das Land und die soziale Verantwortung dafür ein lebendiger Ausdruck aller bedeutsamen Vorkommnisse seit der mythischen Urzeit, Quelle aller Gesetze, nach denen sie leben, ihrer Verwandtschaftsverhältnisse und ihres Selbstverständnisses. Und so führt der Weg zu ihnen auch nur über das Land. Bis Ende 1989 sind im Northern Territory 460 000 Quadratkilometer Land an Ureinwohner übertragen worden, darunter drei der wichtigsten Nationalparks. Wobei sie allerdings keinen Rechtsanspruch auf das Land oder maßgebliche Partizipation an der Bergung dortiger Bodenschätze haben. Victoria war der erste Bundesstaat, der den Aborigines den Rechtsanspruch auf ihr eigenes Land übertrug. Seit März 1990 ist die neue Aboriginal & Torres Strait Islander Commission (ATSIC) tätig. Damit werden die Ureinwohner stärker als bisher an den Entscheidungsprozessen der Regierung mitwirken. Und die Eigenständigkeit und Selbstverwaltung der Aboriginal-Communities werden gefördert. Sie haben inzwischen große Krokodilfarmen in Nordqueensland und immense Viehzuchten, besonders im Northern Territory übernommen, dazu viele touristische Dienstleistungsunternehmen und Beteiligungen an Minengesellschaften, deren Profite den Communities zugute kommen. Mit dem Gewinn konnten einige Communities bereits Landstriche zurückkaufen. Als erstes Ereignis, das den tatsächlichen Rechtsanspruch der Aborigines beweist, gilt das sogenannte Mabo-Urteil vom Juni 1992, ein Präzedenzfall, in dem der Oberste Gerichtshof dem bisher gültigen kolonialen Rechtskonzept der »terra nullius« eine Absage erteilte. Damit bestehen durchaus Rechtsansprüche der Aborigines und Torres Strait Islander auf Grund und Boden, wenn sie aus traditioneller und kontinuierlicher Nutzung des Landes seit der Zeit vor 1788 abgeleitet werden können. So wie es lange Zeit gern verschwiegen wurde, wenn man Sträflinge in seinem Familienstammbaum hatte, weil es dem gesellschaftlichen Ansehen nicht guttat, so wurde auch Aboriginalblut in den Adern gerne verleugnet. Seit ein paar Jahren hat sich da einiges verändert. So wie es in Mode gekommen ist, sich mit der Sträflingsvergangenheit seiner Familie interessant zu machen, suchen viele Australier heute nach dem – wenn auch vielleicht einzigen – Tropfen Aboriginalblut in ihren Adern.

Daß sich Australien zweihundert Jahre lang zunächst über das Mutterland Großbritannien und seit Anfang dieses Jahrhunderts mehr und mehr über die USA definiert hat, läßt sich an der Film- und Theaterszene, an der bildenden Kunst und an der Musikkultur besser ablesen als an historischen, politischen oder wirtschaftlichen Fakten. Ebenso deutlich wird heute ein neues Selbstbewußtsein: So prophezeit das dritte Jahrhundert diesem Kontinent nach langer Suche endlich eine eigene, durch und durch australische Identität. Dazu gehört die Rückbesinnung auf die mythischen Ursprünge der Aboriginal-Kultur ebenso wie das Bejahen der multinationalen Bevölkerungsstruktur.

Dazu gehört auch, daß die Ferne zum alten Europa und damit der historische Begriff von der »Tyrannei der Entfernung« immer mehr verdrängt wird von der geographischen Nähe zu Asien. Und dazu gehört letztendlich auch, daß australische Filmemacher wie Bruce Beresford die Goldene Palme in Cannes gewinnen, daß Aboriginal-Kunst vom New Yorker Museum of Modern Art gekauft wird, daß australische Rock- und Popmusik wie von INXS die europäischen und amerikanischen Charts sprengen, und dazu gehört letztlich auch, daß die legendären R. M. William Boots, jene australischen Buschstiefel, mit denen die Pioniere durch die Wüste und Crocodile Dundee durch die Mangrovensümpfe Nordaustraliens stapften, Eingang in die hochglänzende Welt der europäischen Modemagazine gefunden haben.

32 und 33 Die wildromantische Küstenlinie Tasmaniens (oben) mit seinen Steilküsten in Maria Island oder dem winddurchwehten Nine Mile Beach bei Swansea wird angesichts der reichen Naturschätze der Wälder und Gebirge im Inland oft unverdient vernachlässigt. Weitaus lieblicher präsentiert sich die Landschaft in Victoria (unten).

Sydney

Hier hat alles begonnen: Sydney, die Muse des Kontinents. Sie spiegelt sich mit ihrer weltberühmten Skyline im Wasser des gigantischen Naturhafens mit den ausgefransten Sandbuchten und ist ziemlich stolz auf das, was sie da sieht. Wenn auch nur die heimliche Hauptstadt, so ist Sydney doch für viele *die* Stadt Australiens, vielleicht größer, reicher, schnellebiger und leichtlebiger als ihre größte Konkurrentin Melbourne.

Aber auch nur vielleicht. Man sagt, wenn sich in Melbourne die Leute etwas mitzuteilen haben, schreiben sie darüber, in Sydney dagegen organisieren sie eine Party. Das »Spieglein-Spieglein-an-der-Wand-Spielchen« zwischen den beiden Städten ist bereits Geschichte. Die Führungsrolle im Land übernahm mal diese und mal jene. Doch für die meisten Besucher ist Sydney mit seinem spektakulären Opernhaus, das wie ein Schiff mit geblähten Segeln aus dem Hafen ragt, das Australien-Symbol schlechthin. Erst recht, seitdem das Internationale Olympische Komitee im September 1993 die legendären Olympischen Spiele im Jahr der Jahrtausendwende – zum Leidwesen Berlins – an Sydney vergeben hat. Alle Welt wird dann auf die Metropole des fünften Kontinents blicken. Und was sie sieht, wird ihr gefallen. Sydney ist kosmopolitisch, respektlos, erfolgreich und schön, wenn auch sehr groß. Seine 3,5 Millionen Einwohner machen 21 Prozent der gesamten Bevölkerung Australiens aus. Sie drängen sich auf 12 160 Quadratkilometer. Das sind nur 0,16 Prozent der Kontinentfläche. Sträflingshütten und Galgen aus der Besiedlungszeit sind Glitzerpalästen und Hochhäusern gewichen, die aus Konsumlust und »busy« Business entstanden. Sie reihen sich heute abwechselnd mit den aus viktorianischen und georgianischen Zeiten verbliebenen Häusern der Old Sydney Town entlang der ehemaligen Trampelpfade und Abkürzungen der Sträflinge. Daraus ist ein liebenswert chaotisches Straßenlabyrinth entstanden. Die Orientierungslosigkeit der Taxifahrer von Sydney ist sprichwörtlich. Man sollte also alles andere erwarten, nur nicht, daß sich ein Taxifahrer im Straßengewirr besser auskennt als man selbst. Alles andere allerdings kann man getrost erwarten: So ließ der australische Filmemacher Yahoo Serious (»Einstein Junior«) mitten in der City eine ganze

Herde von Schafen auf einem Rasenstück am Hafen weiden, die aus unerklärlichen Gründen ständig ins Wasser sprangen. Die Hafenpatrouille war tagelang damit beschäftigt, die lebensmüden Wollknäuel – Schafe eben – aus dem Wasser zu ziehen. Auf der Trendmeile der Oxford Street, am Tailor Square, wurde eine Grabkirche in ein dreistöckiges Nightlife-Dorado verwandelt. In Paddington, dem malerischen Viertel, das seit kurzem die »Szene« mitsamt ihren Bars, Restaurants, Designer-Läden, Boutiquen und Künstlerateliers für sich eingenommen hat, darf man sich nicht wundern, wenn mitten in der Rush-hour ein bronzebraungebrannter Großstadtindianer mit bloßem, muskelgestähltem Oberkörper auf einem dunklen Hengst durch den dichten Nachmittagsverkehr reitet. Unten bei den alten Piers verwandeln die Kreativen gerade die etwas heruntergekommenen Werfthallen aus schönen Ziegelmauern, Glas- und Stahlkonstruktionen in einen Kulturtreffpunkt mit Theatern, Arbeits- und Ausstellungsräumen, der den berühmten Docklands in London um nichts nachstehen wird. Beispielhaft renoviert ist das Gebäude, in dem die »Sydney Theatre Company« jetzt zu Hause ist. Dahinter ist ein Tanztheater mit Workshop eingezogen. Ein junger Geschäftsmann in Maßanzug und Aktenkoffer hetzt vorüber, verschwindet im Tanz-Workshop, reißt sich in Sekundenschnelle Krawatte und Jackett herunter und entstreßt sich bei exzessivem Jazz-Dance. Ja, in Sydney wird Entspannung großgeschrieben. Man lebt nicht, um zu arbeiten, sondern man arbeitet, um zu leben (was natürlich nicht die hohe Arbeitslosigkeit rechtfertigen soll). Aber Sydney verleitet regelrecht dazu, sich den angenehmen, genußreichen Seiten des Lebens zuzuwenden. Nicht nur, weil es nichts Schöneres gibt, als mit einem der knallgelben Wassertaxis in gischtsprühender Fahrt von der großen, eisernen Harbour Bridge hinaus nach Watson's Bay zum Mittagessen zu brausen.

Nein, nirgendwo ist das sonnige Strandleben so untrennbar mit dem hektischen Stadtleben verknüpft wie in Sydney. Von der City sind es nur zehn Autominuten zum Bondi Beach, dem Refugium des ältesten Surfclubs Australiens. Und das ist nur eine von 86 Buchten rund um die schillernde Metropole. Wer ein Faible für schöne Menschen hat, ist in Bondi genau richtig, es sei denn, er fährt 45 Kilometer nordwärts nach Palm Beach, dem

Vorhergehende Abbildung:

34 Mittagszeit in Darling Harbour: Wer kein eigenes Boot besitzt, kann auch einfach in den Uferanlagen des schönsten Naturhafens der Welt vor dem Panorama von Sydney herrlich faulenzen oder sich per Wassertaxi, kleinen gelben Schnellbooten, in gischtsprühender Fahrt zu den verschiedensten Plätzen der Metropole »chauffieren« lassen.

35 Rasenbowling für Gentlemen im weißen Clubdress vor der gotischen Fassade der St. Mary's Cathedral: ein Stück britische Kulturgutpflege mitten in der City von Sydney.

36 »Baywatch« auf australisch: Die Lifeguards gehören zum Strandbild in und um Sydney (hier am Freshwater Beach). Mit ihrem Outfit sind sie selbst schon so etwas wie ein Wahrzeichen. Da würde man sich doch gerne mal retten lassen!

Folgende Abbildung:

37 Dieses Gebäude sorgte für Furore: 1973 wurde das Opernhaus Sydneys nach den Plänen des dänischen Architekten Jorn Utzon für über 100 Millionen Dollar gebaut. Damit war das Wahrzeichen einer modernen Kulturmetropole geboren.

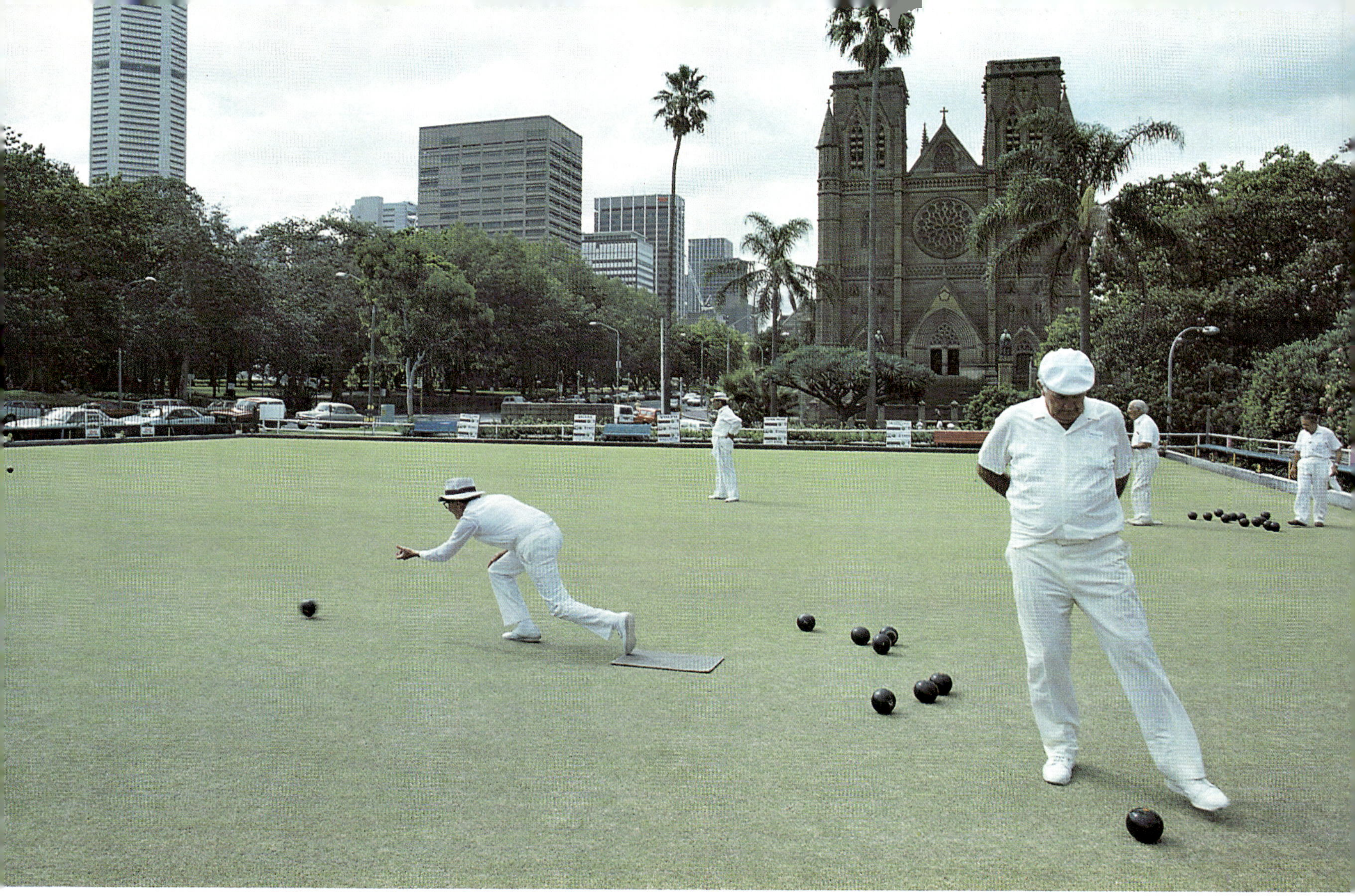

35 | 36

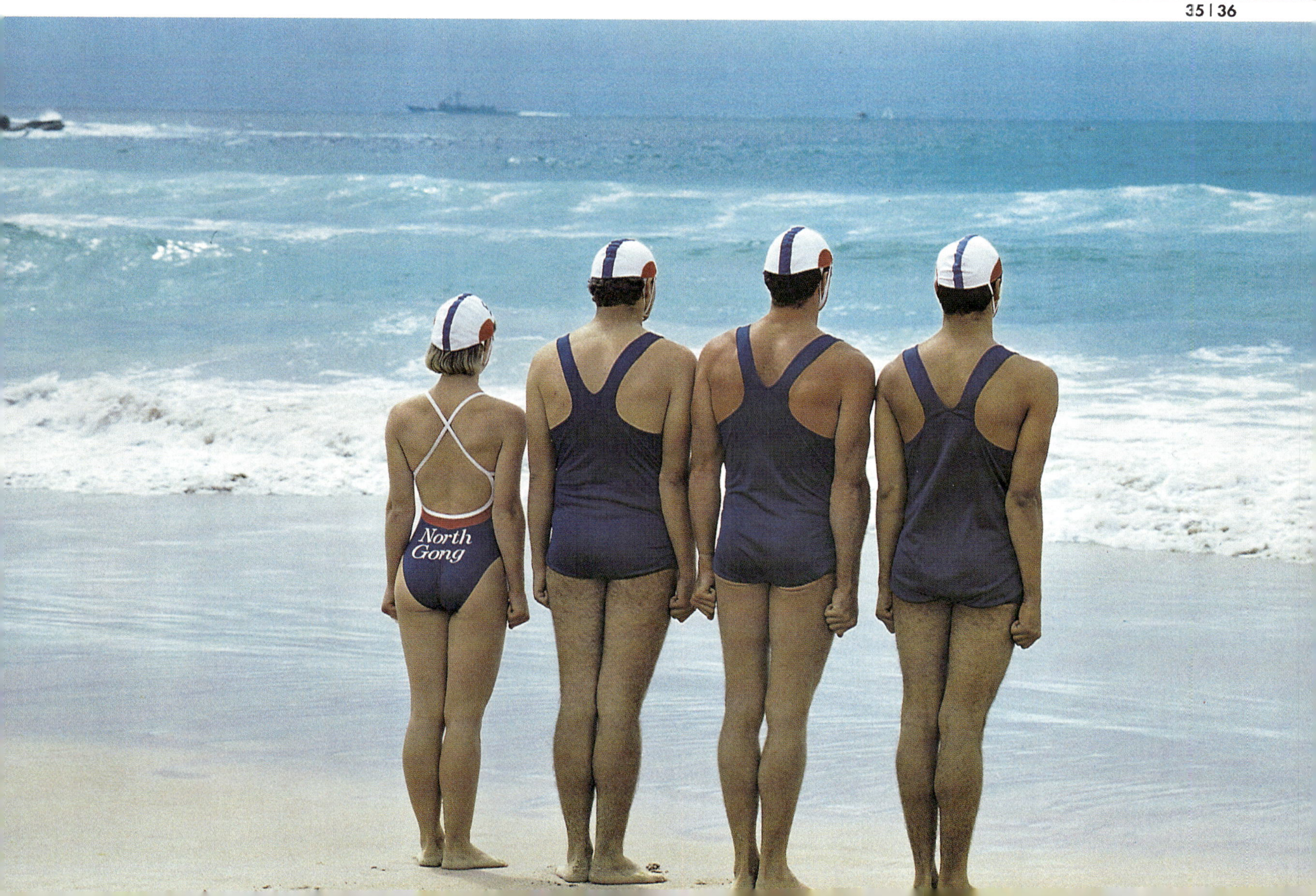

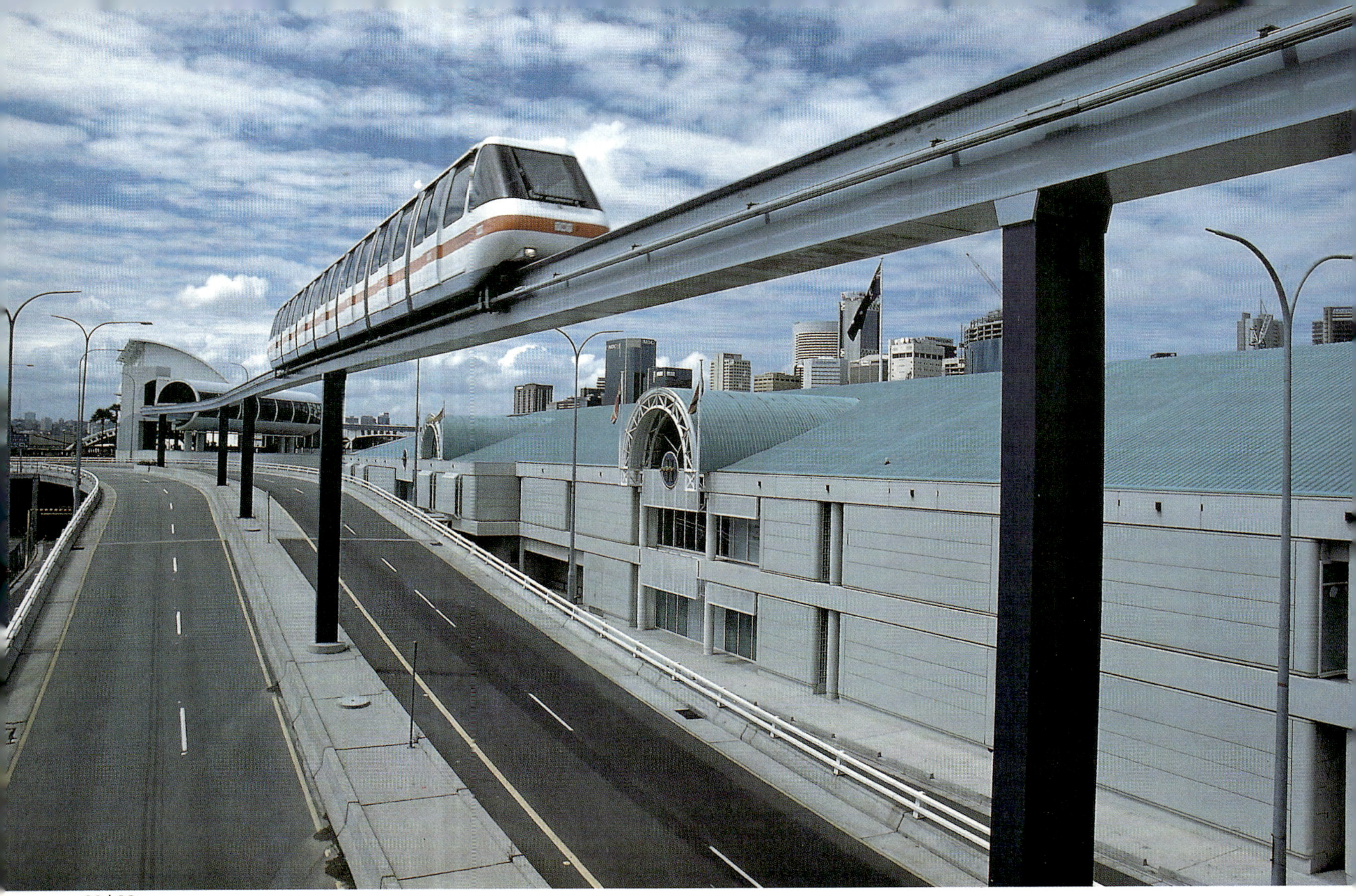

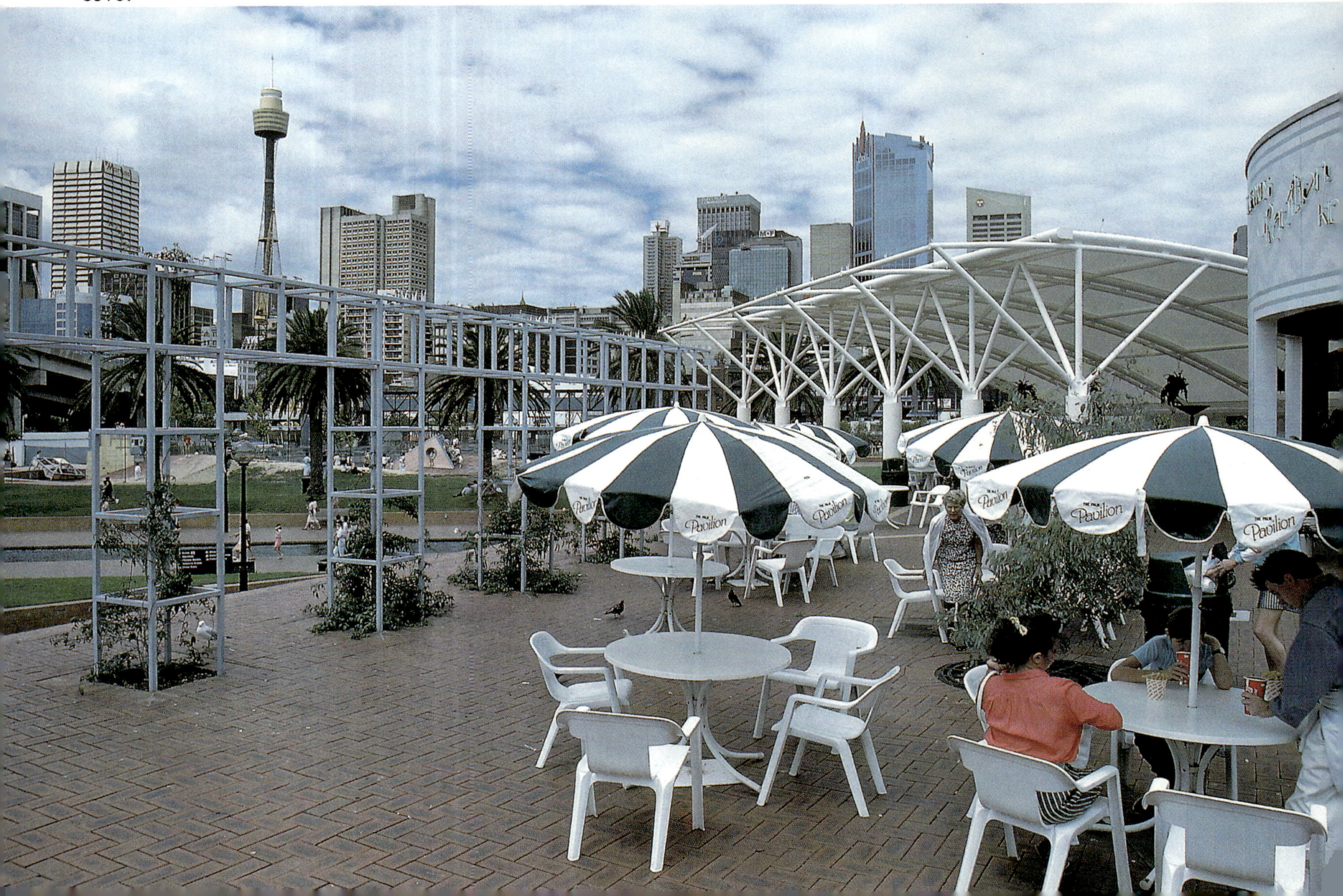
Pavilion

Malibu Beach Australiens. In Bondi kann man die legendären Lifeguards in ihren einteiligen Badeanzügen bewundern – Männer, von denen man sich übrigens gerne einmal retten ließe. Oder 70jährige Ladies, die im neonfarbenen Surferoutfit auf den Wellen reiten. Abends treffen dann in den Bars von Paddington braungebrannte Strandstars mit bleichen Yuppies und schwarzgekleideten Intellektuellen zusammen. Die Touristen tummeln sich derweil am King's Cross, das inzwischen allerdings mehr zum Sündenbabel der Metropole zählt, oder in den Rocks, dem historischen Stadtviertel zwischen der futuristischen City und den Piers. Hier sind die meisten Gebäude aus der Siedlungszeit erhalten, die heute liebevoll restaurierte Museen, Souvenirläden, Pubs, Restaurants und Boutiquen beherbergen. Auch wenn der Hedonismus Sydneys durchaus gerechtfertigt ist – keine Stadt ist ohne Widersprüche: Obdachlose, Drogenabhängige und Arbeitslose gehören bei einer 3,5-Millionen-Metropolis zum Stadtbild genau wie die Yuppies mit ihren Designer-Wohnungen in Woollahra oder die Reichen, die prinzipiell nur in Double Bay einkaufen und – nicht zu vergessen – die ganz normale Mittelschicht.

Trotz seines Ansichtskarten-Images und dem Bestreben all jener Bewohner, die sich am liebsten an den Buchten und Stränden niederlassen würden, leben die meisten nicht in Bondi Beach oder nahe der Harbour Bridge, sondern in Paramatta, 30 Kilometer landeinwärts in Richtung Westen gelegen. Hier wohnen die »Westies«, genauso waschechte Sydneyer wie die im bewaldeten North Shore oder den schrittmachenden östlichen Stadtteilen, die aber weniger vom Trend zum Porsche oder Chanel-Kostüm beherrscht werden. Da stehen die Fabriken, die Fließbänder, die Lebensmittelwerke, die Einkaufszentren mitten in einem roten Meer von Ziegeldach-Eigenheimen, das sich fast bis zum Fuße der Blue Mountains erstreckt. Durch diese westlichen Vororte zogen die großen Einwanderungsströme der Italiener, Griechen, Juden, Libanesen, Briten, Slawen und Vietnamesen. Seit dem Zweiten Weltkrieg hat dieses Völkergemisch der bis dahin überwiegend britisch orientierten Kolonie ihren weltoffenen Ruf begründet.

Eine expansive Wirtschaft, ausgeprägtes Umweltbewußtsein, relativ große persönliche und politische Freiheit sowie das von den drei Ws (Wasser, Wärme und Wohlstand) geprägte Klima ziehen immer neue Bürger an und machen Sydney zu einer Metropole von morgen. Neben anderen Verbesserungen brachten die Einwanderer aus aller Herren Länder viele gute Restaurants jedweder Couleur nach Sydney – eine willkommene Abwechslung nach 150 Jahren Roastbeef und Hammelfleisch – sowie eine wachsende Rassentoleranz, die in den multikulturellen Radio- und Fernsehprogrammen offenbar wird. Sydney ist heute nach wie vor die Schleuse, durch die die meisten Menschen und Dinge den Kontinent betreten oder verlassen: Mineralien, Agrarprodukte, Ideen, Wissen, Kunst und Unterhaltung. Heute verfügt es über vier von sieben Universitäten von New South Wales, über die meisten industriellen Fertigungsanlagen, die beste medizinische Versorgung, die schönsten Freizeitanlagen mit Kinos, Theatern, Sportanlagen und den Hauptanteil der Arbeitsplätze. Ein größerer Kontrast zu Australiens Ruf als Land der Buschmänner, Krokodile, Abenteuer und grenzenlosen Weiten ist kaum denkbar. Man sagt, eine Stadt sei aus Wünschen und Ängsten erbaut.

In Sydney dominieren die Wünsche die Ängste und die Zukunft die Vergangenheit. Und wenn es noch so etwas wie das Land der unbegrenzten Möglichkeiten gibt (Amerika ist es ja längst nicht mehr), dann ist Sydney seine Stadt.

Hippies im Regenbogenland

Am Horizont ist noch Queenslands Surfers Paradise mit der Skyline aus Hotels und Apartmenthäusern zu sehen, während man am Strand des kleinen Städtchens Tweed Heads entlangspaziert. Mehr als nur die Grenze des Bundesstaates New South Wales trennt hier vom Ferienhimmel der Gold Coast. Der nördlichste Winkel von New South Wales gilt immer noch als Dorado der Aussteiger, auch wenn die Flower-Power-Farben der Hippiegeneration schon leicht verblaßt sind. Die dominierende Farbe hier ist Grün, nicht nur im politischen Sinne. Durch saftiges Weideland führt der Weg landeinwärts. Das Land des Tweed Valley rund um den oft wolkenverhangenen Mount Warning (1158 Meter) bedeckt üppiger Regenwald, der sich mit tropischen Fruchtplantagen und Eukalyptuswäldern abwechselt.

Hier versteckt sich der Ort Nimbin, das einstige Zentrum der Aussteigerbewegung. Seit hier Anfang der siebziger Jahre das Aquarius-Festival stattfand und die Slogans »back to nature« und »simply living« programmatisch wurden, hat sich einiges verändert. Zwar wehen aus dem Rainbow-Café immer noch Marihuanaschwaden auf die kleine Hauptstraße, aber die Buchstaben des Graffitos, das »free dope« fordert, sind längst verblaßt. Neben einem Biokost-Laden und einem Antiquariat, in dem die Werke von Bloch, Marcuse und Freud verstauben, ist ein Immobilienmakler mit seiner Firma »Lifestyle« eingezogen. Die Träume der Hippies, die am Rande der Existenzgrundlage in ihren Hütten und Campingbussen theoretisierten, werden heute von Yuppies realisiert, die es sich leisten können, das Stadtleben zu fliehen und sich von namhaften Architekten Häuser in alternativer Bauweise ins Grüne stellen zu lassen.

Pacific Highway

Der Highway Number One von Australien schlängelt sich anmutig südwärts, im Osten durch die Erhebungen der Great Dividing Range begrenzt und im Westen durch die Küste. Wo sollte eine Fahrt auf dem Pacific Highway wohl beginnen, wenn nicht in einem Badeort mit einer weißsandigen Bucht, fröhlichem Surfervolk und jeder Menge Sonne. Als solcher gilt Byron Bay, Australiens östlichste Stadt. Vor dem Cape Byron führen die Wellenakrobaten ihre Kunststücke am Watego's Beach vor. Und über den kunterbunten Byron-Bay-Markt schlendern jeden ersten Sonntag im Monat Besucher aus der gesamten Umgegend. Über allem thront der blendendweiße Leuchtturm. In Lismore, wenige Kilometer weiter südlich, ist alles in Butter, im wahrsten Sinne des Wortes, denn Lismore ist Zentrum der Agrarindustrie. Die Norco CoOp Ltd. in der Foley Road gilt als eine der größten Verarbeitungsfabriken von Milchprodukten der südlichen Hemisphäre. Ansonsten ist Lismore, am Nordarm des Richmond River gelegen, ein beschauliches Städtchen mit einer kleinen lokalen Künstlerszene, vielen Parks und urigen Pubs. Grafton schmiegt sich in eine hufeisenförmige Windung des Clarence River. Die breiten Straßen sind gesäumt von alten, schattenspendenden Jacaranda-Bäumen. Ihnen zu Ehren wird hier seit 1935 in jedem Frühling ein großes Jacaranda-Fest gefeiert. Hinter Grafton führt ein Abstecher vom Pacific Highway in den Yuraygir-Nationalpark, der zu den schönsten Küstenparks Australiens gehört, benannt ist er nach den Yuraygir Aborigines, die hier beheimatet sind.

Hohe Eukalyptuswälder im Landesinneren, in deren Baumkronen sich die Kookaburras vor Lachen ausschütten, gehen küstenwärts in sattgrünes Busch- und Grasland über und schließlich in eine herrliche, von Papierrindenbäumen gesäumte Dünenlandschaft am türkisblauen Meer, deren Strände man meistens ganz für sich allein hat. So ganz allein ist man allerdings nie. Durch das dichte Heidegestrüpp sollte man nur in hohen Boots wandern, denn viele der in Australien beheimateten Schlangen sind äußerst giftig. Normalerweise haben die Schlangen mindestens ebensoviel Angst vor den Menschen wie umgekehrt. Gelegentliche Begegnungen sollte man aber dennoch nicht ausschließen. Bevor man die Tropen bei Coffs Harbour verläßt, werden sie noch einmal so richtig üppig, denn Coffs Harbour ist die Hauptstadt der Banana Coast, Banana City sozusagen.

Im Inneren einer Mammutbanane darf man eine Bananen-Odyssee mit futuristischem Flair erleben: Vielfrucht-Figuren à la Disneyworld machen die Honneurs am Eingang zu einer Multivisionsshow rund um die Banane mit anschließendem Cocktail in Form eines Eisbechers oder Milchshakes – mit Bananengeschmack, versteht sich. Wer lieber Natur live genießt, nimmt hinter Coffs Harbour die Abzweigung über Bellingen in den Dorrigo-Nationalpark mit seinen rauschenden Wasserfällen oder fährt weiter nach Numbacca Heads, wo sich der Numbacca River in einer kleinen Inselwelt mit dem Pazifik trifft.

Lord Howe Island ist die größte von diesen insgesamt etwa dreizehn Inseln, ein wahres Südseeparadies vulkanischen Ursprungs, in dem wilde Orchideen, Bergrosen, Lilien und Kürbisbäume um die Wette blühen. Mount Gower (860 Meter) und Mount Lidgbirg (763 Meter) sind die Herrscher über dieses kleine naturgeschützte Reich aus üppiger tropischer Vegetation, einer bunten Vogelwelt, vielen kleinen Badebuchten mit weißem Sand sowie dem weitläufigen Strand von Blinky Point, dem idealen Surfrevier. Auf seiner westlichen Seite ist Lord Howe Island von Korallenriffen umsäumt, die am weitesten südlich entstandenen in der Welt. Taucher und Schnorchler fin-

40 Grünanlagen und Wasserspiele sind bei sommerlichen Temperaturen in Sydeny willkommen.

41 Die Sydneyer wissen wie man sich das Leben so angenehm wie möglich gestaltet: Die luxuriös restaurierte Strandarkade macht selbst eiliges Shopping zum Genuß.

Folgende Abbildung:

42 Sydney bei Nacht kann in vielerlei Hinsicht ein romantisches Erlebnis sein. Kein Wunder, bei einer Kulisse aus Citylights, Harbour Bridge und Opernhaus.

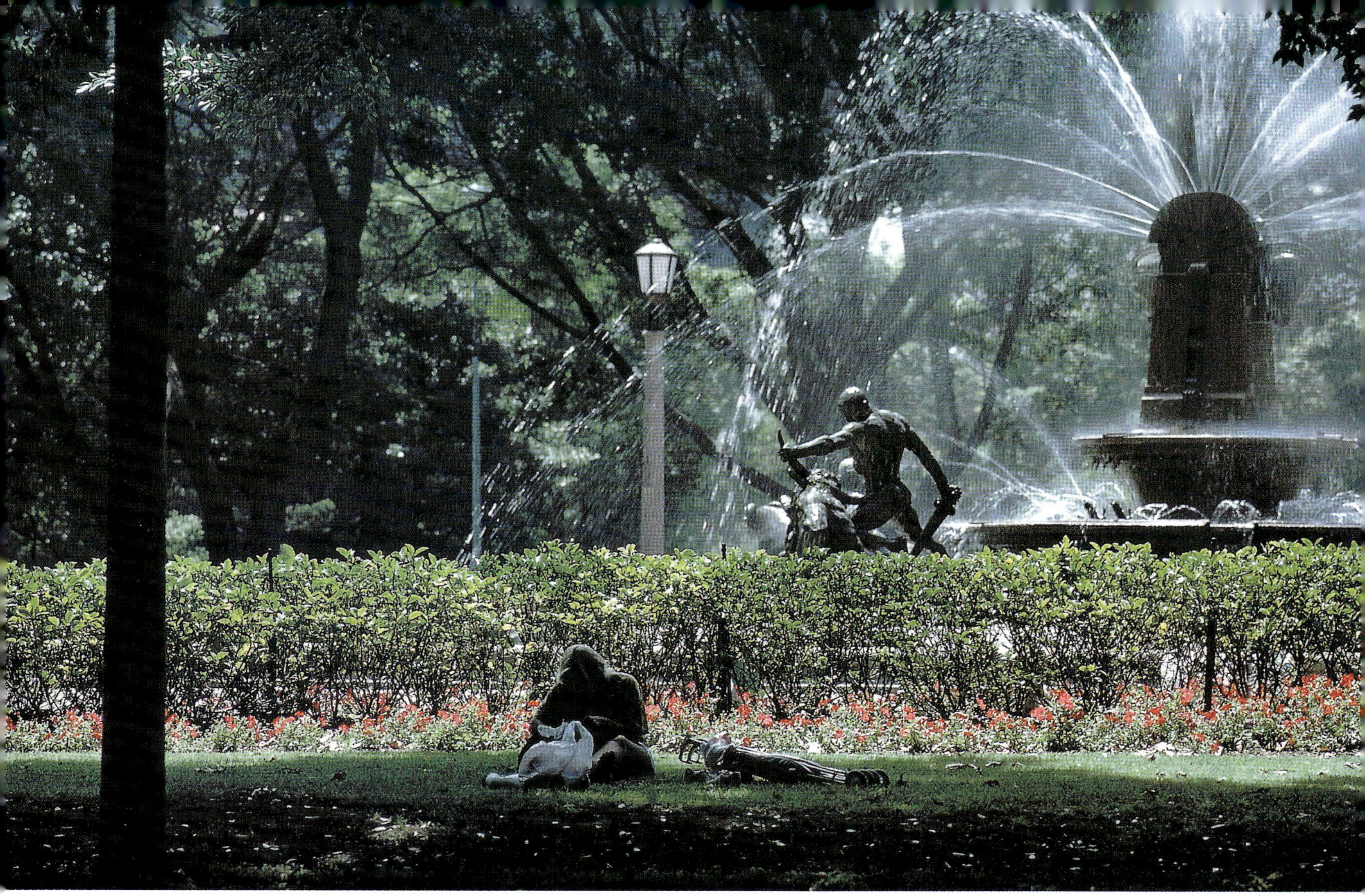

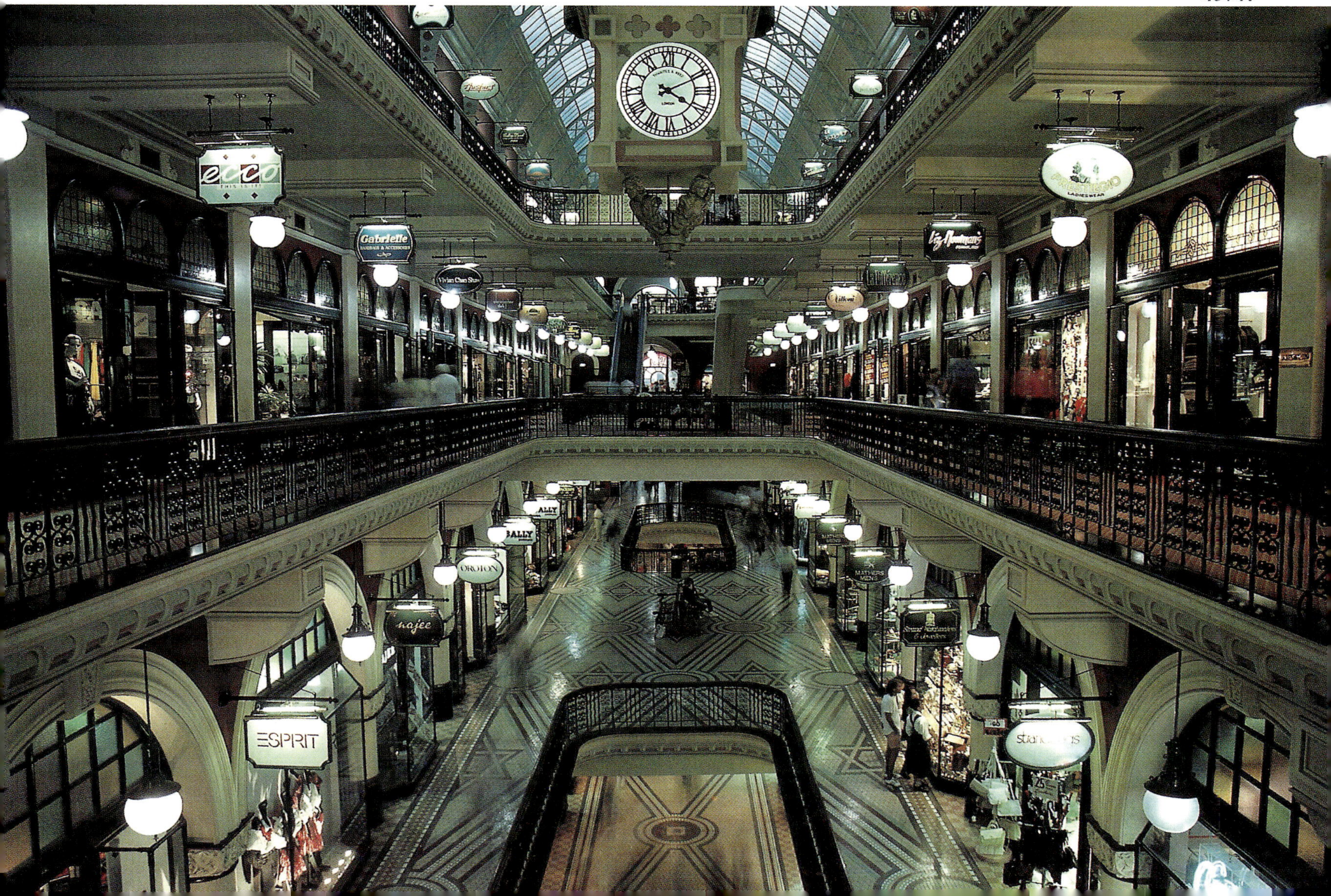
Gabrielle
OROTON
ESPRIT

43 | 44

den hier ganz besondere Korallenarten und rund 440 Spezies bunter Korallenfische. Am Neds Beach sind sie so zahm, daß sie ohne weiteres aus der Hand fressen. Lord Howe Island zählt zu den wenigen Gebieten, die nicht dem Eroberungsdrang der Siedler anheimgefallen sind. Die Edelhölzer wurden nie abgeholzt, größere Ansiedlungen oder gar Industrie hat es nie gegeben. Statt dessen wurde die Insel zur Kultivierung der Kentia-Palme genutzt und als Proviantstation für die passierenden Walfangschiffe.

Zurück auf den Pacific Highway: Die nächste Stadt ist Port Macquarie, eine der ältesten Städte von New South Wales. 1821 verbannte man hierher rückfällige Sträflinge. Zu den wenigen Resten der alten Architektur gehört die St. Thomas Church mit ihrer Vertäfelung aus einheimischer roter Zeder, die vom Sträflings-Architekten Francis Greenaway entworfen und von den Sträflingen 1828 fertiggestellt wurde. Das Hastings District Historical Society Museum, ein ehemaliges Kaufhaus aus dem Jahr 1835, hortet eine umfangreiche Sammlung mit Relikten aus der Sträflings- und Pionierzeit.

Abgesehen von seinen historischen Sehenswürdigkeiten hat Port Macquarie eine testenswerte Kollektion von Stränden zu bieten. Nach Süden erstrecken sich Flynn's Beach, Nobby Head, Shelly Beach und der zwölf Kilometer lange Lighthouse Beach.

Hunter River Valley

Das Tal öffnet sich nach Osten, dort wo sich an der Mündung des 500 Kilometer langen Hunter River die Industriemetropole Newcastle ausbreitet. Trotz einiger schöner Strände und der sanften, grünen Hügellandschaft, in die sie eingebettet ist, macht die Schwerindustrie sie nicht besonders attraktiv. Die großen Kohlevorkommen rund um Newcastle werden im Tagebau gehoben, und Investitionsplänen der Industrie zufolge wird sich das Tal bald in das Ruhrgebiet von New South Wales verwandeln. Die größte Tagebaumine südlich des Äquators soll hier entstehen. Den vielen Schornsteinen, die schon jetzt in den Himmel ragen, werden weitere Kraftwerke und Staudämme folgen. Dabei gibt es schon genügend Probleme zu bewältigen. Zugunsten der florierenden Holzindustrie fällte man im 19. Jahrhundert einen großen Teil der Wälder und zerstörte so das ökologische Gleich-

gewicht. Überschwemmungskatastrophen mit zunehmender Erosion waren die Folge.

Heute gibt es ein umfangreiches Regierungsprogramm zur Wiederaufforstung, um ähnliche Katastrophen in Zukunft zu verhindern. Im unteren Teil des Hunter Valley aber, hinter Muswellbrook, wird es idyllisch. Milchwagen fahren an Herden von Jersey- und Guernsey-Kühen vorbei, die auf saftigem Weideland grasen. Auf den Feldern wächst das Gemüse für die Märkte der Stadt. Und an den Hängen um Cessnock gedeihen jene Früchte, für deren Produkt sich das Tal eigentlich einen Namen gemacht hat: Wein. Obwohl aus dem Hunter Valley nur etwa zwei Prozent der gesamten Weine Australiens kommen, zählen sie zu den Favoriten der Weinkenner. Zwischen den Weinbergen stehen noch hier und da alte Herrenhäuser und in den vor sich hindösenden kleinen Ortschaften scheint die Industriemetropole Newcastle Jahrhunderte entfernt.

New England Tablelands

Vom Hunter Valley steigt der New England Highway sachte hinauf in die Liverpool Range und weiter hinauf in die New England Tablelands, das größte Hochlandplateau Australiens, das sich über 330 Kilometer von Tamworth bis an die Grenze von Queensland erstreckt. Jedes Jahr Ende Januar ist Tamworth Magnet für Tausende von Fans der Countrymusik. Am Wochenende des Australia Day werden hier die National Awards an diejenigen verliehen, deren Musik die Trucker im Autoradio auf ihren Fahrten begleitet, wenn sie als »lonely rider« stunden- und tagelang durch Outback und Wüste donnern. Gefeiert werden dann Stars wie Slim Dusty oder Chat Morgan, die ihre Handabdrücke schon am hollywoodähnlichen Hands and Fame Memorial des CWA-Parks in Beton verewigt haben. Bekannt wurde Tamworth allerdings einst als »City of Lights«, denn sie erhielt 1888 als erste Stadt auf dem Lande eine elektrische Straßenbeleuchtung.

Das Klima in den New England Tablelands – die Durchschnittshöhe liegt bei etwa 900 Metern – ist recht kühl, mit Morgennebeln und Schnee im Winter. Mit ihren dichten Wäldern, kristallklaren Flüssen, tosenden Wasserfällen und tiefen Schluchten erinnert die Landschaft stark an England. Dabei sind die Tropen nur ein paar Dutzend Kilomete-

43 Wenn die New Yorker Profis darin sind, Business und Erfolg in Szene zu setzen, dann sind die Sydneyer die Inszenierungskünstler der Freizeit; wie hier mit der Pool-Terrasse in luftiger Höhe eines Wolkenkratzers.

44 Historischer Blickfang ist der rund zweihundert Jahre alte Dreimaster, mit dem Kapitän Cook einst das »unbekannte Südland« erkundete. Was Cook wohl sagen würde, wenn er heute an der extravaganten Silhouette der Sydney Opera vorbeisegeln würde?

entfernt. Besonders schön, wie im amerikanischen New England auch, ist es hier im Herbst. Dann leuchten die Laubwälder, Ulmen, Pappeln, Eichen, Ahorn und Birken, die die ersten Siedler aus Nostalgie zu ihrer Heimat pflanzten, in allen Farben. »New England ist überzogen mit Siedlungen, die alle zehn oder fünfzehn Kilometer voneinander entfernt liegen und von jungen, ehrbaren und gebildeten Männern bewohnt werden […]«, schrieb einer der frühen Siedler 1851. »Innerhalb der letzten zwei Jahre haben auch ein oder zwei Frauen ihren Weg in den New England Distrikt gefunden […] und wenn noch mehr Frauen kämen, würde dies dem Ansehen des Distrikts guttun.« Seine Wünsche wurden erfüllt.

Und nicht nur, daß inzwischen genügend Frauen in die Tablelands gezogen sind, auch das Bildungsbewußtsein blieb dieser Region bis heute erhalten. Ihre Hauptstadt Armidale beweist das. Mit ihren 22 000 Einwohnern hat sich hier nicht nur die anerkannte University of New England mit ihrem Campus mit viktorianischem Flair angesiedelt, sondern auch das College for Advanced Education, eine technische Hochschule, sowie fünf weitere Bildungszentren. Über dem Torbogen des sehenswerten Boolooominbah-Hauses steht das charakteristische Motto: »Honest Labour Bears a Lovely Face«.

Blue Mountains

Wer von Sydney aus so schnell wie möglich dem City-Smog entfliehen will, den hüllt nur knapp hundert Kilometer westlich ein ganz anderer »Smog« ein. Die Blue Mountains, von Sydney aus mit der City Rail in zwei Stunden zu erreichen, gehören zu den spektakulärsten Berglandschaften der Erde. Dabei sind sie nicht einmal besonders hoch. Aber über ihren steilen Schluchten, rauschenden Wasserkaskaden und den sanften, mit wilden Blumen bewachsenen Hängen schwebt ein mystischer blauer Dunst, dem diese Landschaft ihren Namen verdankt. Er entsteht durch die verdunstenden Öle der Gummibäume, die die Berge bedecken und besonders am frühen Morgen eine Atmosphäre schaffen, von der ein Regisseur wie David Lynch träumen dürfte.

Heute kann jeder Wochenendausflügler problemlos durch das Labyrinth der Bergkämme fahren. Doch die ersten Siedler hatten daran eine Weile zu knacken. Erst 1813 fanden Blaxland, Wentworth und Lawson einen Weg über diese natürliche Barriere hinaus in die westlichen Welten. Was für eine Herausforderung dies gewesen sein mag, erahnt man noch, wenn man von einem der Aussichtspunkte in die atemberaubenden Schluchten hinabblickt. Selbst heute sind die kleinen Siedlungen eng am Highway entlang aufgereiht. Die Straße folgt den Bergrücken. Links und rechts geht es abwärts. In den Tiefen, 250 Meter weiter unten, wächst dichter Wald ungestört.

Der größte Teil der Region ist heute ein Nationalpark. Schon in den dreißiger Jahren galten die Blue Mountains als das Erholungsgebiet schlechthin. Vor allem viele Hochzeitsreisende suchten die dunkelgrüne Bergromantik. Aus dieser Zeit sind noch einige liebevoll restaurierte Hotels erhalten wie das Carrington in Katoomba, das sich das Flair vergangener Tage erhalten hat.

Katoomba ist das Zentrum der Region, von dem aus alle Ausflugsziele gut zu erreichen sind. Zum Beispiel die Tropfsteinhöhlen entlang der Jenolan Caves Road oder die bizarre Felsenlandschaft des Temple of Doome. Eine andere markante Sandsteinformation, die »Three Sisters«, sollen die Legende nach einmal drei wunderschöne Aboriginal-Schwestern gewesen sein, die ein mißgünstiger Geist zu Stein werden ließ. Für den Giant Stairway, der an den drei Schwestern ins Tal hinunter führt, braucht auch ein geübter Treppensteiger zweieinhalb Stunden. Der atemberaubende Ausblick vom Echo Point ist nichts für nicht Schwindelfreie. An ihm führt eine Seilbahn mit dem treffenden Namen »Skyway« vertikal vom Tal himmelwärts. Die Bahn ist die steilste der Welt. Sie überwindet im 45-Grad-Winkel 450 Meter Höhenunterschied.

Der wilde Westen

Von den dunkelgrünen Hängen der Blue Mountains, den modernen Küstenstädten und der erfrischenden Brandung der Ostküste ist es ein weiter Weg in den entlegenen Westen von New South Wales, wo der Wind den roten Staub aufwirbelt, sengende Sonne die Luft flirren läßt und die Schafscherer wie zur Besiedlungszeit im Schweiße ihres Angesichts, fliegenumschwirrt, ein Tier nach dem anderen seiner dicken Wolle entledigen. Die bequemste Art und Weise, das Outback von New

45 und 46 Action am Bondi Beach: Zuerst vertreiben sich die Beach Boys ihre Zeit beim Strandvolleyball. Aber wenn der Surf stärker und stärker wird, gibt's kein Halten mehr, dann geht's mit dem Brett auf in den Kampf »Mann gegen Welle«.

Folgende Abbildungen:

47 bis 49 Nirgendwo ist das sonnig-beschwingte Strandleben so untrennbar mit dem betriebsamen Citylife verbunden wie in Sydney. Von der City sind es nur wenige Autominuten zum ausgedehnten Strand von Byron Bay (links) oder zum Bondi Beach (rechts oben und Mitte), dem Refugium des ältesten Surfclubs Australiens. Und das sind nur zwei von 86 Badebuchten rund um Sydney.

50 Am Strand werden hier die meisten Triathlonkarrieren gestartet. Gut gestählt bewähren sich die trainierten Körper dann auch bei der Triathlondisziplin des Radfahrens.

NESCA
SEEDS
WINNER'S BRACKET
LOSER'S BRACKET
CHAMPION
NESCA
Triple Your M
Ice Café
N ISLAND
ASSOCIATION VOLLEYBALL PROFESSIONALS
AVP
QANTAS
QANTAS

45 | 46

South Wales zu erleben ist, es zurückgelehnt im »Indian Pacific« per Schiene zu bereisen. Achtzehn Eisenbahnstunden sind es von Sydney über Katoomba und Bathurst bis zur »Silver City« Broken Hill, vorbei an den Blue Mountains, durch die westlichen Hochebenen der Dividing Range, wo die Kühe noch im knietiefen Gras wiederkäuen, bis dann allmählich die Bäume von niedrigen Salzbüschen abgelöst werden und die Sonne gnadenlos auf eine endlos rotsandige und rissige Ebene brennt. Bathurst ist die Hauptstadt des »Golden West«, wo vor hundert Jahren das Goldfieber um sich griff. 1851 setzte der Fund eines fast 50 Kilogramm schweren Goldklumpens das Virus. Zwar sind die großen Goldquellen längst versiegt, doch kann man auf den Spuren dieser turbulenten Zeit in den alten Goldgräbersiedlungen Hill End, Sofala oder Wattle Flat immer noch sein Glück versuchen. Aber auch sonst ist die Geschichte von Bathurst turbulent. Um 1820 war der Ort Ziel zahlreicher Angriffe der Aborigines, die sich gegen das Eindringen des weißen Mannes in ihr Land wehrten. Durch massive Gesetze wollte man die Siedler schützen. Auf den Kopf des Stammesoberhauptes wurde damals eine hohe Belohnung ausgesetzt. In der Übergangszone von der Great Dividing Range zur Steppe weiden über zwei Millionen Schafe, deren Vorfahren schon den Wohlstand der Kolonie begründeten.

Doch ein inzwischen weitaus wichtigeres Exportgut liegt zu Füßen der Schafe: Die Outback-Erde steckt voller Bodenschätze – Silber, Blei, Zink und Kupfer. 1883 entdeckte der deutschstämmige Charles Rasp in Broken Hill die größte Silber-Zink-Ader der Welt. Aus dem ebenso gottverlassenen wie sonnenverbrannten Ödland machten die Miner im Laufe der Jahre eine kleine Oase mit grünen Parkanlagen, Sport- und Freizeiteinrichtungen. Das nötige Wasser wird vom 130 Kilometer entfernten Darling River herangepumpt. Das dortige Menindee-Seengebiet ist am Wochenende Fluchtpunkt für die ausgetrockneten Outbacker. Andere Orte wie Silverton sind heute Geisterstädte. Hier braucht es nur ein Schild, das im Wind klappert, eine knarrende Tür oder einen verlassenen Stiefel im Staub, um die Phantasie anzuregen. Für »High Noon« auf australisch wären diese Geisterstädte der ideale Drehort. Auch in Broken Hill selbst herrscht eine eigentümliche Stimmung. Sie rührt her von der Mischung aus Einsamkeit und Reichtum. Die Uhren stellt man hier grundsätzlich nach südaustralischer Zeit.

Und auch sonst galt die Siedlung um die Broken-Hill-Minengesellschaft, heute eines von Australiens reichsten Industrieunternehmen, immer schon als recht eigenwillig. So haben die Minengesellschaften – inzwischen sind es vier – und ihre Angestellten das landesweit übliche System gewerkschaftlicher Schichtung sowie das Arbeitgeber-Arbeitnehmer-Verhältnis unterwandert und ihre eigenen Gesetze geschaffen. 1925 schlossen sich die 35 Einzelgewerkschaften, die damals schon die 35-Stunden-Woche durchsetzten, zum Barrier Industrial Council zusammen. Der Einfluß dieser mächtigen Organisation reicht heute bis in alle Bereiche des öffentlichen Lebens.

Seit 1939 gibt es hier auch eine Basis des in Queensland gegründeten »Royal Flying Doctor Service« und der »School of the Air«. Sehenswert ist auch die restaurierte Cathedral of the Sacred Heart, das Museum of Applied Arts and Sciences sowie die afghanische Moschee, Ende des letzten Jahrhunderts von Afghanen erbaut, die mit ihren Kamelkarawanen zur Versorgung der Städte im Outback beitrugen, zu denen auch Lightning Ridge gehörte. Lightning Ridge, im nördlichen Outback von New South Wales, wurde berühmt, als man hier 1907 den ersten schwarzen Opal fand. Die Opalfelder um Lightning Ridge bergen als einzige diesen seltenen Schatz. Wer an schnellen Reichtum glaubt – und das sind immer noch viele, wie man hier an den Abenteurern aus aller Welt sieht –, kann bei der Polizei eine Schürflizenz erwerben und die Probe aufs Exempel machen.

Australian Capital Territory: Canberra – ein Kompromiß?

Canberra gilt offiziell als Hauptstadt und Regierungssitz Australiens, auf dem Reißbrett entstanden, um die Rivalitäten der beiden Städte Sydney und Melbourne endgültig aus der Welt zu schaffen. So mußte das Parlament nach seiner ersten Sitzung in Melbournes Ausstellungshalle fast drei Jahre lang in Notunterkünften tagen, ehe das erste Parlamentshaus in Canberra 1927 feierlich eröffnet werden konnte. Die Regierung hatte sich das Recht vorbehalten, ein geeignetes Gebiet für die künftige Hauptstadt zu requirieren. Es

51 Die markante Sandsteinformation der »Three Sisters« in den Blue Mountains sollen der Legende nach einmal drei wunderschöne Aboriginalschwestern gewesen sein, die ein mißgünstiger Geist zu Stein werden ließ.

sollte im Gründungsstaat New South Wales liegen, allerdings mindestens 100 Meilen von Sydney entfernt. Nach längerer Suche entschied man sich für das heutige Gebiet, fast auf halbem Weg zwischen Sydney und Melbourne, das nach amerikanischem Vorbild als Australian Capital Territory (ACT) in Selbstverwaltung genommen wurde: Eine politische Insel also zwischen zwei Stühlen, das heißt zwischen zwei Städten, die dessenungeachtet das Duell um die erste Metropole im Lande weiterführen. Dazu kommt, daß sich die meisten Australier sowieso nicht besonders viel aus Politik machen. Wer in der Politik etwas werden will, dem wird schnell unterstellt, er hätte es in der Wirtschaft nicht geschafft. In Canberra liegt das Einkommen um fast 40 Prozent über dem Landesdurchschnitt. Das war nur eine kleine statistische Meldung, und doch verzichtete keine Tageszeitung darauf, eine Schlagzeile daraus zu machen. Natürlich bestätigt so etwas nur die Vorurteile der Bürger gegen ihre Politiker und schafft nicht gerade die richtige Stimmung, um vielversprechende Talente für den Staatsdienst zu gewinnen.

Unter den mehreren tausend Vorschlägen, die 1913 gesammelt wurden, um der Stadt einen Namen zu geben, waren so bizarre Wortschöpfungen wie »Sydmeladperbrisho« oder »Wheatwoolgold«. Es entbehrt nicht einer gewissen Ironie, daß die Regierung schließlich ausgerechnet einen Aboriginal-Namen für die Hauptstadt wählte: Canberra, was soviel heißt wie Treffpunkt. Aufsehen erregte der Name, als man herausfand, daß Canberra gleichzeitig mit »Brust einer Frau« übersetzt werden kann. Über Canberra selbst gibt es die verschiedensten Ansichten. Architekturfans gilt sie als schönste Stadt Australiens, anderen ist sie zu steril. Im Jahre 1911 schrieb die Regierung einen internationalen Achitektenwettbewerb für den Entwurf der Hauptstadt aus. Gegen eine Konkurrenz von 135 Mitbewerbern gewann der Amerikaner Walter Burley Griffin, der seinen Entwurf einreichte, ohne den »Tatort« jemals gesehen zu haben. Seine faszinierende Konstruktion aus Kreisen und Dreiecken bezog die Landschaft gestaltend mit ein. Der Parlamentshügel Capital Hill stellt die Spitze eines gleichschenkligen Dreiecks dar, die konzentrisch angelegte City die andere Ecke des Dreiecks und eine besondere architektonische Anlage, heute das War Memorial, die dritte. Die Achse zwischen Capital Hill und City wird durch eine große Wasserfläche, den Lake Burley Griffin, getrennt. Griffins Entwurf ist erst 1988, kurz vor der Zweihundertjahrfeier Australiens vollendet worden. Zum Australia Day am 26. Januar wurde das neue Parlamentsgebäude, das dank der Inflation über eine Milliarde Dollar gekostet hat, auf dem Capital Hill eröffnet. Bis dahin hatte ein provisorisches Parlament am Fuße des Hügels jahrzehntelang seine Aufgabe erfüllt. Heute leben rund 250000 Menschen im gesamten Territory, davon 60000 in Central Canberra und 80000 zehn Kilometer weiter nördlich in Belconnen.

Ein Großteil von ihnen sind Regierungs- und Botschaftsangestellte, die am Wochenende den Flieger nach Melbourne oder Sydney nehmen. Bei siebzig diplomatischen Sitzen und rund sechzig ethnischen Gemeinden ist die multikulturelle Struktur ein Charakteristikum Canberras. So gibt es auch einen multilingualen Touristenführer mit einem Kalender für sämtliche Festivals der Stadt, die quer durch sämtliche Kulturen gehen – vom Aboriginal-Kunstfestival über spanische Fiestas bis zum Oktoberfest.

Zwischen City und Capital Hill befinden sich, abgesehen von der einzigartigen Australian National Gallery, die mehr als 70000 Kunstwerke umfaßt, auch das neue National Sciene Center, die Nationalbibliothek und der High Court, in dem die höchsten Gerichtsurteile des Landes gefällt werden. Wer an australischer Film- und Fernsehgeschichte oder an gesammelten Tondokumenten interessiert ist, der findet sein Dorado im National Film and Sound Archive im Stadtteil Acton. Was einem da zu Ohren kommt, ist Australien pur. Aber was sind nun die typischen Naturklänge Australiens? Das hämische Gelächter der Kookaburras, das zirpende Glucksen der schwarzweißen Magpies oder das faule Grunzen der Koalas? Vielleicht ist es letztendlich die große Stille des Outback.

Skihasen in den Snowy Mountains

Der Pulverschnee stiebt. Junge Leute in neonfarbenen Overalls, Stirnbändern und Gletscherbrillen zischen auf ihren Snowboards in rasanter Fahrt die »Kamikaze«-Piste abwärts. Mit ihrem 45–50-Grad-Gefälle auf drei Kilometern Länge gehört sie zu jenen Skiherausforderungen, die Magenkribbeln

52 Die Snowy Mountains im Frühjahr. Im Winter rasen hier die Skihasen in rasanter Fahrt die »Kamikazepiste« abwärts. Der Mount Kosciusko ist mit seinen stattlichen 2228 Metern der höchste Gipfel der »Snowies«.

53 Im weiten Westen von New South Wales begann Australiens Karriere als Wollexporteur. In der Übergangszone von der Dividing Range zur Steppe grasen auch heute noch über zwei Millionen Schafe.

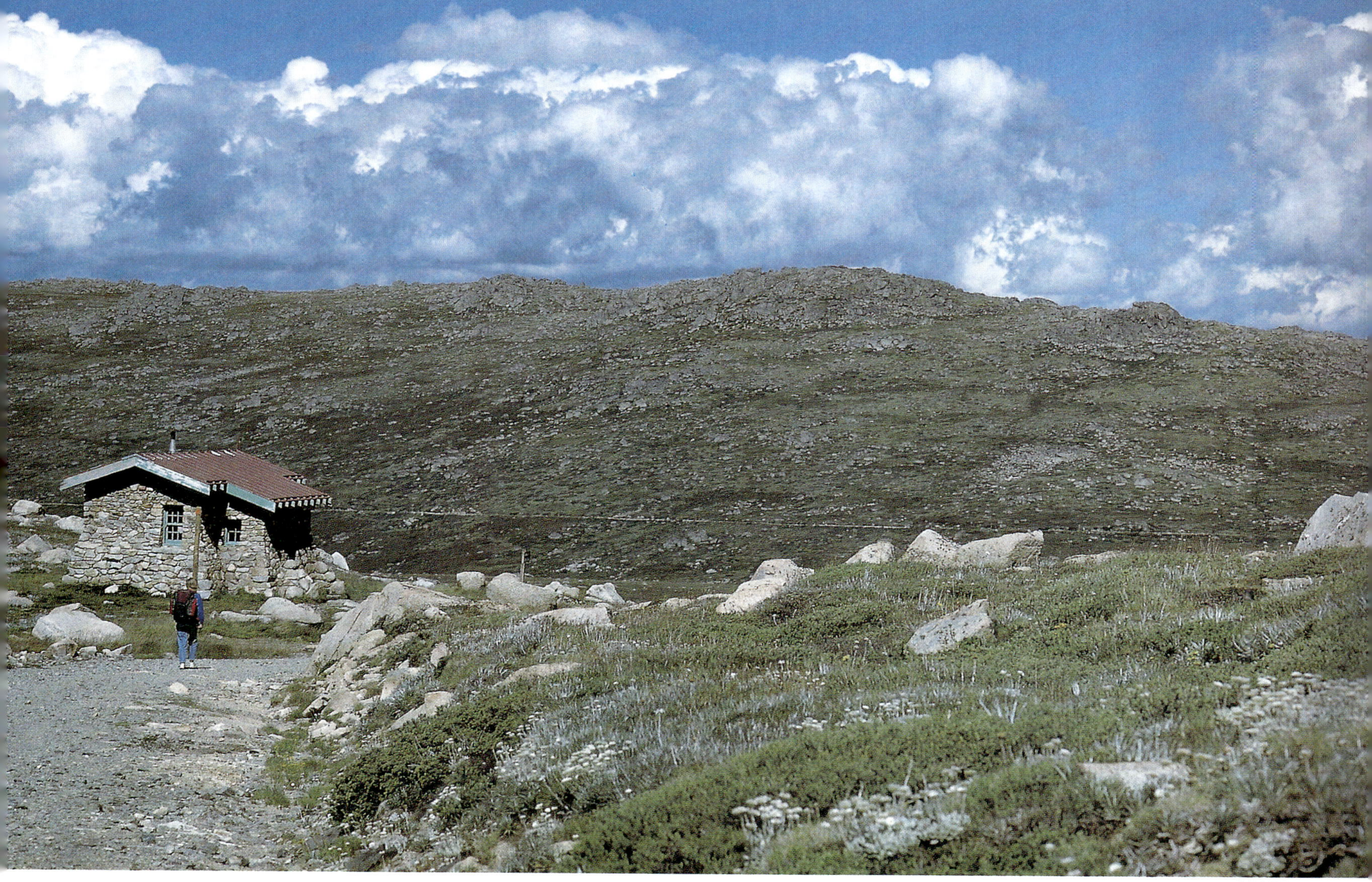

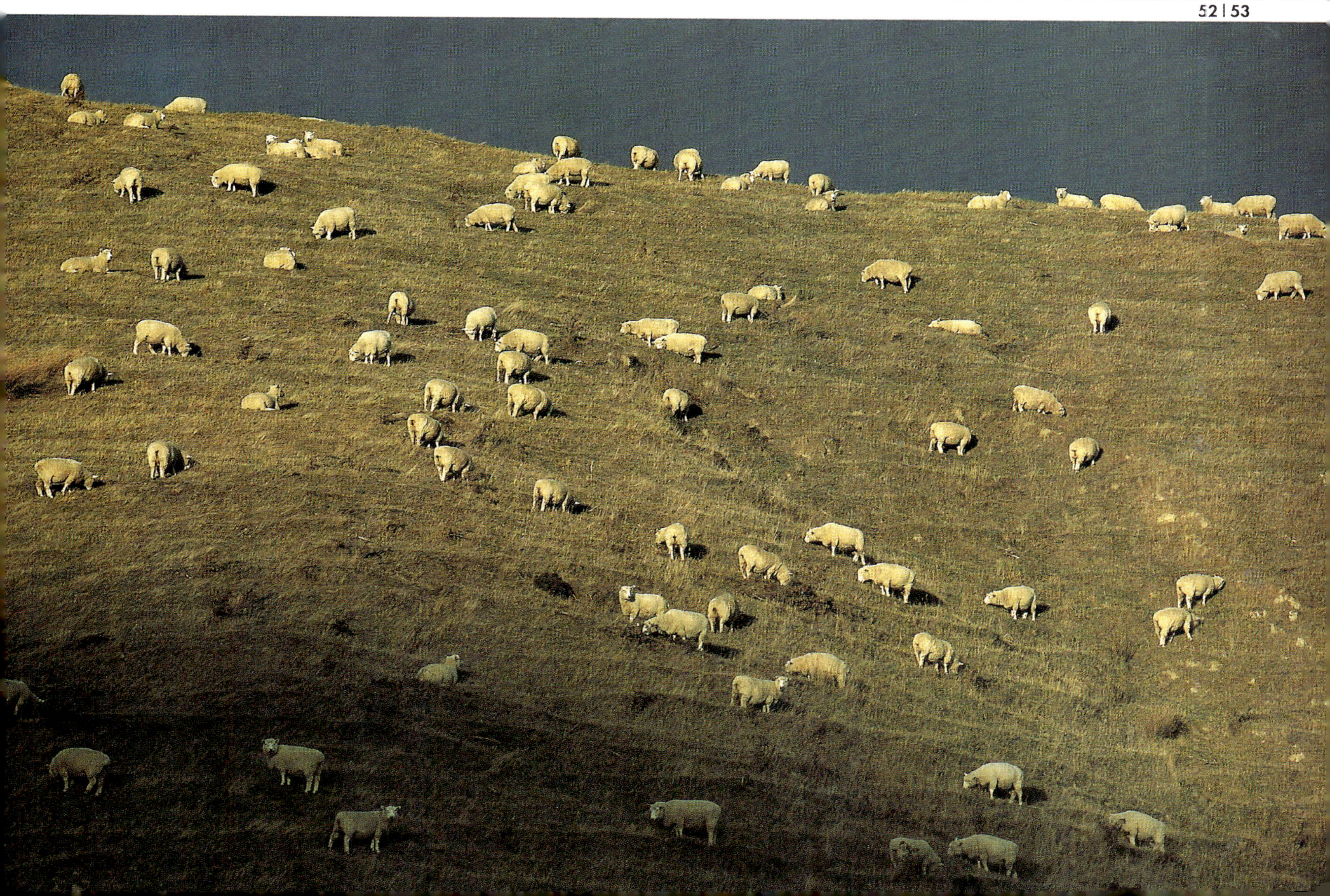

verusachen. Es ist Juli und die Schneefelder der Snowy Mountains glitzern in der Wintersonne. Die Skisaison ist in vollem Gange. Besucher sind oft erstaunt zu hören, daß Australien zu den ersten Ländern gehört, in denen der Skisport sich organisierte. 1859, als die ersten Goldminen in Kiandra, New South Wales, entdeckt wurden, führten die norwegischen Minenarbeiter das Skilaufen in der abgelegenen Bergwelt der Snowy Mountains als amüsante Abwechslung zur staubigen Arbeit in den Schächten ein. Schon 1870 gab es den ersten Skiclub in Kiandra, zwei Jahre eher als in Amerika. Die ersten Pisten und Hütten wurden 1909 im Kosciusko-Nationalpark eröffnet, denn der höchste Gipfel der »Snowies« ist der Mount Kosciusko mit stattlichen 2228 Metern. Hier oben wurde Australiens tiefste Temperatur gemessen: minus 22,3 Grad Celsius.

Das älteste und immer noch menschenleerste Skigebiet ist der Charlotte Pass in 1821 Metern Höhe, benannt nach der ersten Frau, die den Mount Kosciusko bestieg. Das Guthega-Gebiet überblickt die vereisten Schleifen des Snowy River und war früher ausschließlich einem privaten Club vorbehalten. Auch heute gibt es nur 250 Betten in Clubunterkünften und nur 19 Hotelbetten. Mount Selwyn und Smiggin Holes offerieren ideale Bedingungen für Anfänger und Familien, während sich im Perisher Valley und auf der Main Range die erfahrenen Skihasen, Touren- und Tiefschneefahrer tummeln. Das erst jüngst erschlossene Skigebiet um den Mount Blue Cow, benannt nach den blauen Kühen, die an seinen Hängen weideten, ist nur mit dem Skizug von Bullocks Flat aus zu erreichen. Zehn Minuten sind es von dort bis ins Perisher Valley und noch einmal fünf bis zum Gipfel des Mount Blue Cow. Von hier aus geht auch besagte »Kamikaze«-Piste abwärts. Thredbo, direkt am Mount Kosciusko, hat das ganze Jahr über Saison. Auf seinen 70 Kilometern Piste mit den riskanten Abfahrten »Funnelweb«, »Face of Merritts«, »Crackenback« oder »Ramshed« sind die Draufgänger unterwegs. Mit ihren Liften, Skischuhen, Hotels, Shops, Restaurants und anderen Après-Ski-Events stehen diese Skidorados der Schweiz in nichts nach.

Die meisten Skigebiete lassen sich leicht von Jindabyne aus erreichen mit seinem großen Stausee, einer von vielen in den Snowies, die mit ihren Kraftwerken die Stromversorgung der Umgebung bis hin nach Sydney und Melbourne sichern.

Die Snowy Mountains ziehen sich bis hinein in den Nordosten des Bundesstaates Victoria, in die Goulburn Valley Region und nach Gippsland Richtung Melbourne. Auch wenn die Skigebiete Victorias nicht die gleichen Höhen erreichen wie in New South Wales, sind sie zwischen Juni und Oktober schneesicher und offerieren Alpinskifahrern ähnlich angenehme Bedingungen.

54 Im Sommer führen zahlreiche Pfade durch die Granitfelsenlandschaft des Mount Kosciusko. Wanderhungrige können hier mehrere Tage lang unterwegs sein. Beim Park Officer kann man sich nach Campingmöglichkeiten, Grillplätzen und Hütten erkundigen.

Murray River Country

Der Murray ist der australische Mississippi. Er entspringt in den Snowy Mountains, fließt durch die Berge im Nordosten Victorias, begleitet über weite Strecken die Grenze nach New South Wales und mündet schließlich nach fast 2600 Kilometern in South Australia ins Meer. Vorbei an sattgrünen Tälern, Weideland mit geduckten Farmen, Orangen- und Zitronenplantagen führt der Murray Valley Highway entlang des Flußlaufes von Albury bis nach Mildura an die Grenze zu South Australia. Albury ist eine seltsame kleine Zwillingsstadt, deren zweite Hälfte, Wodonga, jenseits des Murray in New South Wales liegt. Da es das Glücksspiel in Victoria offiziell nicht gibt, begeben sich die Gambler ganz einfach per Fähre ans andere Ufer des Flusses und drängen sich, getreu dem Songtitel »Hey, Spieler, komm rüber«, um das Ziel ihrer Sehnsüchte: die Pokermaschinen von Wodonga, kurz »pokies« genannt. Zu diesen »einarmigen Banditen« werden ganze Busladungen – vorwiegend sangesfreudige Rentner – gekarrt, die sich nach werbewirksam billigem Mittagessen den Nervenkitzel gönnen, ihre Rente aufs Spiel·zu setzen. Australiens berüchtigtste Banditen hatten ihren Showdown bereits im letzten Jahrhundert südlich von Wangaratta. Dieser rauhe, felsige Streifen Land zwischen Euroa, Omeo und Beechworth ist Ned Kelly Country, der von hier aus mit seiner Gang Farmen plünderte, Postkutschen überfiel, Banken ausraubte und Polizisten erschoß. Direkt am Highway von Glenrowan zeugt eine überlebensgroße Nachbildung von Ned Kellys letztem Raubzug. 1880 wurde er beschossen, gefangengenommen und dann gehängt. Heute ist er ein Nationalheld, verewigt in Dutzenden von Büchern, Songs, Filmen und sogar in einer Rock-Oper. In Glenrowans Shops wird der Kelly-Mythos so kitschig wie möglich vermarktet: Vom Ned-Kelly-Shirt oder -Aschenbecher bis zur Ned-Kelly-Zündholzschachtel ist alles zu haben. Weiter westlich ist das Gourlbourn Valley mit Shepparton als größter Stadt eine wichtige Lebensmittelquelle des Landes. Die Region lebt vor allem von Milchwirtschaft, Rinder- und Schafzucht, Wein-, Gemüse- und Obstanbau. Dank des Murray River werden die weiten Weide- und Anbauflächen durch ein künstliches Bewässerungssystem zur fruchtbaren Oase. Nahe am Murray, im Barmah State Forest, stehen noch riesige Red River Gums in den Feuchtgebieten und »Billabongs«, den Wasserlöchern. In dieser zum Teil schwer zugänglichen Region nisten ungestört zahlreiche seltene Vogelarten. Echuca liegt am Zusammenfluß von Murray, Campaspe und Goulburn River. Im 19. Jahrhundert galt die Stadt als größter Binnenhafen Australiens, bis die Eisenbahn die schönen alten Raddampfer ablöste. Heute tuckern sie als nostalgische Touristenattraktion Richtung Swan Hill. In Echuca, Swan Hill oder weiter nordöstlich in Mildura kann man sich auch ein Hausboot mieten und mit guten Freunden oder seinem Schatz die vielen stillen Winkel dieser wildromantischen Flußlandschaft erschippern. Je näher der Fluß der Grenze zu South Australia kommt, desto sonnengegerbter wird die Gegend. In Mildura werden im Sommer bis zu 47 Grad Celsius gemessen. Nicht umsonst nennt man das Land um Mildura »Sunraysia«. Hier gibt es im Jahresdurchschnitt sogar einen halben Monat mehr Sonne als an der Sunshine Coast von Queensland, die mit dem angeblich meisten Sonnenschein für sich wirbt. Die Hitze macht die Arbeiter in Mildura offenbar sehr durstig: Im Workingman's Club in der Deakin Avenue steht mit 91 Metern die wohl längste Theke der Welt. Eigentlich müßte der Boden rund um Mildura knochentrocken sein. Aber wozu hat man schließlich den Murray River? Eines der ausgedehntesten Bewässerungssysteme Australiens macht seit 1986 aus der Malley-Wüste eine fruchtbare Oase. Die Gemüsesorten und Südfrüchte aus Sunraysia lassen heute die Marktstände Melbournes überquellen. Nicht nur die Zitronen- und Orangenplantagen entlang des Murray River prägen das Landschaftsbild, sondern vor allem auch die endlosen Reihen von Weinstöcken. Sunraysia gehört zu Victorias größten Weinbaugebieten. Ein großer Teil der Traubenernte liegt zum Trocknen in der Sonne ausgebreitet, um vielleicht einmal als Rosine aus Mutters Napfkuchen gepickt zu werden.

Die sonnige Süße von Sunraysia hat allerdings einen bitteren Beigeschmack: Umweltschützer weisen seit langem darauf hin, daß dem Murray-Darling-Becken die Versalzung droht. Sie wird nicht durch den normalen Salzgehalt des Flusses hervorgerufen, sondern durch das Ansteigen des Grundwasserspiegels, der die Salzreste eines Urozeans löst,

Vorhergehende Abbildung:

55 Die Zwölf Apostel, vereinsamte Sandsteinpfeiler der ehemaligen Steilküste, die die Wellen inzwischen weiter landeinwärts ausgespült haben, sind das Wahrzeichen der Great Ocean Road. Buchstäblich wie ein Fels in der Brandung steht hier jeder von ihnen Posten am Tor zum großen Süden Australiens.

56 Der Murray River ist der Mississippi Australiens. Seine fruchtbaren Uferlandschaften versorgen die Märkte der Metropolen mit Gemüse und Zitrusfrüchten, mit Wein und Rosinen. Die Strecke von Swan Hill nach Echuca war einmal die Hauptverkehrsader der Raddampfer. Heute tuckern sie als nostalgische Touristenattraktion den Murray entlang.

der zum Teil salziger ist als heutiges Meerwasser. Über kostenintensive Drainagesysteme wird jetzt der Boden bis unterhalb der Wurzelstöcke der Pflanzen vom Salz freigewaschen. Damit das salzige Abflußwasser nicht wieder in den Kreislauf gerät, läßt man es im Becken verdunsten.

Die Grampians

Der Schrei der Wanderfalken ist meilenweit durch das Tal zu hören. Er nistet in den versteckten Felsüberhängen der Grampians und kreist oft über ihren Schluchten und wilden Wasserfällen. Aus der Luft wirken die Bergketten der westlichsten Ausläufer der Great Dividing Range wie ein nord-südlich erweitertes Hufeisen, geschlossen durch den Mount Difficult und flankiert von der Victoria Range im Westen und der Serra Range mit Mount William (1168 Meter) im Osten. Das Innere des Hufeisens ist das große Victoria Valley. Bäche rieseln überall in den Grampians. Aber die vier größten Wasserläufe, die den weichen Sandstein in tiefen Schluchten durchschneiden, sind Fyans Creek, Wannon River, MacKenzie River und vor allem der Glenelg River, der auch das Bewässerungssystem für das umliegende Farmland speist. In den Tälern leben Känguruhs, Koalas, Ameisenigel, Emus, und in den Flüssen schwimmen die lustigen Schnabeltiere. Thomas Mitchell, der als erster Europäer 1836 hierherkam und Mount William bestieg und taufte, fühlte sich in der eisigen Luft des Hochlandes an die Grampians seiner schottischen Heimat erinnert. Und so wählte er denselben Namen für dieses australische Bergland. Die Aboriginal-Stämme, die hier lebten, gaben dieser für sie heiligen Stätte verschiedene Namen: Cowa, Naram Naram oder Tuuwull, alles bedeutete aber »Berge« oder »plötzlich hohe Berge«. Mehr als 80 Prozent der gesamten Aboriginal-Felsenmalereien wurden in den Grampians gefunden. Von der Westseite der Victoria Range bei Glenisla aus führen Buschpfade zu den reichsten Felsengalerien in der »Höhle der Hände« und der »Höhle der Fische«. Die Malereien in den Grampians werden zwei unterschiedlichen Stilrichtungen zugeordnet: sehr alte, primitive Formen, die die Buandik-Aborigines in rotem Ocker verewigten, und neuere Gemälde in weißem Ton des Jardwa-Stammes. Nicht weit von dem kleinen Ort Halls Gap entfernt liegt die Wonderland Range, eine bizarre Felsenlandschaft mit einem kleinen »Grand Canyon« und der »Silent Street«. Ein Kletterpfad führt an der Echo-Höhle vorbei, aus der mittlerweile immer mehr internationale Rufe widerhallen. Hinter dem Pinnacle-Aussichtspunkt, von dem man einen kilometerweiten Ausblick über die Wälder der Grampians hat, dient ein zehn Meter langer und einen halben Meter breiter Felsüberhang als Nervenkitzel. Hier werden ähnlich wie in Internatsromanen manchmal Mutproben durchgeführt. Wer auf dem schmalen Streifen Stein abrutscht, fällt fünf Meter tief. Rauh und wortkarg, aber herzlich, so sind die Leute in den Grampians. Sie haben tatsächlich mehr Ähnlichkeit mit den Schotten als mit den offenherzigen australischen Sonnyboys. Meistens grüßen nur die Männer mit einem gebrabbelten »How are you?«, wenn man sich in den Bergen begegnet. Die Frauen lächeln wortlos. In Killarney treffen wir den fünfundsiebzigjährigen Farmer Bill mit seinem wohl fast ebenso alten Hund. An seinem Hut trocknet etwas Kuhmist in der Sonne, aber seine Augen leuchten, als er auf die Frage, ob er schon einmal im Urlaub gewesen sei, antwortete, sein Sohn habe ihn vor zehn Jahren einmal nach Queensland mitgenommen.

Lieblich wird die rauhe Landschaft der Grampians im September und Oktober zur Wildblumenblüte. Wilde Akazien, Lilien, Orchideen und Fuchsien überziehen die Berghänge dann mit pastellfarbenen Blütenschleiern.

Great Ocean Road

Südlich der Grampians an der Küste liegt der kleine Walfängerhafen Portland, 1834 gegründet und damit Victorias älteste Stadt. Burswood House und Claremont sind zwei der schönsten von über hundert historischen Gebäuden, die sich das heiter-verschlafene Portland erhalten hat. Wenige Kilometer westwärts, in Warnambool, zweigt die Great Ocean Road vom Princess Highway ab: 300 Kilometer spektakulärer Küstenszenen, erstklassiger Surf und feinste, sichere Sandstrände – als wäre man auf dem kalifornischen Highway Number One auf dem Weg nach Big Sur. Und ihn zeigt die Great Ocean Road auch: den großen Süden – den australischen natürlich. Sie führt ihre Kurven entlang der atemberaubenden Steilküste mit den

57 Als 1836 Thomas Mitchell als erster Europäer in diese Berglandschaft kam, fühlte er sich mit ein bißchen Heimweh an seine schottischen Grampians erinnert und gab ihr den gleichen Namen. Freischwebende Felsenüberhänge, »balconies«, von denen man einen weiten Blick über die Grampian-Wälder hat, findet man überall.

berühmten »Zwölf Aposteln«, die fünfzig Meter hoch einsam und meerumschlungen im wahrsten Sinne des Wortes als Felsen in der Brandung stehen. Früher war dieser mit seinen Klippen und Strömungen gefährliche Küstenstreifen der Schrecken der Seeleute. Als »Shipwreck Coast« berüchtigt, fanden hier mehr als dreißig große Segelschiffe ihr nasses Grab. Die Geräuschkulisse ist gewaltig, wenn die Wellen durch die ausgewaschenen Höhlen der Loch Ard oder des Blowhole donnern. Danach macht die Great Ocean Road einen romantischen Abstecher in die Küstenberge der Otways Ranges. Das Rauschen der Brandung wird leiser und vermischt sich mit dem Gezwitscher bunter Vögel, die sich in den Farnwäldern und Eukalypten streiten. Ein paar Känguruhs hüpfen zum Frühsport durchs Gebüsch und schnuppern die Frische des Regenwaldes. Aber bald dominiert wieder der Salzgeruch des Meeres. In Port Campbell dröhnt Rockmusik über den Strand. Die Sturm-und-Drang-Jugend trifft sich zum Open-Air-Konzert und unterbricht das vor sich hinplätschernde Kleinstadtleben, indem sie ein »Faß aufmacht« – ein paar mehr können es da auch ruhig sein. Vorbei am Cape Otway geht es nach Torquay, dem Surfermekka Victorias, mit Bell's Beach als Austragungsort für die jährlichen Weltmeisterschaften und auf dem besten Weg, die Hauptstadt der Surfer-Welt zu werden. Nordwärts ist bereits Stadtluft zu riechen. Und nicht nur das: In Ocean Grove erzählen die Surfer, daß sie inzwischen darin geübt seien, auf einer Welle aus Windeln, Toilettenpapier, Coladosen und Kondomen zu reiten. Der einheimische Surfclub habe sich deshalb bereits in Sewage-Surfriders – Abwassersurfer – umbenannt. So schlimm ist es nun auch wieder nicht. Aber ein bißchen Surfer-Latein muß wohl sein. Die Great Ocean Road hat sich inzwischen wieder mit dem Princess Highway vereinigt und führt nach Geelong, der zweitgrößten Stadt Victorias. Sie entwickelte sich um 1840 zu einem wichtigen Wollzentrum und war damals wirtschaftlich sogar bedeutender als Melbourne. Das Glück der Erde wuchs damals auf dem Rücken der Schafe. Heute kann man den Weg der Wolle vom Schafspelz bis zum feinsten Zwirn im National Wool Centre verfolgen: ein wichtiges Stück australischer Geschichte. Geelong ist auch das Tor zur Bellarine-Halbinsel. An ihrer Spitze trutzt das alte Fort von Queenscliff, dessen Kanonen einmal

Melbourne vor dem gefürchteten Angriff der Russen schützen sollten, der nie stattfand. Von hier aus setzt eine Fähre über die Port-Phillip-Bucht nach Portsea oder Sorrento über.

Insel mit Dress Code

Eine große Brücke stellt die Verbindung zu Phillip Island her, dem touristischen Kassenschlager Victorias. Rund 3000 Pinguine watscheln, wie zum Festtagsdinner gekleidet, allabendlich bei Sonnenuntergang aus dem Meer an den Strand, um sich in ihren Dünennestern zur Nachtruhe zu betten. Wer es ganz genau wissen will: Nein, sie vertauschen dabei ihren Frack nicht mit einem Pyjama. Aber mehr als eine halbe Million Menschen pro Jahr wollen das offenbar einfach nicht glauben. Sie reisen nach Phillip Island, um für die kleinen, munteren Kerlchen Spalier zu stehen, sie zu bestaunen, zu fotografieren, ja sogar um ihnen zu applaudieren. Wenngleich die inzwischen angestellten Ordnungshüter streng auf absolute Ruhe und Distanz achten, damit die Pinguine nicht verschreckt werden. Neue Zuschauerplattformen sorgen jetzt für entsprechenden Abstand. Die internationale Beliebtheit dieser Pinguin-Parade ist so groß, daß die Japaner beispielsweise von einem fünftägigen Australien-»Urlaub« einen ganzen Tag für Phillip Island abzweigen.

Die Sonne ist untergegangen. Erwartungsvolle Stille kehrt ein. Werden sie kommen? Zweitausend Augen starren auf die dunkle Weite des Pazifiks hinaus. »Da! Jetzt kommen sie!« raunt es in der Menge. Aber nein, es waren nur ein paar Schaumkronen, die auf der Brandung tanzten.

Doch dann kommen sie wirklich. Erst nur ein paar Pinguine haben sich an Land spülen lassen, bleiben auf dem Bauch liegen, äugen vorsichtig in die Scheinwerfer, richten sich auf, wackeln mit ihren Stummelflügeln und watscheln landeinwärts. Das gleiche beginnt nun auf breiter Front. Wohin man sieht, rutschen die kleinen Kerle bäuchlings auf den Strand, schütteln sich und marschieren los. Es müssen Tausende sein. Sie formieren sich wie eine Armee in mehreren Reihen hintereinander, auf einer Breite von 50 Metern. Ohne die geringste Scheu nähern sie sich den Tribünen, hüpfen über die Schwellen der Bankreihen, watscheln zwischen den Beinen der Menschen hindurch, bleiben stehen, beäugen die-

58 Wildromantische Wasserfälle, die sich über mehrere Stufen in klare Becken stürzen, speisen in den Grampians viele Seen. Von den Wasserreservoirs der Grampians werden über unterirdische Kanäle 49 Städte und rund 7000 Farmen im Umland mit Wasser versorgt.

se seltsamen anders gekleideten Landtiere, schütteln verwundert die Köpfe und ziehen weiter, hinauf in die Büsche zwischen den Dünen, um sich für den Rest der Nacht vom stressigen Tagwerk des Fischfangs zu erholen.

Weinseliges Tal

Mit dem Weinanbau begann man im kleinsten Staat Australiens schon 1834. Der erste Gouverneur Charles La Trobe und einige andere, die ihr Wissen aus Europa mitbrachten, gingen mit gutem Beispiel voran. Als die Goldquellen versiegten, sattelten viele Digger auf das flüssige Gold als Nebenverdienst um. Seit einigen Jahren gewinnt Victoria vor allem mit seinen leichten, trockenen Weißweinen eine Goldmedaille nach der anderen in Europa. Und so haben sich heute rund um Portland, Mildura, Echuca, Wangaratta, Bendigo, Avoca, Bairnsdale und im Yarra Valley nahe Melbourne einige große und noch mehr individuelle Winzer etabliert, die ihren erstklassigen Wein in alle Welt exportieren: fruchtig-herber Chardonnay, holziger Pinot Noir, rauchig-dumpfer Cabernet Sauvignon und würzig-samtiger Shiraz. Das Yarra Valley gehört zu den gesegnetsten Weinbaugebieten Victorias und ist zudem noch in einer knappen Stunde Autofahrt nordöstlich von Melbourne zu erreichen. Das neue Zauberwort der Weinkenner ist »Boutique Weine«. Die spitzfindigen unter den Winzern verabscheuen diesen Ausdruck, und eigentlich kann niemand so genau erklären, was er eigentlich besagt. Aber eines weiß man: Es ist ein Trend – und das ist ja heute schließlich das wichtigste. Erst jüngst eröffnete der Champagner-Gigant Moët & Chandon für zehn Millionen Dollar eine »Domaine Chandon«-Sektkellerei in Vorzeige-Architektur, mit einer Probier-»Stube« in coolem Design und seit neuestem einem edlen Gourmet-Restaurant.

Zu den ganz Großen im Yarra Valley gehört auch der italienische Familienbetrieb »De Bortoli Yarrinya Estate« und »St. Hubert's« bei Coldstream, gleich um die Ecke der berühmten Villa von Operndiva Dame Nellie Melba. Echte Entdeckungen aber sind die individuellen Weine der kleinen, privaten Winzer. Der Chardonnay der »Bianchet Winery« bei Lilydale wurde mehrfach preisgekrönt, und der neue Derduzzo – dem weißen Burgunder ähnlich – von Lou und Therese Bianchet gilt als der beste Australiens. »Fergusson's Winery« bei Dixon's Creek hat sich mit ihrem Cabernet Sauvignon einen Namen gemacht, »Lilydale Vineyards« bei Seville mit dem Chardonnay und »Yarra Burn« sollte man besuchen, wenn man eine Schwäche für Pinot Noir und das rustikale Restaurant von Christine und David Fyffe hat. Ja und dann gibt es immer noch rund zwanzig Weingüter zum Durchprobieren. Wenn man nach einem solchen weinseligen Trip durch das Yarra Valley nicht mehr verkehrsfähig ist, kann man sich getrost im Hotel »The Grand« in Yarra Glen einmieten, das entgegen seinem Namen nicht einmal ein Dutzend Zimmer hat, dafür aber das nostalgische Flair vergangener Tage.

Melbourne

Wußten Sie, daß die zweitgrößte Stadt Australiens von »Batman« gegründet wurde? Nein, nicht jener Fledermaus-Supermann aus der Comicwelt, sondern ein durchaus realer Mann mit Vornamen John, seines Zeichens Viehzüchter und Schlitzohr, denn er schwatzte den Aborigines des Dutigalla-Stammes das ursprüngliche Gebiet des heutigen Melbourne (damals 240000 Hektar) für ein paar Wolldecken, Glasperlen, Messer, Äxte und etwas Mehl ab. Auf der Landkarte markierte er einen Fleck am Ufer des Yarra als »reserved for a township«. Am 29. August 1835 entlud er sein Schiff »Enterprise« und baute das erste Haus: einen Schuppen für Schweinefleisch, Zucker und dreieinhalb Gallonen Gin. Sicher, die Landnahme war illegal. Aber als der Gouverneur in Sydney davon Wind bekam, lebten schon 2000 Menschen am Yarra. Unmöglich, sie alle zu verhaften. Bald sollten sie dankbar sein für die neue Siedlung in der Port Phillip Bay, denn als das Goldfieber in New South Wales ausbrach und man in Victoria Belohnungen für Goldfunde aussetzte, um die Siedler hier zu halten, entdeckte man in und um Bendigio und Ballarat weit größere Goldfunde, und alles strömte nach Victoria. Bald war Melbourne die Stadt, wo das Geld floß, und sie lief – zumindest bis zur großen Depression 1893 – Sydney den Rang ab.

Angesichts der eigenen, gut ausgebauten Kanalisation verspottete man in Sydney die Siedlung am verdreckten Yarra River als »Smellbourne«. Es war ein ohnmächtiger Spott. Die Bevölkerung Melbournes stieg rasch auf eine Viertelmillion und zur Weltaus-

59 Die Kraft der Brandung hat an der Great Ocean Road neben den Zwölf Aposteln auch für andere interessante Felsformationen gesorgt, wie zum Beispiel für diese natürliche Brücke, durch die sich das Wasser seinen Weg gebahnt hat.

stellung 1880 besuchten über eine Million Menschen aus aller Welt die neue Metropole, deren Lebensqualität von da an beständig stieg. Heute leben rund drei Millionen Menschen in Melbourne. Und sie legen großen Wert darauf, nie eine Sträflingskolonie gewesen, sondern auf Gold gebaut worden zu sein. Aber seit es wieder »in« ist, Sträflinge in seinem Stammbaum zu haben, ist es um diesen Stolz wieder stiller geworden.

Nichtsdestotrotz: Nirgendwo wird mehr Wert auf Bildung und Establishment gelegt als in Melbourne. Eine der ebenso elitären wie teuren Privatschulen Melbournes absolviert zu haben, ist die Eintrittskarte in die privilegierte Schicht, wie der Lebensweg des populären liberalen Ex-Premierministers Robert Menzies, auch »Pig Iron-Bob« genannt, oder der des inzwischen amerikanischen Medien-Moguls Rupert Murdoch zeigt. Eine repräsentative Karriere in der gehobenen Gesellschaft sieht auch heute noch so aus: Melbourne oder Geelong Grammar School, Melbourne University – auch kurz »The Shop« genannt –, Melbourne Club, Melbourne Cemetery. Wer Katholik, Jude, Aboriginal oder eine Frau ist, braucht sich auch heute noch nicht die Mühe zu machen, bei dem in britischer Tradition stehenden Melbourne Club um Mitgliedschaft nachzusuchen.

Jedes Jahr im November zum weltberühmten Melbourne Cup, dem australischen Ascot, trifft sich hier die kosmopolitische Sahne der Gesellschaft, um mit den Höhen ihrer Wetten die ihrer Bankkonten zu suggerieren, während die Frauen sich dem Wettbewerb der elegantesten wie spleenigsten Hutkreationen stellen. Trotz des konservativen Flairs, das vieles mit dem sophistizierten Boston, dem aristokratischen London und dem hanseatischen Hamburg gemeinsam hat, ist das kulturelle Leben der Stadt nirgendwo offener und vielfältiger als in Melbourne.

Was man wissen muß: Melbourne besteht eigentlich aus 51 selbstverwalteten Stadtbezirken, davon haben 41 den Status einer City, die ihren eigenen Lokalpatriotismus pflegen. An dem scheiterte auch der Versuch, fünf innere Citys zur City of Melbourne zusammenzuschließen. Sage mir, wo du wohnst und ich sage dir, wer du bist: Nach dieser Devise lebt man in Melbourne. Wer sich den Zusatz »Toorak« auf die Adresse seiner Visitenkarte drucken lassen kann, der gehört mit Sicherheit zu den Villenbesitzern, ist Porsche- und/oder Rolls-Royce-Fahrer und verfügt wahrscheinlich sogar über eine Mitgliedschaft in besagtem Melbourne Club. Die Yuppies haben sich gleich in der Nachbarschaft angesiedelt, in St. Kilda, dem einstigen Rotlichtbezirk Melbournes, dessen von Yachten gesäumte Strandpromenade heute ein witziges Wechselbad von Designer-Bars, winzigen Szene-Restaurants, Trödelmärkten (samstags), Boutiquen und ein paar rosa gefärbten Lokalen ist. Oder sie wohnen in South Yarra oder Prahran, wo die Trendsetter in der Chapel Street einkaufen gehen und wo die gestylten Boutiquen junger Modedesigner offenbar machen, daß Melbourne das australische Zentrum der Modeindustrie ist. Kreativ-Business, Künstlervolk und Alternative haben Charlton, eigentlich das Terrain der Italiener, und Fitzroy mit der Szene-Meile der Brunswick Street für sich entdeckt. In der Innenstadt rund um die Collins und Bourke Street kollidieren die modernen Glitzerpaläste mit der gotischen Architektur, die nostalgischen Straßenbahnen mit der modernen Fußgängerzone und die viktorianischen Markthallen des Elizabeth Market mit dem ebenso gigantischen wie futuristischen High-Tech-Shoppingcenter Daimaru, das in seinem Atrium eine denkmalgeschützte Munitionsfabrik spektakulär integriert hat.

Abgesehen von den 51 Städten in der Stadt ist Melbourne mit 800 000 Einwohnern griechischer Abstammung gleichzeitig die drittgrößte griechische Stadt (nach Athen und Thessaloniki). Die italienische Community besteht aus 230 000 Einwohnern, die vietnamesische aus 40 000, die jüdische – der Melbourne übrigens ihren intellektuellen Ruf mit zu verdanken hat – 35 000. Ob Juden, Vietnamesen, Italiener, Griechen, Chinesen, Kambodschaner, Polen oder Türken – jede Nation bringt ihre Kultur in ihre Wahlheimat ein. Melbourne bestätigt die berühmte Ausnahme der Regel, nach der Australien den Anti-Intellektualismus schlechthin vertritt.

Es ist eine internationale Hochburg der Künste. Und das nicht nur, weil die legendäre Koloratursopranistin Helen Mitchell mit ihrem Künstlernamen Dame Nellie Melba ihre Heimat Melbourne weltberühmt machte und »Melba« als weiblichen Gegenmythos zu Caruso in der Operngeschichte verewigte. Das architektonisch wie inhaltlich spektakuläre Arts Centre an der St. Kilda Road ver-

60 Melbourne bei Nacht. Bis heute wird das Duell um den ersten Rang als Metropole des Landes zwischen Sydney und Melbourne weitergeführt. Melbourne ist eine australische Mixtur aus Boston und London, mit einer ebenso aufregenden Kultur und ebenso aufregendem Nachtleben. Wer sich einmal in Melbourne verliebt hat, wird die Stadt ungern mit Sydney tauschen wollen. (Umgekehrt verhält es sich allerdings ebenso.)

61 Rudertraining
mit Aussicht: Vom
Yarra River sieht
man eine sehr
moderne Mel-
bourne-Skyline.
Meistens jedoch
wechseln sich die
Wolkenkratzer
reizvoll mit alten
georgianischen und
viktorianischen
Fassaden ab.

◁ 61

62 | 63

62 Von St. Kilda
bis Fitzroy und
quer dazu verkeh-
ren die gelbgrünen
Trambahnen mit
ihrem nostalgi-
schen Gebimmel:
Ideal für eine
Entdeckungsreise
durch die Stadt.

63 Der »böse
Blick« der Polizei-
beamten mit ihren
weißen Ärmelscho-
nern ist nur Fassa-
de: Die Leute von
Melbourne sind für
ihre Freundlichkeit
bekannt.

eint drei Theater (das unterirdisch angelegte State Theatre gilt mit über 2000 Sitzplätzen als größtes Australiens), eine Konzerthalle, die einmalige National Gallery und verschiedene Performance-Räume in einem Komplex. Das jährliche Melbourne International Festival of the Arts kann sich mit seinem Mammutprogramm in 17 Tagen weltweit sehen lassen – ob sich nun der in Melbourne heimische Filmregisseur Bruce Beresford (»Driving Miss Daisy«) an die Operninszenierung der »Elektra« wagt, avantgardistisches Straßentheater den herrschaftlichen alten Flinders Bahnhof aufpeppt, der »Circus Oz« im Rathaus gastiert oder das berühmte, klassische »Kronos Quartet« die Concert Hall füllt. Dabei gehört Kultur in Melbourne zu den wenigen Dingen, die keineswegs elitär sind. Im Sommer werden in den großzügigen Parkanlagen kostenlos klassische Konzerte geboten.

Und es hat schon etwas, in einer warmen Sommernacht auf dem gepflegten Rasen vor Myer's Music Bowl zu liegen und den Klängen des großen Melbourne Symphony Orchestra zu lauschen.

Es ist auch kein Wunder, daß soviel gute Pop- und Rockmusik-Exporte aus Melbourne kommen: In jeder noch so kleinen Bar, in jedem Club, in jeder Diskothek finden lokale Bands zum Vergnügen der Gäste eine Plattform, um sich zu etablieren. Men at Work,

Crowded House, Kylie Minogue oder Jason Donovan haben so ihre Karrieren gestartet.

Wer es schafft, kann sich in Melbourne in nur einer einzigen Woche 30 Theaterstücke zu Gemüte führen, 20 klassische Konzerte und Tanzveranstaltungen, 20 Komödien, 25 Jazz-Programme, 50 Rock- und Pop-Konzerte, 25 Kabarett-Shows und vieles mehr. Und wem das noch nicht genug Kultur ist, der kann sich durch 2100 unterschiedlichste Restaurants (fr)essen: In der Lygon Street, Carlton, durch sämtliche italienische Köstlichkeiten; in St. Kilda Beach fischzuggleich durch die Meeresspezialitäten, in Chinatown oder »Little Vietnam«, Richmond, durch die schillernden asiatischen Aromen oder in der Lonsdale Street durch die griechische »Kulinarik«.

Wer den Kontinent bereist, der wird zwei Quintessenzen australischer Lebensweise nicht umgehen können, die in Melbourne hergestellt werden: Die eine ist »Foster's-Lager«-Bier, für das man im staubtrockenen Outback ewig dankbar ist. Die andere ist »Vegemite«, jener salzige braune Pflanzenextrakt, der jedem Nichtaustralier als ebenso undefinierbare wie unappetitliche Schmiere erscheint, womit er sich natürlich sofort als Fremder entlarvt. Denn ein australisches Frühstück ohne Toast mit Vegemite ist ebenso unvorstellbar wie ein Känguruh ohne Beutel.

64 Der alte Flinders Street Bahnhof liegt im Herzen von Melbourne, gleich am Yarra River, und ist nicht nur ein wichtiger Verkehrsknotenpunkt, sondern auch Treffpunkt für Straßenmusiker.

Die Hauptstadt der Apfelinsel und die Sünden der Spieler

Die ersten Apfelbäume verdankt Tasmanien dem berüchtigten Admiral und späteren Gouverneur Bligh, der 1788 zum ersten Mal nach Tasmanien kam. Ein Jahr später wurde er nach der berühmten Meuterei auf der »Bounty« von seiner Mannschaft ausgesetzt. Mit dieser unglücklichen Geschichte brachte sich Bligh bis heute in einen schlechten Ruf, aber einem Biologensohn aus der Hauptstadt Hobart verhalf er zu Weltruhm: Errol Flynn. 1933 wurde ihm die Hauptrolle in dem Film »In the Wake of the Bounty« angeboten, der Start einer klassischen Hollywood-Karriere. Aber eigentlich hat Tasmanien einen noch berühmteren Bürger: eine Frau mit dem ungewöhnlichen Namen Maria Smith. Wie, der Name sagt Ihnen nichts? Das wird sich gleich ändern. Im Jahre 1868 entdeckte Mrs. Smith, daß in ihrem Garten junge Bäume aus einigen wohl zu Boden gefallenen Äpfeln sprossen. Sie hegte die jungen Sprößlinge, bis sie zu stattlichen Bäumen herangewachsen waren und ihr reichliche Ernte bescherten. Maria Smith war darüber freilich Großmutter geworden. Die knackigen Früchte mit der glatten, hellgrünen Schale machten als »Granny Smith's Apples« weltweit Karriere. In Sydneys Vorort Eastwood, wo Maria Smith zuletzt lebte, erinnert ein Denkmal an die Tasmanierin, deren botanisches Lebenswerk von den Obstfarmen weiterentwickelt wurde. Seither ist »Granny Smith« in aller Munde. Ob es allerdings die gute alte Großmutter war, die, ähnlich wie Eva im Garten Eden, mit ihrem Apfel zur Sünde verführte, ist zu bezweifeln. Tatsache ist, daß in Tasmaniens Hauptstadt Hobart die Sünde lockt. Allerdings nicht in Form eines Apfels, sondern in der eines Roulette-Tisches. Tasmanien war der einzige australische Bundesstaat, der 1973 das Glücksspiel zugelassen hat. Heute haben alle australischen Staaten Spielcasinos in Betrieb oder in Planung – mit Ausnahme von Victoria. Sehr zur Freude von Tasmanien, denn die Einnahmen des Casinos wurden dank der »verspielten« Nachbarn zu einem Eckpfeiler im Etat des kleinen Inselstaates. Mag sonst das britische Erbe in Australien langsam verblassen, mit dem »Spieltrieb« haben die Australier eine englische Angewohnheit verstärkt kultiviert: Im »land of oz« ist man für ein Spielchen jederzeit zu haben. Die

politisch umstrittene Casino-Entscheidung war wirtschaftlich jedenfalls ein Hauptgewinn. In Victoria und New South Wales bieten Veranstalter sogar sogenannte »Gambling Packages« nach Tasmanien an, inklusive Flug, Übernachtung und Vollpension, ein echter Renner, auch wenn niemand gern über diese Casino-Trips spricht. Nach den wilden Sträflings- und Pioniertagen, die in Tasmanien rüder waren als anderswo in Australien, ist das Bürgertum Tasmaniens heute um so puritanischer, und das Glücksspiel gilt immer noch ein wenig als Sünde. Dabei ist Hobart keineswegs eine Art Las Vegas im Südpazifik. Sicher, das West Point Hotel, das das Casino beherbergt, ist unübersehbar. Aber der Spielbetrieb konzentriert sich auf diesen einen Komplex. Der Rest der Hauptstadt mit ihren 180000 Einwohnern wirkt, als würde er nicht dazugehören: kreuzbrav und überaus beschaulich. Aus den ersten Häusern am Battery Point entstand 1825 ein florierender Hafen in einer eigenständigen Siedlung. Heute sind die historischen Häuser am Battery Point nostalgische Touristenattraktionen mit Galerien, Restaurants und Boutiquen. Das Zentrum mit der »Cat and Fiddle Shopping-Arcade« ist sehr überschaubar. Von hier aus läßt sich Hobart zu Fuß in aller Seelenruhe erkunden – von Battery Point zum Constitution Dock, der pittoresken Anlegestelle für die schönsten Yachten, die alljährlich an der Sydney-Hobart-Regatta teilnehmen; vom Tasmanian Museum and Art Gallery bis zur Tasman-Brücke über den Derwent River; vom Parlamentsgebäude bis zu den Anglesea Barracks, der ältesten Kaserne Australiens.

Schauermärchen aus Port Arthur

Port Arthur ist das australische Alcatraz. 1830 ließ der gefürchtete Gouverneur die nach ihm benannte Gefängnisanlage auf der Tasman-Halbinsel bauen. Den nur wenige hundert Meter breiten Landübergang von Eaglehawk's Neck, auch die »Landenge zwischen Himmel und Hölle« genannt, riegelte er durch Zäune, scharfe Hunde, Militärpatrouillen und optische Signalsysteme hermetisch vom Festland ab. Eine Flucht war nur schwimmend möglich, aber wegen der vielen Haie rundum zum tödlichen Scheitern verurteilt. Aus Port Arthur gab es kein Entkommen. Der »Käfig der schmutzigen Vögel« war

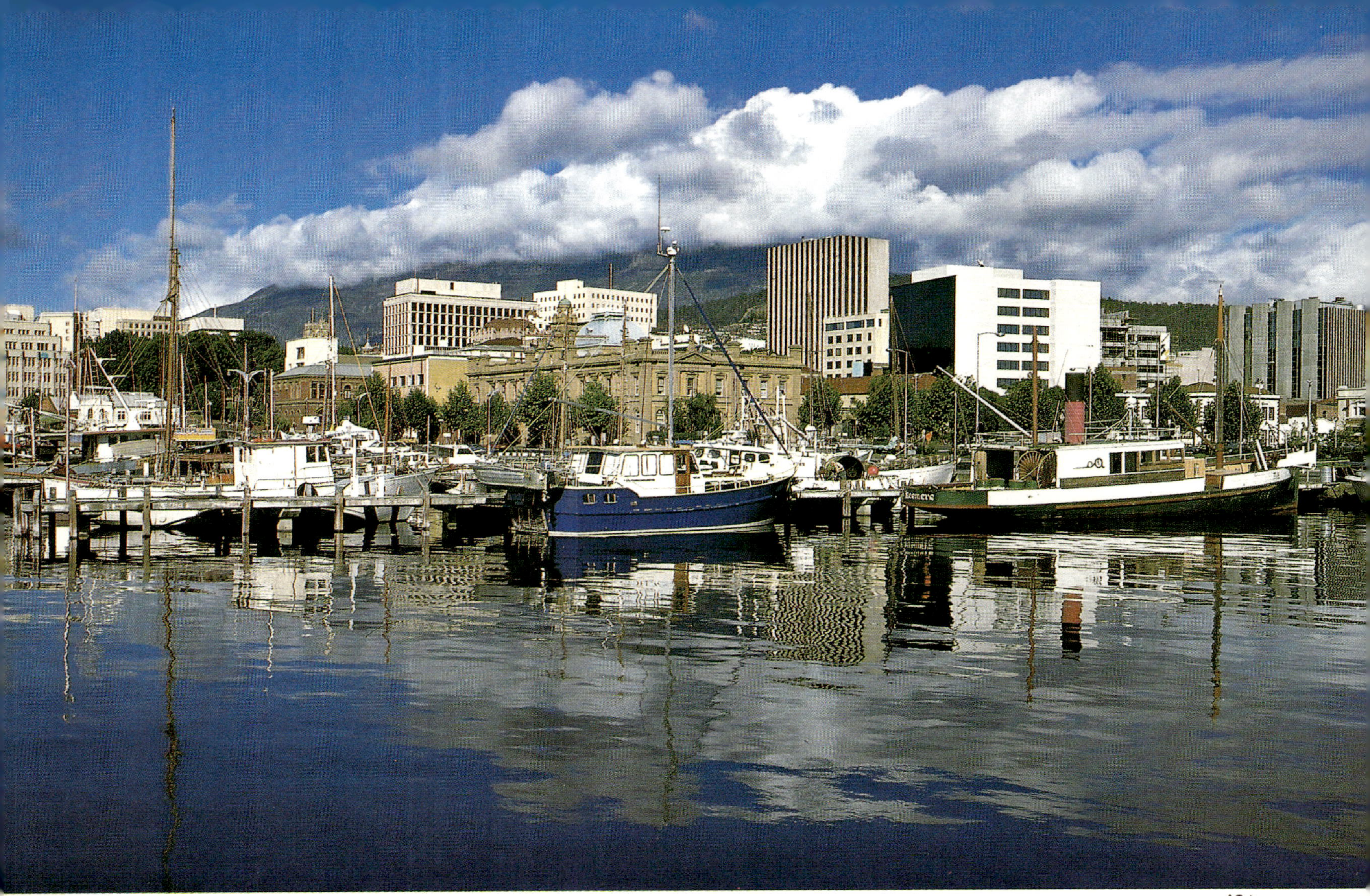

67 | 68

69 ▷

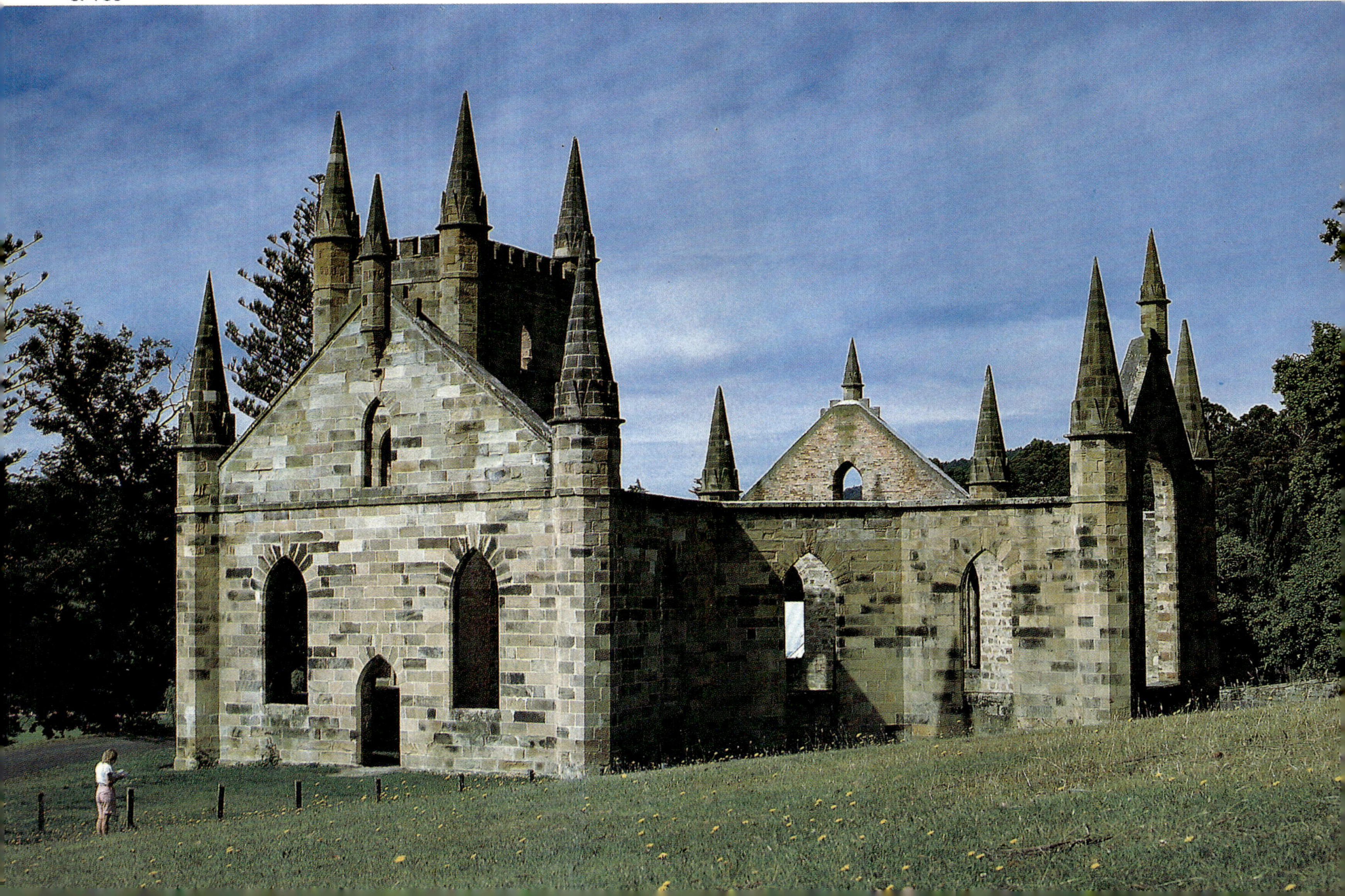

67 und 69 In
Tasmaniens Haupt-
stadt lockt die
Sünde: In Hobarts
Casino setzen
Roulette- und
Black-Jack-Fetischi-
sten aus allen
Teilen des Konti-
nents ihr Glück aufs
Spiel. Doch abgese-
hen davon gilt
Hobart mit seinen
180 000 Einwoh-
nern als kreuzbrav
und überaus
beschaulich.

68 Das Alcatraz
Australiens: Die
Ruinen von Port
Arthur auf der
Tasman-Halbinsel
sind Symbol für das
grausamste Kapitel
der australischen
Siedlungsgeschich-
te. Aus dem Ge-
fängnis von Port
Arthur gab es kein
Entrinnen. Es galt
als »Modell« einer
besonders harten
Version des isolier-
ten Strafvollzuges.
Die Sträflinge
wurden in schall-
und lichtdichte
Zellen gesperrt bei
einem halben
Pfund Brot und
einem Liter Wasser
alle 24 Stunden.
Wer die Torturen
nicht überstand,
endete im internen
Irrenhaus oder
wurde auf dem
Friedhof der »Isle
of Dead« namenlos
verscharrt.

70 Coles Bay auf der Freycinet-Halbinsel. Der Nationalpark bietet mit seinen roten, steil ins Meer abfallenden Granitfelsen spannende Landschaftsabschnitte.

◁ 70

71 | 72

71 und 72 Mit seinen Seen, Mooren, Hochlandgebieten und kühlen Regenwäldern, in denen Wildbäche und Wasserfälle in grünes Licht getaucht vor sich hin gurgeln, gilt Tasmanien auf der World-Heritage-Liste der UNESCO als eines der intaktesten zusammenhängenden Ökosysteme der Welt.

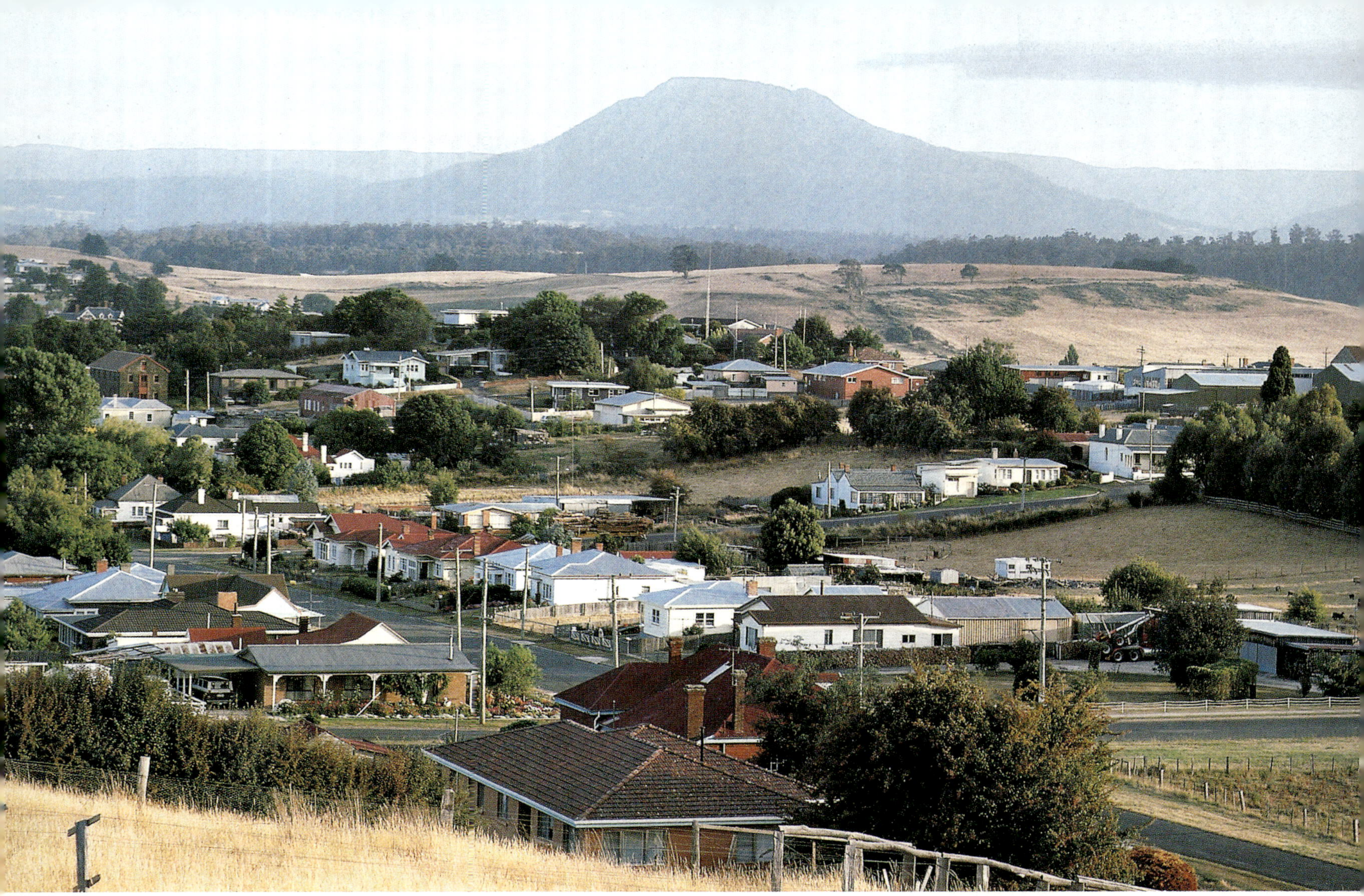

77 | 78

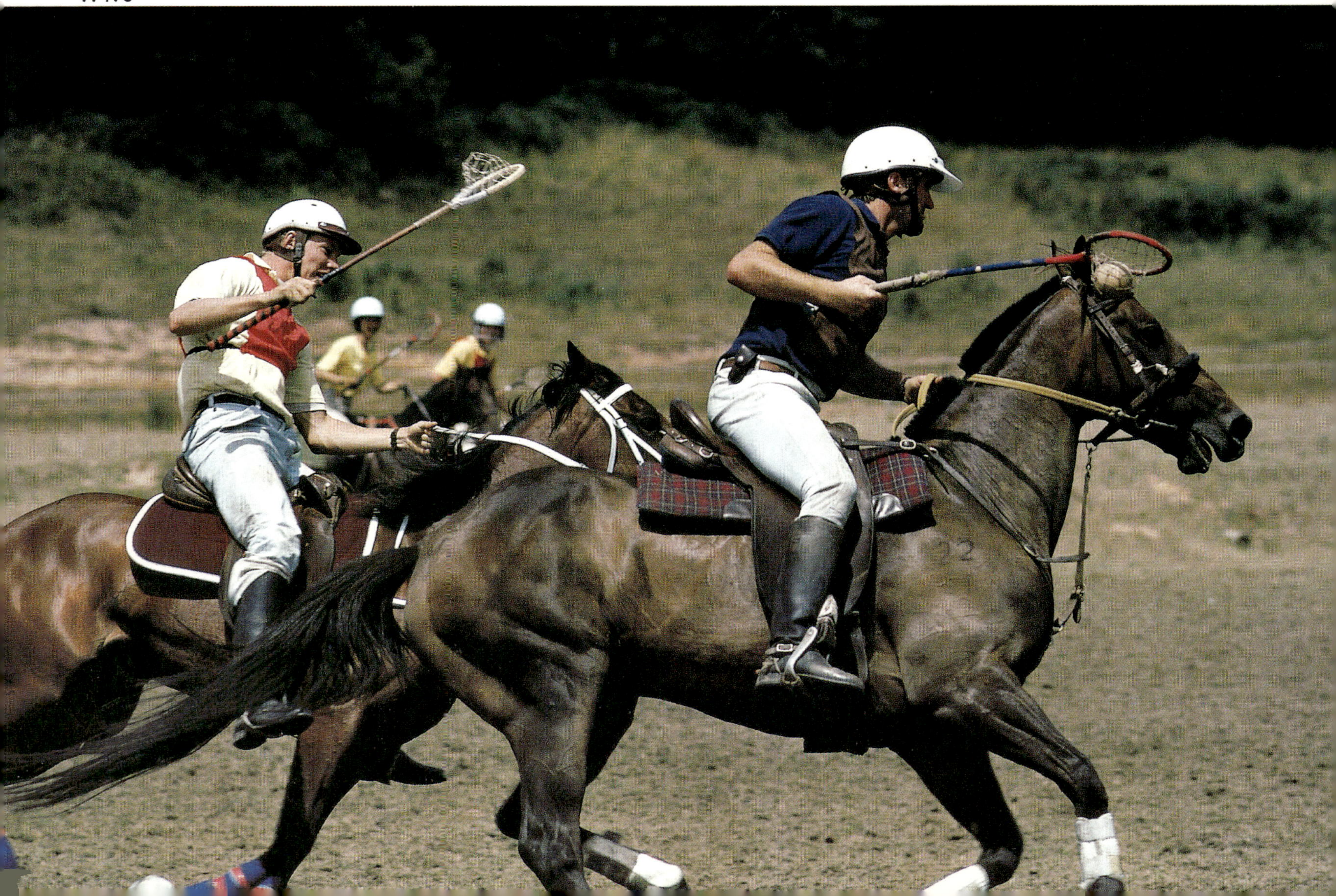

für die besonders schweren Fälle gedacht, sollte aber auch die über die Insel verstreuten Straflager auf einem Terrain ausbruchsicher konzentrieren. Denn ausgebrochene, marodierende Häftlinge waren jahrelang eine ernsthafte Gefahr für die junge Kolonie. Ohnedies galt die Verbannung nach Tasmanien bereits als eine der Höchststrafen. Und viele Gruselgeschichten ranken sich um die brutalen Vorkommnisse hinter den Gefängnismauern von Port Arthur. Um den Transport von Lieferungen nach Port Arthur zu erleichtern, wurde eine acht Kilometer lange »Eisenbahn« quer über die Halbinsel gebaut. Die Wagen, die jeweils eine halbe Tonne tragen konnten, rollten auf Holzschienen und wurden bergauf von Gefangenen geschoben; bergab sprangen die Häftlinge auf; nach der Hälfte der Strecke wurde die Mannschaft gewechselt. Die Festungsruinen hat man heute zum Touristenmagneten gemacht.

Die grüne Insel des Teufels

Ob man mit dem Flugzeug in Hobart landet, mit dem aus Deutschland stammenden klassischen Fährdampfer »Abel Tasman« von Melbourne nach Devonport an der Nordküste Tasmaniens übersetzt oder in rasanter Fahrt mit dem modernen Katamaran die Bass Strait überquert: In Tasmanien ist einiges anders als im Rest Australiens. Man bezeichnet sich hier lieber als Tasmanier denn als Australier und spricht vom übrigen Australien eigentlich nur als dem »mainland«. Auch die Dimensionen, an die man auf dem Festland gewöhnt ist, schrumpfen.

Kein Ort ist hier weiter als 115 Kilometer vom Meer entfernt, wenngleich sonnenheiße Badestrände nicht das Lockmittel dieses Staates mit dem Vermerk »Holiday State« auf den Autokennzeichen sind. Mit 68 000 Quadratkilometern ist die Insel fast so groß wie die Republik Irland und ähnlich grün. Fast 50 Prozent der Landfläche sind mit Wäldern und dichtem Busch bedeckt. Dazwischen: sprudelnde Flußläufe mit Schwärmen von Forellen, Brücken aus Sandstein, georgianische Häuser, Narzissenbeete, Obstgärten, Lavendelfelder und sich dahinwindende kleine Straßen, die von Hagedornsträuchern gesäumt sind. Die einzige größere Stadt im Norden ist Launceton am Anfang des Tamar-River-Tales mit seiner großen Hängebrücke.

Der dramatische Teil der tasmanischen Landschaft ist durch die Erdverschiebungen zwischen der Antarktis und Australien zustande gekommen. Nicht nur das unberechenbare Klima mit den stark differierenden Jahreszeiten erinnert an die Nähe zur Antarktis.

In Tasmanien gibt es auch einige Pflanzenarten, wie die Antarktische Buche, oder Tiere, die man in Australien sonst nicht findet. Der Tasmanische Teufel ist das größte fleischfressende Beuteltier und wird bis zu elf Kilogramm schwer. Ihren Namen erhielten die Nachtjäger wegen ihres erschreckenden Äußeren und ihrer Geräusche. Noch berühmter als der »Teufel« ist der Tasmanische Tiger mit seiner Streifenzeichnung auf dem Rücken; vermutlich das größte fleischfressende Beuteltier, das es je gab. Heute ist das Tier wahrscheinlich ausgestorben, auch wenn noch vage Chancen bestehen, daß noch das eine oder andere in den unzugänglichen Gebirgsregionen lebt. Diese Vermutungen haben den »Tiger« zum Stoff für Jägerlatein gemacht. Nationalparks machen den größten Teil der Insel aus. Zum Beispiel der Cradle-Mountain-Lake-St.-Clair-Nationalpark mit alpinen Felsformationen bis in 1545 Meter Höhe, kühlen Regenwaldgebieten, gurgelnden Bächen an Moosteppichen und dem eisigen wie kristallklaren See von St. Clair. River-Rafting im Franklin-Lower-Gordon-Rivers-Nationalpark im Südwesten kann nicht nur abenteuerlich, sondern auch gefährlich sein.

Sicherer ist es, den dschungelgrünen Fluß im düsteren Regenwald per Bootstrip von Macquarie Harbour aus zu erleben, wie es auch der holländische Entdecker Abel Tasman getan hat. Ob South-West-Nationalpark, Mount-Field-, Rocky-Cape-, Freycinet-, Ben-Lomond-, Mount-William-, Maria Island- oder der Walls-of-Jerusalem-Nationalpark – die meisten Gebiete stehen auf der World Heritage List der UNESCO und machen insgesamt eines der intaktesten zusammenhängenden Ökosysteme der Erde aus: Ein in Nebel eingesponnener Märchenwald aus Riesenfarnen, moosbewachsenen Felsabhängen, gurgelnden fischreichen Wildbächen, verwitterten Baumstümpfen, geheimnisvollen Tropfsteinhöhlen, wilden unbekannten Blumen und skurrilen Steilküsten wie auf Maria Island. Heute, da Ursprünglichkeit und Natur zu einem Luxuserlebnis reduziert wurden, gehört Tasmanien zu den privilegierten Landschaften unserer Erde.

Adelaide

Eine rasante Stadt ist Adelaide durchaus – allerdings nur einmal pro Jahr im November, wenn die Breitreifen der Formel-eins-Rennwagen ihre Bremsspuren auf den großzügig angelegten Straßen hinterlassen, ein Hauch von Benzingeruch über der Stadt schwebt und die waghalsigen Männer in ihren Rennoveralls sich den Helm herunterreißen, um den Schweiß mit Champagner herunterzuspritzen. Doch nach dem »Großen Preis von Adelaide« verwandelt sich die Formel-eins-Braut wieder in jene Stadt mit dem Flair eines zu groß geratenen Kurortes: eine wohlerzogene Dame aus gutbürgerlichem Hause, auch wenn sie nach der Frau des britischen Herrschers William IV. königlich benannt wurde. Die Stadt Adelaide mit rund einer Million Einwohnern liegt am Torrens River zwischen einem von Bergland geformten Halbkreis und dem Strand des St.-Vincent-Golfs und ist für ihre Rechtschaffenheit ebenso beispielhaft wie für ihren Grundriß. Adelaide war die Vision von Colonel William Light, der 1836 als Landvermesser hierherkam und in einer fruchtbaren Bodensenke eine Stadt anlegte, deren Charme nicht nur viele Touristen anzieht, sondern den Einwohnern bis heute einen großzügigen, entspannenden Lebensraum bietet. Light plante, die Wohngebiete durch den Torrens River von den streng geometrisch angelegten Handels- und Verwaltungsbezirken der City zu trennen. Die Innenstadt umgab er mit einem Parkgürtel, der Adelaide zu einer Gartenstadt macht und für die Geschäftsleute Seelenbalsam in der Mittagspause ist. Ergänzt wird das Stadtbild durch Prachtbauten des vergangenen Jahrhunderts, die schönsten Kirchen Australiens mit der St. Peter's Cathedral und durch die für den wirtschaftlichen Aufstieg symbolischen hochragenden Hotels und Bürogebäude neueren Datums. Die North Terrace wirkt nicht nur optisch sehr wichtig, denn hier stehen Parlaments- und Regierungsgebäude, Universität, Staatsbibliothek und Museum. Im Botanischen Garten am Ende der North Terrace spielt ein Cellist eigene Kompositionen, die kontemplativen Spaziergängern den Garaus machen. Der alte Gründerzeit-Bahnhof wurde zu einem eleganten Spielcasino umfunktioniert. Im Kreis der Bauten besticht vor allem ein modernes architektonisches Meisterwerk, das der Festivalwut der Akade-

miker ein Denkmal setzt: das 1977 für über 20 Millionen Dollar fertiggestellte Festival Theatre. Alle zwei Jahre zum Adelaide-Festival, dem größten Kulturspektakel des Landes, ist es Mekka für Künstler aus aller Welt. Gegenveranstaltung zum Kunst-Establishment ist das Fringe Festival mit seinem Alternativprogramm aus Straßentheater, Cabaret, Tanz- und Musikavantgarde. Aber auch sonst hat man in Adelaide keine Mühe, Anlässe zum Feiern zu finden: Weinfeste im Barossa Valley, Schützen- und Oktoberfeste deutschstämmiger Einwohner mit Blasmusik, Trachtenzug und Bierzelten, Volksfeste aus Cornwall oder Wales, Landwirtschaftsschauen, Surf-Carnevals, Rodeos, Feste zu Ehren der blühenden Bäume, des Kupfers oder des Thunfischs. Eingeprägt in die Autokennzeichen, soll der Slogan »South Australia – Festival State« auch im Bewußtsein der Besucher hängenbleiben. Am Victoria Square ist zu sehen, daß es auch kulturelle Gegensätze gibt, die nicht durch ein einfaches Festival aufzulösen sind: Ein paar betrunkene Aborigines baden mit zerrissenen Hosen im Wasser des Brunnens, in dem die Abfälle der Zivilisation schwimmen. Andere liegen teilnahmslos auf dem Rasen. Adelaide, das seine europäischen Einwohner problemlos unter einen Hut bekam, bietet dem kleinen Rest Ureinwohner inmitten seiner gut funktionierenden urbanen Infrastruktur keine Heimat. Da hilft es auch nicht, wenn das South Australian Museum bei weitem die beste Sammlung zur Anthropologie der Aborigines birgt. Dabei hatte gerade hier die Moral immer einen besonders hohen Stellenwert. Light entwarf die Stadt für rechtschaffene Bürger, die ihr Land schon bezahlt hatten, bevor sie hier ankamen. Sträflinge hat es hier nie gegeben, worauf man besonders stolz ist. Die einzigen »Sünden« des braven Bürgertums beschränken sich auf die Hindley Street mit ein paar Porno-Shops, Nachtclubs, einigen Dealern und Damen aus dem »Gewerbe«. Doch das Rotlicht dieses Bezirkes ist mehr ein Glühwürmchen als ein Scheinwerfer. Wenn man am Victoria Square mit der einzigen Straßenbahn Südaustraliens Richtung Glenelg fährt, einem der schönen Strandvororte am Golf von St. Vincent, geht es vorbei an gepflegten Häuschen, Bungalows und Villen, alle hübsch ordentlich, mit geharkten Wegen und akkuraten Gärten, in denen Aprikosen- und Mandelbäume stehen und der Wein rankt. Daß die knapp 1,5 Millionen Südau-

Vorhergehende Abbildung:

79 Nur vier Straßen, jede mit eigenem Charakter und eigener Geschichte, führen durch South Australias Outback. Davon ist lediglich der Stuart Highway seit kurzem geteert. Auf dem legendären Birdville Track trieben die »stockmen«, die australischen Cowboys, ihre Rinderherden von Queensland nach Süden, zur Bahnstation Maree.

80 Alt und Neu geht hier in Adelaide gut zusammen.

81 und 83 Adelaides Grundriß war die Idee des britischen Landvermessers Colonel William Light, der 1836 die Stadt in einer fruchtbaren Bodensenke zwischen Torrens Ricer dem Strand des St.-Vincent-Golfs und einem von Bergland geformten Halbkreis anlegte. Die Innenstadt umgab er mit einem Parkgürtel, angelegten Seen und Brunnen. Er entwarf die Stadt für rechtschaffene Bürger, die ihr Land schon bezahlt hatten, bevor sie hierherkamen. Und auf ihre Rechtschaffenheit sind die Adelaider auch heute noch stolz.

82 Die Straße nach Penneshaw, Kangaroo Island. Ein seltenes Bild. Warum? Weil ausnahmsweise kein Känguruh in Sicht ist.

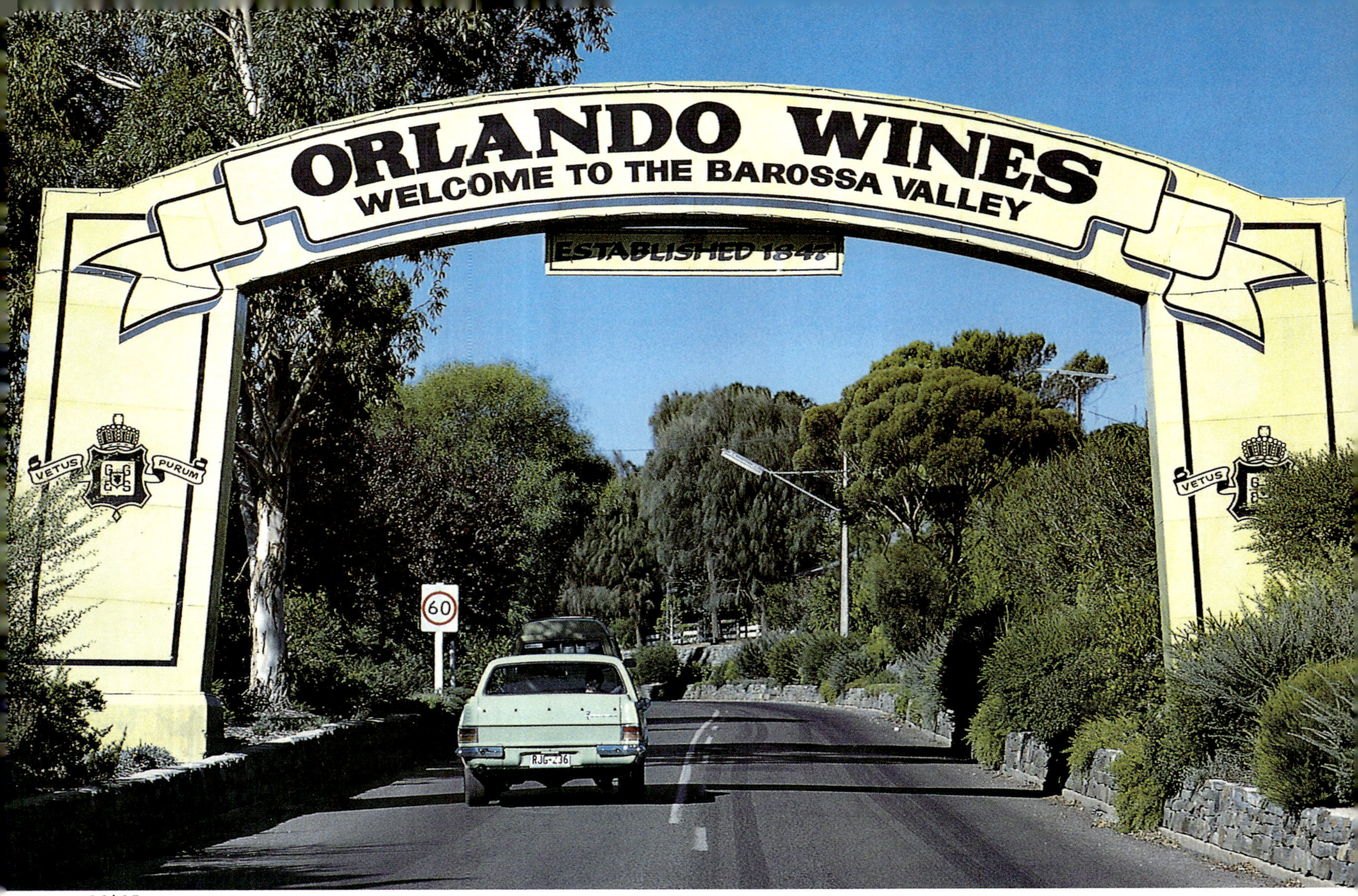
ORLANDO WINES
WELCOME TO THE BAROSSA VALLEY
ESTABLISHED 1847
VETUS
PURUM
60

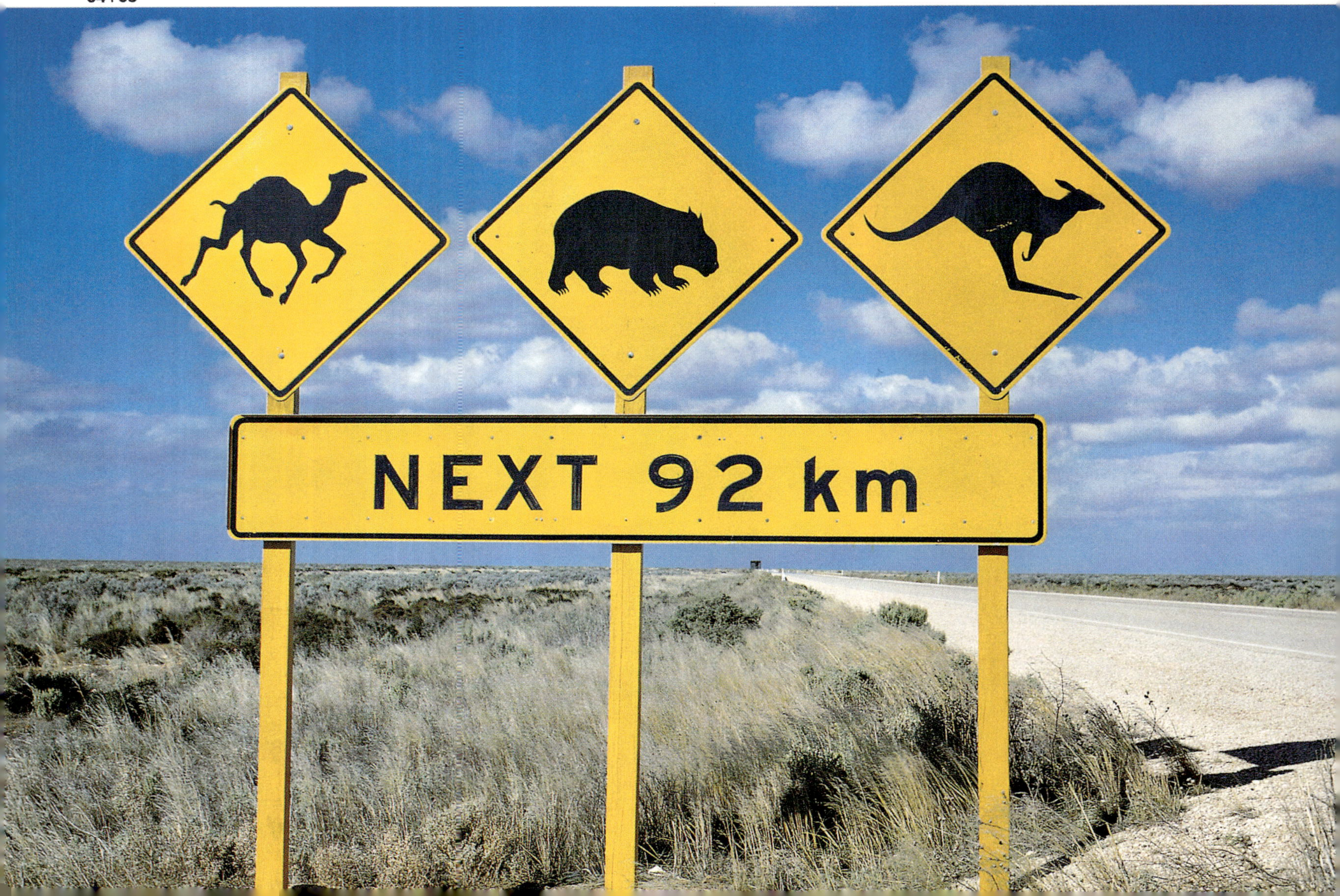
NEXT 92 km

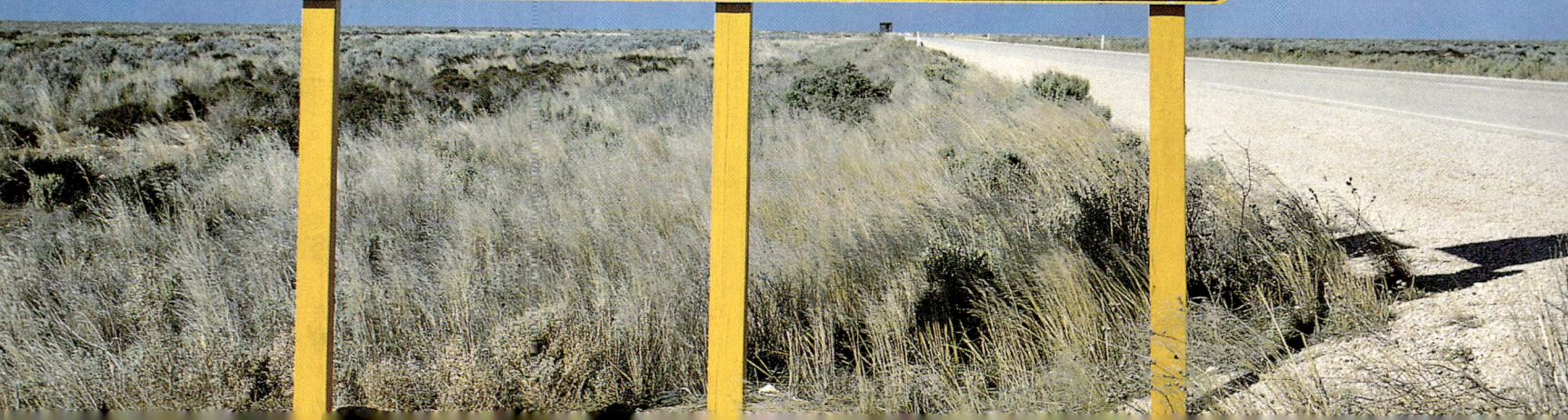

stralier, von denen übrigens rund zwei Drittel in Adelaide leben, trotz geringerer Bodenschätze als in den Nachbarstaaten zu den im Durchschnitt wohlhabendsten Bürgern Australiens zählen, verdanken sie vor allem der Landwirtschaft und der Industrie. Jeder fünfte Südaustralier lebt zum Beispiel unmittelbar von der Automobilbranche, Mitsubishi-Chrysler und Holden, die australische Tochter von General Motors, haben rund um Adelaide ihre Fabriken. Ebenso wie der große Industriezweig der Haushaltsgeräte und Elektronikartikel gerät zwar auch die Automobilbranche immer mehr unter japanische Kontrolle, was aber gleichzeitig den Zugang zu absoluter High-Tech ermöglicht. Whyalla ist das Zentrum der Stahl- und Eisenverarbeitung mit einer gutgehenden Werftindustrie. Das kleine Port Pirie lebt vor allem von seinen Silber- und Bleischmelzen, die größten der südlichen Hemisphäre. Beide Orte und besonders der Hafen von Adelaide, der modernste Containerhafen Australiens, profitieren von den Bodenschätzen, die in der Minenstadt Broken Hill gefördert werden. Diese liegt zwar in New South Wales, die Transportwege nach Adelaide sind aber kürzer. Außerdem orientiert sich Broken Hill eigensinnigerweise auch in der Zeitrechnung an Südaustralien, dem New South Wales eine halbe Stunde voraus ist.

Reiner Wein – Australien, deine Deutschen

Die Deutschen machten in Australien Eindruck, weil sie zwar in geringerer Zahl auftauchten als andere Einwanderer, aber um so fleißiger in den Gemüsefeldern den Ruf deutscher Tüchtigkeit bestätigten. Angesichts der zweifachen teutonischen Kriegstüchtigkeit mischte sich allerdings eine leichte Beklemmung in das Gefühl der Bewunderung für die Deutschen. Doch nach dem ungeschriebenen Gesetz der Squatters darf die Vergangenheit eines Nachbarn keine Rolle spielen. Der australische Grundsatz der »mateship« kam auch den Deutschen zugute. Für die Australier, bis weit ins 20. Jahrhundert hinein getreue Gefolgsleute Londons, waren Englands Feinde auch ihre Feinde, Englands Freunde auch ihre Freunde. Zumindest für die Kolonialzeiten waren demnach die Karten so verteilt: Die Bösen waren die Franzosen, die Guten waren die (dem englischen Thron ver-

schwägerten) Deutschen. Und ein Brite war es auch, der den ersten deutschen Auswanderern 1838 den Weg nach Südaustralien wies. Der Baptist George Five Angas verhalf 250 lutheranischen Gemeindemitgliedern aus dem schlesischen Klemzig, denen der Preußenkönig Friedrich Wilhelm III. die Vereinigung mit den Kalvinisten aufzwingen wollte, zu einer neuen Heimat. Bei Adelaide gründeten sie ein neues Klemzig, heute ein Vorort von Adelaide. Eine zweite Gruppe von Lutheranern gründete Hahndorf, das sich heute den australischen Touristen als eine Art Deutschlandkonzentrat verkauft, mit einem jährlichen Schützenfest, mit Blasmusik (»brass oompah bands«) und einem Oktoberfest, das sich in Australien als »the biggest German drinking festival outside of Germany« herumgesprochen hat. Später entstanden weitere deutsche Siedlungen im Umland von Adelaide, wie zum Beispiel Lobethal oder Bethanien, von denen sich ein großer Teil im Zweiten Weltkrieg umbenennen mußte, denn da gehörte Deutschland nicht mehr zu den britischen und somit auch nicht mehr zu den australischen Freunden. Bethany, wie es jetzt heißt, liegt im Barossa Valley und damit im Herzen der australischen Weinseligkeit. Hier werden 60 Prozent der australischen Weine angebaut. Das hat zu der weitverbreiteten, aber ebenso falschen Schlußfolgerung geführt, die Deutschen hätten in Australien den Weinbau eingeführt. Doch es gab bereits Weinstöcke, als sich die Lutheraner im Barossa Valley niederließen. Es war ja auch schon – mit einem Schreibfehler – nach dem spanischen Sherry-Distrikt Barrossa benannt und keineswegs nach dem alten Kaiser Barbarossa. Die Schlesier waren zwar wahrlich keine erfahrenen Weinbauern, versuchten es aber dennoch mit dem Rebensaft – und hatten Erfolg. Barossa-Weine wurden zu einem Markenzeichen, mit dem sich Australien inzwischen weltweit einen Namen gemacht hat. Ursprünglich wurden im Barossa Valley nur Rotweine gekeltert. Im Laufe der letzten Jahre stellte man sich mit den Trinkgewohnheiten vielfach auf leichte Weißweine um, Chablis, Chardonnay oder Cabernet Sauvignon. Abgesehen vom Rhine Riesling reichen die Spuren deutscher Vergangenheit von Rezepten für Leberwurst und Streuselkuchen über die Grabsteininschriften der Friedhöfe bis zum inzwischen fast ausgestorbenen Barossa-Deutsch, einem in der Isolation entstandenen

84 Barossa Valley ist das Tal australischer Weinseligkeit. Hier werden 60 Prozent der australischen Weine angebaut. Daß sich hier um 1850 viele deutsche Auswanderer niederließen, hat zu dem weitverbreiteten Fehlschluß geführt, die Deutschen hätten hier den Weinbau eingeführt. Weinstöcke gab es hier schon vorher. Inzwischen sind Weine aus dem Barossa Valley weltweit anerkannt.

85 Wildwechsel in Südaustralien: Wenn man auf den schnurgeraden, hitzeflimmernden Highways durchs Outback donnert, haben die Tiere eingebaute Vorfahrt. Wobei man Kamelen auch hierzulande besser den Vortritt lassen sollte. Der Klügere gibt nach. Wohlweislich steht das Hinweisschild schon 92 Kilometer vor dem »Vierfußgänger-Überweg« am Straßenrand.

englisch-deutschen Dialekt. Heute ziehen Winzer aus der Bundesrepublik ins Barossa Valley, und deutsche Weinhandelsunternehmen gehen Vertragsbindungen mit australischen Produzenten ein. Auch wird das weinselige Barossa Valley touristisch kräftig vermarktet. Gemütlicher geht es da noch in den Southern Vales zu, eine halbe Stunde Autofahrt südlich von Adelaide, mit MacLaren Vale als Zentrum. In diesen kleinen Weindörfern scheint die Zeit stehengeblieben zu sein. Selbst der einzige Polizist in Clarendon kündigt auf einem Schild an, daß er diese Woche abwesend ist. Trotzdem empfiehlt es sich, die Weinproben in der Mittagshitze nicht zu übertreiben. Auch die fingerhutgroßen Proben steigen dann mit wachsender Zahl rasch zu Kopf.

Kangaroo Island

Vor der Spitze der Fleurieu-Halbinsel, südlich von Adelaide, liegt eine Insel im windgepeitschten Meer, auf der die knapp 4000 Einwohner, die hauptsächlich in Kingscote leben, in der Minderheit sind. Wären Tiere gleichermaßen wahlberechtigt, säßen im Inselparlament wohl hauptsächlich Abgeordnete mit Wackelohren, großen braunen Augen, dunkelgrauem Fell und einem Beutel vor dem Bauch. Durch den isolierten Lebensraum der Insel und ohne jegliche Feinde – es gibt hier keine Dingos – konnten sich das große »Western Gray Kangaroo« und viele kleinere Beuteltiere hier nach Herzenslust fortpflanzen. Die Känguruhs haben auf »ihrer« Insel keinerlei Scheu vor den Menschen, und so müssen streckenweise sogar Känguruhzäune gezogen werden, um die freundlichen Tiere fernzuhalten. Matthew Flinders war es, der mit seinem Schiff »Investigator« 1802 als erster auf der bewaldeten, wildromantischen Insel mit ihren Steilküsten und einsamen weißen Stränden landete. Da der Proviant bereits zur Neige ging, war er froh um die leicht einzufangenden Känguruhs und benannte die Insel nach ihnen. Nachdem einige Sträflinge von Tasmanien herüberkamen, um hier zu siedeln, folgten 1836 weitere. Doch viele gaben auf, da der Boden für eine einträgliche Landwirtschaft nicht viel hergab und Trinkwasser rar war. Außerdem war Kangaroo Island mit seiner rauhen Küstenlinie als Schiffsfriedhof berüchtigt. Trotz der Blinklichter der diversen Leuchttürme hat das Meer rund um die Insel seine Tücken. Und auch heute, trotz modernster Navigationsinstrumente, gibt es noch immer Unfälle. Der vielleicht schönste Leuchtturm von Kangaroo steht auf der Spitze des Cape du Couedic, auf einer Anhöhe, die vor 1,6 Millionen Jahren aus Skeletten von Meerestieren, Sand und Muscheln vom Seewind aufgeschüttet wurde. Der Zahn der Zeit, der am Kalksandstein des Kliffs nagte, hat die dramatischsten Formationen und wunderschöne Tropfsteinhöhlen entstehen lassen. Die Tropfsteinhöhle von Kelly Hill ist – wie die meisten Orte – nach ihren Entdeckern benannt. Sie wurde von einem Mann namens Kelsey entdeckt, als sein Pferd Kelly in eine Grube fiel. Die seltenen schwarzen Kakadus, die auf Kangaroo Island leben, werden das Mißgeschick des Pferdes wahrscheinlich schadenfroh bekreischt haben. Das Cape du Couedic ist einer der wenigen Orte auf der Welt, wo die Seelöwen noch ein sorgloses Dasein führen, und mit ihnen die neuseeländischen Robben. Wenn man von hier oben, wo der Wind am Körper zerrt, hinter den Horizont des Meeres blicken könnte, würde das nächste Land in Sicht die Antarktis sein, die nur 1600 Kilometer entfernt beginnt.

Coober Pedy – Glücksritter »Downunder«

Auch wenn Wim Wenders hier seinen letzten Film »Bis ans Ende der Welt« abdrehte: Am Ende der Welt liegt Coober Pedy nun wirklich nicht – nur fast. Coober Pedy liegt in der Woomera-Wüste. Die »nahe« liegendsten Städte sind Adelaide, 940 Kilometer südwärts, und Alice Springs, gute 800 Kilometer nordwärts. Und dazwischen: das große Nichts. In Coober Pedy kaufen die Einwohner im Supermarkt Dynamitstangen und Sprengkapseln ein wie anderswo Chips und Coca-Cola. Sie feiern rauschende Partys im städtischen Gefängnis, fahren am Wochenende staubwolkenumhüllte Stock-car-Rennen in der Wüste oder wetten bei Pferderennen, die der katholische Pfarrer ausrichtet. Sie wohnen in kühlen Höhlenwohnungen – also buchstäblich »downunder« – mit Kristallüstern und Avantgarde-Sesseln und buddeln tagsüber bei sengender Hitze in der Wüste nach ihrem Glück: Opal. Die meisten der mittlerweile 4000 Einwohner waren auch einmal mit einem Rückflugticket nach Coober Pedy gekommen – ohne es je wieder in Anspruch ge-

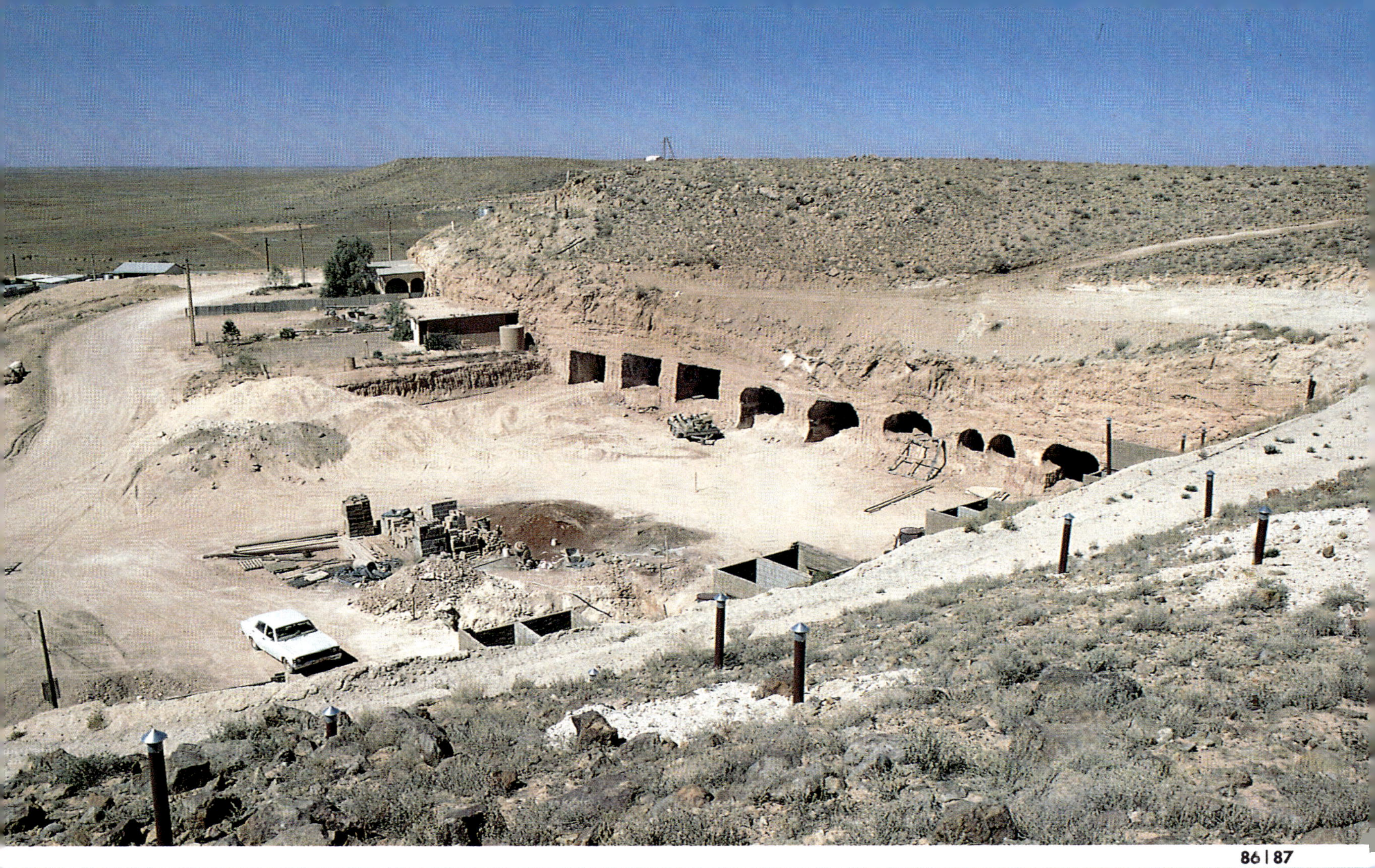

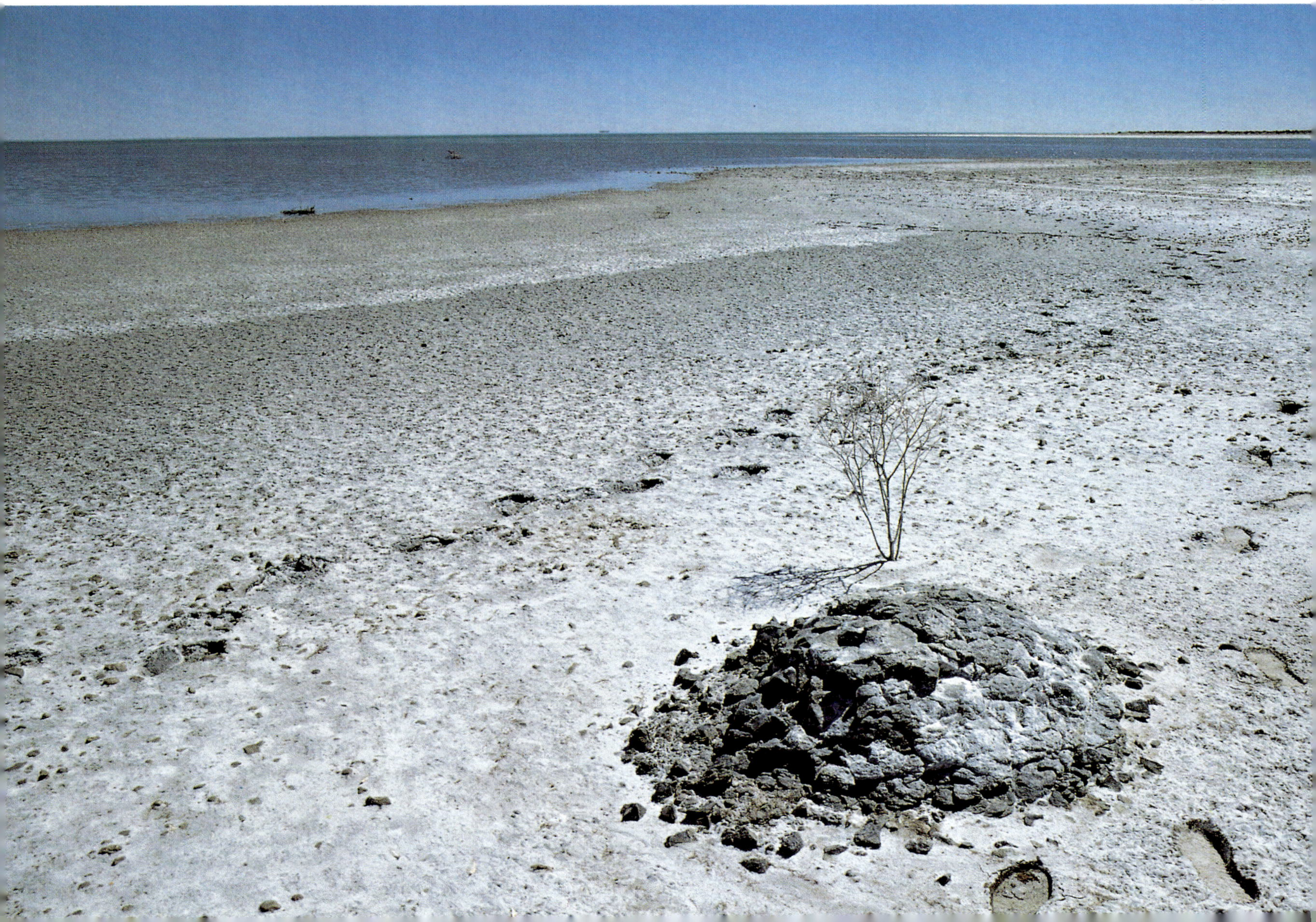

88 | 89 | 90 91 ▷

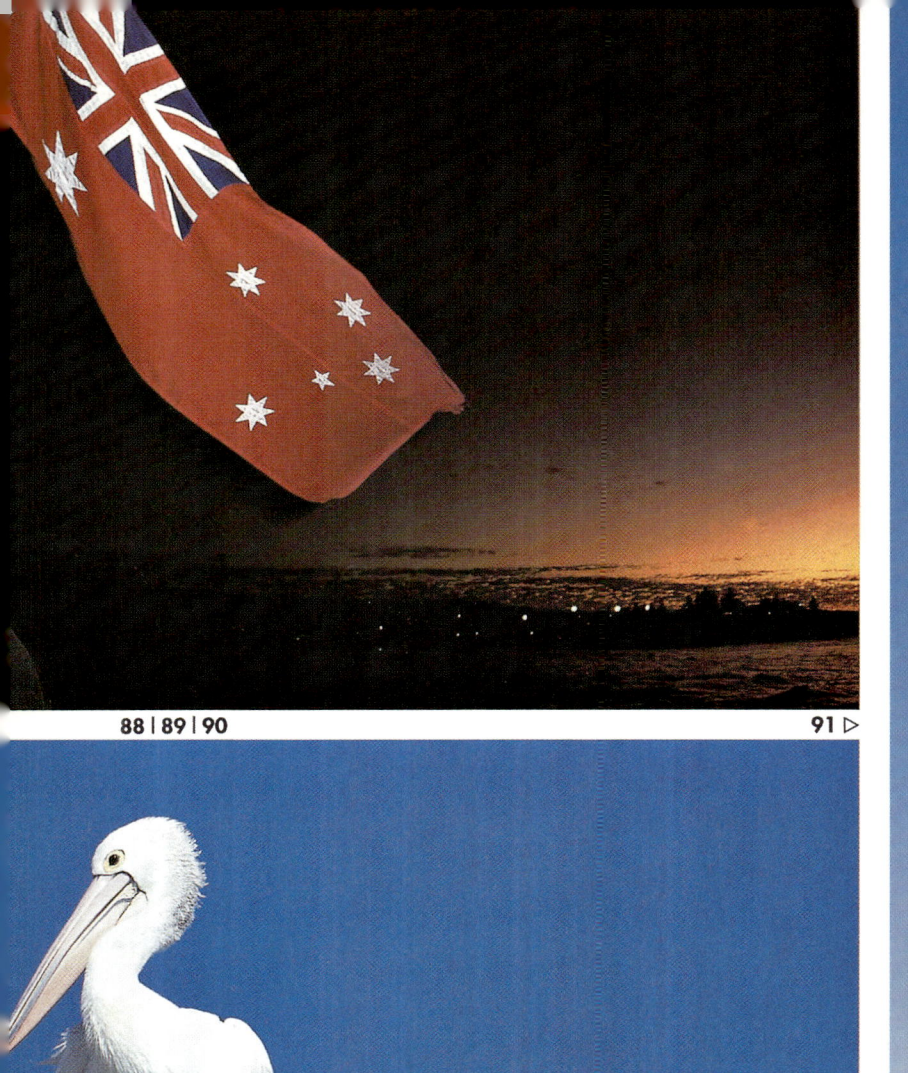

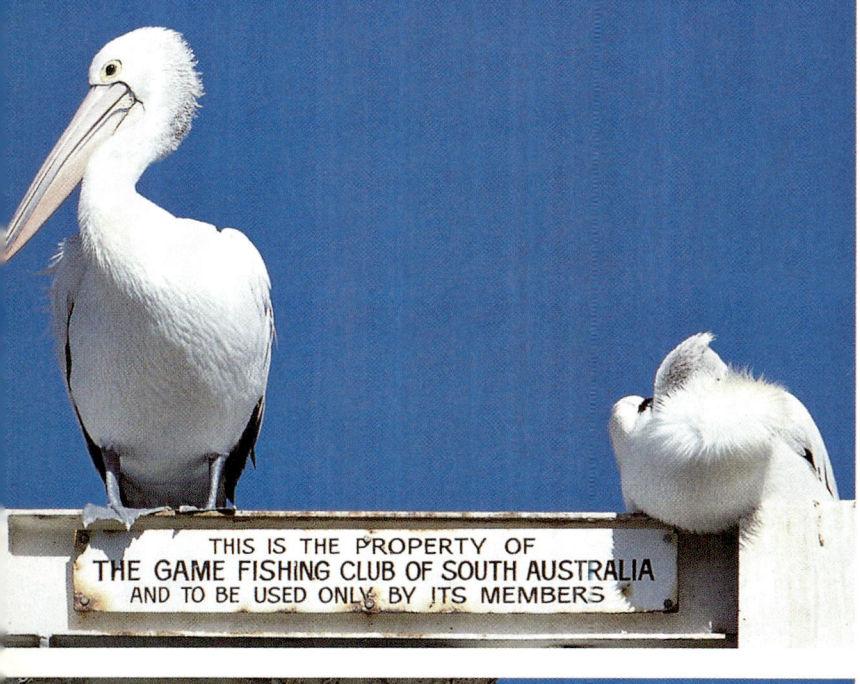

THIS IS THE PROPERTY OF
THE GAME FISHING CLUB OF SOUTH AUSTRALIA
AND TO BE USED ONLY BY ITS MEMBERS

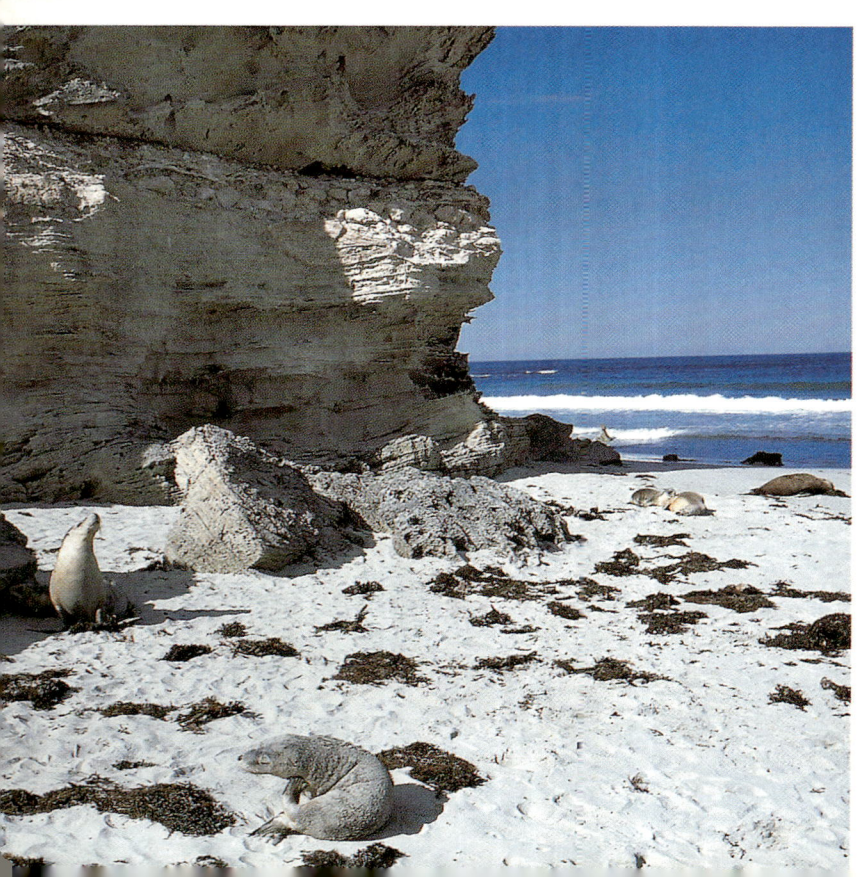

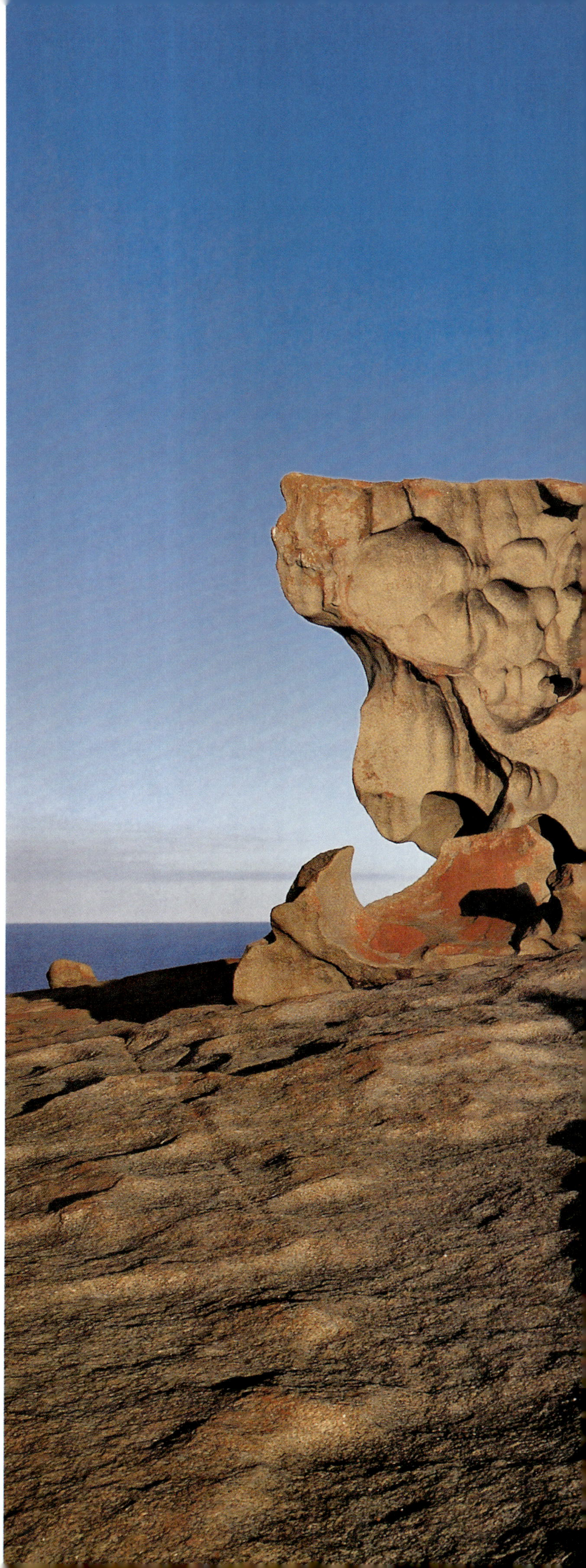

nommen zu haben. Sie steckten sich für 30 Dollar im Jahr einen Claim von 50 mal 50 Metern ab, ließen ihn registrieren, sich vom Opal-Digger-Fieber anstecken – und kehrten nie wieder in ihre Heimat zurück. Opale zu finden, ist reine Glückssache. Schon viele Glücksritter, aber auch Wissenschaftler, die es nicht glauben wollten, sind hier eines Besseren belehrt worden. »Da gab es ein paar Greenhorns«, erzählte einer, »die claimten eine dreißig Jahre alte Mine, sprengten und buddelten für ›tucker money‹, also nur so, daß es reichen sollte, um von der Hand in den Mund zu leben: Jeder machte sich über sie lustig, weil selbst die, die dreißig Jahre lang darin herumgewühlt hatten, kaum davon hatten existieren können. Nun«, fährt Yannis fort, »wir hatten zu früh gelacht. Die Jungens sprengten nur ein paar Löcher in den alten Schacht und fanden auf Anhieb Opale im Wert von zwei Millionen Dollar.« So kann's gehen. Andersherum natürlich auch. Opal läßt sich nicht eruieren. Ähnlich einem synthetischen Quarz besteht er aus nichts anderem als aus Silikat und Wasser. Das einzige, was sich mit Sicherheit behaupten läßt, ist, daß die Ablagerungen in der Tertiär-Periode stattgefunden haben, also vor 1,8 bis 70 Millionen Jahren, und daß sich in mehr als 25 Metern Tiefe keine Opalader mehr finden läßt. Zu den wertvollsten Funden gehören seltene Fossilien, Eidechsen oder Muscheln, die gänzlich opalisiert sind. Blau und grün schimmern sie und sprühen rote Feuer. Zusammen mit den kleinen Minenstädtchen Mintabee und Andamooka werden in Coober Pedy weltweit 90 Prozent aller Opale gefunden. Das begehrte Kieselsäuremineral, das mittlerweile zu den teuersten Edelsteinen der Welt zählt, kommt in Coober Pedy hauptsächlich in seiner milchig-weißen Version vor. Die teuerste Variante dieses Steins, der schwarze Opal, wird ausschließlich in Lightning Ridge in New South Wales gefunden. Da der schwarze aber sehr selten ist, konzentriert sich die Suche auf den einträglichen weißen Opal. Die Regierung schätzt, daß in Coober Pedy jährlich zwischen 20 und 40 Millionen Dollar »ausgegraben« werden. Aber die findigen Glücksritter wissen sehr wohl, wie sich die Klippen der Steuer umschiffen lassen. Den Millionär sieht man wettergegerbten Gesichtern, staubigen Klamotten und krisenerprobten Williams-Boots nicht an. Alle fahren mit zerschrammten Pick-ups

durch die Gegend, auf denen ein »Explosive«-Schild vor der meist brisanten Ladung warnt. »Wenn sich hier plötzlich jemand einen neuen Bulldozer oder ein neues Auto kauft, weiß jeder: Der muß auf eine gute Ader gestoßen sein«, erklärt Walter Rudin, der sich vor 17 Jahren mit seiner Frau Gerda aus einem wohlsituierten Leben in der Schweiz ausgeklinkt hat, um in den begehrtesten Drecklöchern der Welt nach seinem Glück zu graben. Coober Pedy beheimatet die wohl seltenste Mixtur schräger Charaktere aus unterschiedlichsten Kulturräumen: 45 Nationalitäten bei knapp 4000 Seelen. Die meisten Glücksritter sind europäischer Herkunft: Kroaten, Jugoslawen, Ungarn, Deutsche, Österreicher und vor allem Griechen und Italiener. Jede Nation versucht sich hier in der Wüste ein Stück Heimat zu erhalten, mit abendlichen Treffen und Gelagen im Italian Club, im Greek Club, im Kroatian Club und so weiter. Doch trotz aller Unterschiede haben alle eines gemeinsam: den Hang zum Abenteuer und zum Nonkonformismus. Leidenschaftlicher Individualismus ist hier die Grundvoraussetzung für die Gemeinschaft. Also gerade das, was anderswo nicht funktioniert. Hier fragt dich niemand nach deiner Vergangenheit. Du bist der, für den du dich ausgibst. Aus der Luft wirkt Coober Pedy wie das Schlachtfeld einer ganzen Armee von Maulwürfen: Unmengen von Löchern mit ihren Auswurfhäufchen nebendran. Statt Vorfahrtsschildern stehen hier Warnschilder, die vor gefährlichen Abstürzen in die Schächte warnen. Wenn die Maschinen auf der Schotterpiste ausgerollt sind, sieht sich der Besucher zwei für Coober Pedy typischen Erfahrungen ausgeliefert: Fliegenschwärme, deren Myriaden von alles andere als scheuen Tierchen nur mit stoischer Ruhe und jenem Hut zu ertragen sind, an dessen Krempe ringsum mit Korken beschwerte Bindfäden wie ein Vorhang herunterhängen. Die zweite ist die unvorstellbare Hitze, die nur dank der Trockenheit der Wüste zu ertragen ist. Bei 35 Grad im Schatten sprechen die Ortsansässigen nonchalant von einem »frischen Frühlingstag«. Im Februar werden hier Temperaturen bis 50 Grad Celsius gemessen. Dann sind die »dug outs«, die Höhlenwohnungen, der angenehmste Aufenthaltsort, denn sie bewahren wie eine überdimensionale Thermoskanne eine gleichbleibende Temperatur von etwa 24 Grad. Noch dazu sind einige von ih-

92 Auf den trockenen Grasebenen vor braunroten Bergketten wachsen die Individualisten unter den Bäumen: Eukalyptus, Zypressen und Coolibahs.

nen überaus elegant eingerichtet: mit Bars, Designermöbeln, Gemälden, einige mit einem unterirdischen Swimmingpool. Sogar das einzige unterirdische Luxushotel der Welt steht in Coober Pedy.

Den Dug outs verdankt das Städtchen auch seinen Namen, denn Coober Pedy heißt in der Aboriginal-Sprache nichts anderes als: das Loch des weißen Mannes.

Nicht nur der Temperaturen wegen ist Coober Pedy ein »heißes« Städtchen. Das Lager des Supermarktes, in dem man Nitroglyzerin und Zündschnüre für den hochexplosiven Alltag erstehen kann, liegt wohlweislich einige Kilometer außerhalb der Stadt. Als Depot für das Dynamit dient das ehemalige Gefängnis – nichts als eine Bretterbude mit einem dicken Vorhängeschloß. Die Sprengkapseln lagern in einem Minibunker – weil man sie besser nicht zusammen mit dem Sprengstoff aufbewahrt. »No enemy would dare to blow this place and end all this confusion« hat ein Naseweis in die Bretterwand geritzt. Lebt man in Coober Pedy gefährlich? Nicht unbedingt. Hin und wieder stürzt jemand einen Schacht hinunter, ein Aboriginal hat seine Frau erstochen, weil sie ein Verhältnis mit einem glutäugigen italienischen Kellner hatte, oder kürzlich sprengten die Serben in der Nacht den kroatischen Club in die Luft.

Ansonsten sei alles ganz friedlich, erklärt der Gemeindepolizist. Vor einigen Jahren schon hätten sich die Miner einen Scherz mit Keith Edward erlaubt, der als Tom & Jerry-Fan Stunden vor dem Fernseher verbringen konnte. Einige seiner Kumpels setzten Tom & Jerrys Späße in die Tat um und schickten Keith ein wenig Sprengstoff durch den Luftschacht seines Dug outs, als er sein Irish-Stew auf dem Herd kochte. Keith konnte sich gerade noch retten, aber die Küche flog mitsamt dem Eintopf in die Luft, und Keith hatte ein Open-air-dug-out. »Wirklich, Coober Pedy ist eine harmlose kleine Stadt«, meint auch der katholische Pfarrer Paul Burke. Er muß es wissen, denn bei ihm beichten alle ihre Sünden. Auch seine Kirche ist ein Dug out. Die Schale mit dem Weihwasser ist in die Höhlenwand geschlagen, direkt über einer wunderschön schimmernden Opalader, und der Altarraum wurde mit Hilfe der Tunnelmaschinen in Form eines Kreuzes in die Erde getrieben: als sei hier der Himmel zur Untermiete in der Hölle.

Outback-Symphonie – eisgekühltes Bier und Uranerz

Auch wenn Coober Pedy einen Golfplatz hat: »greens« gibt es dort nicht. Ein »Grün« besteht hier aus roter Erde, die mit Kerosin und Diesel geschmeidig gemacht wird. Grün ist eine Farbe, die im Outback von Südaustralien so selten ist wie ein Aboriginal in München. Aber Ausnahmen bestätigen die Regel: Eine knappe Autostunde von Coober Pedy entfernt beginnen die Breakaways, eine hügelige Mondlandschaft, die Kinogängern aus dem Film »Mad Max« bekannt vorkommen dürfte. Nach den seltenen Regenperioden läßt sich hier ein einmaliges Naturereignis beobachten. Man kann regelrecht zusehen, wie sich die karge, apokalyptische Landschaft dann in ein grünes Paradies mit wilden Blumen, Büschen und Tieren verwandelt, die sonst nie dort gesehen werden: Neben weißen Lilien kriechen Drachenechsen und manchmal auch die prähistorische Panzerkrabbe, von der einige glauben, sie sei mit den Dinosauriern ausgestorben. Die ausgetrockneten Creeks füllen sich dann mit Wasser, und ihre Ufer werden fruchtbar. Im Witrija-Nationalpark laden die 35 Grad Celsius warmen Thermalquellen zum Baden ein – und zwar das ganze Jahr über. Eindrucksvoll ist auch die unendlich weite glitzernde Fläche des ausgetrockneten Salzsees Lake Eyre, mehrere tausend Quadratkilometer groß und auch ohne die spektakulären Salzseerennen, die hier hin und wieder ausgetragen werden, ein Erlebnis. Ob sich ein Ausflug in das Outback-Kaff mit dem unaussprechlichen Namen Oodnadatta lohnt, weiß man erst, wenn man dort war. Allein für die angepriesene Gaumenattraktion eines Oodnadatta-Bürgers jedenfalls weniger. Und das Straßenschild, das einem einsamen Wüstenpoeten als Selbstdarstellungsfläche dient, macht den Ort auch nicht sonderlich einladend: *»This bloody town's a bloody cus – No bloody trains, no bloody bus –And no-one cares for bloody us – In Oodna-bloody-datta [...] – Just bloody heat and bloody flies – the bloody sweat runs in your eyes – And when it rains, what a surprise! – In Oodna-bloody-datta [...] – the best place is in bloody bed – With blody ice upon your head – You might as well be bloody dead – In Oodna-bloody-datta.«* Doch wer einige Bewohner im Outback kennengelernt hat, weiß, daß so ein Gedicht im Grunde eher eine Art Liebeserklärung ist.

93 und 94 Die Straßen von »Never Never Land« scheinen bis ans Ende der Welt zu führen. Nicht umsonst drehte Wim Wenders Teile seines gleichnamigen Films (Bis ans Ende der Welt) hier in Südaustralien. Die einzige Abwechslung auf dem Stuart Highway, der quer durch das flimmernd heiße Outback Südaustraliens führt, sind die seltenen Tankstellen. Die unkomplizierte Kameradschaft und Hilfsbereitschaft, die in frühen Siedlungstagen unter den Squatters den Begriff »mateship« prägte, lebt in der heutigen Zeit besonders unter den Truckfahrern fort, den einsamen Helden der Straße.

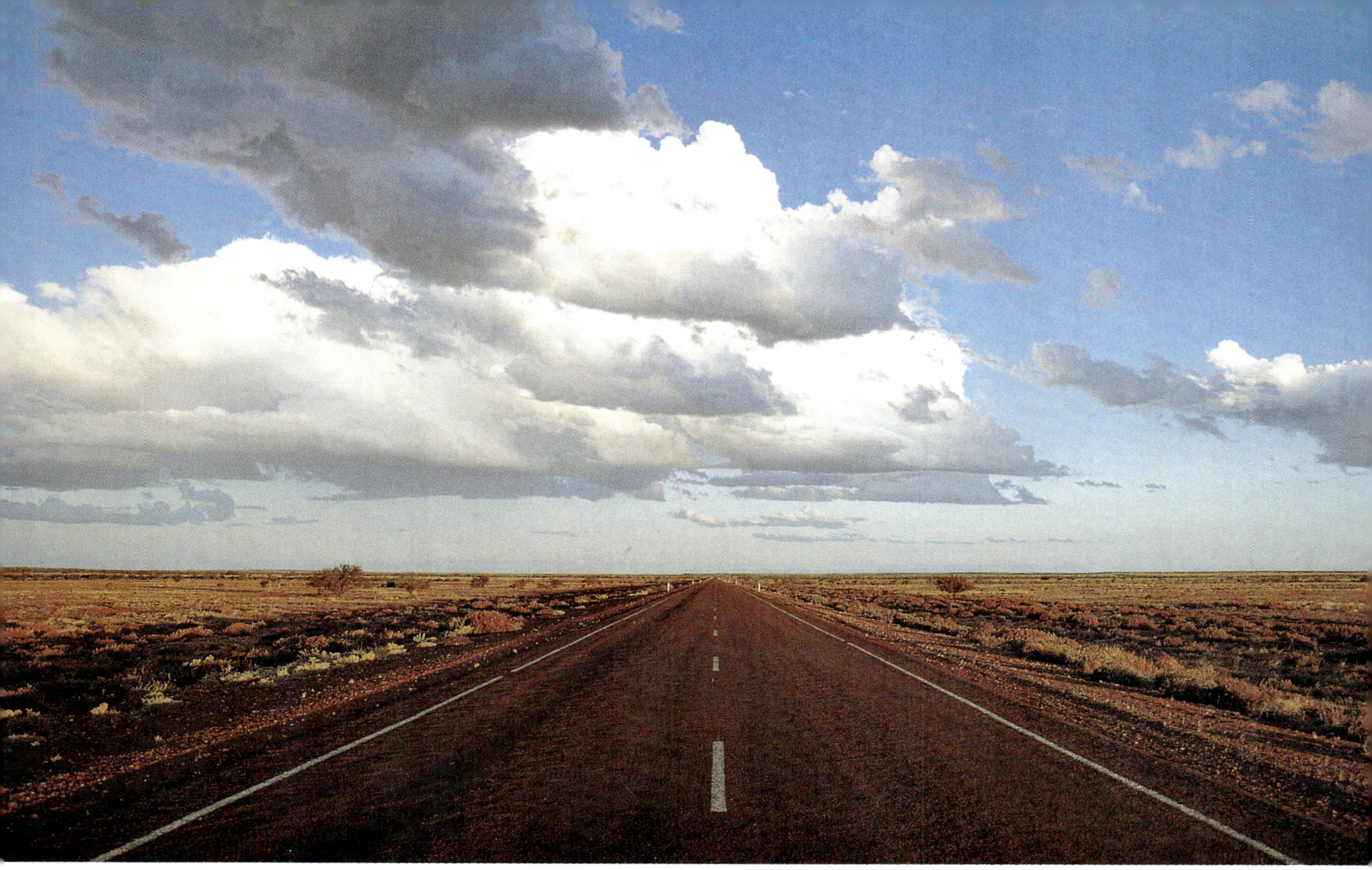

93 | 94

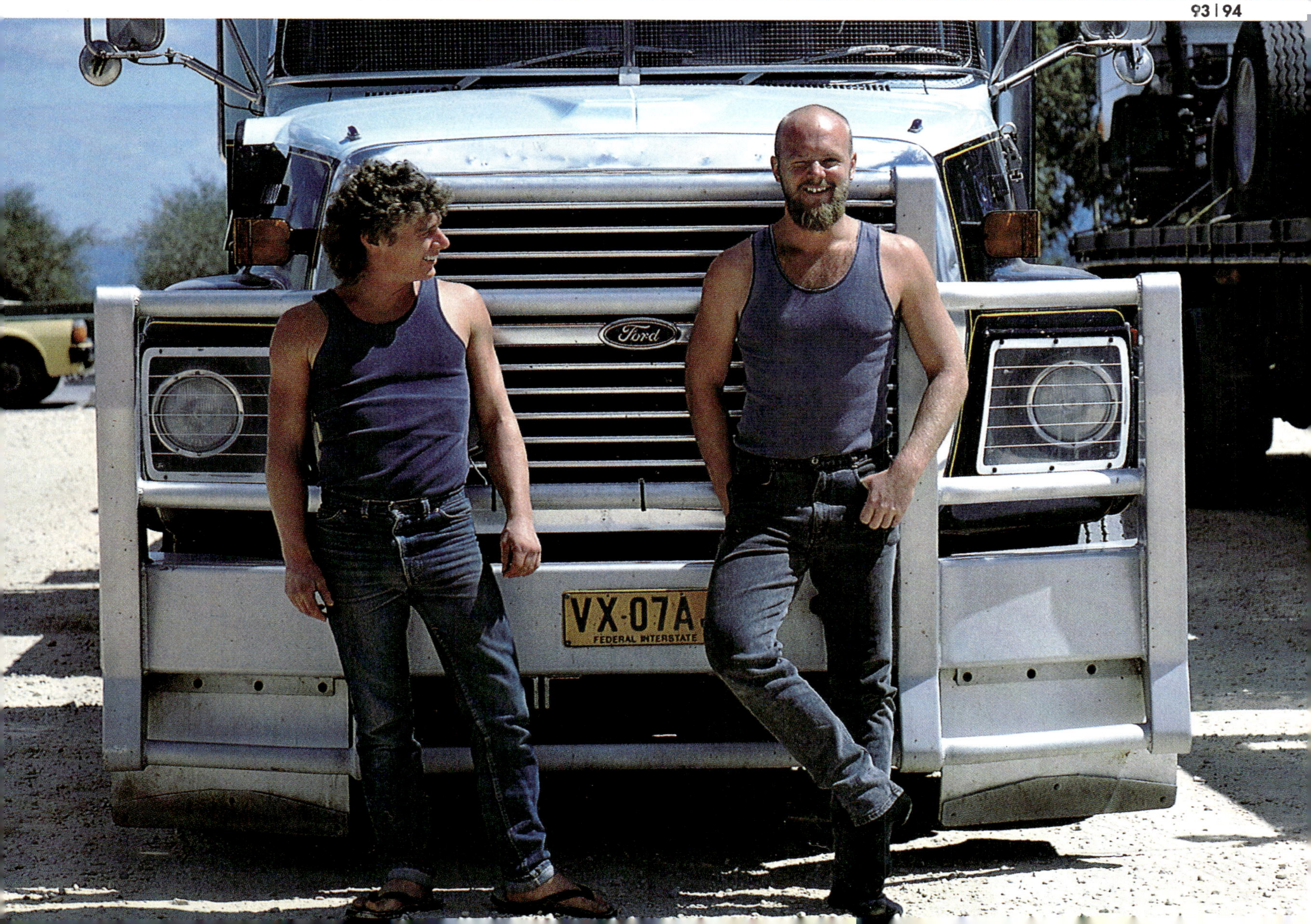

Und lieben muß man es schon, das Outback, seine Hitze, seine Einsamkeit und seine ganz eigene Poesie. Wer als Besucher mit einem Jeep wochenlang durch die Wüste kurvt, wird von den meisten Australiern halb belächelt und halb bewundert. »Nur Kamele rennen durchs Outback«, heißt es dann oft verständnislos. Denn schließlich hat Australien den prozentual größten Anteil an Stadtbewohnern in der Welt. Über zwei Drittel der Bevölkerung leben alleine in den Einzugsbereichen von Sydney und Melbourne. Für den größten Teil von ihnen beginnt die Wildnis bereits zehn Kilometer hinter den letzten Vororten. Der größte Teil der Landfläche Südaustraliens, viermal so groß wie die Britischen Inseln, besteht aus ebendieser nahezu unbewohnten Wildnis mit der Nullarbor Plain westwärts und der Great Victorian Desert nordwärts, alles was jenseits der Flinders Ranges und Port Augusta liegt. Charles Stuart, der 1845 als erster Weißer durch dieses Gebiet zog, beschrieb es als »Land ohne Parallele auf der Erde«. Die Faszination für das »rote Zentrum« ist bis heute unverändert. Nur vier Straßen, jede mit eigenem Charakter und eigener Geschichte, führen durch South Australias Outback. Davon ist nur der Stuart Highway geteert, und das auch erst seit 1987. Auf dem legendären Birdville Track trieben die »stockmen«, die australischen Cowboys, ihre Rinderherden von Queensland nach Süden, zur Bahnstation Marree. Der Strzelecki Track verläuft durch die monotone Sanddünenlandschaft der Moomba-Grasfelder nach Innamincka. Der Oodnadatta Track, Route des Entdeckers John McDouall Stuart, berührt den südlichen Teil des Lake Eyre. Und die Hauptroute nach Norden, der Stuart Highway, führt vorbei an Andamooka und Coober Pedy bis nach Alice Springs und Darwin im Northern Territory. Alle vier Straßen kreuzen den »dog fence«, einen über 9000 Kilometer langen Schutzzaun, der quer durchs Zentrum verläuft, um den Dingos, den wilden Hunden, den Zugang zu den südlichen Weidegebieten zu versperren.

Einsame Trucker sind auf dem Stuart Highway unterwegs, um Güter von Adelaide nach Alice Springs zu transportieren. Tausende von Meilen sind sie allein mit sich und ihrem Autoradio, aus dem melancholische Country-Songs dudeln. Einzige Abwechslung sind ein paar weitverstreute Tankstellen und hin und wieder ein kühles Bier. Und wo sonst gibt es das: Mitten im Nirgendwo am schnurgeraden Highway mit roter Erde bis zum Horizont steht wie eine Fata Morgana ein einsamer Kühlschrank mit eigenem Generator am Straßenrand, prall gefüllt mit eisgekühltem Bier. Das ist Australien. Ein ungeschriebenes Outback-Gesetz verlangt, daß jeder, der sich ein kaltes Bier aus dem Eisschrank nimmt, eines wieder hineinzustellen hat, das durch die lange Fahrt in der Wüstensonne ungenießbar warm geworden ist. Und diszipliniert, wie die Australier sind, funktioniert dieser Selbstbedienungs-Kühlservice sogar.

Bei Woomera tauchen am Straßenrand Schilder auf, die das Gebiet als »prohibited area«, als verbotene Zone, ausweisen. Woomera bedeutet »fliegender Speer«. Allerdings flogen hier auch schon ganz andere Geschosse: In den fünfziger und sechziger Jahren war dies ein Testgelände für britische Raketen. Bis 1972 betrieb dann die NASA eine Weltraumbeobachtungsstation nahe der Island Lagoon. Nördlich von Woomera liegt Roxby Downs. In einem Gebiet, das nicht größer ist als die Innenstadt von Adelaide, lagern nach bisherigen Schätzungen die größten Uran- und Kupfervorkommen der Erde. Gegen den Abbau des Uranoxides, des »Yellowcake«, das inzwischen auch in anderen Gebieten der South Australian Outbacks in großen Mengen gefunden wurde, demonstrieren Anti-Nuklear-Gruppen immer wieder. Andererseits sind hier die zwar riskantesten, aber auch höchstdotierten Arbeitsplätze entstanden. Ein anderes Gebiet Südaustraliens, das eine traurige Rolle in der Nukleargeschichte spielte, ist die Region um Maralinga. Dieser Aboriginal-Name beschreibt, was die Aborigines erlebten. Er bedeutet »Donner«. In der Great Victorian Desert, 1200 Kilometer nordwestlich Adelaides, führte das britische Militär in den fünfziger Jahren Atombombentests durch. Das Land galt damals als unbewohnt. Die Ureinwohner zählten nicht. Viele starben oder trugen langfristige Strahlenschäden davon. Auf Entschädigung warten sie noch heute. »Die Weißen sind sehr clever«, wird Yami Lester vom Pitjantjatjara Council zitiert. »Sie fragen: Wann? An welchem Tag? Aber wir haben keine Kalender am Baum hängen.« Heute hat man aus den einstigen Fehlern gelernt. Atombombentests gehören in die Vergangenheit. Doch die Uranerzvorkommen, die man in South Australia findet, sichern Australien ein Stück Zukunft, auf das man nicht verzichten kann.

95 Die karge, heiße Einsamkeit des »Outback« macht in South Australia, viermal so groß wie die britischen Inseln, den größten Teil der Landfläche aus. Die fast unbewohnte Wildnis reicht westwärts in die Nullabor Plains und nordwärts in die Great Victorian Desert. Outback ist hier praktisch alles jenseits der Flinders Ranges und Port Augusta.

Perth

Western Australia ist bei weitem der größte Bundesstaat des Kontinents, etwa fünfmal so groß wie die Bundesrepublik. 2,5 Millionen Quadratkilometer werden von nur 1,5 Millionen Menschen bewohnt. Zwei Drittel davon drängeln sich in Perth. Der Rest hat, statistisch gesehen, pro Kopf zehn Quadratkilometer zur Verfügung. Ein Land, das man mit anderen Dimensionen im Kopf bereisen muß als denen, die wir gewohnt sind. »Nebenan«, das bedeutet für Western Australians »nur« wenige Stunden Autofahrt. Perth ist eine Metropole im Abseits, liegt wie eine Festung zwischen Ozean und Wüste. »Wir sind hier mit allem etwa zwei Jahre im Hintertreffen – nicht nur mit der Rezession«, witzeln die Perthianer. »Das gibt uns die Gelegenheit, aus den Fehlern, die in Melbourne oder Sydney gemacht werden, zu lernen.« Trotz der glitzernden Wolkenkratzer-Skyline, durch deren Straßenschluchten und Parkanlagen sich elegant der Swan River schlängelt, bekennen sich die Großstädter zum Kleinstadtflair von Perth. Und trotz der isolierten Lage wünschen sich viele Australier, in dieser angenehmen Mischung aus Urbanität und Gemütlichkeit zu wohnen. Die Jahre des Dornröschenschlafs will man dennoch jetzt im Eiltempo aufholen. Das Dallas am Indischen Ozean gibt sich ein zeitgemäßes Aussehen mit zeitgemäßem Kulturleben. Aus der Skyline ragt der Bond Tower heraus, architektonisches Machtsymbol eines Selfmademans. Der zentrale Business-Distrikt liegt nördlich des Swan River und ist auf das Gebiet um die Fußgängerzone beschränkt. Durch das Einkaufszentrum zwischen Murray und Hay Street oder durch den Langley-Park am Flußufer entlang schlendern die Geschäftsleute in Hemdsärmeln und gelockerter Krawatte, die Anzugjacke über dem Arm und genießen ihre Mittagspause. Kunststudenten und Trendsetter treffen sich in den Straßencafés, Restaurants und Nachtclubs des Stadtteils Northbridge, und die Yuppies zieht es am Abend hinaus nach Claremont oder Fremantle. Fremantle, der malerische Hafen im Süden von Perth, ist auch das Tor zum idyllischen Südwesten. Mit seinen viktorianischen Zuckerbäckerfassaden, den betriebsamen Markthallen, dem Flair einer Künstlerkolonie und der lockeren Segleratmosphäre erlebt Fremantle seit dem Ereignis des America's Cup 1987 einen kräftigen Aufwind. Seitdem ist das fast mediterran angehauchte Fremantle Anlaufpunkt für internationale Regatten und Yachtsetter, und die gestreßten Großstädter oder nach Streetlife hungernden Outback-Bewohner verbringen mit Vorliebe hier ihre Wochenenden oder aber auf dem vorgelagerten Rottnest Island. Die Insel lockt mit glasklarem Wasser, Surfstränden und einer entspannten Holiday-Atmosphäre. Autos wurden von Rottnest verbannt. Man kann sich entweder mit altersschwachen Bussen oder gemieteten Fahrrädern fortbewegen. Die Quokkas, kleine Beuteltiere, die wie eine Kreuzung zwischen Wallaby und Ratte aussehen und denen Rottnest Island auch ihren Namen verdankt, gehören immer noch zum Inselbild.

Das Land der wilden Blumen

Jedes Jahr im Frühling – zwischen September und November – läßt sich in Westaustralien eine der schönsten Explosionen der Welt beobachten. Ein Neujahrsfeuerwerk ist nichts dagegen. Denn hier im Land der wilden Blumen birst die Natur, sonst bescheiden in verschiedenste Grün- und Brauntöne gekleidet, in ein farbiges Blütenmeer. Western Australia gehört zu den reichsten Wildblumenarealen der Erde. Im Gebiet zwischen Kalbarri – nördlich von Perth – und Albany – südlich von Perth – blühen dann über 7000 Pflanzenarten, von denen einige nur noch hier vorkommen. Die behaarten, bizarr geformten gelbroten Blüten der Kangaroo paws, der Nationalblume Western Australias, blühen dann neben den himbeerfarbenen Banksien und den dottergelben Christmas trees, neben Pitcher plants, Dryandras, Federblumen, Lilienarten und Blackboys. Wer sich auf dem Weg nach Geraldton und Kalbarri – etwa in Dongara oder Morowam – ein Picknick auf einem der dichten Blütenteppiche gönnt, mag sich fühlen wie Dorothy alias Judy Garland aus dem Hollywood-Klassiker »The Wizzard of Oz«. Denn die Landschaft wirkt nicht nur wie durch den Stab eines Zauberers verwandelt, sondern nicht umsonst ist »Oz« auch ein anderer Name für »Oz«tralia. Das volle Panorama hat man im Kalbarri-Nationalpark vom Gipfel des Hawks Head auf die blühenden Ufer des Murchison River.

Die skurrilsten Blüten – auf ewig zu Stein erstarrt – trieb die Natur wohl im Nambung-

Vorhergehnde Abbildung:

96 Der Wave Rock bei Hyden, mitten im Süden von Western Australia, erscheint als eine Eskapade der Natur, die sich vor rund 2,7 Millionen Jahren in ihren Elementen geirrt haben muß. Mitten in der staubigen, heißen Ebene erhebt sich eine gigantische Meereswelle aus Granit, über deren Entstehung Geologen heute noch rätseln.

97 Das Symbol von Perth, einst an den Ufern des Swann River erbaut, ist der schwarze Schwan. Perth ist die Hauptstadt von Western Australia und der größte australische Bundesstaat. In den weiten Gebieten leben allerdings nur 1,5 Millionen Einwohner: Viel Freiheit, viel Einsamkeit.

Folgende Abbildung:

98 Etwa 20 Kilometer von dem kleinen Fischerort Cervantes entfernt liegt eine der seltsamsten Wüsten der Erde, die Pinnacles. Aus dem goldgelben Sand ragen bis zu vier Meter hohe Stelen aus Kalksandstein, Nadeln, Türmen, Skulpturen, Schlössern, Köpfen und anderen Phantasiegebilden. Sie sind im Laufe der Jahrtausende durch Mineralablagerungen entstanden und vom Wind geformt worden.

Nationalpark: die Pinnacles. Den Brand Highway von Perth hinauf nach Norden flankieren rechts sanft rollende Hügel mit Feldern und Weiden, links das Meer und wogende Dünenlandschaft. Über der Küste liegt ein Wolkenband, nur an einer Stelle einen Spalt weit aufgerissen, durch den die Strahlenbündel der Sonne dringen. Dort unter ihrem gelben Widerschein liegen sie, die Pinnacles, eine der seltsamsten Wüsten der Erde. Etwa 20 Kilometer von dem kleinen Fischerort Cervantes entfernt, dessen Straßennamen – Goya, Ribera, Picasso – einem recht spanisch vorkommen, eröffnet sich nach Wällen und blühendem Buschland diese bizarre kleine Landschaft.

Aus dem goldgelben Sand recken sich bis zu vier Meter hohe Stelen aus Kalksandstein, Nadeln, Türmen, Skulpturen, Schlössern, Köpfen und anderen Phantasiegebilden, Launen der Natur. Über ihre Entstehung gibt es verschiedene Theorien. Sicher ist, daß sich die Pinnacles im Laufe von Jahrtausenden durch Mineralablagerungen gebildet haben und ihre Form vom Wind bestimmt wurde. Der Nambung-Nationalpark, mit der Pinnacles-Wüste, beziehungsweise das, was man davon sieht, ist nicht größer als 400 Hektar. In Wirklichkeit aber erstreckt sich das Gebiet der Steinsäulen auf eine viel größere Fläche. Denn die Wüste wandert. Der Südwestwind wälzt die Dünen unaufhaltsam über den Anfang der Wüste und deckt die Pinnacles zu, während am anderen Ende der Sand weitergefegt wird und neue Stelen aufdeckt. Am eindrucksvollsten wirken die Pinnacles im Licht der Abendsonne, wenn der Kalksandstein wie vergoldet erscheint und die Felsenskulpturen lange bizarre Schatten auf den Wüstensand werfen.

Das Land der wilden Blumen setzt sich hinter Perth fort. Das Tor zum idyllischen Südwesten ist Fremantle, der malerische alte Hafen südlich von Perth, der mit seinen viktorianischen Zuckerbäckerfassaden, seinen urigen Pubs, den Markthallen seit dem America's Cup kräftig boomt. Den America's Cup konnte Australien seit 1987 zwar nicht mehr für sich gewinnen, dennoch ist Fremantle heute mit seinem Küstenflair und der lockeren Segleratmosphäre ein Anlaufpunkt für internationale Regatten und private Yachten geworden, und die gestreßten Großstädter aus Perth fahren abends zum Dinner hinaus nach Fremantle oder verbringen hier, wenn nicht noch weiter südlich, meist ihre Wochenenden.

Den ersten Abschnitt des Highway 1 zwischen Fremantle und Rockingham kann man allerdings getrost auslassen: kilometerlange Hafen- und Industrieanlagen, die nicht unbedingt darauf hindeuten, daß der Südwesten für viele Australier der hübscheste Winkel ihres Landes ist. Auf saftiggrünem Weideland, wo Schafherden friedlich grasen, sind Kalkfelsen bizarr ausgestreut, als hätte ein Urzeit-Riese ein Loch in seiner Tasche gehabt. Und dann beginnt der Leeuwin-Naturaliste-Nationalpark zwischen Cape Naturaliste und Flinders Bay, mit Margaret River, dem weltberühmten Surfermekka. Hier, wo sich der Indische Ozean mit der Südsee mischt, ist die Brandung wild und hoch wie kaum irgendwo. Während draußen in der Sonne die Brandung tobt, herrscht in den vielen Höhlen entlang der Küste Ruhe und Dunkelheit. Die Stalagmiten- und Stalaktitenhöhlen zum Beispiel im Lake Cave oder Jewel Cave faszinieren durch Formen, Farben und Kristallbildungen, die sich in Jahrmillionen im Finstern entwickelt haben. Doch diese Region ist vor allem berühmt für ihre Wälder: Urwälder, Traumzeitwälder mit bleichstämmigen Baumgiganten, jahrhundertealte Eukalyptusbäume, Karri- und Jarrah-Bäume wie im Valley of the Giants. In bis zu siebzig Metern Höhe zeichnen sich hier ihre bizarren Astformationen gegen den Abendhimmel deutlich ab wie urzeitliche Buchstaben, deren Sprache nur die Aborigines verstehen mögen. Majestätische weiße Callas blühen buschweise auf grünen Lichtungen, und auf den rostigen Ölfässern einer einsamen Tankstelle balzen Pfauen radschlagend um die Liebe der unscheinbaren Weibchen: Frühlingsgefühle überall. Die Natur scheint aus allen Nähten zu platzen: gelbe Blumenkissen am Wegrand, pastellfarben gesprenkelte Sträucher, Bäume wie schwere rosa Blütenwolken, bunte Blumenteppiche, die bis auf den Asphalt der Straße wachsen, auf der wir in Duftwogen eingehüllt südwärts fahren. Die »geistreichsten« Früchte trägt die Natur dank der Europäisierung hier in Form der köstlichen Weine. Zugegeben: Château Laffittes reifen auf den diversen Weingütern hier nicht. Aber der Rhine Riesling, Cabernet, Chardonnay und Sauvignon sind gut genug, um auch nach Europa exportiert zu werden. Das Klima im Süden ist mild: Kaum über 28 Grad im Sommer, wenn das Thermometer im Outback auf 45 Grad klettert, und nicht

99 Die Hamersley Range, rund 300 Kilometer südlich des Bergwerkstädtchens Port Hedland, durchzieht das Herz der Pilbara-Region. Mit ihren spektakulären Schluchten, bis zu zwei Kilometer langen Eisenerzzügen und einem seltenen »wildlife« gehört die Hamersley Range zu den sehenswertesten Naturschutzgebieten Western Australias.

weniger als 10 Grad im Winter. Aber bei einem typischen Aussie-Barbecue im Leeuvin-Naturaliste-Nationalpark oder am Strand kann es am Abend schon empfindlich kühl werden. Deshalb findet man in den meisten Lodges Heizdecken in den Betten.

Entlang dem South Coast Highway

Der Süden von Western Australia ist Pionierland. Von Albany, der ältesten weißen Siedlung im Westen einmal abgesehen, entdeckten die Australier erst vor etwa fünfzehn Jahren die milde Schönheit dieser Region. Als die Hippies aufhörten zu rauchen und Kinder bekamen, haben sie sich hier niedergelassen. Zum Beispiel in Denmark, ein idyllisches Örtchen, von inzwischen 3000 »Spätzündern« bewohnt und mit allen Wassern gewaschen: einem Fluß, dem Meer, sogar einem kleinen Fjord und dem Wilson Inlet vor der Tür, das durch eine riesige Sandbank vom Meer abgetrennt ist. Besonders aufregend ist Denmark allerdings nicht. Ebensowenig wie Albany, übrigens die älteste Stadt im Westen. Perth wurde erst später gegründet.

Schon 1826 schickte man von Sydney die ersten Siedler nach Albany, weil man einer Besetzung der Westküste durch französische Kolonialisten vorbeugen wollte. Heute ist es mit der naturgeschützten Gebirgslandschaft der Stirling Range im Hinterland ein gemütliches Küstenstädtchen, in dem man bei einem Bier in einem der ältesten Pubs rasch mit seinem Thekennachbarn ins Gespräch kommt oder zu einer Partie Poolbillard aufgefordert wird. Das wenig aufregende Albany ist das Tor zur aufregenden Küstenlandschaft der Rainbow Coast und dem westlichen Teil der Great Australian Bight: Hunderte von Kilometern einsamer blendendweißer Puderstände mit atemberaubenden Felsformationen wie »The Gap« oder die »Natural Bridge«, in deren Schluchten das Meer gurgelt, tobt, sich zurückzieht, um sich dann in donnernder Brandung wieder zu nähern und gegen die Felsen klatscht, daß die Gischt bis zu zwanzig Meter hoch spritzt. Wildheit wechselt mit Romantik wie in den ruhigen Buchten von Two People's Bay, Cheyne Bay, Bremer Bay oder Twilight Bay bei Esperance. Esperance, so schwärmt Paul, ein wettergegerbter Seemann, über seinem Bier an der Theke einer Hafenkneipe, habe die schönsten Strände Austra-

liens. Und wegen der paar Haie solle man sich nicht so anstellen. Er weist hinaus. Ein Fischerboot, das gerade am Kai festgemacht hat, entlädt seinen Fang: stattliche Haie mit sperrangelweit aufgerissenen Mäulern. Die Männer haben sie bereits an Bord ausgenommen, Flossen und Schwanz kommen in eine Extra-Kiste. »Für die Japaner«, erklärt Paul und grinst. »Als Aphrodisiakum.« Ein Hai ist ein durchaus zahmes Tier, meint Paul, »fast wie ein Hund«. Paul muß es wissen. Er hat sein Leben mit diesen Bestien verbracht. Früher fing er sie für Aquarien. Heute arbeitet er auf einem Forschungsschiff. Und er erzählt die rührend-traurige Geschichte von dem alten Hai, den er habe verkaufen müssen und der vor Kummer darüber fast gestorben sei. Er habe sich erst wieder füttern lassen, nachdem Paul zu ihm ins Wasser getaucht sei, um ihn ganz fest in die Arme zu nehmen. Haie seien eher scheu als blutrünstig. Aber vor Menschen, warnt Paul mit einem unschuldsvollen Blick aus seinen treuen blauen Augen, vor Menschen müsse er eindringlich warnen. »Hier an der Südküste soll es welche geben, die ganz ungeheuerliche Lügengeschichten erzählen.«

Unglaublich, aber wahr ist dieser Felsen, nur einen »kleinen«, rund 200 Kilometer langen Schlenker weiter im Inland gelegen. Man muß von Hopetown über Ravensthorpe dem Highway 40 bis nach Hyden hinauf folgen, als sei man ein Aboriginal, der auf den Walkabouts den Spuren seiner Urahnen folgt, wie es ihm die Regenbogenschlange seiner Mythen in ihrem Lied beschreibt. Der Weg führt zum Wave Rock, eine surrealistische Felsformation, eine Eskapade der Natur, die sich vor 2,7 Millionen Jahren in ihren Elementen geirrt haben muß. Oder hat die Regenbogenschlange falsch gesungen? Mitten in der staubigen, heißen Ebene entstand eine gigantische Meereswelle aus Granit, 20 Meter hoch und 150 Meter lang, im Moment des Überschlags zu glattem Stein erstarrt. Eine zweite Wellenwand schiebt eine kleinere Welle vor sich her. Über ihre Entstehung rätseln Geologen immer noch. Und das ist gut so. Schließlich soll die Natur auch noch ein paar ihrer Geheimnisse für sich behalten dürfen.

Die goldene Meile

Der Great Eastern Highway, der von Perth über Southern Cross nach Coolgardie und

100 Hartes Urgestein und spätere, metamorphisierende Sedimente bilden das Rohmaterial der Hamersley Range, das die Erosion in Jahrhundertmillionen in tiefe Schluchten zerteilte und zu »bunten« Tafelbergen modellierte. Eisenoxid in hoher Konzentration, Asbest, Kupfer und viele andere Mineralien sorgen im Gestein für faszinierende Farbspiele, die die Hamersley Range bei Fotografen so beliebt macht.

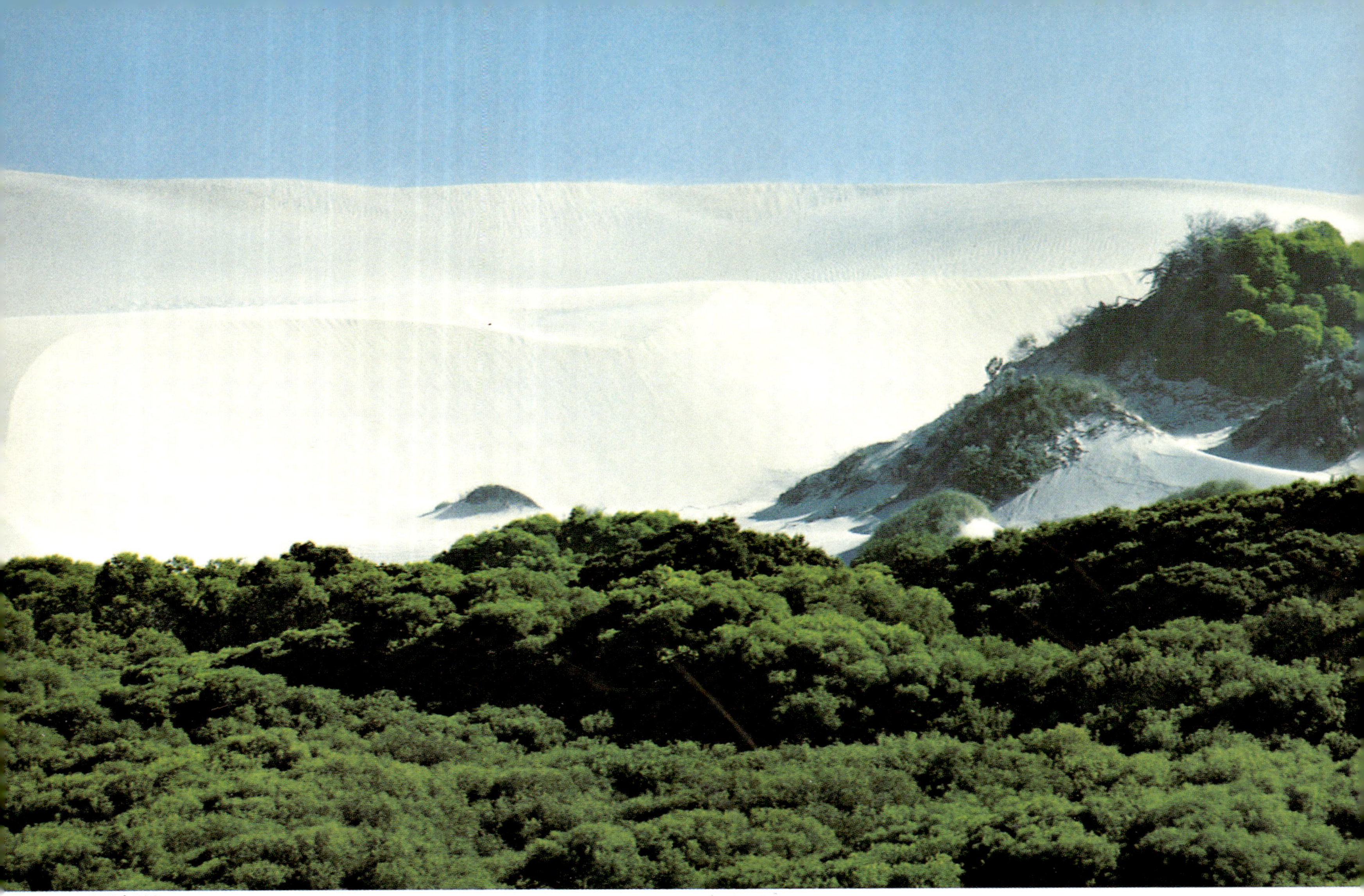

101 | 102

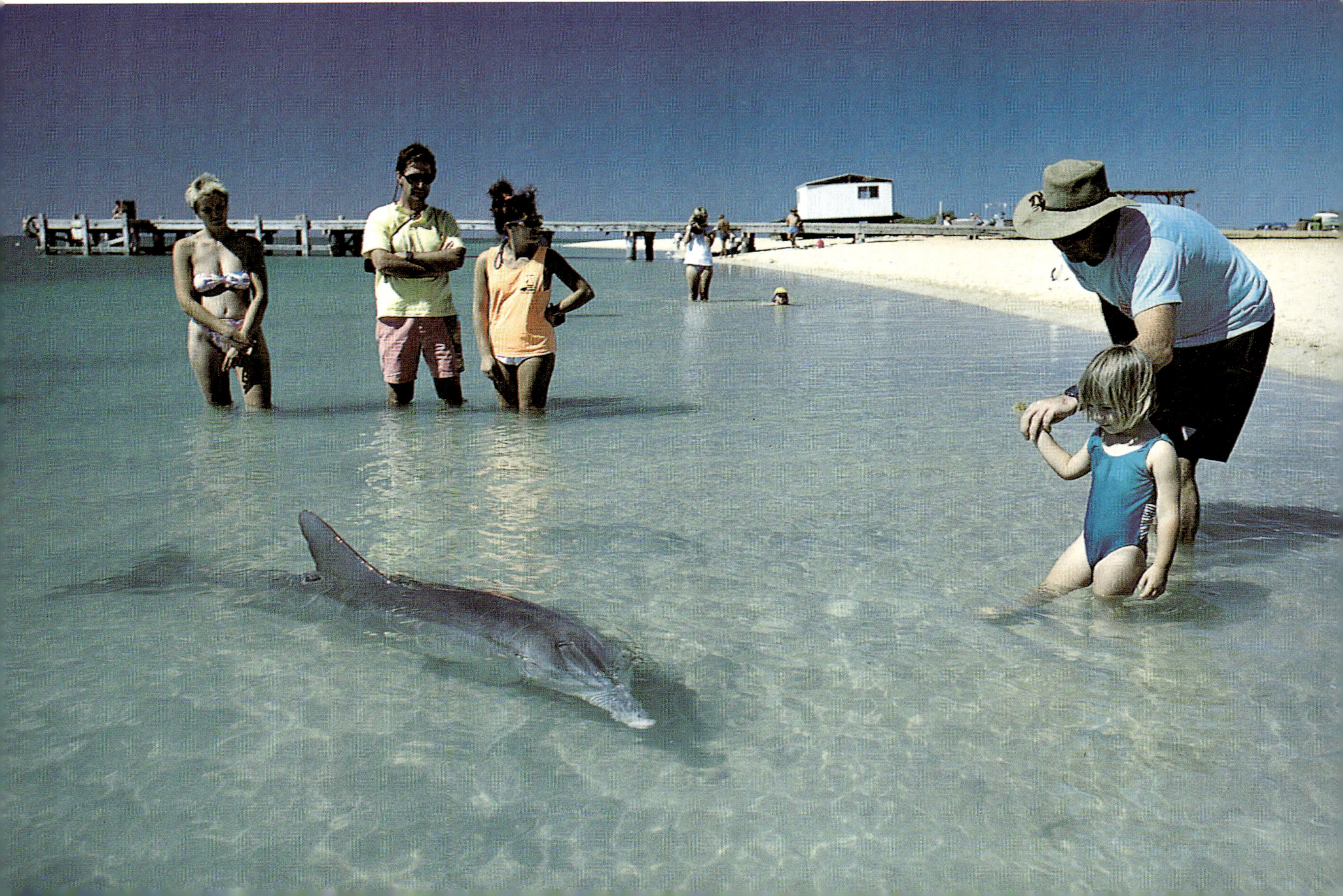

Kalgoorlie führt, folgt einer wahrhaft heißen Spur. Denn sie führt nicht nur aus dem frischen, fettgrünen Uferland des Swan River hinaus ins glühende heiße Inland, sondern hier stieg einst auch das Thermometer der Sehnsüchte in fiebrige Höhen. Die Rede ist vom Goldfieber. Um die Jahrhundertwende zogen Tausende von Abenteurern mit ihren dürftig bepackten Karren hinaus in diese unwirtliche Gegend, um im Outback ihr Glück zu suchen – und zu finden, wenn auch nur kurzfristig. Allein in Colgardie, das damals über Nacht entstand wie viele andere Goldgräbersiedlungen, die heute Ghosttowns sind, wurden damals mehrere tausend Unzen der begehrten glänzenden Nuggets gefunden.

Das waren die Zeiten, in denen sich die Goldsucher ihre Zigarren mit Fünf-Dollar-Scheinen anzuzünden pflegten. Noch 1931 und später, in den Jahren der weltweiten Depression, war die sogenannte »goldene Meile« zwischen Kalgoorlie und Coolgardie Wallfahrtsort für Desperados und Arbeitslose, die in den Minen nach dem großen Glück gruben. Doch zu diesem Zeitpunkt waren die Goldadern schon fast erschöpft. Die, die für ihre letzten Dollars die Schürfrechte erwarben, förderten im Schweiße ihres Angesichts per Holzwinde wahre Gesteinsmassen an die Erdoberfläche. Doch von 15 Tonnen Gestein blieb ihnen nach oft mehr als einem Jahr Plackerei meistens nicht mehr als ein kinderfaustgroßer Amalgamklumpen, der gerade ausreichte, die inzwischen angehäuften Schulden zu bezahlen.

Viele, die das Goldfieber zunächst so heftig überfallen hatte, waren bald gezwungen, einer geregelten Arbeit nachzugehen, um ihre Familien durchzubringen. Ihren Traum begruben sie dennoch nie ganz. In Kalgoorlie wird bis heute Gold gefördert. Auch wenn das legendäre Abenteurerflair längst einem rechtschaffenen Bürgertum gewichen ist. Wer in Kalgoorlies »Boulder Block«, der berüchtigten Kneipe, in der die Goldgräber sich einst über Spiel, Frauen und Alkohol himmelhochjauchzend oder zu Tode betrübt dem Goldfieber hingaben, mit diesem Mythos im Kopf einkehrt, der wird enttäuscht sein. »Boulder Block« ist längst kein Sündenbabel mehr, sondern ein wohlanständiger Pub, in dem sich die Nachbarschaft bei Quizspielen und Poolbillard unterhält.

In Kalgoorlie hat der Goldrausch heute dem Arbeits- und Verwaltungsbetrieb der

Bergwerksgesellschaften Platz gemacht, während Coolgardie mit seinen hübschen restaurierten Fassaden eher einer Geisterstadt ähnelt. Die Hochzeiten des »Goldrush« wurden in den sehenswerten Museen der beiden Städte konserviert.

Dem Glücksspiel wird heute sieben Kilometer nördlich von Kalgoorlie in der einzigen legalen Two Up School des Landes unter Anleitung fachkundiger Werfer nachgegangen. So ganz lassen können es die Minenarbeiter also immer noch nicht. In der Einsamkeit ist jede Abwechslung willkommen. Die Schule ist, abgesehen vom Zahltag der Minenarbeiter, täglich geöffnet.

Bei diesem Spiel geht es darum, zwei Münzen so zu werfen, daß nur die polierte Kopfseite oben liegt. Wessen Münze mit der Zahl nach oben landet, der hat sein Geld verloren. Mehr im Hinterhof wird dagegen dafür gesorgt, daß auch die körperliche Lust zu ihrem Recht kommt. Die Bordelle liegen hinter Wellblechverkleidungen, vor denen der einsame Outback-Mann per Service-Glocke seine Wünsche anmelden kann.

Östlich von Kalgoorlie beginnt das große Nichts: die Nullarbor Plain, deren immense baumlose Fläche Western Australia von Southern Australia trennt. Für die Australier ein eher langweiliger Teil ihres Kontinents – brütendheiße Wüste und platte Ebene bis zum Horizont, auf der höchstens noch ein paar darbende Büschel Spinifex-Gras vor sich hinvegetieren –, ist die Weite der Nullarbor Plain für den Europäer, der an dichtgedrängte Landschaften und Kulturen gewohnt ist, durchaus ein Erlebnis. Die Nullarbor Plain mit dem Auto zu durchqueren, bedeutet mehrere hitzeflimmernde Tagesreisen auf dem Eyre Highway bis nach Adelaide. In Kalgoorlie startet aber auch die Eisenbahnlinie der Transcontinental Railway durch die Nullarbor Plain und weiter: Per Schiene ist dieser Trip schon allein wegen der pittoresken Passagiere eine Reise wert.

Shark Bay

An der Grenze zwischen dem milden Süden Western Australias und dem heißen, feuchten Norden liegt Shark Bay, eine riesige, von langgestreckten Landzungen geschützte Bucht mit dem verschlafenen Städtchen Denham. Denham war in den zwanziger Jahren der Hafen für viele Perlenlogger und kam als

101 und 102 An der Grenze zwischen dem milden Süden und dem heißen Norden Western Australias macht eine Bucht namens Shark Bay von sich reden. Aber dem Namen zum Trotz sind die Delphine von Shark Bay die Stars. Seit fast zwanzig Jahren sucht hier bei Monkey Mia eine wilde Delphinfamilie den engen Kontakt zu den Menschen. Warum, das fragen sich die Biologen bis heute. Sie fordern zum Spielen auf, schleppen Seegras-»Geschenke« an und stupsen die Menschen liebebedürftig an den Beinen. Flipper ist gegen sie ein scheuer Zeitgenosse.

Perlenstadt zu einigem Reichtum, bis man entdeckte, daß die Bedingungen für die Austern und die Qualität der Perlen weiter nördlich in Broome die von Denham bei weitem übertrafen. Doch damals konnte man es sich leisten, in Denham eine ganze Straße mit schimmerndem Perlmutt zu pflastern. Heute machen andere Naturschauspiele diesen Küstenstreifen zu einer Attraktion Western Australias. Wissenschaftler aus aller Welt reisen hierher, um die Stromatoliten, eine Algenart und eines der frühesten Lebewesen der Erde, zu erforschen, die bis auf einige Kolonien in der Shark Bay auf der ganzen Welt ausgestorben sind. Der mehr als hundert Kilometer lange Strand besteht aus winzigen weißen Muscheln – bis in rund zehn Meter Tiefe.

Außer dem in Shark Bay existiert weltweit nur noch ein einziger vergleichbarer Strand. Das kristallklare türkisfarbene Wasser ist bevölkert von gigantischen Thunfischen, Marlins, riesigen Hummern, Walen – und natürlich Haien.

Aber dem Namen »Shark Bay« zum Trotz sind die eigentlichen Stars hier die Delphine. Seit fast zwanzig Jahren nämlich bewohnt eine vielköpfige – oder sollte man besser sagen: vielflossige – wilde Delphinfamilie diese Gewässer und sucht hier täglich den Kontakt zu den Menschen. Bisher hat noch niemand klären können, warum sich die Delphine dieser Familie so demonstrativ homophil verhalten. Jeden Tag besuchen sie den Strand, um mit den Menschen zu »schnattern« oder im knietiefen Wasser zu spielen. An manchen Tagen fahren rund einhundert Leute die holprige Straße von Monkey Mia bis zu dem Strandstreifen rund 30 Kilometer weiter, um mit den Delphinen zu spielen. Rund acht Delphine sind regelmäßige Gäste. Aber meistens schleppen sie neugierige Freunde mit an, wilde Delphine, die nie vorher einen Menschen gesehen haben.

So findet man täglich rund fünfzehn Spielgefährten im knietiefen Wasser, während sich 200 weitere Delphine im tieferen Wasser tummeln. Jeder Delphin der Familie hat inzwischen einen Namen erhalten. Anhand der unterschiedlichen Rückenflossen lassen sie sich leicht unterscheiden.

»Holey Fin« ist mit ihren 24 Jahren wahrscheinlich die älteste der anhänglichen Delphine von Shark Bay. Gewöhnlich schwimmt sie in die Bucht hinaus, um mit einem Bündel Seegras zwischen den Zähnen zurückzukehren, das sie dann freundlich demjenigen überreicht, den sie zu ihrem Spielgefährten auserkoren hat. Verglichen mit den Delphinen von Shark Bay ist »Flipper« ein scheuer Zeitgenosse.

Pilbara

Pilbara umfaßt mit 500000 Quadratkilometern den weiten Landstrich zwischen der Küste im Westen und den beiden großen Wüstengebieten der Gibson Desert im Osten und der Great Sandy Desert im Nordosten, die Western Australia vom restlichen Kontinent trennen und die abgesehen von einigen Kamelherden fast unbewohnt sind: ein Gebiet von der Größe Frankreichs mit weniger als 100000 Einwohnern! Pilbara ist ein dramatisches Land mit faszinierenden Naturszenen in fast völliger Einsamkeit, zwischen denen hin und wieder ein kleiner Outback-Ort auftaucht. In Pilbara werden enorme Eisenerzvorkommen abgebaut.

Die Hamersley Range, rund 290 Kilometer südlich des Bergwerksstädtchens Port Hedland, durchzieht das Herz der Pilbara. Mit seinen spektakulären Schluchten und bis zu zwei Kilometer langen Eisenerzzügen gehört das Gebirge zu den eindrucksvollsten Bildern in Pilbara. Hartes Urgestein und spätere, metamorphisierte Sedimente bilden das Rohmaterial, aus dem die Erosion in Jahrhundertmillionen durch tiefe Schluchten zerteilte, »bunte« Tafelberge modellierte. Eisenoxid in hoher Konzentration, Asbest, Kupfer und viele andere Mineralien sorgen im Gestein für ein faszinierendes Farbspiel, das die Hamersley Range bei Fotografen so beliebt macht. Wer den Hamersley-Nationalpark mit dem Auto durchqueren will, sollte sich in Tom Price oder Wittenoom unbedingt mit Wasser und Vorräten versorgen, denn der Park ist mit seinen 617000 Hektar einer der größten in Western Australia, und man findet in der gesamten Region nur zwei Wassertanks zum Nachfüllen.

Als beste Reisezeit gelten für den Norden Western Australias generell die Monate zwischen Mai und Oktober.

Später beginnt die Regenzeit und dann können riesige Abschnitte durch Überschwemmungen unpassierbar werden. Selbst die ausgebauten Highways sind dann nur noch mit Allradfahrzeugen zu befahren. Die

103 Wer den Hamersley-Nationalpark mit dem Auto durchqueren will, sollte sich vorher unbedingt um einen ausreichenden Wasservorrat kümmern, denn der Park ist mit 617000 Hektar einer der größten in Western Australia, und die baumbestandene Idylle täuscht: Man findet in der gesamten Region nur zwei Trinkwassertanks zum Nachfüllen.

Folgende Abbildungen:

104 In der Nähe von Fitzroy Crossing liegt die Geikie Gorge mit dem Fitzroy River, der sich durch die Schluchten schlängelt. Hier sind die Menschen absolut in der Minderheit. Dafür ist das Wildlife um so lebendiger.

105 und 106 In Western Australia können die Tiere gelassen auf die wenigen Menschlein blicken, denen sie freundlich gestatten, in ihren Revieren zu leben. Känguruhs hüpfen unbehelligt durch die Botanik. Und die Emus lassen im Laufschritt notfalls sowieso jeden hinter sich.

Private
SWAN ON TAP HERE SWAN
YORK HOTEL
SWAN ON TAP HERE SWAN

107 | 108

ICE

tiefen, heißen Schluchten der Hamersleys, meistens in Süd-Nord-Richtung verlaufend und bis zu 100 Meter tief, prägen die Region der Pilbara. Überall finden sich Becken mit kühlem Wasser, umsäumt von frischem Grün, Fluß-Eukalypten und Melaleucas (Papierrindenbäume) oder farnbewachsene Flußläufe, die sich durch roten Stein den Weg bahnen. Und manchmal stürzen sich mächtige Wasserfälle über die Felsenkanten in die Schluchten, wie bei den Fortescue Falls in der Dales Gorge, in deren Wassern sich Unmengen von Fischen tummeln. Aber dieser Eindruck der Frische täuscht. Pilbara gehört zu den heißesten Regionen Australiens. Im Oktober sind hier Temperaturen bis 40 Grad normal. In den anderen Monaten liegen die Temperaturen um 25 Grad.

In den Nächten kühlt es allerdings merklich ab. Mit ein wenig Glück sieht man das Rothschild-Felsenkänguruh über die Steilhänge klettern, das endemisch für die Pilbara ist, und auch der Dingo findet in den Schluchten genügend Verstecke. Eine der größten Echsenarten, der tagaktive Gouldwaran, ist ebenfalls hier beheimatet. Mit Ausnahme der Regenzeit ist das übrige Jahr fast gänzlich trocken. Deshalb können die Niederschläge niemals permanente Wasserläufe speisen. Bei den meisten handelt es sich um austretendes Grundwasser, das durch unterirdische Reservoirs nach oben gedrückt wird und ein ehemaliges Flußtal zeitweise füllt. So fließen im Millstream-Gebiet nördlich der Hamersley Range täglich über 30 Millionen Liter Wasser an die Oberfläche, formen Pools, Wasserfälle und Sumpfflächen, die dann wieder wie von Geisterhand verschwinden. Die Aborigines, die auch den Millstream-Nationalpark verwalten, nennen das Wasser von Millstream den »Fluß, der von nirgendwo kommt und nach nirgendwo fließt«. Heute werden die neuen Küstenstädte Karratha, Wickham und Dampier aus dem Millstream-Gebiet mit Wasser versorgt.

Vordergründig fließt der Fluß also durchaus irgendwohin. Wer aber ganz genau wissen will, was sich für die Aborigines hinter den Flüssen, Felsen, Pflanzen und Tieren ihres Landes verbirgt, kann sich – wie im Northern Territory unter dem Motto »Come Join Our Culture« – auch in Western Australias Pilbara mit ihnen auf den »walkabout« begeben. In mehrtägigen Wanderexpeditionen vermitteln Führer der Karijini-Aborigines kleinen Gruppen weltoffener Reisenden ein Stück ihrer Weisheit, Kultur und Spiritualität abseits der touristischen Pfade: ein sehr authentisches Australien-Erlebnis.

The Kimberley

Im nördlichsten Teil von Western Australia wird das Leben in anderen Dimensionen gemessen. Das begründet sich schon allein dadurch, daß die Kimberley-Region mehr als 5000 Kilometer von Sydney und mehr als 3000 Kilometer von ihrem Verwaltungszentrum Perth entfernt ist. Eine »Farm« nördlich von Kununurra hat die bescheidenen Ausmaße von rund 400 000 Hektar. Das Vieh wird hier mit Hubschraubern in einer großangelegten Aktion zusammengetrieben. Und nicht umsonst ist in Derby der Radiosender der School of the Air stationiert, der die Kinder der weit im Outback verstreuten Familien per Mikrofon unterrichtet, damit sie den Anschluß zu ihren fernen Mitschülern in den großen Städten wahren. Die School of the Air ist als typisch australische Einrichtung mindestens so charakteristisch für den Kontinent wie der Flying Doctor Service.

Jeden Morgen findet sich eine »Schulklasse« über den Äther zu gemeinsamem Mathematik-, Geschichts- oder Englischunterricht ein, deren Mitglieder über Tausende von Quadratkilometern auf den einsamen »stations« im Outback verstreut sind und die ihre Lehrerin nur an der Stimme erkennen würden. Gesehen haben sie sie wahrscheinlich noch nie.

Der südlichste Ort der Kimberley-Region ist das Küstenstädtchen Broome am Rande der Great Sandy Desert. Einst Weltzentrum der Perlenfischerei, vermittelt Broome durch den hohen Einwohneranteil an Asiaten und Aborigines und durch viele Individualtouristen aus aller Herren Länder ein fast kosmopolitisches Flair mit einem Hauch von Flower-Power. Daß das Perlenfischen und -tauchen einmal gar nicht so ungefährlich war, davon zeugt heute noch der japanische Friedhof am Rande der Stadt. Heute ist das »Pearlfarming« eine Wissenschaft für sich, wie man in der Perlenfarm von Willie Creek erfahren kann. Obwohl das Perlengeschäft in Broome hauptsächlich von der Zucht halbrunder Perlen lebt, werden hier immer noch die großen, silberweiß und rosa schimmernden Südseeperlen der Pinctada-maxima-Auster gefunden, für die Fans wie Elizabeth Taylor ein Vermögen bezahlen. Auch der weltberühmte »Star of the West«, eine der größten Perlen, die jemals gefunden wurden, stammt aus Willie Creek. 1917 wurde sie für 10000 englische Pfund an einen privaten Londoner Sammler verkauft. Heute dürfte sie mehr als 1,5 Millionen Pfund wert sein. Wie überall, wo schneller Reichtum durch Handel – zum Beispiel mit Perlen – geradezu in der Luft lag, siedelten sich auch in Broome die Chinesen an.

Und so hat selbst dieses kleine Städtchen sein Chinatown, früher Handels- und Vergnügungszentrum für die Mannschaften der Perlenlogger, die sich hier in Billard-Saloons, Restaurants, Bordellen und Pubs ihre Zeit vertrieben. Relikte aus dieser Zeit sind das alte »Roebuck Bay Hotel« und das sehenswerte Kino »Sun Pictures«, das sich das älteste Kino Australiens rühmt. Mehr und mehr mausert sich Broome, das mit dem 22 Kilometer langen Cable Beach über einen der schönsten Strände der Westküste verfügt, zu einem Badeort mit exklusiven Ressortanlagen, wobei die Wünsche der Investoren und Touristen nicht unbedingt mit denen der großen hier lebenden Aborigines-Communities übereinstimmen dürften.

Die nächste Etappe führt über 220 Kilometer auf dem Northern Highway in die Hafenstadt Derby, von der aus Fleisch und Vieh nach Südostasien verschifft wird. Den Straßenrand säumen meterhohe Termitenhügel und die für Kimberley signifikanten Boab Trees, wegen ihrer merkwürdigen Form auch Champagnerflaschenbäume genannt. Ihr poröser Stamm sieht nicht nur wie eine Flasche aus, sondern er funktioniert auch so, denn der Boab kann genügend Wasser speichern, um die Durststrecke bis zur nächsten Regenzeit zu überbrücken. Die Aborigines nennen ihn auch den »upside down tree«, weil er mit seinem knorrigen Geäst aussieht, als habe man ihn mit dem Wurzelwerk nach oben in die Erde gesteckt, aber vor allem weil eine Legende sagt, daß der Boab so unablässig und vereinnahmend blühte, daß er alle anderen Bäume degradierte. So beschloß ein Gott, den Hochmut der Boabs zu brechen, steckte ihn umgekehrt in den Boden und ließ ihn nur noch zweimal im Jahr in seiner ganzen Pracht blühen.

Südlich von Derby steht der dicke, fast hausgroße Boab Prison Tree, der früher als Übergangsgefängnis für Aborigines diente.

Die Gibb River Beef Road führt vorbei an schwindelerregenden Schluchten und kristallklaren Seen. Überall warnen Schilder vor Krokodilen. Es ist nicht mehr ratsam, zum Schwimmen in die natürlichen Gewässer zu gehen, denn die großen Salzwasserkrokodile leben nicht nur im Salzwasser, sondern schwimmen weit die Flußläufe hinauf. Die Windjana Gorge mit ihrem feinen Sand entlang steiler, vielfarbiger, fast hundert Meter hoher Felswände leuchtet im abendlichen Licht. Abends landen Vogelschwärme mit viel Geschrei in der Schlucht, um ihre Schlafplätze aufzusuchen. Rund vierzig Kilometer weiter liegt der Tunnel Creek. Hier kann man durch einen 750 Meter langen stockfinsteren Tunnel die Napier Range durchqueren. Wer durch das knietiefe Wasser des Creek watet, braucht dringend eine starke Taschenlampe, um die Wandmalereien der Aborigines zu betrachten, die einen in der Finsternis des Tunnels in ein mythisches Zeitalter zurückversetzen.

Der Weg zurück zum Northern Highway wird immer wieder unterbrochen durch das Öffnen und Schließen von Viehgattern. Man sollte die Tore immer so zurücklassen, wie man sie vorgefunden hat, denn dies ist privates Weideland. In der Nähe von Fitzroy Crossing liegt die Geikie Gorge mit dem Fitzroy River, der sich durch die Schluchten schlängelt. Der Weg über das Kimberley Plateau am Rande der Great Sandy Desert führt durch flimmernde Hitze. Weiß leuchten die Stämme der Kajeputbäume, die deshalb auch Weißbäume genannt werden. Die Sonne sticht weiß wie ein Schweißbrenner durch die Wolken, herrscht erbarmungslos über Menschen, Pflanzen und Tiere. In der mittäglichen Hitze erscheint die Landschaft flach, wie mit einem extremen Teleobjektiv fotografiert. Ein Wind kommt auf und hüllt sie in einen feinen Sandnebel. Die wenigen Konturen verschwimmen hinter einem Dunstschleier. Verendete Tiere liegen am Weg.

Die Great Sandy Desert läßt spüren, was das Leben im Outback abverlangt. Halls Creek und der 150 Kilometer südlich gelegene Wolfe-Creek-Meteoritenkrater sind australisches Wüstenleben pur. Im Open-Air-Gefängnis in Halls Creek lehnen Aborigines am Maschendrahtzaun, die hier die Nacht zur Ausnüchterung verbringen.

Etwa 180 Kilometer nördlich von Halls Creek beginnen die Bungle Bungles, eine Wildnis aus skurrilen, kegelförmigen Felsfor-

109 Die nahe Great Sandy Desert läßt spüren, was das Leben im Outback den Kreaturen, Mensch und Tier, abverlangt. Verendete Tiere am Straßenrand wie hier bei Halls Creek gehören zum Landschaftsbild.

110 Die Straße von Wyndham nach Kununurra ist die nördlichste Strecke in Western Australia. Kimberley ist schon das Grenzgebiet zum Northern Territory und gleichzeitig die Grenze der zwei Zeitzonen.

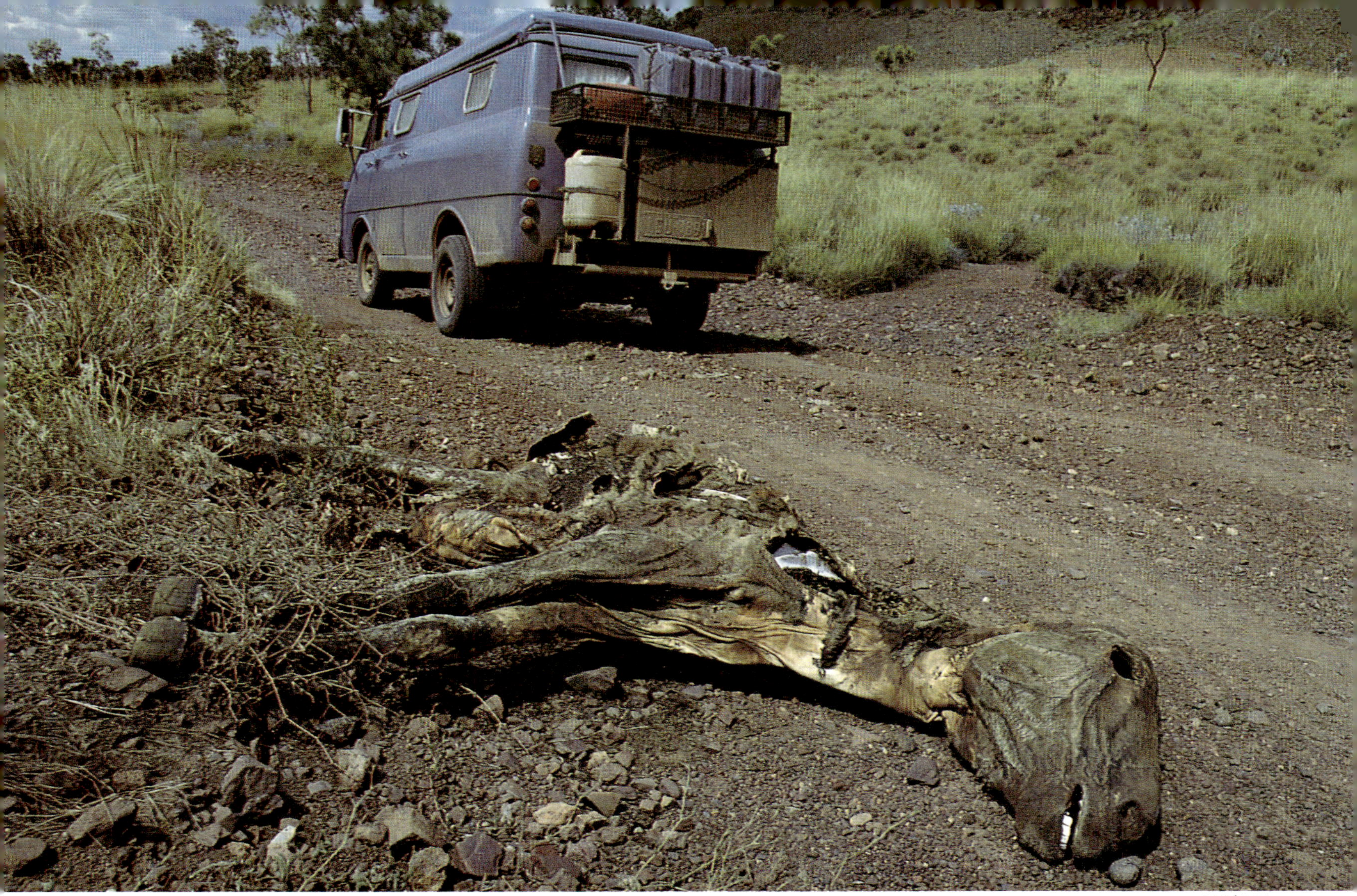

109 | 110

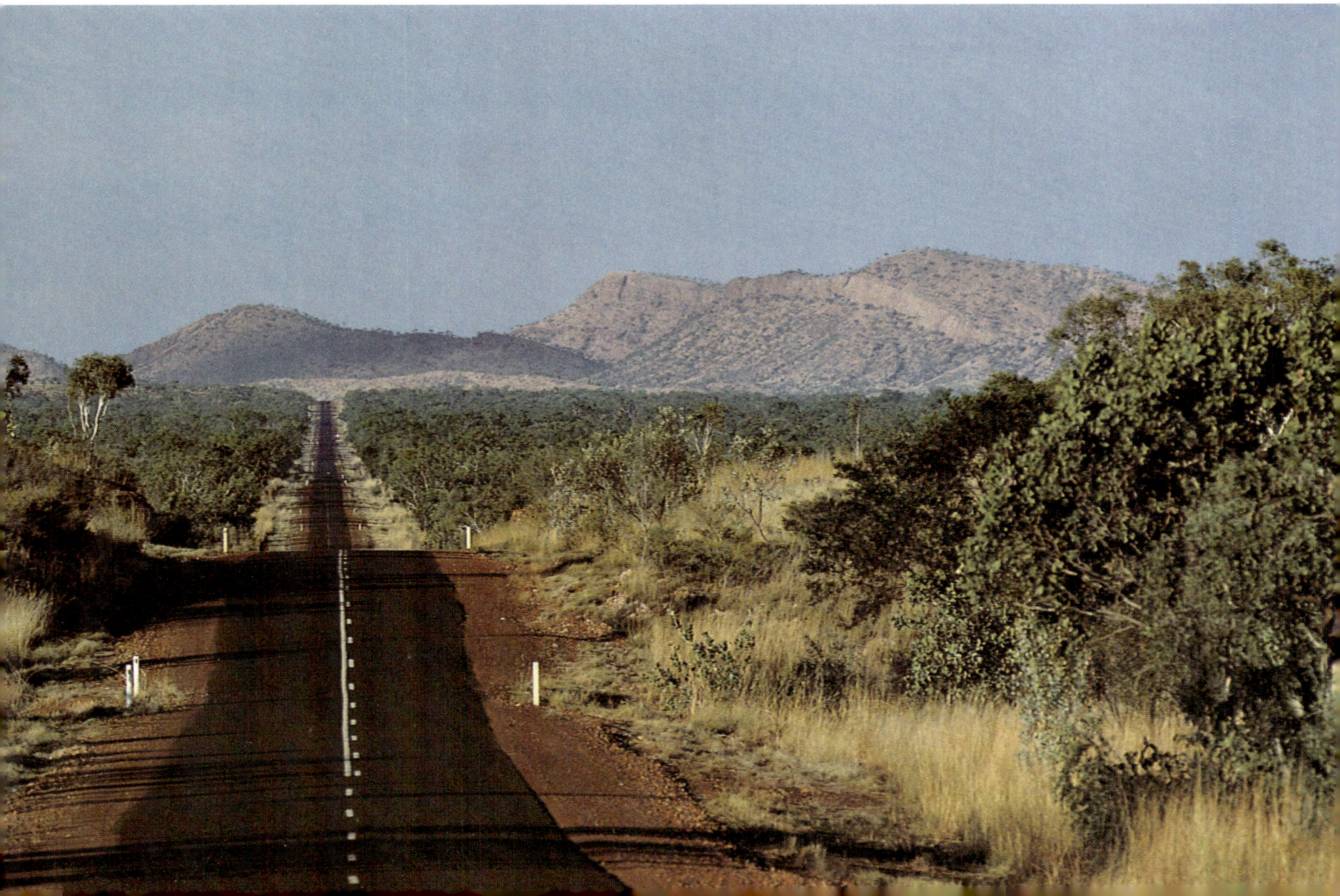

mationen, die erst vor wenigen Jahren überhaupt entdeckt wurden. Der Weg hinein ist äußerst beschwerlich, nur mit Geländewagen oder zu Fuß zu bewältigen – sicher auch ein Grund, warum die phantastische Traumzeitwelt der Bungle Bungles so unberührt ist. Den Panoramablick auf die Ausmaße und seltsamen Formen dieses Buckelmassivs hat man aus der Luft.

Von hier oben begreift man auch die Dimension des Lake Argyle, ein riesiger künstlicher See nördlich der Bungle Bungles, Wasserspeicher für die gesamte Region und zehnmal so groß wie der Hafen von Sydney.

Am Rande dieses wahren Binnenmeeres, das das Wasser des Ord River staut, versteckt sich die hochtechnisierte Argyle-Diamantenmine, die weitaus ergiebiger sein soll als die bekannten Minen in Südafrika und Diamanten von unvergleichlicher Reinheit aus dem Boden zaubert. Hier am Lake Argyle beginnt das Mündungsgebiet des großen Ord River, die »wet lands«.

Das Städtchen Kununurra ist die letzte Bastion vor der Grenze zum Northern Territory. Melonen- und Sonnenblumenplantagen, die durch das größte Bewässerungssystem Australiens gespeist werden, erstrecken sich vor der Kulisse blutroter Berge, den Steppen riesiger Stations, den Dämmen und Überschwemmungsgebieten des Ord River. Kahle Baumstämme ragen aus den mangrovengesäumten Wasserläufen, in denen sich Massen von Baramundis tummeln, und auf den kleinen Sandbänken oder am Ufer sonnen sich kleine Süßwasserkrokodile. Manchmal tauchen die gelbleuchtenden Augen eines großen Salzwasserkrokodils aus dem Wasser. Dann warnen die Kakadus mit ihrem Gekreische, Ibisse und Kraniche fliehen und Scharen von Fliegenden Hunden, die eben noch kopfunter an den Zweigen der Papierrindenbäume baumelten, färben den blauen Himmel schwarz. Jetzt sind es nur noch wenige Kilometer, bis man die Abgeschiedenheit dieses paradiesischen Winkels Western Australias verläßt.

Wer sich direkt über der Grenzmarkierung zum Northern Territory von seinen Freunden verabschiedet, den trennt nicht etwa nur die Länge eines Handschlags von ihnen, sondern der ist bereits eine Stunde von ihnen entfernt. Denn das ist der Zeitunterschied zwischen Western Australia und dem Northern Territory.

111 Dieser »Ausflugsdampfer« Marke Eigenbau erschippert die Lagunen und Mündungsarme bei Broome.

112 Die Straße führt zum Küstenstädtchen Broome, dem südlichsten Ort der Kimberley-Region am Rande der Great Sandy Desert.

The Top End –
das Reich der Aborigines

Für viele ist das Northern Territory Synonym für die Welt der Aborigines, ihre Mythen, ihre Malereien und den dumpfen Bariton des Didjeridoo, jenes Blasinstrument aus ausgehöhlten Baumstämmen und Ästen, dessen beschwörendes Brummen der Traumzeit neues Leben einhaucht. Nirgendwo sind die Wurzeln des wirklichen Australien präsenter als in diesem riesigen Gebiet des Nordens, das von nur 160 000 Menschen bewohnt ist. Ein Viertel von ihnen sind Aborigines. Vom südlichsten Teil stammen die Pitjantjara people, einer der wenigen überlebenden Wüstenstämme. Ayers Rock im Uluru-Nationalpark ist die ursprüngliche Kultstätte der Loritdjas, auch wenn der rote Felsen heute Wallfahrtsort für mehr Touristen als Aborigines ist. Und im »Top End« leben die berühmten Arnhem Landers und die für ihre künstlerischen Fähigkeiten bekannten Tiwis auf Melville und Bathurst Island vor Darwin. Bis vor nicht allzu langer Zeit gab es in dem gesamten Gebiet nur eine einzige befestigte Überlandstraße, die über 1600 Kilometer von Alice Springs nach Darwin an die Küste führte. Vom Top End ist es näher zur indonesischen Inselwelt als zu den australischen Großstädten auf der anderen Seite des Kontinents. Heiß und feucht ist das Klima, mit sintflutartigen Regenfällen in der Monsunzeit. Darwin wurde um ein Sumpfgelände herumgebaut und ist eine Stadt, die noch keine zwanzig Jahre alt ist. Der Wirbelsturm Tracy fegte 1974 über die Fanny Bay und machte fast sämtliche Bauten dem Erdboden gleich. Der Windmesser am Flughafen brach bei 217 Stundenkilometern, aber Tracy raste mit Spitzengeschwindigkeiten von 280 Stundenkilometern über die Stadt, die daraufhin in unermüdlichem Optimismus neu entstand und heute Anflugpunkt für Touristen aus aller Welt ist. Im Norden liegen die schicken Vororte von Woodleigh Hights, Leanyer und Wanguri. Der Ruf, der Darwin heute vorauseilt, reicht von dem einer modernen kosmopolitischen Stadt, in der Aborigines, britische Enkel, Seglervolk, Großstadtrentner und südasiatische Zugereiste harmonisch miteinander leben, bis zu dem, trinkfester Außenposten australischer Originale zu sein. Im Pro-Kopf-Konsum an Alkohol liegt Darwin weltweit an der Spitze. Ist es die Isolation oder die Hitze, die zum

Trinken verführt? Tatsache ist, daß man für die Unmengen leerer Bierdosen einen amüsanten Verwendungszweck gefunden hat. Bei der Beer-Can-Regatta im Juni werden sie zu phantasievollen Flößen montiert, auf denen man dann an den eleganten weißen Yachten vorbei in die Bucht hinauspaddelt.

Östlich von Darwin, am Rande von Arnhem Land, dem größten zusammenhängenden Aboriginal-Land des Kontinents, liegt der Kakadu-Nationalpark. Auf dem Weg findet man Howard Springs mit seinem natürlichen Pool, in dem man das ganze Jahr vor einer herb-schönen Bilderbuchlandschaft baden kann, und den Fogg Damm, sozusagen das Schlaraffenland der Ornithologen. Seit Crocodile Dundee alias Paul Hogan die Wildnis von Kakadu hollywoodreif gemacht hat, zieht sie viele Besucher aus aller Welt an, die ähnlich Wildromantisches erleben möchten. Aber daß sich ein kerniger Buschmann von einer blonden Schönheit in den Großstadtdschungel entführen läßt, ist hier offenbar den wenigsten passiert. Der 20 000 Quadratkilometer große Nationalpark, den die UNESCO 1981 in die World Heritage List aufgenommen hat, ist ein einzigartiges Beispiel für ein intaktes Ökosystem, ein Ur-Australien, das von den traumatischen Effekten menschlicher Besiedlung bisher verschont wurde. Die einzigartige Flora reicht von Mangrovengebieten an der Küste und an den Ufern des Alligator River über Marschland, Steppe, die schönsten mit Seerosen bedeckten Billabongs, bis hin zu unberührten Eukalyptus- und Regenwäldern am Arnhem-Land-Plateau. In den ausgedehnten Feuchtgebieten leben ein Drittel aller australischen Vogelarten – und natürlich jede Menge Krokodile. Kein anderer Park Australiens stand so im Kreuzfeuer von Umweltschutz und Wirtschaftsambitionen. Denn auf dem Gebiet des Kakadu-Nationalparks befinden sich nicht nur die ältesten Felsenmalereien der Aborigines und die üppigste Flora und Fauna des Kontinents, sondern hier liegen auch einige der größten Uranerzvorkommen Australiens und viele andere Bodenschätze. Nahe bei den Gunlom-Wasserfällen, wo einige Szenen aus »Crocodile Dundee« gedreht wurden, liegen die großen Gold- und Platinvorkommen von Coronation Hill. Bisher mußten sich die Minengesellschaften und Politiker dem Druck der naturfreundlichen Öffentlichkeit beugen und die Förderung auf Eis legen. Aber die Staatsverschuldung wiegt

Vorhergehende Abbildung:

113 Die meisten Höhlenmalereien und Felszeichnungen archaischer Aboriginalkultur finden sich im Northern Territory. Sie sind kleine Hilfen bei dem Versuch, die Traumzeitmythen der Ureinwohner mit unserem entmythologisierten Zivilisationsverstand begreifen zu wollen.

114 und 115 In den ausgedehnten Feuchtgebieten des »Top End«, mit seinen unberührten Mangrovensümpfen, Flußlandschaften und seerosenbedeckten Billabongs leben ein Drittel aller australischen Vogelarten. Die Nationalparks von Yellowwater (oben) oder Kakadu (unten) sind so etwas wie das Schlaraffenland der Ornithologen.

Folgende Abbildungen:

116 Im Katherine-Gorge-Nationalpark hat sich der Fluß durch den roten Felsen in dreizehn spektakulären Schluchten seinen Weg gebahnt. Die Katherine Gorges per Boot zu durchqueren, ist eines der vielen Abenteuer, die im Northern Territory warten.

117 bis 119 Abgesehen von den ungezählten Krokodilen (unten) sind im Kakadu-Nationalpark natürlich auch, wie der Name schon sagt, die Kakadus (oben) zu Hause. Das feuchte Tropenklima ist darüber hinaus die beste Voraussetzung für eine üppige Flora, die hier ihre schönsten Blüten treibt (Mitte).

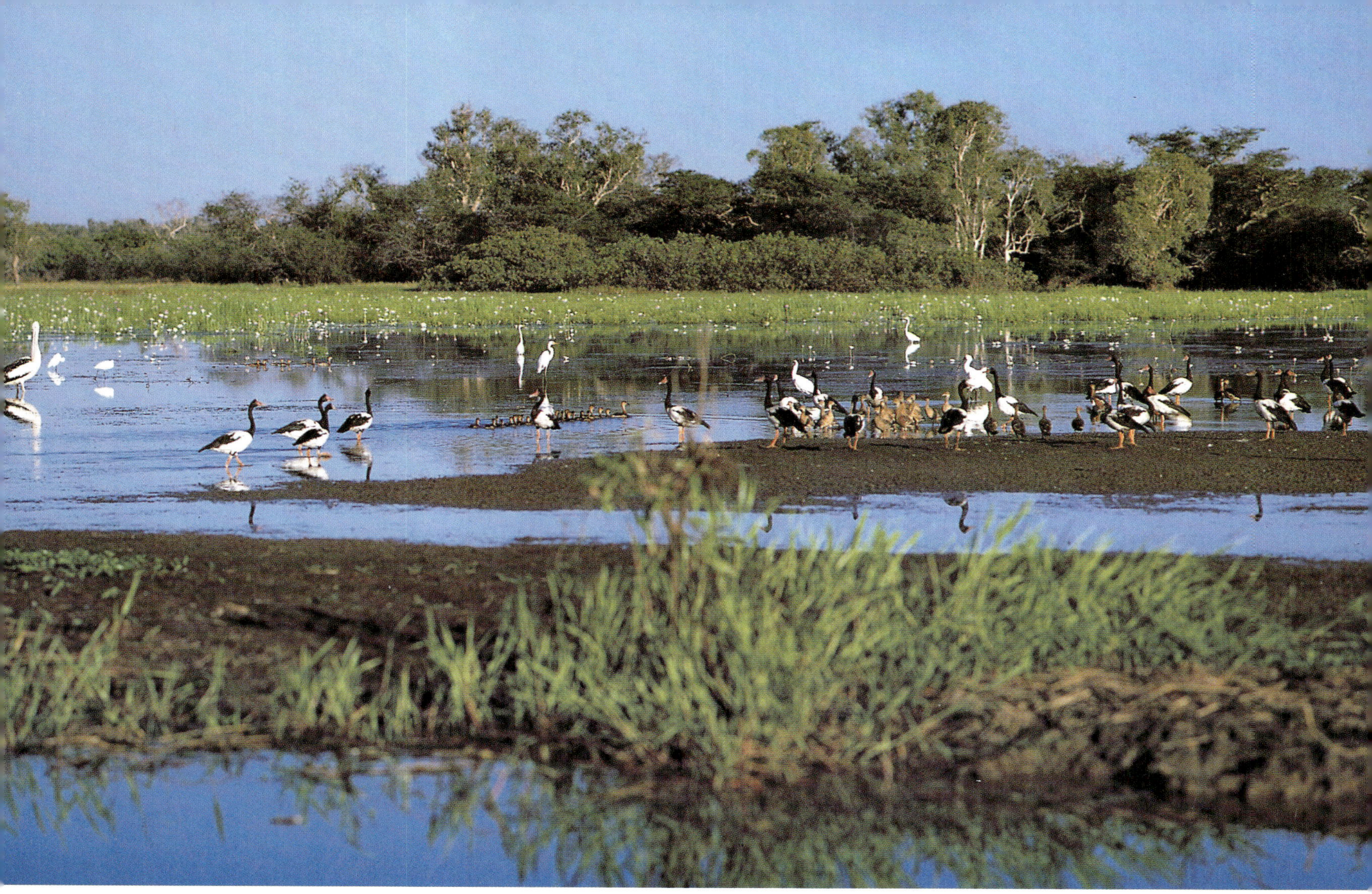

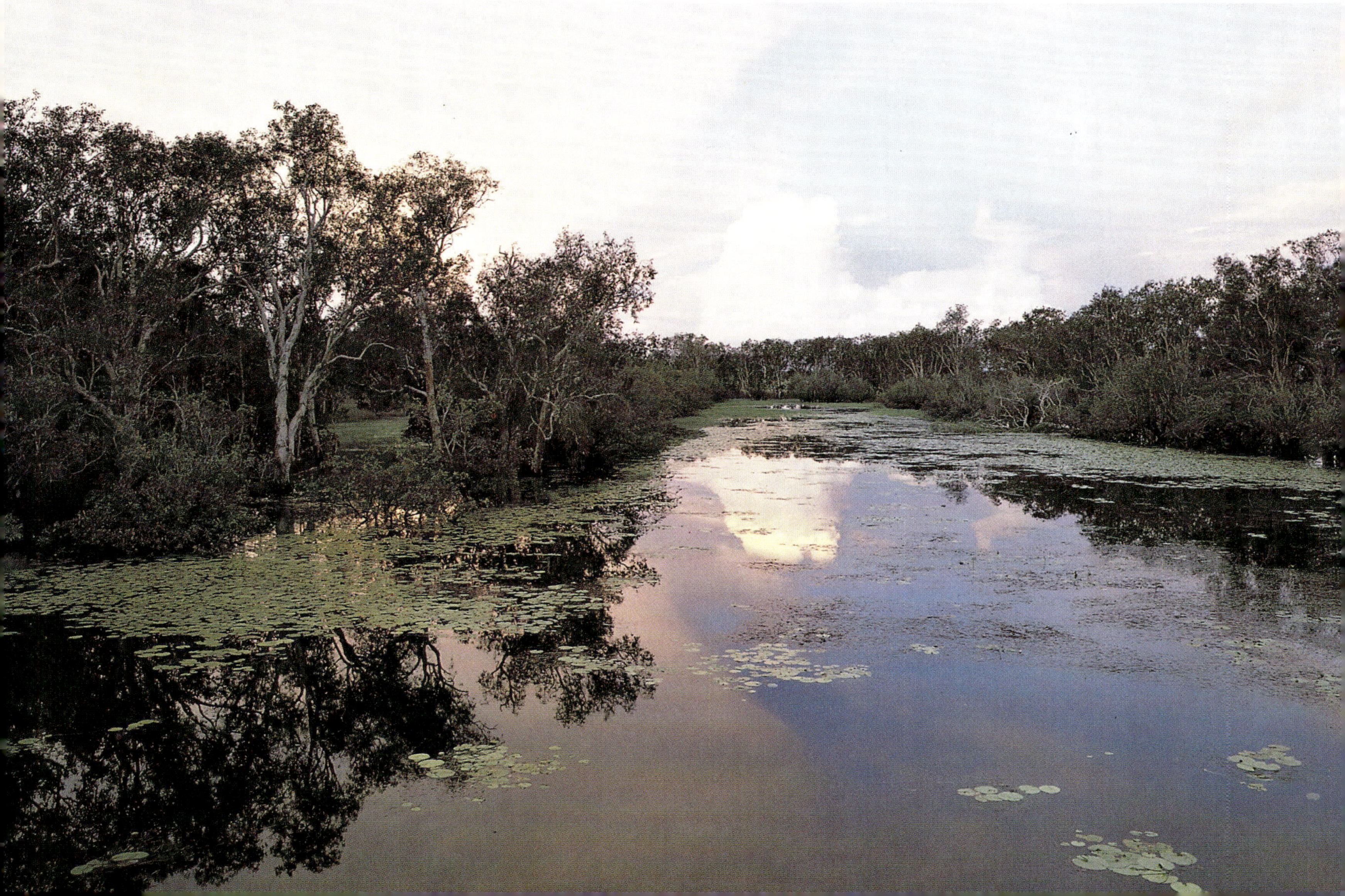

120 bis 122 Der Kakadu-National-park gilt als eines der vielfältigsten und intaktesten Ökosysteme der Erde. Weltberühmt wurde dieser wilde Garten Eden mit seinen ausgedehn-ten Feuchtgebieten durch die Abenteu-er des Kinohelden »Crocodile Dun-dee« alias Paul Hogan, der die wilde Schönheit von Kakadu hol-lywoodreif machte. Der Tourismus floriert zwar, aber es wird darauf geachtet, daß die Wildnis vor den Gefahren durch die Menschen ge-schützt wird, anstatt umgekehrt.

Folgende Abbildungen:

123 bis125 Während wie hier im Daly Waters Pub der Durst gelöscht wird, sind andere Brände wie dieser bei Darwin nur schwer zu löschen. Buschfeuer sind in der trocke-nen Jahreszeit im Northern Territory an der Tagesord-nung, und nicht nur da, wie die jüng-sten Flächenbrände rund um Sydney gezeigt haben. Touristen sollten deshalb die Sicher-heitsanweisungen befolgen und zum Beispiel nur an den dafür reichlich vorgesehenen Stellen ein Cam-pingfeuer entzün-den, damit die mühsam über Jahrzehnte in karger Landschaft gewachsene Vege-tation wie in der Simpson Gap (rechts) erhalten bleibt.

◁ 120

121 | 122

North Australian
TRAVEL CENTRE
TOUR BOOKINGS
POWERS LIGHT
DRY
FRONTIER BREWERY
Matilda's
BISTRO CAFE
THE LOCAL

126 | 127

schwer. Wie lange die Welt von Kakadu noch unberührt sein wird, bestimmen schließlich am allerwenigsten die Aborigines, die eigentlich offiziell und traditionell die Eigentümer dieser Region sind. Die Jawoyn people sehen die Dinge auf ihre Weise: Laut Überlieferung ist das Land Heimat des großen Traumzeit-Geistes Bula und die begehrten Mineralien gelten als das Blut Bulas. Denen, die Bula antasten, so wird gesagt, stünde die Apokalypse bevor. Die Geheimnisse der Heimat des großen Bulas erfährt man hautnah beim »bushwalking«, weil das den Wanderungen der Aborigines auf ihren »walkabouts« am nächsten kommt. Auf diese Weise entdeckt man auch die einzigartigen Felsenmalereien am Obiri und Nourlangie Rock, die das Gebiet des Kakadu-Nationalparks immer wieder als Tor darstellen, durch das das Volk der Aborigines vor rund 50000 Jahren aus Richtung Papua-Neuguinea über die damals schmale Meeresstraße den Kontinent zum allerersten Mal betreten hat.

Never Never Land

Der Landstrich, der sich von Katherine im Norden und Tennant Creek im Süden quer durchs Northern Territory zieht, ist Never Never Land. Ein Land, in dem die Männer ihre Tätowierungen und Zahnlücken wie Auszeichnungen tragen und ohne Bierdose in der Hand nie zu sehen sind, ein Land, in dem Freiheit und Abenteuer keine geschönten Illusionen aus irgendeiner Zigarettenreklame sind. In den Kneipen der verlorenen Städtchen entlang des Stuart Highway, die sich Mataranka, Daly Waters, Elliott oder Banka Banka nennen, dudeln aus den Radios sentimentale Country-Songs, Liebeslieder der Trucker, die mit ihren fünfzig Meter langen »road trains« 3000 Kilometer nach Süden donnern. Am Tresen sitzen Männer in Shorts, William-Boots und breitkrempigen Hüten vor ihrem »Victoria Bitter« oder »Emu Light« und starren auf ein Plakat, das eine Sängerin als Attraktion des Monats ankündigt. Ein Witzbold hat auf das Plakat gekritzelt, die Schöne werde schon »bottomless« auftreten müssen, damit sich der Eintritt lohne. Vielleicht würde Katherine wie diese anderen Orte noch im Dornröschenschlaf verharren, wenn es nicht vom Tourismus wachgeküßt worden wäre. Er lockt Besucher vorbei an der Cutta-Cutta-Höhle nach Katherine und in den Katherine-Gorge-Na-

tionalpark mit seinen dreizehn tiefen Schluchten, die sich bis zu 60 Meter tief in die rote Felsenlandschaft gefressen haben. Die Katherine Gorges per Schiff zu erkunden ist eine der Attraktionen des Northern Territory. An den flachen Stellen zwischendurch muß man zu Fuß gehen. Ganz winzig und unbedeutend kommt man sich vor in dieser Urlandschaft zwischen Felswänden, die rund 1,6 Milliarden Jahre alt sind.

Im Gebiet der Katherine Gorges liegt auch das tropische Mataranka: drei Tankstellen, Supermärkte, Polizeistation, Schule, Old Elseys Bar – und die berühmten, natürlichen Thermalpools, von Palmen umsäumt und 34 Grad Celsius warm. Die nahegelegene Lagune am Rock River liegt in einem hohen Palmenwald. Im kristallklaren Wasser paddeln Schildkröten durch einen pastellfarbenen Teppich aus Lotosblüten und Seerosen. Westlich von Mataranka, abseits vom Stuart Highway, liegt die 6000 Quadratkilometer große Willeroo-Ranch, die heute – inklusive der Felsengalerien mit ältesten Aboriginal-Malereien dem Sultan von Brunei gehört und größer ist als sein Sultanat. Weiter geht es, den Stuart Highway südwärts, der bei den Australiern nur »the track« heißt. Und es wird offenbar, daß es zwei Formen von »Outback« gibt: das feuchttropische der Sümpfe, Fluß- und Marschlandschaften, das wir gerade verlassen, und das staubtrockene der Wüsten-, Steppen- und Felsenlandschaften mit der typischen glühendroten Erde. Etwa bei Renner Springs wird die Luft dann spürbar trockener.

Diesen Streckenabschnitt könnte man auch »Gedenkstraße« nennen: bei Newcastle Waters steht das Charles Todd Monument, danach kommt das Stuart Memorial und das John Flynn Memorial. In Threeways zweigt der Barnly Highway nach Queensland ab. 25 Kilometer weiter südlich liegt Tennant Creek, das alte Goldgräberkaff, in dem sich in den dreißiger Jahren die Digger schweißüberströmt mit Hammer und Pickel durch den Granit arbeiteten, um das glänzende Metall zu finden.

Die Eldorado Mine, die etwa zwanzig Jahre in Betrieb war, ist eine der einträglichsten Goldminen Australiens gewesen. Heute erzählt ein Mining Museum von den Abenteuern dieser Zeit. Wenige Kilometer entfernt liegen auf einigen Quadratkilometern verstreut die Devil's Marbels, riesige Gesteins-

126 und 127 Darwin ist kaum zwanzig Jahre alt. Nachdem der Wirbelsturm »Tracy« 1974 die gesamte Stadt buchstäblich hinwegfegte, wurde sie in unermüdlichem Optimismus wieder neu aufgebaut und ist heute ein moderner Außenposten für Rentner aus der Großstadt, für Aborigines, für die Enkel britischer Kolonisatoren, für Seglervolk und Touristen.

brocken, die durch Erosion rundgeschliffen wurden. Ein heißer Wind, der über die rotsandige Erde bläst, läßt die Kräfte spüren, die auf diese Brocken immer noch einwirken, und er zeigt an, daß das heiße Herz Australiens nicht weit ist.

Das rote Herz Australiens

Noch vor wenigen Jahren war das rotsandige, einsame Buschland im Zentrum Australiens nur wenigen einsamen Siedlern, Viehzüchtern und den Ureinwohnern vorbehalten. Eine endlose, verlorene Landschaft, malerisch zerklüftete Bergzüge, ausgetrocknete Flußläufe, die in den seltenen Regenzeiten zu reißenden Strömen werden, kleine Felsenpools, umgeben von Resten einer tropischen Vegetation, verkrustete Salzseen: Mehr als Menschenland ist es das Land der Känguruhs, Dingos, Echsen, Emus, Kakadus und der wilden Kamele. Der heiße Atem zweier Wüsten, der Gibson Desert im Westen und der Simpson Desert im Osten, trifft sich hier. Und der Highway gleicht einer Allee aus meterhohen Termitenhügeln. Bis zu fünf Meter wachsen die Residenzen dieser kleinen Baumeister in den Himmel – ein bizarrer Skulpturenpark mit rundlichen Gebilden wie von Henry Moore oder spitzen wie von Antonio Gaudi, umstanden von »blackboys«, jenen Grasbäumen mit schwarzen, wie verkohlten Stämmen und grellgrünen Büschelkronen. Geschäftstüchtige Australier gründeten kürzlich ein florierendes Unternehmen, das die Bauwerke der emsigen Termiten als eine Art Gartenzwerge an Privatpersonen verkauft, die mit den Insektenskulpturen ihr Grundstück, aber auch Geschäftsräume und Büros verschönern. Bis zu 1500 Mark zahlen die Kunden für die Werke der unbekannten Künstler, und die Unternehmer erhielten inzwischen die Auszeichnung »National Enterprise Workshop«. Bleibt abzuwarten, wann sich die Termiten gewerkschaftlich organisieren.

Weiter geht es in Richtung Süden. Die Luft über dem kochenden Asphalt des Stuart Highway flimmert. Im Roadhouse von Barrow Creek stehen erlegte Schlangen im Einmachglas wie Trophäen im Regal. Die Wände sind mit unterschiedlichsten Banknoten tapeziert. Geld und Abenteuer sind die Werte, die im Outback zählen. Die einzige größere Stadt im Zentrum, in der man mehr als eine Handvoll Menschen trifft, ist Alice Springs, meist nur »Alice« genannt. 25000 Einwohner leben hier am Wendekreis des Steinbocks mit allem, was zum australischen City-Life dazugehört: telefonischer Pizza-Service, futuristisch gestylte Kinos mit Air-condition und eine kleine Fußgängerzone, über die sich eine schattenspendende Zeltdachkonstruktion spannt. Wobei das alljährliche Kamelrennen von Alice Springs, der »Camel Cup«, wohl kaum zum Alltag einer anderen Stadt gehört. Das Geschäft mit dem Tourismus blüht. Souvenirläden, Galerien, Tour-Veranstalter buhlen um die Gunst der Durchreisenden, die aus aller Herren Länder nach Alice kommen, um von hier aus eines der Natursymbole Australiens zu besuchen: den Ayers Rock. Bis zum größten Monolithen der Welt, den die Aborigines »Uluru« nennen, sind es immerhin noch rund 450 Kilometer von Alice Springs aus. Die Ranger Station, an der man Tickets und Informationsmaterial über den Ayers-Rock-Nationalpark bekommt, wird vom staatlichen Nationalpark- und Wildlife-Service gemeinsam mit den Aborigines betrieben, an die das Land mit ihrem Heiligtum, dem Uluru, 1985 offiziell »zurückgegeben« wurde. An die Rückgabe knüpfte die Regierung allerdings einen Pachtvertrag, damit das einträgliche Geschäft mit dem Tourismus weiterlaufen konnte. Fast eine Viertelmillion Touristen pilgern jährlich zum Ayers Rock, der stumm und majestätisch alles über sich ergehen läßt, seit vierzig Millionen Jahren unverändert. Daß die Aborigines in diesem roten Steinkoloß einen Gott sahen, erscheint ganz logisch. Das Klangmalerische im Wort »Uluru« symbolisiert Respekt, Mystik und Musik in einem. Für die Aborigines ist Uluru seit Jahrtausenden eine heilige Kultstätte mit zwei rituellen Zonen: die Sonnenseite, Tjindulagul, und die Schattenseite, Umbaluru. Viele Legenden erzählen von der Entstehung von Uluru in der Traumzeit. Jede der Höhlen, Wasserlöcher und markanten Felsformationen, die die Erosion hinterlassen hat, sind für die Aborigines Zeichen der großen Geister, ihrer Vorfahren. Djudajabbi zum Beispiel ist die »Höhle der Frauen«. Im Wasserloch Mutidjula am Fuße des Felsens wohnt die heilige Regenbogenschlange. Und Putta ist eine Höhle, in der die Seelen der Mala-Kinder auf ihre Wiedergeburt warten. Die wichtigsten ihrer Kultstätten sind durch Metallzäune vor neugierigen Blicken geschützt worden. Und das ist auch gut so, denn der Respekt der Weißen vor Ulu-

128 Im Südwesten des »roten Herzens« Australiens ragen die Sandsteinfelsen des King's Canyon bis zu 214 Meter steil aus der Ebene empor.

129 Rund fünfzig Kilometer westlich von Alice Springs liegt Stanley Chasm, eine Felsenschlucht, die nur mehr eine Spalte von neun Metern Breite offen läßt. Links und rechts ragen die Quarzitfelswände achtzig Meter in den Himmel. Sobald die Sonne um die Mittagszeit für fünf Minuten genau über dem Spalt steht, schimmern die mit Quarzen durchzogenen Felswände in allen Farben des Regenbogens.

130 und 131 Ausritte per Kamel und Souvenir Shops für verarbeitete Halbedelsteine aus den Minen der Umgebung sollen die Touristen länger in und um Alice Springs halten als nur für den obligatorischen Kurzbesuch des Ayers Rock.

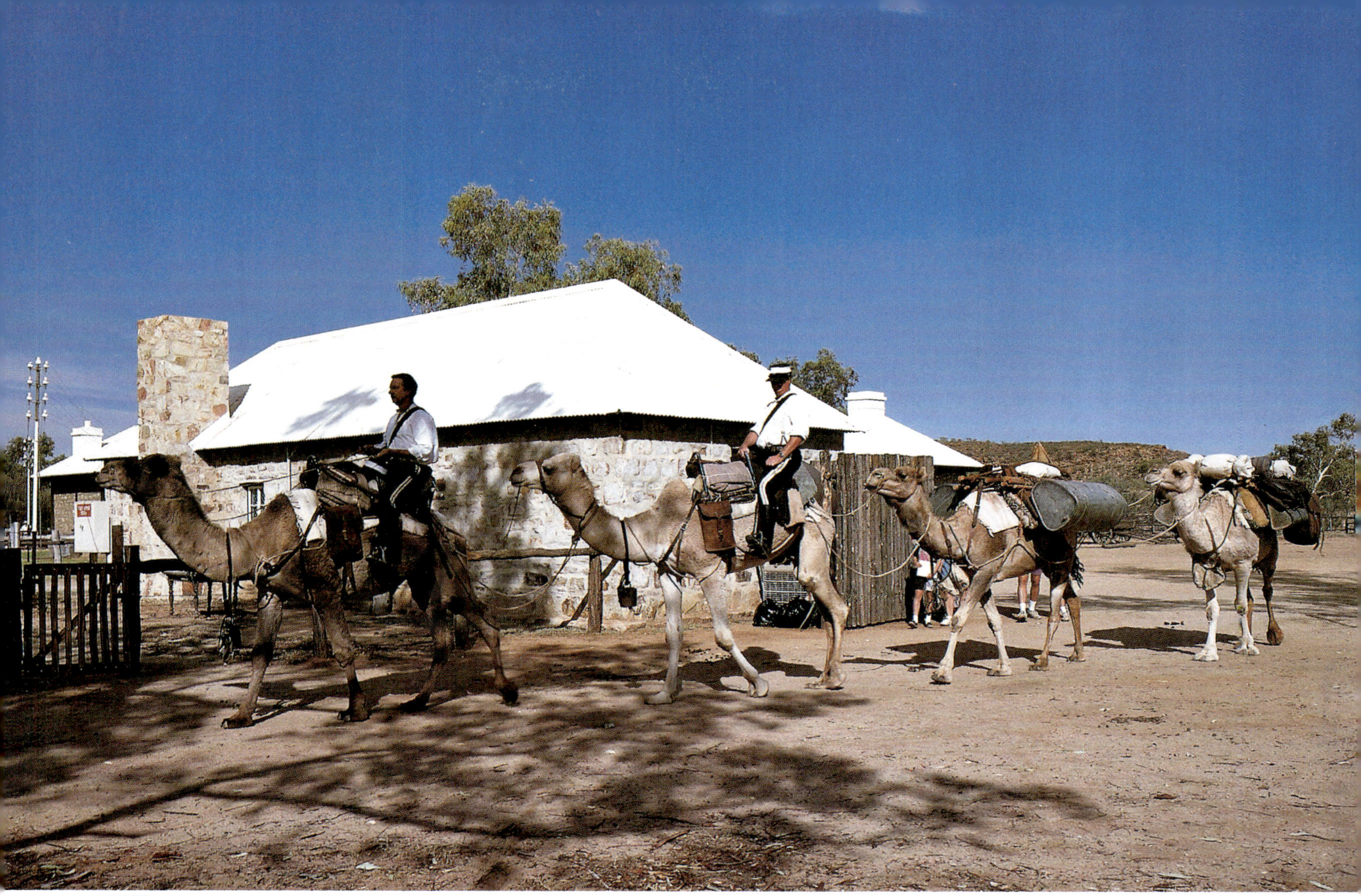

◁ 129

130 | 131

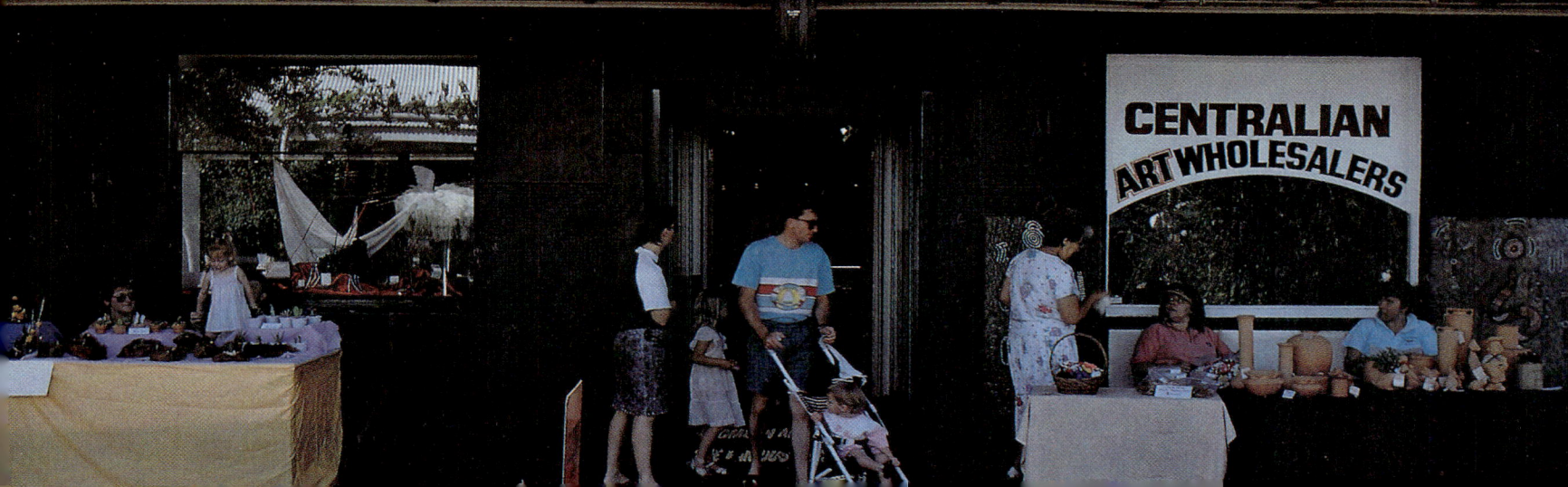

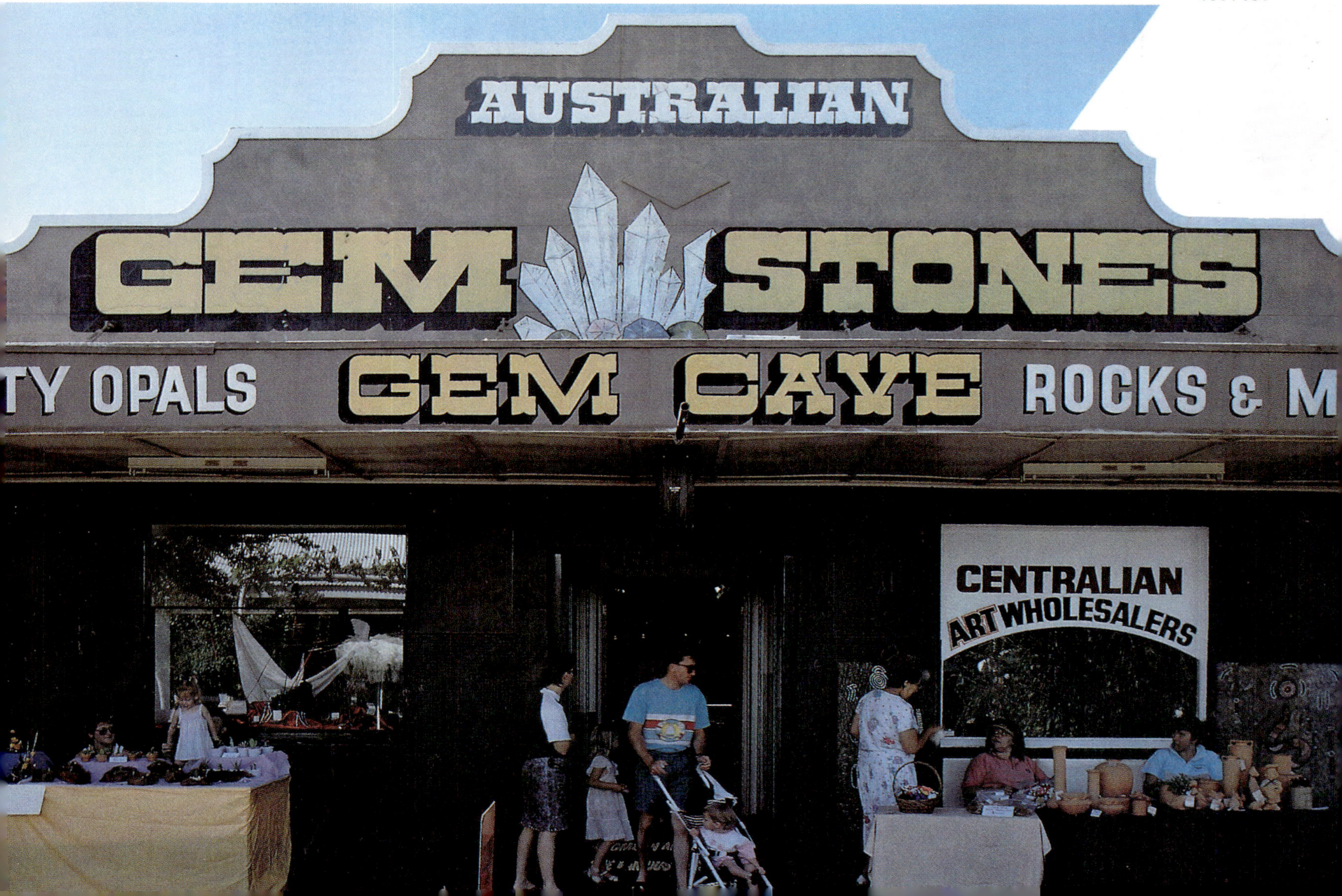
AUSTRALIAN
GEM STONES
TY OPALS
GEM CAVE
ROCKS & M
CENTRALIAN
ART WHOLESALERS

132 Bei ringsum karger Felsenlandschaft ist in der heißen, sandigen Mitte des Palm Valley ein Mikroklima entstanden, das hier wie in einer Wüstenoase Palmen wachsen ließ.

133 und 134 Die rotsandige Straße (unten) führt durch die platte Ebene des heißen australischen Zentrums. Schon bald wird sich am Horizont der einsame, heilige Gigant des Ayers Rock aus dem Nichts erheben. Fast eine Viertelmillion Touristen pilgern alljährlich zum Uluru, der stumm und majestätisch alles über sich ergehen läßt seit vierzig Millionen Jahren. Wenn die Touristen an der Kette, die zum Halt beim Aufstieg dient (oben), manchmal zu Hunderten Schlange stehen, wäre Uluru wahrscheinlich am liebsten wieder allein.

Folgende Abildung:

135 Jede der Höhlen, Wasserlöcher und Felsformationen von Uluru sind für die Aborigines Zeichen der großen Geister ihrer Ahnen. Doch der Respekt der Weißen vor diesem Heiligtum hält sich in Grenzen. Manch einer klettert hinauf, nur um einmal einen Golfball vom Ayers Rock abzuschlagen, andere wollen mit dem Fallschirm abspringen, heiraten, einen Sessellift hinauf- oder ein Atommülllager drunterbauen. Bis jetzt ist aus den meisten dieser Spleens nichts geworden, zum Glück.

◁ **132**

133 | 134

ru hält sich in Grenzen. Einer kletterte die 350 Meter hinauf, nur um von oben einen Golfball hinunterzuschlagen, manche wollen auf dem Ayers Rock heiraten, andere mit dem Fallschirm abspringen. Mal sollte ein Hotel hinein, ein Sessellift hinauf und ein Atommüllager darunter gebaut werden. Obwohl solche Ideen bisher glücklicherweise vereitelt wurden, ist Uluru längst nicht mehr der einsame Gigant im Nirgendwo. Wenn die Touristen an der Kette, die zum Halt beim Aufstieg dient, Schlange stehen, wäre er wohl am liebsten wieder allein.

Beim Panoramablick von oben meint man am Horizont die Erdkrümmung ausmachen zu können. Im Norden glitzern die Ausläufer des Salzsees Lake Amadeus. Im Süden zeichnet sich die Silhouette des Mount Connor ab und im Westen liegen in rund vierzig Kilometer Entfernung die Felsendome der Olgas oder – wie sie bei den Aborigines heißen – »Katatjutas«.

Durch diese »vielen Köpfe« heulen oft gespenstische Winde, und im Schatten der Schluchten findet eine Vielzahl von Tieren auch noch Wasser und Gras, wenn der spärliche Regen anderswo schon längst verdunstet ist.

Am schönsten sind Ayers Rock und die Olgas in den Abendstunden, wenn das Licht der untergehenden Sonne die Steinriesen in Farben von Schwefelgelb über grelles Orange und dunkles Blutrot glühen läßt.

Die »Sunset Viewing Area« am Uluru liegt auf halbem Weg zwischen dem Felsen und der touristischen Retortensiedlung Yulara. Der Parkplatz, auf dem die Kameras in Stellung gebracht werden, ist am Abend überfüllt. Alles wartet auf den Moment, in dem die letzten Sonnenstrahlen den stummen Gott zum Leuchten bringen. Im Gerangel um die besten Plätze dienen Klappstühle auf Autodächern als Logenplatz.

Das Warten steigert sich zur Party, in der Bier, Wein und mehrsprachige Small talks unter den Globetrottern ausgetauscht werden. Dann ist es soweit: Uluru glüht in dunklem Rot. Die Kameras surren. Ein paar Minuten später ist alles vorbei. Der Parkplatz leert sich wieder. Uluru ist endlich allein.

136 Beim Panoramablick vom Ayers Rock meint man, am Horizont die Erdkrümmung ausmachen zu können. Im Norden glitzern die Ausläufer des Salzsees Lake Amadeus. Im Süden zeichnet sich die Silhouette des Mount Connor ab. Übrigens: schon so manchen, die einen Stein von »Uluru« als Urlaubssouvenir haben mitgehen lassen, sind seitdem die merkwürdigsten Dinge zugestoßen. Täglich erhält die Verwaltung des Nationalparks Päckchen aus aller Herren Länder von Leuten, die reumütig ihr Souvenir wieder an den Herkunftsort zurückschicken.

Die Cape-York-Halbinsel

Schroffe Felsformationen überragen undurchdringliche Regenwälder. Lichte Eukalyptusforste überschneiden sich mit Dickichten aus jahrhundertealten Zamiapalmen. Dann wieder: savannenhaftes Grasland bis zum Horizont. Über Bergketten und Taleinschnitten hängen Rauchwolken. Buschbrände schwelen in der Ferne. Urlandschaft aus Urzeiten. Das ist Cape York, das tropische Nordkap Australiens. Diese nahezu unberührte Wildnis – eine der letzten unseres Planeten – erstreckt sich über 500 Kilometer Länge. Ganze 15000 Menschen verlieren sich auf den rund 200000 Quadratkilometern. Hier sind die Aborigines noch in der Mehrzahl. Die meisten von ihnen leben in Missionen oder selbstverwalteten Communities. Die meisten Weißen des hohen Nordens leben im verschlafenen einstigen Goldgräberhafen Cooktown und in Weipa, der Bauxit-Minenstadt mit den rissigen Mondlandschaften aus roter Erde, die der Bauxit-Tagebau hinterläßt. In Gladstone wird der wertvolle Rohstoff zu Aluminium weiterverarbeitet. Cooktown hat seinen Namen von Captain James Cook, der hier 1770 mit seinem Segler »Endeavour« strandete, nachdem die Korallenriffe des heutigen Barrier Reef seinen Schiffsrumpf aufrissen. Bevor er weiter durch die Torres-Straße nach Batavia segelte, vergaß er nicht, im Auftrag der englischen Admiralität auf einer Insel nahe Cape York, die fortan Possession Island hieß, die britische Flagge zu hissen. Viel anders als heute dürfte der Entdecker die riesige Halbinsel damals auch nicht erlebt haben, mit ihren blendendweißen Silikatstränden, den sattgrünen Mangrovensümpfen der Flußmündungen und dem dichten Regenwald. Das zumindest betrifft den größten Teil der Halbinsel, der nördlich von Mossman beginnt.

Cairns, die Hauptstadt des »Nordkaps«, ist mit seinem internationalen Flughafen und dem durch den Tourismus ständig wachsenden Fortschritt und Wohlstand in nur wenigen Jahren zu einer modernen Metropole geworden. Fährt man den Captain Cook Highway von hier aus nach Norden, passiert man zwangsläufig Besucherattraktionen wie »Vic Hislop's Shark Show«, »Yorkey's Knob«, »The Lazy Lizard Motor Lodge«, die »Crocodile Attack Show« oder »Hartley's Creek Crocodile Farm«. Man kommt am Trinity Beach vorbei und an Palm Cove, der Bucht, die mit ihren kleinen Hotels, Häusern und alten Bäumen direkt an der beschaulichen Strandpromenade sehr kalifornisch anmutet. Das Städtchen Port Douglas ist die letzte touristische Bastion von Nordqueensland. Hier haben die Japaner für gigantische Glitzerpalastanlagen gesorgt wie dem »Sheraton Mirage Hotel« mit ausgedehnten Golfplätzen entlang der Küste, Mammutpools und Hubschrauberlandeplatz, für Ferienapartmenthäuser, Shopping-Center, Boutiquen und Bistros: Komfort für Urlauber, dennoch wirkt der Ort eher wie aus der Retorte. Das hätte Captain Cook sich vor 200 Jahren wohl noch nicht träumen lassen.

Nur 80 Kilometer weiter nördlich aber endet der Cook Highway unwiderruflich. Wer bis an die Spitze der Cape-York-Halbinsel will, kommt von hier nur noch mit einem guten Allradfahrzeug weiter. Das kleine Zuckerrohrkaff Mossman ist der letzte Vorposten zu Australiens wildem Norden: eine in tropischer Hitze dampfende Mainstreet wie aus alten amerikanischen Filmen, niedrige Frontgiebel mit großen Aufschriften. In den dunklen Trinksälen der alten Eckhotels – ein »Exchange Hotel« gibt es in fast jeder australischen Stadt – hocken frühe Zecher unter träge kreisenden Propellern. Blühende Frangipanibäume wachsen vor den Häusern und hier und da döst ein Aboriginal in der Mittagshitze. Die Mossman River Gorge und der Daintree-River-Nationalpark sind der Auftakt zum größten bewahrten Regenwald Australiens und zum ältesten der Welt. In der Regenzeit sind die wenigen Menschen, die nördlich dieser Flüsse leben, von Mossman abgeschnitten, denn dann kann sich selbst ein krisenerprobter Jeep oft nicht mehr durch den Sumpf der Deltas kämpfen, und weiter flußaufwärts wachsen die dunkelgrünen Wasserläufe zu mächtigen Strömen an. Manchmal verliert sich der Pfad. Auf nassen Sandflecken tummeln sich schwarze Schmetterlinge mit blauen Sichelmustern auf den Flügeln, weißbrüstige Dollarvögel begleiten den Weg und in den Wäldern der Mangrovensümpfe dösen Flying Foxes, eine kleine Fledermausart, die sich ebensogut als etwas streng schmeckende Mahlzeit wie als zahmes Haustier eignet. An den Ufern stehen Krokodil-Warnschilder wie hierzulande Vorfahrtszeichen. Das Cape ist ein Abenteuer – vielleicht eines der letzten. Wer sich zu einer Expedition vom Daintree

Vorhergehende Abbildung:

137 Zahlreiche Schiffe und Boote warten an der Küste von Queensland auf Urlauber.

138 und 139 Die Sonne, die es mit Queensland übrigens sehr gut meint, bringt die verschiedenen Grüntöne der tropischen Vegetation zum Leuchten wie hier das Blatt der Fächerpalme (oben). Und es ist auch die Sonne, die die Menschen an die herrlichen Strände von Green Island lockt. Die meisten von ihnen landen am Pier (unten), denn Green Island ist am besten per Boot von Cairns aus zu erreichen.

Folgende Abbildung:

140 Queensland ist der »sunshins state« Australiens. Tropische Regenwälder, Traumstrände, exzellenter Surf und das 2000 Kilometer lange Band des Barrier Reef, größtes Korallenriff der Welt, machen Queensland zum Urlaubsparadies schlechthin.

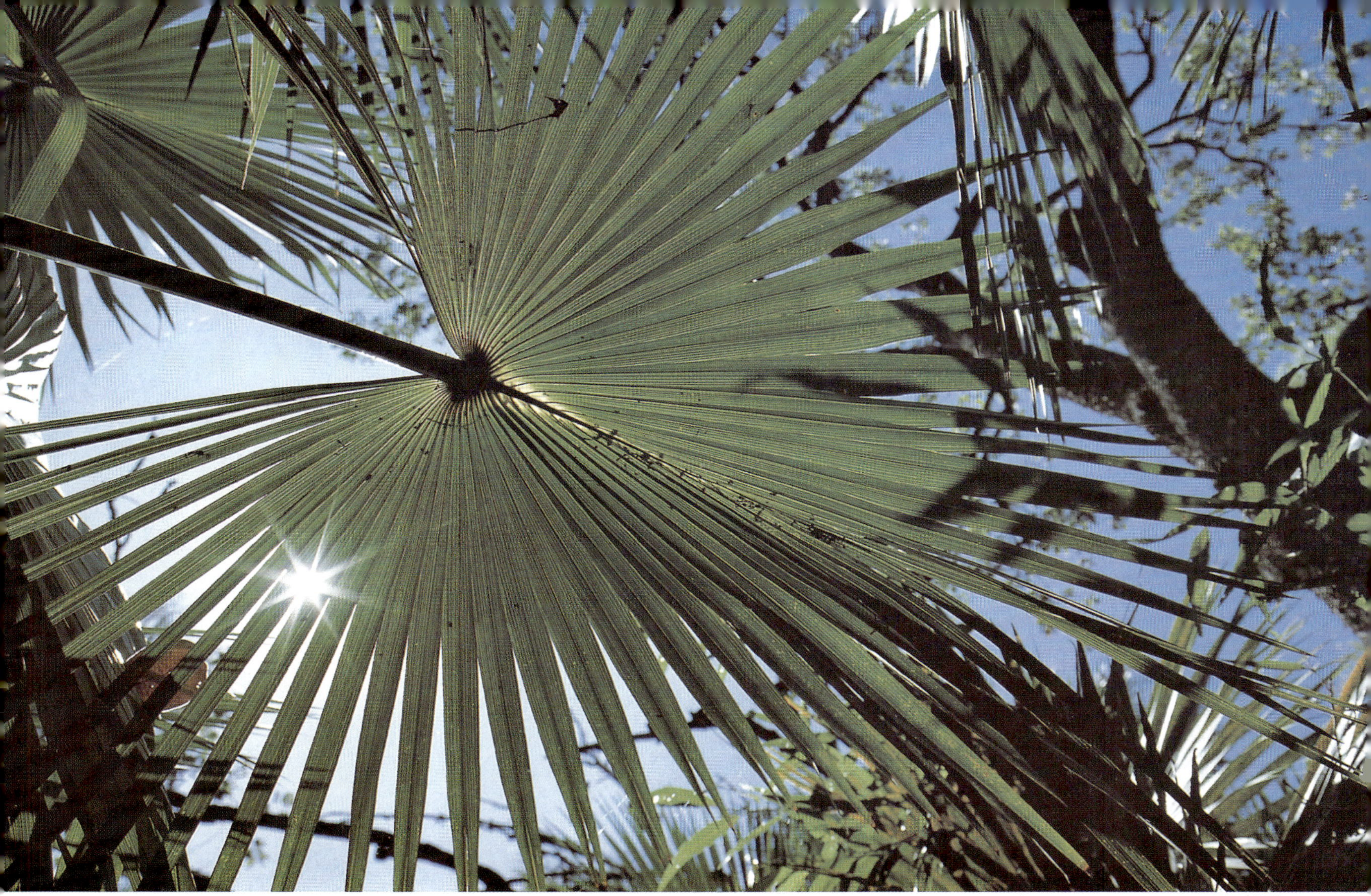

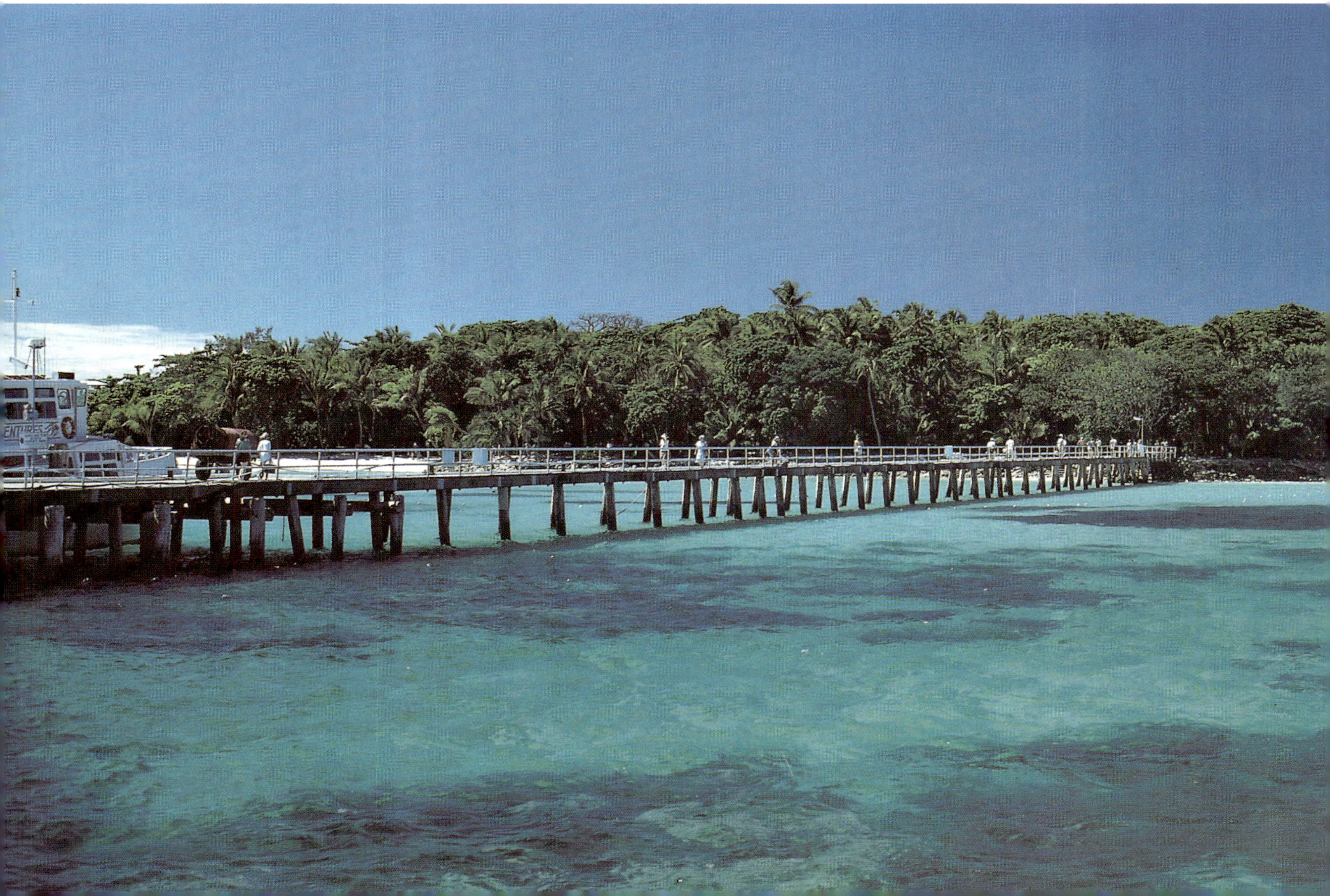

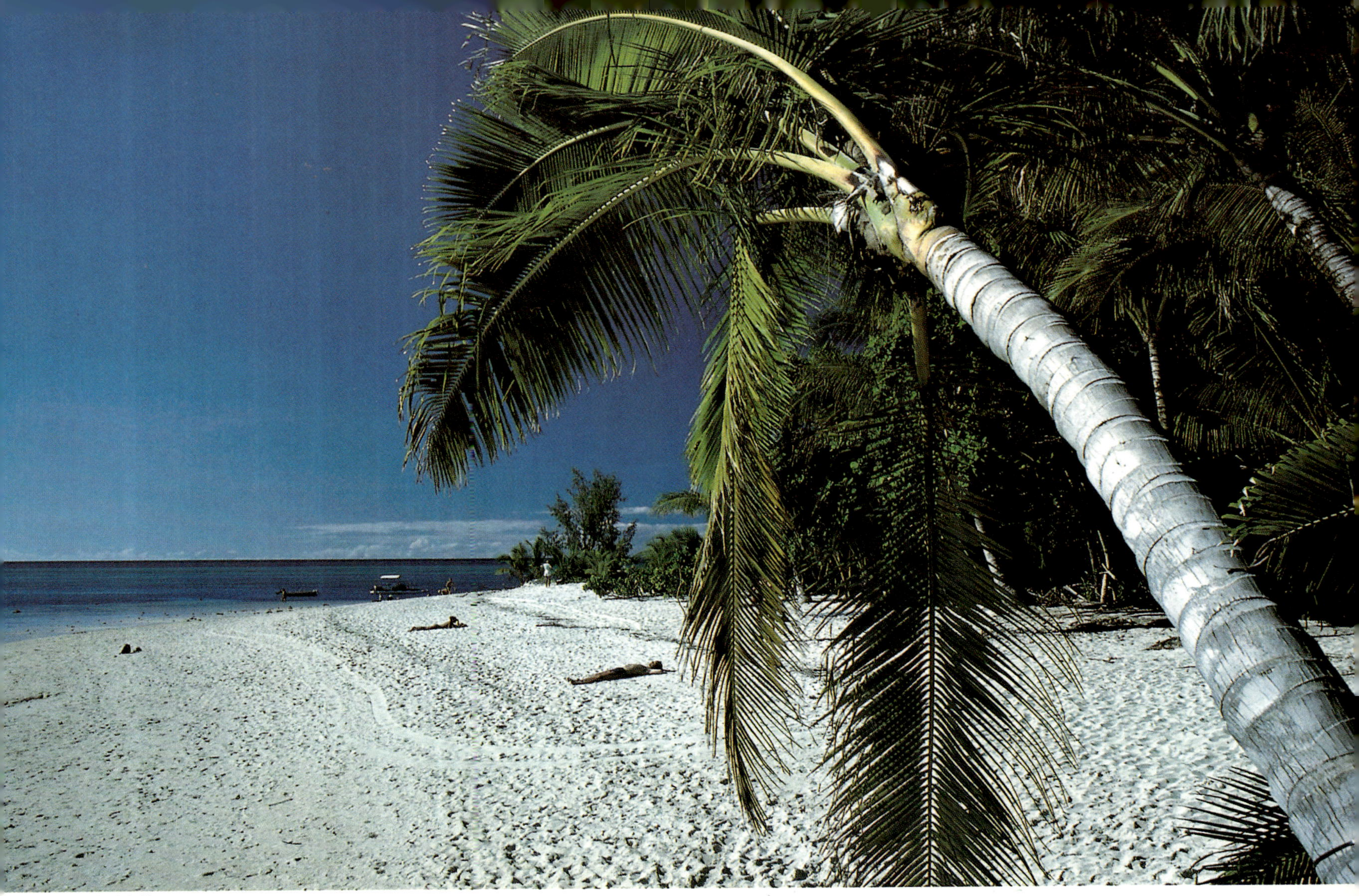

141 | 142

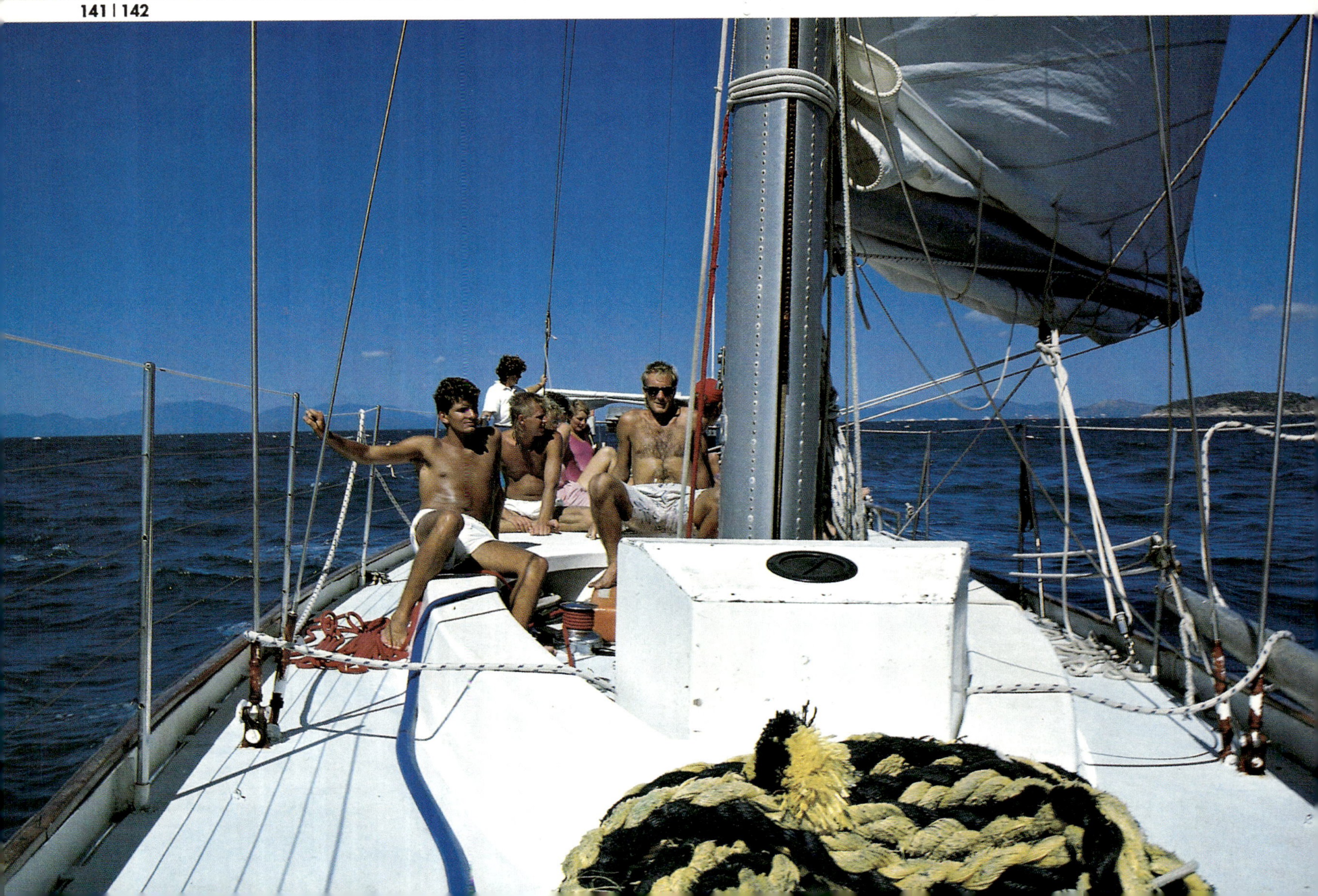

River bis zum Tip, dem nördlichsten Punkt an der Torres-Straße, aufmacht, hat harte Tage vor sich: Flüsse, die nur bei Ebbe zu durchqueren sind. Tracks, die sich bei Hitze in Staubhöllen und bei Regen in Schmierseife verwandeln. Aber abgesehen von beißwütigen grünen Ameisen, stechlustigen Moskitos oder Sandfliegen, stacheligem Palmengestrüpp mit dem sinnigen Namen »wait-a-while«, scheuen Schlangen und ein paar appetitfreudigen Salzwasserkrokodilen hat man nichts zu befürchten. Dafür sieht man Seltenes. An der Küste des Cape-Tribulation-Nationalparks zum Beispiel gibt es den schwarzen Kieselstand »Bouncing Stones«, eines der vielen Heiligtümer der Aborigines. Bisher ist ungeklärt, warum die Kiesel wie Gummibälle hüpfen, wenn man sie auf den Steinstrand wirft. Wissenschaftler vermuten erdmagnetische Ursachen. Die Aborigines machen ihre Urahnen dafür verantwortlich. Und für den, der es zum ersten Mal sieht, ist es Magie.

Tiefer hinein in den Regenwald locken Riesenfarne, uralte Zedern und Silbereichen, Tentakelpalmen, Speerbäume und Black Palms mit steinharten Ringen am Stamm, aus denen die Aborigines ihre Speerspitzen brannten, und bis zu fünfzig Meter hohe Würgefeigen. Diese Schmarotzerbäume wachsen von oben nach unten. Die Samen, verborgen in Vogelkot, nisten sich in den Astgabeln anderer Bäume ein, Wurzel-Lianen sprießen bodenwärts, krallen sich dort fest und umschließen den anderen Stamm gnadenlos, bis dem so strangulierten Gastgeber-Baum die Luft ausgeht. Er stirbt ab. Die Feige siegt.

Die Inselgruppe der Flinders ganz in Küstennähe der Princess Charlotte Bay ist ein beliebter Sammelplatz für die Garnelenkutter, die im Inner Barrier Reef unterwegs sind, und ein Treffpunkt für die Jetsetter, die hier mit ihren Luxusyachten kreuzen – ganz besonders zur Fangzeit des berühmten Black Marlin zwischen September und Dezember. Auf der Westseite der Landzunge von Cape York fristet zwischen trockenen Ebenen aus rotem Sand und Buschland mit wenigen verstreuten »stations« und der sumpfigen Flußlandschaft des Gulf Country die kleine Stadt Weipa ein einsames Dasein. In und um Weipa gilt es, die weltgrößten Bauxitminen zu erkunden – rote Erde so weit das Auge reicht –, und die abgelegenen Aboriginal-Reservate in Buschland und Regenwald. Aber Achtung: Der Zugang zu den Aboriginal-Communities

ist sehr beschränkt. Im Interesse der empfindlichen Beziehungen zwischen Weißen und Ureinwohnern ist es besser, sich vorher bei den Behörden in Cairns die Besuchserlaubnis geben zu lassen oder sich nach den zugänglichen Missionen zu erkundigen.

Der Höhepunkt ist absolute Spitze: nämlich die absolute Spitze von Cape York mit dem vorgelagerten Thursday Island, einst Schlupfwinkel des Südsee-Romanciers William Somerset Maugham. Die benachbarten Inseln der Torres-Straße zwischen Thursday Island und Papua-Neuguinea brachten vor Tausenden von Jahren schon die ersten »Entdecker« auf die Cape-York-Halbinsel. Die Torres Strait Islander sind ein den Aborigines nicht verwandtes Volk, das seine eigene Kultur in den Norden Australiens einbrachte, lange bevor Captain Cook die britische Flagge auf Possession Island am Kap im Tropenwind wehen ließ.

Bedrohter Regenwald

Der Regenwald von Nordqueensland, auch Wet Tropics genannt, ist eines von weltweit nur elf Gebieten – zu denen auch der Grand Canyon, die Galapagos-Inseln und das Great Barrier Reef gehören –, die auf der internationalen »World-Heritage«-Liste der UNESCO ganz oben stehen. Damit kann Queensland mit dem einzigartigen direkten Zusammentreffen zweier dieser elf Naturwunder aufwarten. An der Küste bei Cooktown trennt nur ein schmaler Streifen Meer die Wet Tropics vom 2000 Kilometer langen Barrier Reef, dem größten lebendigen Unterwasserbauwerk der Erde. Mit seinem weit mehr als biblischen Alter von rund 130 Millionen Jahren ist es der älteste Regenwald unseres Planeten in seitdem ununterbrochener, das heißt ungestörter Evolution. Das Ozonloch bedroht die Existenz der einzigartigen und unwiederbringlichen Tier- und Pflanzenarten der Regenwälder. Ein tragisches Paradoxon, daß gerade das unberührteste Gebiet der Erde die Quittung unserer Zivilisation erhält, die sich aus dieser Perspektive betrachtet wohl kaum als »Fortschritt« bezeichnen läßt.

Das World-Heritage-Schutzgebiet schließt auch die Atherton Tablelands ein. Dieses maximal 90 mal 40 Kilometer große Gebiet umfaßt die hügeligen Hochplateaus des küstennahen Hinterlandes zwischen Cairns und Innisfail. Seine westlichen und östlichen Gren-

141 und 142 Weißsandige Strände, türkisfarbenes Meer und lässiges Lebensgefühl an Bord eines Segelbootes prägen den unkomplizierten Lifestyle in Queensland. Sonne, Wind und Meer sind hier die ständigen Begleiter.

zen bilden die hier weit im Landesinneren verlaufende Gebirgskette der Great Dividing Range und das Küstenbergland der Bellenden Ker Range, mit dem höchsten Berg Queenslands, dem Mount Bartle Frere (über 1600 Meter). Die Atherton Tablelands wurden neben ihren Hochlandregenwald-Relikten vor allem wegen ihrer »brodelnden« Geschichte so wertvoll. In den letzten drei Millionen Jahren rauchten hier über 50 Vulkanschlote. Die Überbleibsel dieser Epoche prägen die spektakuläre Landschaft: fruchtbare Böden, Kraterseen wie Lake Eacham oder Lake Barrine, Gasexplosionskrater wie Mount Hypipamee, Aschekegel wie die Sven Sisters oder der 889 Meter hohe Mount Quinkan, rauschende Wasserfälle und zum Teil endemische Tier- und Pflanzenarten. Zentrum des zwischen 600 und 900 Meter hohen Tafellandes ist das 1885 als Holzfällercamp gegründete Atherton mit heute 4200 Einwohnern.

Doch mit der Holzfällertradition ist es vorbei. Etwa drei Viertel der natürlichen Vegetation mit edelsten Hölzern in der Region zwischen Cooktown und Townsville wurden bereits vernichtet. Der Rest wird streng gehütet, denn neben dem Ozonloch ist die Existenz dieser einzigartigen Lebensräume vor allem durch die rasant fortschreitende Erosion bedroht, die jährlich rund 10 Tonnen Boden auf 4000 Quadratmetern ausmacht und den urzeitlichen Pflanzen zum ersten Mal seit ihrer Existenz die lebensnotwendige Humusschicht nimmt.

Primitive Farne, Blumen und Insekten sind hier immer noch auf dem gleichen Evolutionsstand, auf dem sie schon vor 200 Millionen Jahren waren, als die Dinosaurier noch an ihnen vorüberstapften. Die ältesten Bäume der Regenwälder von Nordqueensland sind Heiligtümer der Aborigines, die an die Wiedergeburt ihrer Ahnen aus der »Traumzeit« in Gestalt der Pflanzen und Tiere glauben. In den Tablelands verehren sie einen uralten Buchsbaum, der auf ein Alter von über 3500 Jahren geschätzt wird. Und bei Cape Tribulation steht eine aus sechs Stämmen zusammengewachsene Würgefeige, die man gar auf 4000 Jahre schätzt. Obwohl Kultstätte der Aborigines, steht sie auf Privatgelände. Für eine 200 Jahre alte Zeder wurden einem Eigentümer kürzlich rund 280000 Mark geboten. Gegen die Abholzung auf den wenigen Privatgrundstücken im Regenwald hat die Regierung keine Handhabe. Zum Glück unterliegt aber der größte Teil der Kontrolle des Umweltministeriums und des Wet-Tropics-Management. Der Schutz und die Erhaltung der Gebiete, die Kontrolle des Tourismus und die vielen anderen eingeleiteten Maßnahmen zur Bewahrung der Wet Tropics verschlingen immerhin rund zehn Millionen Dollar jährlich. Eine Investition, von der das ökologische Gleichgewicht des gesamten Kontinents abhängt. Dreizehn der insgesamt 19 bekannten Familien primitiver blühender Pflanzen sind hier noch zu finden – das ist die höchste Konzentration weltweit. Auf nur wenigen Hektar der Wet Tropics findet man bis zu 150 Baumarten – mehr als die gesamte Flora Europas und Amerikas zusammengenommen bietet. Obwohl die Fläche des World-Heritage-Gebietes nur ein Promille der australischen Landoberfläche ausmacht, leben hier 30 Prozent der australischen Beuteltierarten, 60 Prozent der Fledermaus-, 30 Prozent der Frosch-, 23 Prozent der Reptilien-, 62 Prozent der Schmetterlings- und 18 Prozent der Vogelarten. Viele von ihnen findet man ausschließlich hier. Zum Beispiel den Herkulesfalter, mit einer Spannweite von 25 Zentimetern der größte Schmetterling der Welt. Außerdem sind einige Opossum-Arten in den Wet Tropics endemisch oder zwei seltene Känguruh-Spezies, das Lumholtz-Känguruh und das Bennett-Baumkänguruh, das nicht nur auf Bäume klettert und dort Nester baut, sondern sogar rückwärts hüpfen kann.

Great Barrier Reef

Entlang der Nordostküste Australiens bis hinauf nach Papua-Neuguinea zieht sich vom Wendekreis des Steinbocks bis jenseits des zehnten südlichen Breitengrades die lange Kette der Korallenbänke des Great Barrier Reef. Das größte lebendige Unterwasserbauwerk der Erde – als einziges sogar aus dem Weltraum zu sehen – besteht aus 2900 Einzelriffen und über 700 Korallenatollen und Festlandinseln; mit rund 350000 Quadratkilometern ein Gebiet größer als Großbritannien. Die letzten Teile des Great Barrier Reef wurden 1893 dem Schutz einer »Marine Park Authority« unterstellt. Bereits zwei Jahre zuvor erhielt es als »Erbe der Menschheit« einen Platz auf der World Heritage List der UNESCO – als jüngstes Mitglied. Denn die ersten Anfänge des Barrier Reef werden vor frühestens 18 Millionen Jahren vermutet, dem

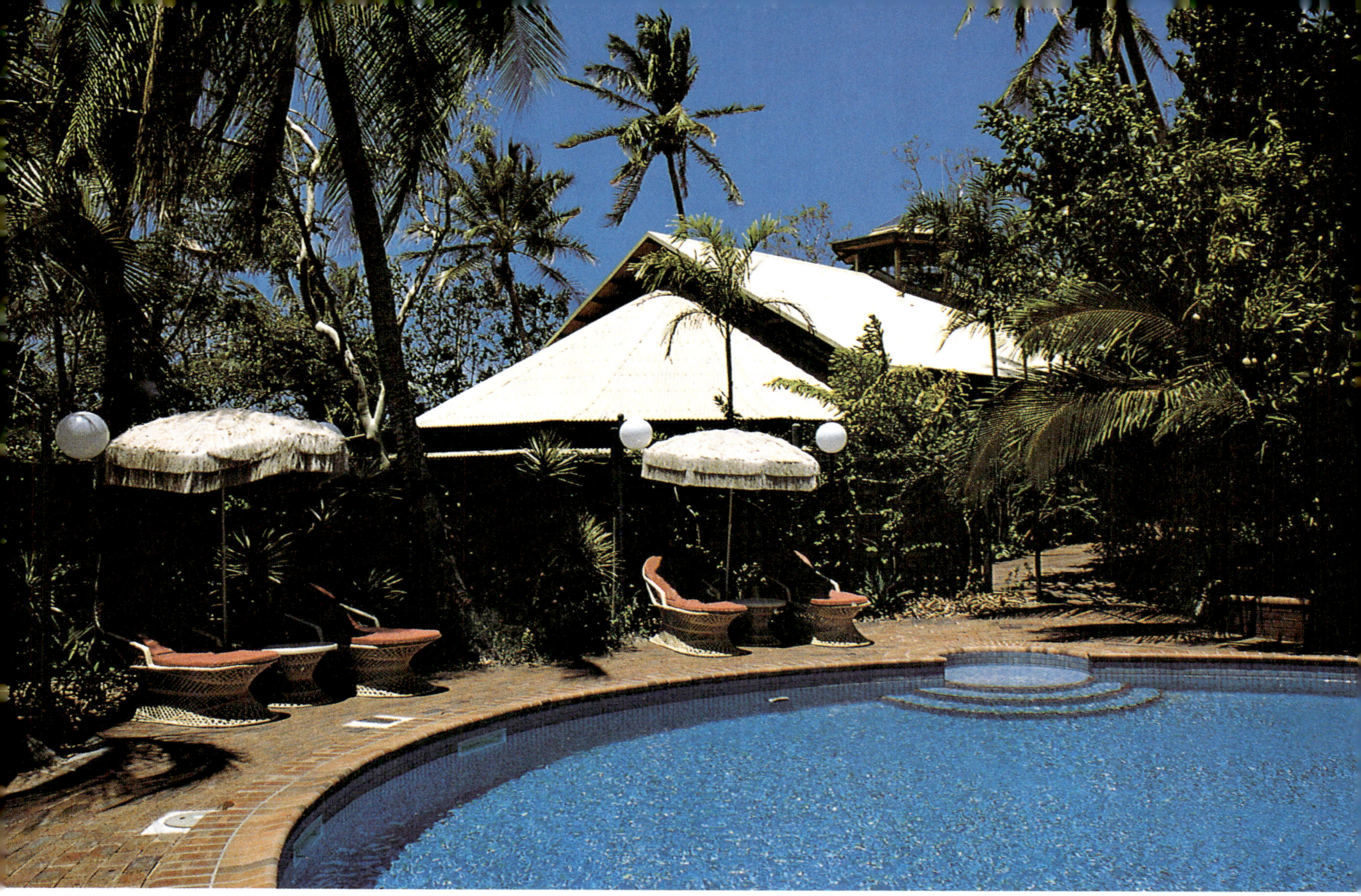

143 | 144

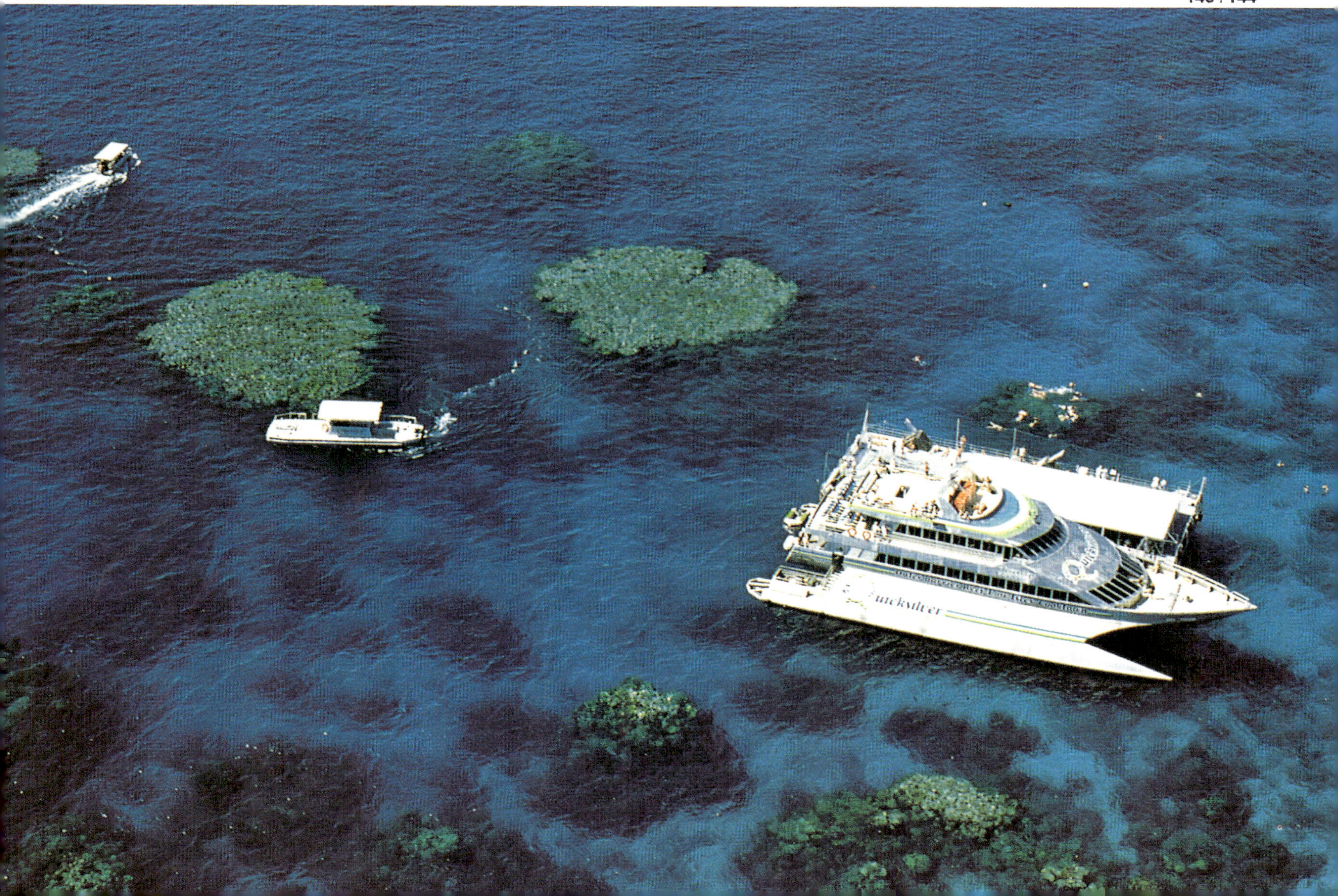

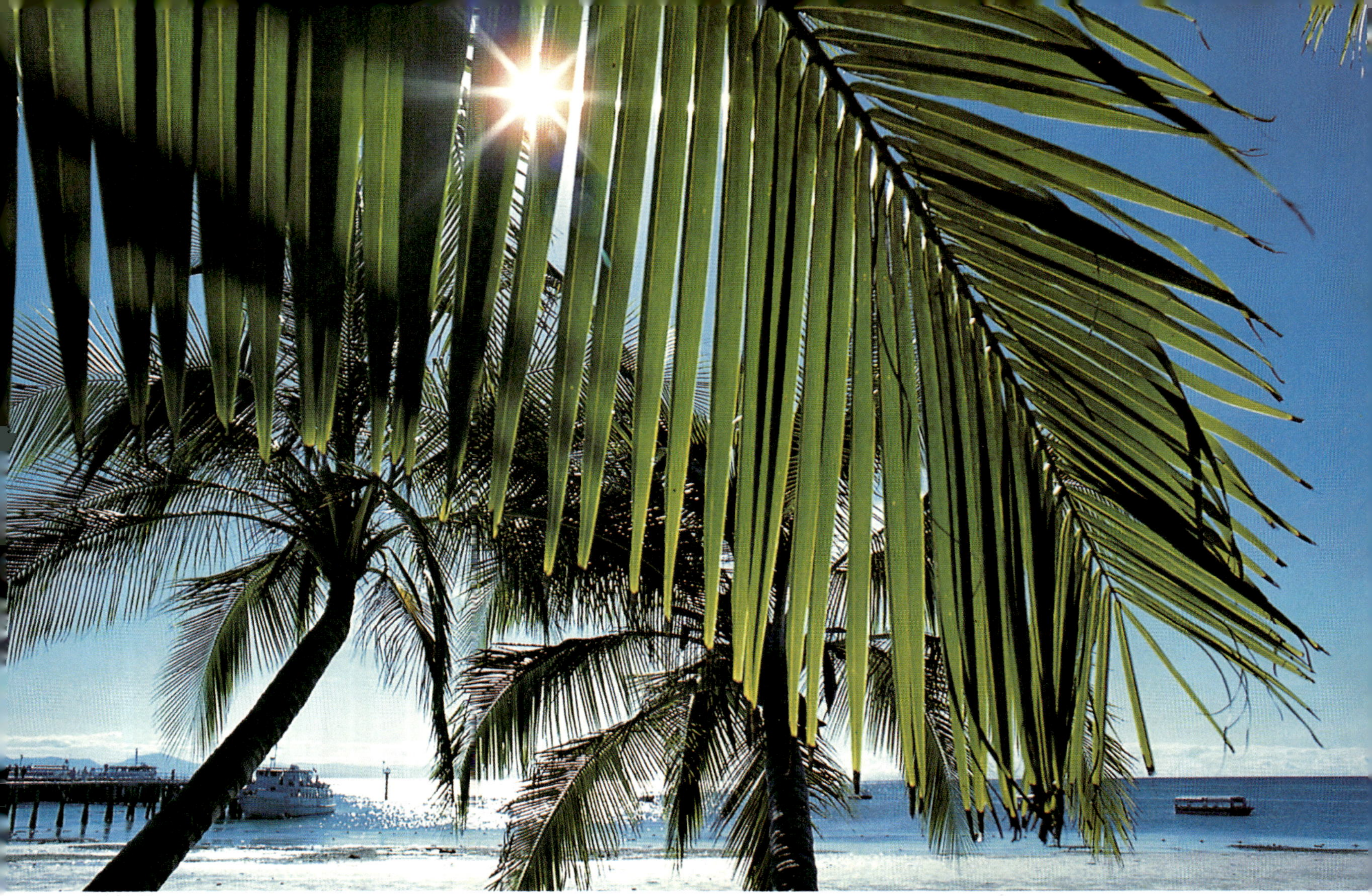

149 | 150

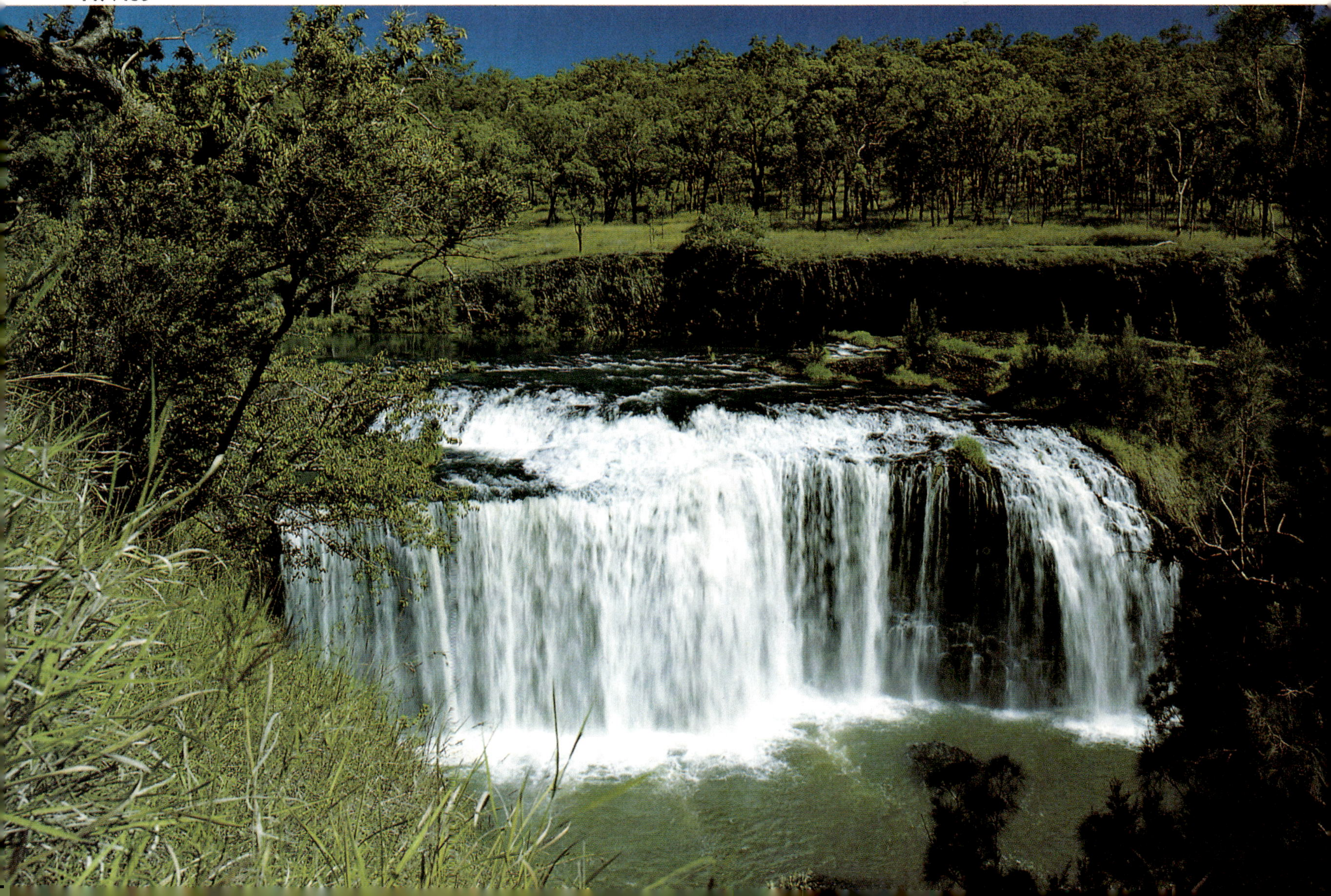

Zeitpunkt der allmählichen Drift Australiens in wärmere Gewässer. Erst mit der Stabilisierung des Meeresspiegels vor rund 7000 Jahren begann der Aufbau des Riffs in seinem heutigen Stadium. Die zu den Nesseltieren gehörenden, meist nur wenige Millimeter großen Korallenpolypen sind die »Baumeister« dieses architektonischen Naturwunders. Sie leben in enger Symbiose mit Millionen von einzelligen, gelbbraunen Algen. Besonders schnellwüchsige Steinkorallen erreichen Rekordzuwachsraten von bis zu 26 Zentimetern pro Jahr. Aber das durchschnittliche Wachstum eines Riffkomplexes liegt bei etwa einem Zentimeter pro Jahr. Bei der ungeschlechtlichen Vermehrung der etwa 350 verschiedenen Arten von Korallenpolypen verzweigen sich ihre »Wohnhäuser«, und es entstehen die als Korallenstöcke bekannten Kolonien, deren unterschiedliche Wuchsformen – Geweih-, Gehirn-, Pilz- oder Tischkorallen – die Schönheit des Riffs ausmachen. Einmal im Jahr koordinieren alle Steinkorallen des Barrier Reef den Ausstoß von Eizellen und Sperma auf nur wenige Nächte nach einer Vollmondnacht im Frühling – ein einmaliges Schauspiel. Das Riff ist nicht nur Paarungs- und Brutraum für die bis zu vierzig Tonnen schweren Buckelwale, für die intelligenten Delphine oder die immer seltener werdenden Meeresschildkröten, sondern beheimatet 1500 Arten von Fischen, wie die bunten Harlekinfische, Papageienfische, Riffbarsche oder Gaukler, über 4000 Arten von Weichtieren – Riesenmuscheln, Krebstiere, Seeigel, Seegurken, Seesterne und kunterbunte Schwämme: Ein Taucherparadies ohnegleichen – aber extrem sensibel.

Jährlich besuchen rund eine Million einheimische und 500 000 ausländische Touristen diese Meeresprovinz, um den seltenen Luxus unberührter Natur zu erleben. Dadurch wird das Reef natürlich immer weniger unberührt. Die Anker der Yachten und Garnelenfischer brechen Teile der Korallengebäude. Und japanische Schwärme von Schnorchlern mit One-Way-Unterwasserkameras, die den bunten Fischschwärmen bald Konkurrenz machen können, werden nicht nur wegen der scharfen, verletzungsträchtigen Kanten mit einem Schild gewarnt: »Don't step on the corals.« Allein die Sportfischer angeln sich jährlich 12 000 Tonnen Fisch aus den Gewässern des Barrier Reef. Eine alarmierende Menge, die die Marine Park Authority zu

strengen Restriktionen gezwungen hat. Aber der Tourismus bringt auch unverzichtbares Geld in die Region, mit dem viele umweltschützende Maßnahmen eingeleitet werden können. Das neue Schlagwort heißt deshalb »Öko-Tourismus«. Im Tourismus sind inzwischen mehr Meeresbiologen eingestellt als bei den großen Instituten und Forschungsunternehmen von Townsville. Und die Reiseveranstalter hier gelten als die umweltbewußtesten des Kontinents. Man versucht, den Tourismus in den großen Ferienparadiesen der Whitsunday Islands und im Süden von Queensland klug zu konzentrieren. Es gibt schlimmere Feinde des Barrier Reef als gerade die Touristen.

Weit davon entfernt, nichts weiter als nur ein großer Nationalpark zu sein, muß das Reef vielfacher menschlicher Nutzung dienen. Ein Riffkomplex vor Townsville wird gar von der Royal Australian Air Force für Bombenübungen genutzt. Es muß auch die Abwässer der Städte ertragen, die vor ein paar Jahrzehnten noch verschlafene Dörfer waren, Bodenablagerungen und Düngemittelreste der Landwirtschaft und die Schadstoffe der Schiffe, die in den Gewässern unterwegs sind. Die Route durch das Barrier Reef und die Torres-Straße ist immer noch der kürzeste Seeweg nach Norden. Das gilt auch für die zahlreichen Öltanker, die hier durch müssen. Dabei sind Engstellen wie die, an der schon Captain Cook Schiffbruch erlitt, noch immer als potentielle Schiffsgräber berüchtigt. Doch die natürlichen Feinde des Reefs sind bei aller Umweltagitation nicht zu unterschätzen: Nach einem großen Korallensterben, das in den letzten dreißig Jahren durch die Massenvermehrung der »Dornenkrone« angerichtet wurde – eine mit Giftstacheln bewehrte Seesternart mit bis zu 60 Zentimeter Durchmesser, die als Freßfeind der Korallenpolypen gilt –, kämpfen die Meeresbiologen jetzt mit der Korallenbleiche, einem tödlichen Phänomen, das zumindest zum Teil auf unerwartete Temperaturschwankungen – vor allem Erwärmung – der Gewässer zurückzuführen ist und von dem auch Japan, Hawaii und die Karibik betroffen sind. Im Vergleich zu Größe und natürlichem Reichtum des Barrier Reef sind die Schäden noch gering. Aber als jüngster Kontinent kann Australien von den Fehlern der anderen profitieren: Vorbeugen ist besser als heilen. Das Budget, das die Regierung sowie internationale Geldgeber

149 und 150 Bei den herrlichen Stränden, Buchten und Palmen wird vor lauter Küste das Binnenland von Queensland oft übersehen. Dabei gehören die Atherton Tablelands (hier die Millstream Falls, unten), ein vulkanisches Hochplateau, mit ihrer ungewöhnlichen Flora und Fauna zum World-Heritage-Schutzgebiet der UNESCO.

dem australischen »Institute of Marine Sciences« zur Verfügung stellen, macht vieles möglich.

Inseln im Reef

Vor 20 000 Jahren war das Gebiet des heutigen Barrier Reef noch trockenes Land. Nach der letzten Eiszeit stieg der Meeresspiegel und bedeckte große Teile des kontinentalen Sockels mit Wasser. Einstige Bergketten wurden zu Inseln, wie zum Beispiel die Whitsundays. Die Korallen begannen zu wachsen und die ersten Korallenatolle entstanden. Im Gebiet des Great Barrier Reef liegen heute rund 700 Atolle und Festlandinseln. Etwa 20 von ihnen gelten als Feriendorados mit Ressort-Hotels – von Lizard Island vor Cooktown bis hinunter nach Heron oder Lady Elliot Island südlich vom Wendekreis des Steinbocks, wo das Riff sich langsam verliert, weil die Wassertemperaturen unter 20 Grad Celsius sinken. Die anderen Inseln sind Vogelschutzgebiete, Forschungsstationen, Aboriginal-Land oder einfach unbewohnte Robinson-Inseln.

Lizard und Bedarra gelten als exklusivste Inselressorts im Barrier Reef, mit nur rund 40 Luxuszimmern und nur für die »Crème de la crème« erschwinglich. Um auf Lizard Island abschalten zu dürfen, scheuen Promis aus aller Herren Länder weder Kosten noch Mühen; besonders all diejenigen, die sich dem Tauchsport oder wie Golfprofi Jack Nicklaus, Filmstar Mel Gibson oder einst Ernest Hemingway dem Marlin-Fischen verschrieben haben, das hier zwischen September und Dezember gesellschaftliches Ereignis Nummer eins ist. 800 Kilogramm wog der schwerste Black Marlin, der vor Lizard aus dem Meer gezogen wurde. Bedarra gehört zu den Family Islands und ist nur per Boot über Dunk Island zu erreichen. Bis vor wenigen Jahren war Bedarra das uneingeschränkte Reich des Einsiedlers Noel Wood. Jetzt muß er seine üppig bewachsene Robinson-Insel mit Gästen aus dem britischen Königshaus oder mit entspannungsbedürftigen Machern der Weltpolitik teilen, die hier in Luxus-Baumhäusern ihr Refugium suchen. Warum man aber noch nach Monaten sentimental wird, wenn man an eine kleine Insel namens Orpheus Island denkt, ist schwer zu sagen. Das kleine Ressort, einziges Privatgelände auf dem naturgeschützten Eiland, Seevogelparadies mit meeresbiologischer Forschungsstation, ist weder so edel wie

Lizard noch so tropisch verwachsen wie Bedarra. Aber schon die Ankunft ist etwas Besonderes. Mit einem winzigen Wasserflugzeug – eine alte Hawker de Havilland – landet man direkt vor dem Strand, daß die Gischt aufspritzt, und steigt direkt vor seinem kleinen Strandbungalow aus. Man ist in unkomplizierter menschlicher und in putziger Tiergesellschaft. Denn die Bandicoots, Opossums, Vögel, Stinktiere, kleinen Beuteltiere und seltenen Nachttiere, die einem beim Dinner einen Besuch auf der Terrasse abstatten, haben noch keine Scheu vor Menschen. Obwohl sie allen Anlaß dazu hätten, denn der findige Inselkoch serviert abgesehen von den gängigen Menüs Gaumenraritäten, die nirgendwo australischer sind als hier: Carpaccio vom Wasserbüffel, gegrillte Krokodil-Medaillons mit Eukalyptussamen, Emubrust auf Salat oder Känguruh- und Kamelsteaks mit Macadamia-Nüssen.

Ganz anders die Feriendorados auf den Whitsunday Islands, wie Hayman oder Hamilton Island, dessen Ressort mit 2400 Betten das größte Australiens ist. Überhaupt sind die Inseln zwischen Bowen, einem der schönsten natürlichen Häfen der Küste, und dem Zuckerhafen Mackay ein Beispiel für die erwähnte kluge Konzentration des Tourismus auf ein Gebiet. Dazu gehören die Inseln der Whitsundays, Lindeman, Brampton, Daydream und South Molle. Tropenwälder, weiße Strände, Tauchparadiese und Wildlife reichen zur Genüge für alle.

Ganz besonderen Naturfreunden stehen Inseln offen, deren größter Teil zu Nationalparks erklärt wurden. Dazu gehört Michaelmas Cay, nur per Tagestrip von Cairns aus zu erreichen. Die kleine Koralleninsel ist Nistplatz für etwa 20000 Rußseeschwalben und andere seltene Seevögel. Die Festlandinsel Dunk Island, etwas weiter südlich vor Townsville gelegen, läßt sich am eindrucksvollsten erwandern. Mit ihrem Regenwald, lichten Eukalyptusforsten, Mangroven und ungezählten Orchideen, den kobaltblauen Ulyssesfaltern und über 100 Vogelarten sind Schusters Rappen das beste Fortbewegungsmittel für Beobachtungsenthusiasten. Die größte Festlandinsel (624 Quadratkilometer) und ein einziger Nationalpark ist Hinchinbrook. Berge mit Höhen bis zu 1100 Metern, rauschende Wasserfälle, malerische Buchten und einsame Strände, Regen- und Trockenwälder, Heideflächen und Mangrovensümpfe und sehr gute

151 Magnetic Island liegt vor Townsville in den Gewässern des Great Barrier Reef. Getauft wurde sie von Captain Cook, dessen Kompaßnadel in ihrer Nähe wie verrückt ausschlug. Er glaubte daran, daß die Granitfelsen der Insel magnetisch geladen seien. Doch die Wissenschaft fand dafür bisher keinen stichhaltigen Beweis. Heute ist die Insel dafür ein Magnet für Touristen.

152 Das World-Heritage-Schutzgebiet der UNESCO schließt auch die Atherton Tablelands zwischen Cairns und Innisfall mit ein. Im 600 bis 800 Meter hohen Tafelland prägen nicht nur Hochlandregenwälder, Wasserfälle und Felsschluchten die Landschaft, sondern auch friedliches Weideland mit kleinen Farmen.

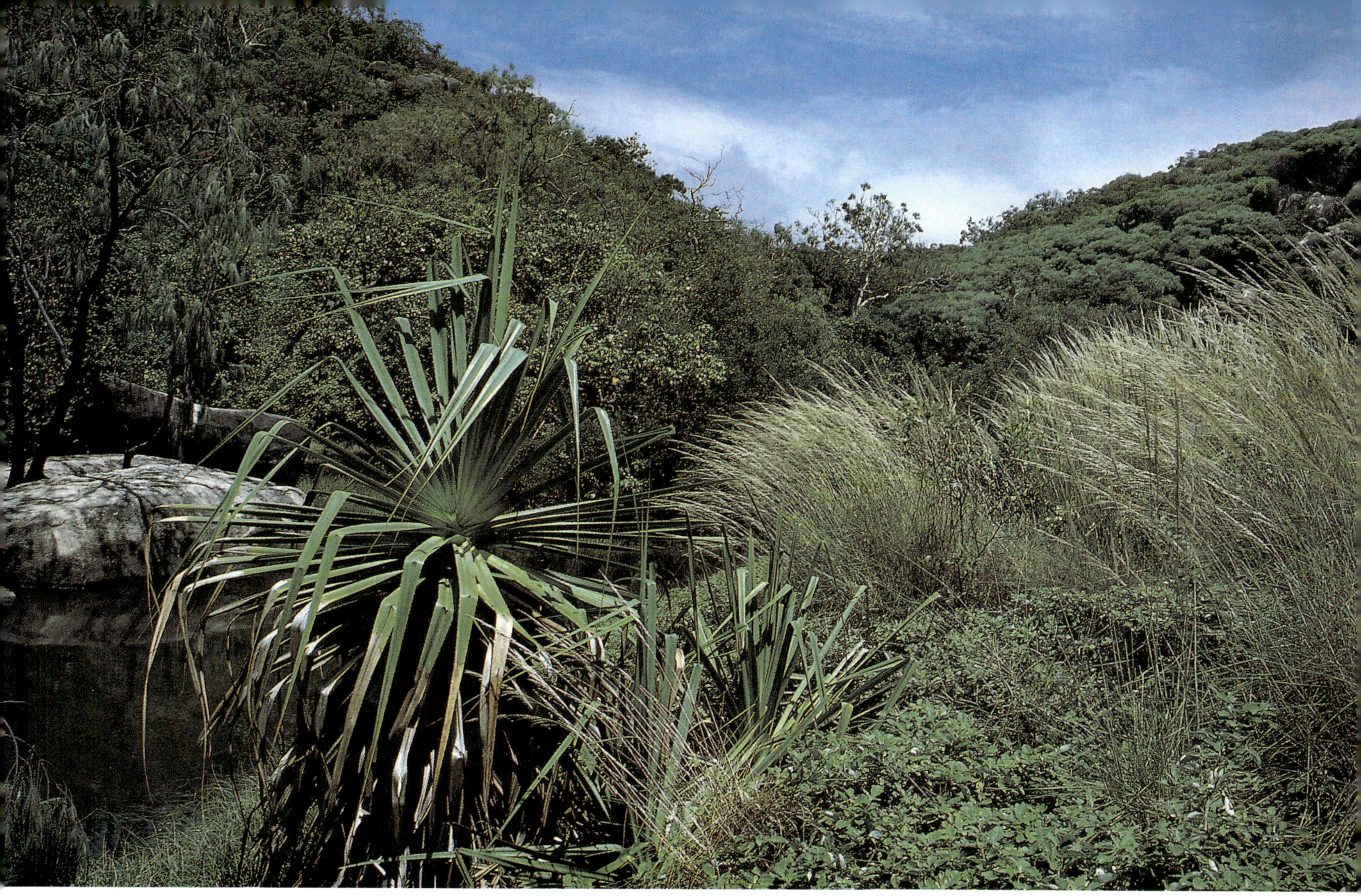

151 | 152

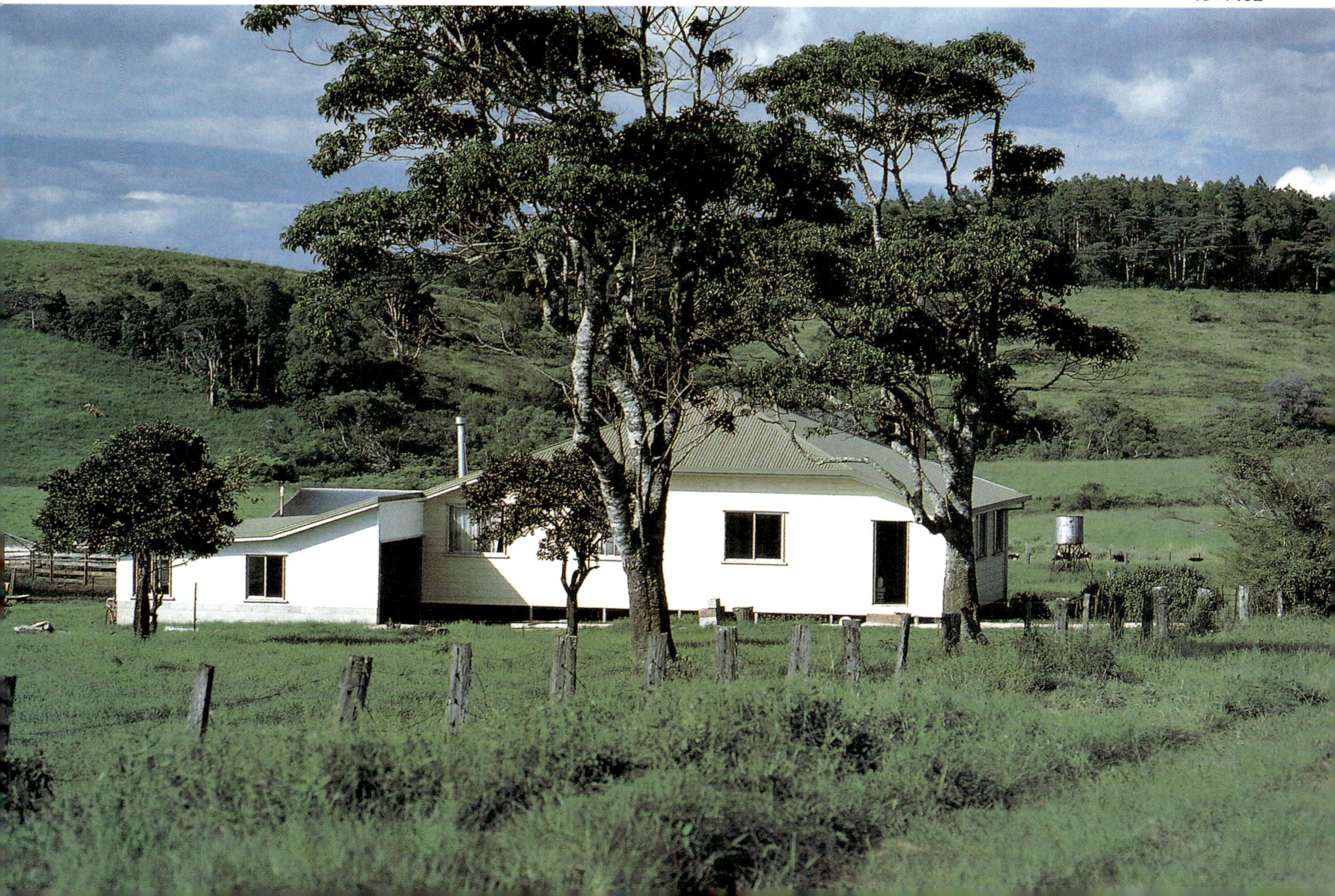

Riffe um das nahe gelegene Brook Island, haben hier viele verschiedenste Lebensräume konzentriert und auf dem Eiland isoliert. Auf den beiden südlichsten Koralleninseln des Barrier Reef, Heron und Lady Elliot – Brutkolonien von Sturmtauchern, Seeschwalben und Brauntölpeln –, lassen sich die großen Suppenschildkröten bei der Eiablage an ihren Nistständen beobachten. Mit Glück wird man vielleicht auch einmal Zeuge, wenn die winzigen Schildkröten in Windeseile geradewegs vom Ei über den Strand ins Meer laufen, wo sie viel geschickter wirken als an Land.

Brisbane

Zwar ist Brisbane die Hauptstadt der Provinz Queensland, aber längst ist die pulsierende Metropole mit inzwischen rund 1,5 Millionen Einwohnern alles andere als »provinziell«. Als John Oxley 1823 im Auftrag des Gouverneurs von New South Wales, Sir Thomas Brisbane, der eine neue Sträflingskolonie an der Ostküste gründen wollte, zum heutigen Brisbane River vorstieß, durchstreiften noch die Stämme der Ngundanbi und Yugara das jungfräuliche Gebiet. Heute hetzen Geschäftsleute durch die Straßenschluchten und Queenslander oder Touristen schlendern durch die schattigen Shopping-Kolonnaden.

Sträflinge waren die ersten Baumeister der Stadt. Unter Kapitän Patrick Logan entstand 1829 das erste Gebäude aus Stein, ein einstöckiger Kolonialwarenladen. Neben diesem Relikt aus der Gründungszeit blieb noch der Turm des alten Observatoriums in Wickham Terrace erhalten, der »Turm der Qualen«, weil er später als von Gefangenen angetriebene Tretmühle diente. 1961 wurde er zum Leuchtturm umfunktioniert. Das majestätische Rathaus in der Adelaide Street entstand erst 1930. Sein 90 Meter hoher Glockenturm, einst das die Stadt überragende Wahrzeichen, steht heute im Schatten immer höher in den Himmel wachsender Glitzerpaläste der City.

Doch der Ausblick von der Plattform des Rathausturmes ist noch immer spektakulär. Die sonnige Metropole dehnt sich weit über eine Hügellandschaft um das breite Band des Brisbane River aus, der sich schlängelnd seinen Weg zum Meer bahnt. Großzügige Parks und der Fluß mit seinen großen Eisenbrücken entspannen die geballte Geschäftigkeit der manhattanähnlichen City, die der Brisbane River von drei Seiten wie eine Schleife um-

153 Als Brisbane 1823 als Strafkolonie gegründet wurde, um New South Wales zu entlasten, durchstreiften noch die Stämme der Ngundanbi und Yugara das Gebiet um den heutigen Brisbane River. Heute hetzen Geschäftsleute durch die Straßenschluchten zwischen den Wolkenkratzern, und Queenslander und Touristen schlendern durch die schattigen modernen Shoppingarkaden.

schließt. Ihre Straßen wurden im Schachbrettprinzip angelegt. Alle Straßen, die parallel zum Fluß verlaufen, tragen männliche, alle kreuzenden Straßen weibliche Namen. Das rasche Wachstum hat viele neue Vororte entstehen lassen, die heute fast schon Ipswich einverleibt haben, die älteste Provinzstadt Queenslands, in der noch eine ganze Reihe prachtvoller Häuser im Kolonialstil erhalten sind. Die renommierte Universität von Queensland breitet sich mit ihrem Campus im südlichen Vorort St. Lucia aus. Am Südufer des Flusses, gleich jenseits des Stadtkerns ist das neue Queensland Culture Center entstanden, das Brisbane unter anderem zu dem Ruf einer Kulturstadt von internationalem Rang verholfen hat. Doomben, die Pferderennbahn von Brisbane, liegt – wie sollte es anders sein – im Vorort Ascot. Die Rennleidenschaft – ob es um Windhunde, Pferde oder Yachten geht – ist ein englisches Relikt, das die Queenslander im Gegensatz zur Erinnerung an die Sträflingsvergangenheit gerne kultivieren. Die Inseln in der Moreton Bay vor Brisbane waren einst bewährte Verbannungsorte für Sträflinge, weil die haifischreichen Gewässer – zum Beispiel um St. Helena – jeden Gedanken an Flucht im Keim erstickten. Heute dienen sie als Wochenendparadiese für die gestreßten Großstädter, die hier ihre Freizeit mit Fischen, Surfen, Segeln und Camping genießen. Bestes Beispiel dafür ist Moreton Island. Straßen gibt es hier keine, dafür Dünen, Busch und Süßwasserseen, Mount Tempest – der höchste Sandhügel der Welt – und einen 40 Kilometer langen Strand. Noch vor 150 Jahren war Brisbane als rauher, harter Ort berüchtigt, in den freie Siedler nur schwer zu locken waren. Lutherische Missionare, die aus Berlin nach Brisbane kamen, sahen sich damals gezwungen, ihr Leben als Farmer zu fristen, weil sie hier nicht eine arme Seele hatten bekehren können. Heute wirbt die Stadt im Sunshine State zu Recht mit Slogans wie »the friendly city« oder »Brisbane smiles«. Und in der Metropole, die sich mit 7,5 Stunden Sonnenschein pro Tag als Australiens sonnenreichste Landeshauptstadt rühmt, trifft man tatsächlich viele strahlende Gesichter und sonnige Gemüter.

Gold Coast

Die Ähnlichkeit mit der Costa Brava oder Florida ist unverkennbar: Der südlichste Küstenstreifen Queenslands ist auch der frequentierteste in ganz Australien – fast 40 Kilometer feinster Sandstrand, breit und flach wie eine Autobahn, an dem nur die Wolkenkratzer der ungezählten Hotel- und Apartmentsilos Schatten spenden. Auf der Seeseite der Dünen mit ihrer hohen Brandung tummeln sich die Surfer, während die ruhigeren Gewässer des Nerang die Wasserskifahrer anlocken. Das Kommen und Gehen der Touristen, einheimischer und ausländischer, läßt die ursprüngliche Einwohnerzahl um das Dreifache ansteigen, in den Feriermonaten sogar um das Vierfache. Kommerzalisiertes Vergnügen: Das üppige Freizeitangebot mit Sportanlagen, Shopping-Zentren, Spielcasinos, Restaurants, Bars und Nachtclubs bestimmt das Bild dieses Feriendorados. Linienbusse verbinden die rund ein Dutzend Ortschaften inklusive Surfers Paradise, der südlichste Punkt der Gold Coast. Angesichts des alles beherrschenden Tourismus scheint es fast unwahrscheinlich, daß die Gold Coast noch vor 50 Jahren weitgehend unberührt war. In den wenigen Ansiedlungen lebten die Menschen vom Fischfang oder vom Handel mit Zedernholz. Viel gab der Küstenstreifen zum Leben nicht her. In den dreißiger Jahren gab es lediglich ein paar Ferienhäuser und zwei Hotels, die sich jeweils zu Weihnachten und Ostern mit Gästen füllten. Als der Millionär Bernie Elsey begann, in seinem Hotel »Beachcomber« wöchentlich ausufernde Parties zu veranstalten, machte das schnell die Runde. Und die Gold Coast wurde zum Partytime-Ort erkoren und rasch zu einem Synonym für ausgelassene Fröhlichkeit. Es setzte ein Bauboom ein, der in Australien ohne Beispiel ist.

Wer sich amüsieren wollte, reiste an die Gold Coast. Und das ist bis heute so geblieben, wenngleich die Brisanz des Ozonlochs die Begeisterung ehemals hingebungsvoller Sonnenanbeter merklich gebremst hat. Dadurch werden die Attraktionen des Hinterlandes immer beliebter. Zwischen dem Rummel der Küste und der Abgeschiedenheit der nur 70 Kilometer entfernten Regenwälder und kühlen Berge wie dem bumerangförmigen Tamborine Mountain liegen Welten. Der Witches' Falls Park, übrigens der erste Nationalpark Queenslands (1908), mit seinen Moosen, Farnen und Orchideen, mit rauschenden Wasserfällen, uralten exotischen Bäumen und Hunderten von bunten Schmetterlingsarten läßt den Unterschied besonders kraß wirken.

Sunshine Coast

Nördlich von Brisbane beginnt die Sunshine Coast, ein rund 140 Kilometer langer Küstenabschnitt zwischen Bribie Island, die durch eine Brücke mit dem Festland verbunden ist, und Noosa Heads. Im Gegensatz zur Gold Coast kein gerader Streifen, sondern eine Kette kleiner und größerer Buchten, gesäumt von grünen Hügeln, die familiäres, privates Flair besitzen. Bevölkerte Badestrände wechseln mit idyllischen Schlupfwinkeln, in denen Einheimische ihr Wochenende verbringen. Die Bucht von Noosa ist Wallfahrtsort der Surfer, die hier ihr ideales Revier vorfinden. Sie waren es auch, die die Sunshine Coast in den sechziger Jahren populär machten. Rasante Anstiege der Grundstückspreise waren die Konsequenz, und ein Bauboom, der die grünen Hügel mit Villen übersäte und am Rande der Küstenstraße einen Häuserwall entstehen ließ. Die Steuerfreiheit im Erbschaftsfall, die es nur in Queensland gibt, machte die Sunshine Coast zudem zum Refugium betuchter Rentner aus dem Süden. Noosa selbst ist ein hübsches Städtchen, in dem sich weniger die Rentner als vielmehr ein durch den Surfkult angelocktes junges, unkompliziertes Völkchen wohl fühlt. Nördlich von Noosa Heads beginnt die schnurgerade Küstenlinie des Cooloola-Strandes, die von der 70-Meilen-Bucht auf der östlichen Seite von Fraser Island fortgesetzt wird. Fraser Island gilt als die größte Sandinsel der Welt: eine Wüste mitten im Türkisblau der Tasmanischen See. Die weiten Sandflächen beginnen hier, weil das Great Barrier Reef hier sein südliches Ende hat. Der Sand liegt hier schon seit der letzten Eiszeit, das heißt seit etwa 45000 Jahren, und ist metallhaltig, weshalb er nicht nur blendend weiß ist, sondern seine Farben von Tiefschwarz bis Rot variieren, je nachdem, welche Metalle überwiegen. Auch Rainbow Beach, am nördlichen Ende des Cooloola-Nationalparks gelegen, hat daher seinen Namen. Einst war das naturgeschützte Fraser Island von einigen tausend Butchalla-Aborigines bewohnt, von denen heute nur noch ein paar Hundert übriggeblieben sind.

Zurück auf dem Festland gelangt man auf dem Bruce Highway ins fruchtbare Hinterland der Sunshine Coast, ehemaliges Betäti-

154 »Nur Kamele rennen durchs Outback«, sagen die Australier, auch wenn sie damit meistens andere Kamele meinen als dieses hier, das sich bei Townsville die Zeit vertreibt. Übrigens: Wußten Sie, daß in Australiens Outback wesentlich mehr Kamele zu Hause sind als in der Sahara?

155 Hockey gilt neben Cricket als Nationalsport in Australien. Dabei entwickeln die Australier wesentlich mehr Überschwang und Begeisterung als die Engländer, die es ihnen »vererbt« haben.

Folgende Abbildung:

156 Noosa, an der Sunshine Coast von Queensland, ist ein pittoreskes Küstenstädtchen, das von dem Flair lebt, das das junge Surfervölkchen hierherbringt. Während es am Strand heiß hergeht, liegt das Noosa Hotel in ruhiger Idylle an der Flußbiegung.

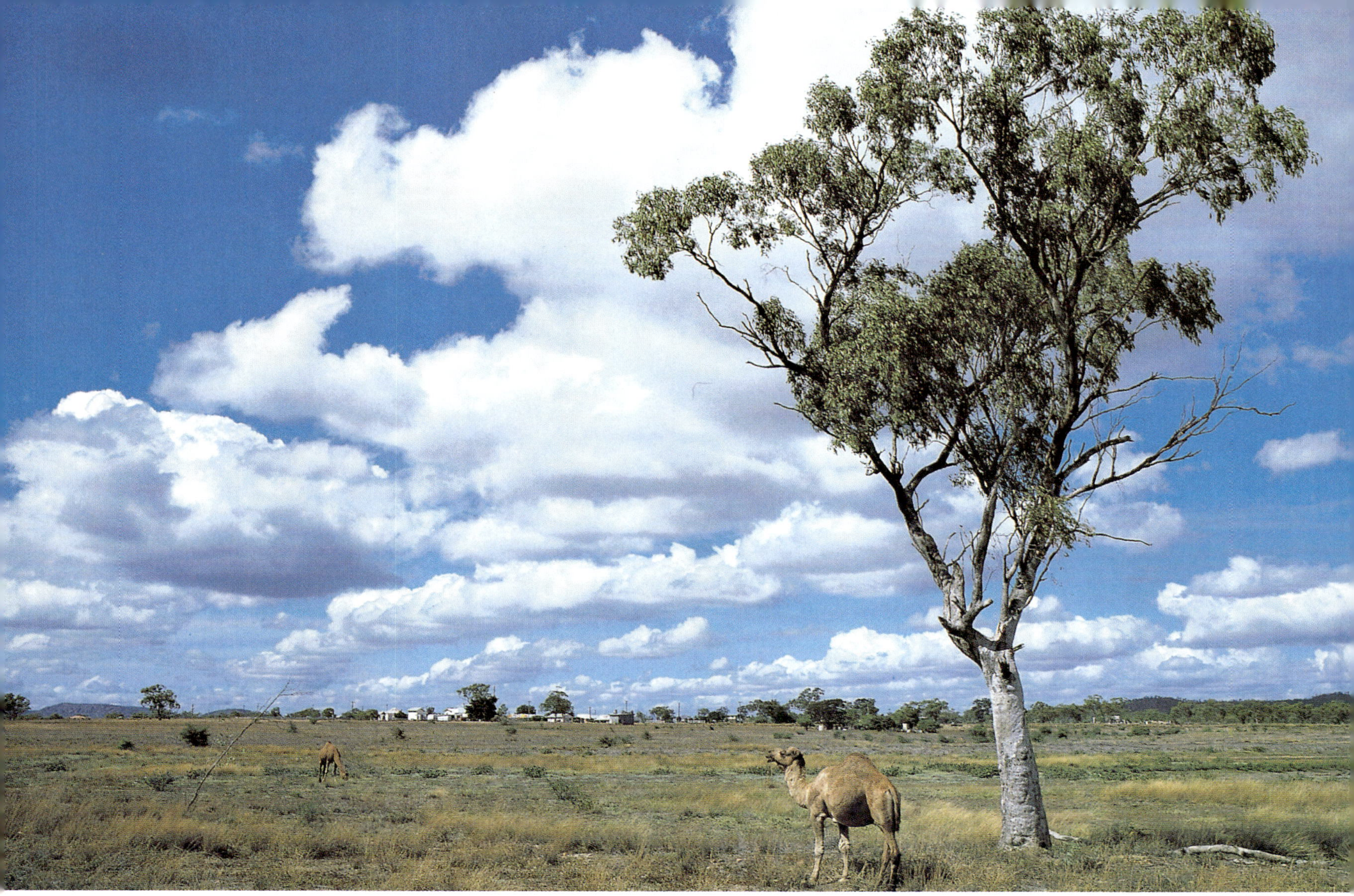

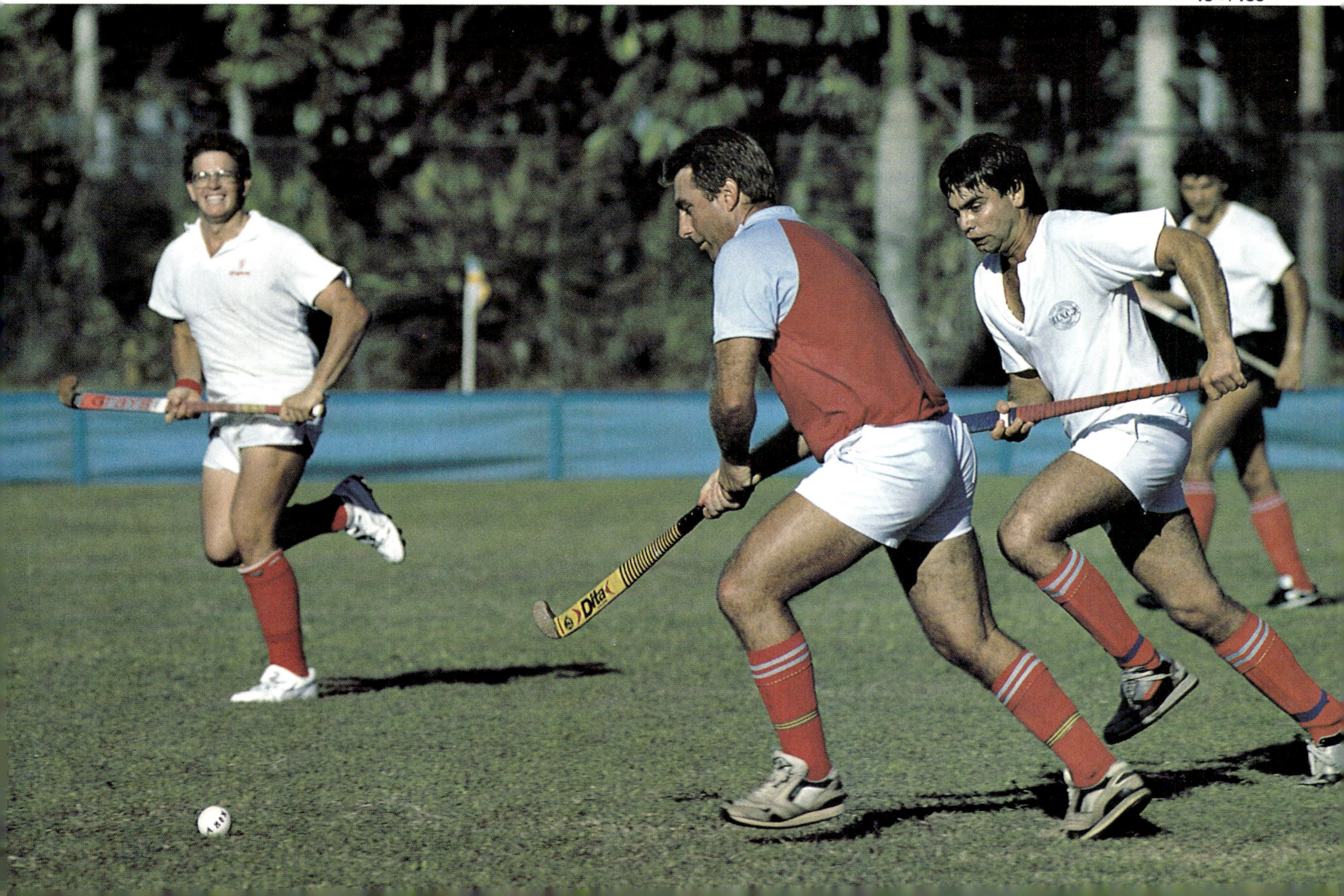

gungsfeld zahlreicher Vulkane. Heute prägen Millionen Jahre alte Aschekegel die Landschaft, die steil und hart aus dem grünen Hügelland aufragen wie die Glass House Mountains. Der Lavaboden macht das Gebiet rund um Nambour zur fruchtbarsten Region Queenslands. Das bekannteste Produkt der hiesigen Landwirtschaft ist Ingwer, die verbreitetsten sind Ananas, Bananen, Papayas, Mangos und Passionsfrüchte.

Im Outback

Der »wilde Westen« von Queensland umfaßt ein riesiges Gebiet innerhalb eines grob beschriebenen Dreiecks zwischen Hughenden im Osten, Burketown an der Grenze zum Northern Territory und über Mount Isa hinunter nach Birdsville im Süden. Die Berge und Hochländer der Great Dividing Range grenzen das Gebiet nach Osten ab. Die Range wirkt als Wasserscheide zwischen den Küstenebenen im Osten und dem – der Mount Isa ausgenommen – allmählich abfallenden Inland, dessen riesige Landflächen zusammen das Große Artesische Becken bilden, das weltgrößte seiner Art. Trotz seiner immensen Aufnahmekapazität haben die Wasservorräte mit der Entnahme durch zahlreiche Brunnen nicht Schritt halten können. Einer der ersten Brunnen auf Thurulgoona bei Barcaldine bringt das Wasser aus 430 Meter Tiefe herauf. Von den mehr als 2000 Brunnen, die nachfolgend angelegt wurden, sind inzwischen einige wegen des sinkenden Wasserspiegels versiegt. Bis zu 40 Kilometer lange Gräben transportieren das Brunnenwasser zu den Weiden. Dabei verdunsten oder versickern fast 90 Prozent. Nach Südwesten hin nimmt der Salzgehalt des Wassers stark zu. Einige Brunnen sind so tief, daß aus ihnen kochend heißes Wasser an die Oberfläche sprudelt: herrliche, natürliche Spas. Das Outback ist in erster Linie Weideland: im Osten für Merinoschafe, im Westen und Norden für Rinder. Es ist das Land riesiger Herden und Farmen – aber nur weniger Menschen. Doch »Outback« assoziiert vor allem auch die Vorstellung vom »wahren« Australien mit seinen endlosen Weiten, der ursprünglichen Wildnis und der zeitlosen Erdverbundenheit der Menschen, die auch 130 Jahre nach den ersten Siedlern noch immer an ein rauhes Leben gewöhnt sind. Viele Geschichten ranken sich allein schon um die Schicksale der Frauen, die

in der Mitte von Nirgendwo ihren »Mann« stehen, wie zum Beispiel Edna Zigenbine Jessop, Australiens erster weiblicher »boss drover« (Chef-Viehtreiber). Es ist nicht verwunderlich, daß gerade das Outback von Queensland die Wiege einiger Erfindungen ist, die heute untrennbar mit der australischen Gesellschaft und Geschichte verknüpft sind: der »Royal Flying Doctor Service« zum Beispiel, Australiens heimliche Nationalhymne »Waltzing Matilda« und die nationale Fluglinie »Qantas«.

Gulf Country

Burketown im Norden ist das Tor zum Gulf Country, das eigentlich schon zur Cape-York-Halbinsel gehört – ein kaum besiedeltes Gebiet, das sich entlang der Mangrovenküste des Gulf of Carpentaria erstreckt. Gulf Country besteht weniger aus Land denn aus Wasser und Salzpfannen. Es ist das riesengroße Mündungsgebiet von etwa zwei Dutzend Flüssen, deren mächtige Ströme sich in breiten Mäandern den Weg zum Meer bahnen: ein Schlaraffenland für Krokodile, Barramundis, Einsiedlerkrebse und Scharen verschiedenster Wasservögel – und der Traum eines jeden Anglers. Aber Vorsicht ist geboten, denn die appetitfreudigen Salzwasserkrokodile und ihre kleinen Süßwasserkollegen lauern überall. Die Mündung des Edward River allein ist Heimat für mehr als 5000 Krokodile. Am sichersten ist es, das Gebiet mit dem historischen Zug »Gulflander« zu bereisen. Als man in Gulf Country vor rund 100 Jahren Gold entdeckte, entstanden über Nacht Städte und Dörfer, die wie von Geisterhand wieder verschwanden, als die »goldenen« Tage vorüber waren. Selbst Normanton, abgesehen von Burketown, der größte Ort des Gulf Country, hat etwas von einer »ghost town«, wirkt wie eine verlassene Filmkulisse mit schmiedeeisernen Straßenlaternen und Schwingtüren an den Eingängen zu den Bars, mit schnurgeraden Straßen und den alten Holzfassaden der Häuser, von denen einige schon verfallen oder von Termiten zerstört sind.

Mount Isa

Auf der Burke Developmental Road nach Süden gelangt man nach Mount Isa. Die Landschaft wird bergig. Was auffällt, ist eine fast unfruchtbare karge Vegetation und Hügelket-

157 Cape York ist das tropische Nordkap Australiens. Ganze 20 000 Menschen verlieren sich auf den rund 200 000 Quadratkilometern. Bestimmte Pflanzen und Insektenarten haben hier bis heute unverändert aus jenen Tagen überdauert, in denen noch die Dinosaurier an ihnen vorüberstapften.

ten mit seltsam gleichen Höhen um 400 Meter. Die Erdschicht an den Hängen ist nur fingerdick, gerade ausreichend für ein paar Klumpen Spinnifex-Gras und niedrige Eukalyptussträucher. Der Grund für die äußere Armut liegt im Innern der Granitfelsen verborgen, deren Reichtum an Mineralien Menschen eine Stadt in dieser unwirtlichen, abgelegenen Gegend hat gründen lassen – 1900 Kilometer von Brisbane entfernt, 900 Kilometer von Townsville und 1160 Kilometer von Alice Springs. Mount Isas Zeit begann mit den ersten Bleifunden. Mit Hacke, Schaufel und improvisierten Meißeln gruben die Männer damals schwitzend in einem schwirrenden Meer aus Fliegen nach den Erzlagern an der Oberfläche, von deren Erträgen sie eher schlecht als recht lebten. Erst der spätere Untertagebau brachte etwas mehr Wohlstand, vor allem als 1940 die Bleiförderung dem Kupferabbau Platz machte. Inzwischen ist Mount Isa Australiens Kupferhaupstadt und produziert außerdem die größten Mengen Blei und Silber der westlichen Welt sowie Zink. Mit dem Beginn des Atomzeitalters werden die unschätzbaren Uranvorräte um Mount Isa immer wertvoller. Im Guinness-Buch der Rekorde wird Mount Isa übrigens als die Stadt mit der größten Fläche geführt: fast 50000 Quadratkilometer für 26000 Einwohner, meist jung und aus rund 60 Nationalitäten zusammengesetzt. Mount Isa ist heute auch die Basis des Royal Flying Doctor Service, der freie medizinische Versorgung für Tausende von Menschen garantiert, die weitverstreut im einsamen Outback leben und sie über seinen Telegramm- und Telefon-Service mit der Zivilisation in Kontakt hält.

Channel Country

Vielleicht die faszinierendste Landschaft im Hinterland von Queensland ist Channel Country. Seinen Namen verdankt es einem ausgedehnten Netz von Wasserläufen, die sich auf einer endlosen Ebene aus roter Erde ständig verzweigen und wieder trennen und deren ewiges Ziel Lake Eyre in South Australia ist, der Traum eines jeden Wassertropfens sozusagen. Doch die wenigsten von ihnen erreichen Lake Eyre jemals, verdunsten in der heißen Sommersonne oder versickern im roten Sand, den die Trockenheit mit großen Rissen durchzieht. Denn Channel Country kennt jahrelange Trockenzeiten. Die durchschnittli-

che Niederschlagsmenge liegt unter 120 Millimeter. Die kleinen Wasserläufe rinnen nur, wenn es zwischen Dezember und März Regen gibt. Und dann bietet diese Landschaft vor allem aus der Luft ein glitzerndes Schauspiel, wirkt wie das schimmernde Adernetz eines rot gefärbten Ahornblattes. Allerdings in etwas anderen Dimensionen, denn Channel Country ist immerhin doppelt so groß wie der Staat Victoria und bedeckt allein sechs Prozent des Kontinents, wobei aber nur 0,05 Prozent der Bevölkerung hier wohnen, Menschen, die mit starken Extremen leben können. In Jahren mit starken Regenfällen wird das gesamte Gebiet zu einem einzigen mächtigen Strom. 1950 war so ein Jahr. Da verschmolzen der Cooper, Diamantina River und Eyre Creek mit ihren ganzen Nebenärmchen zu einem Wasserspiegel, der eine Breite von 450 Kilometern erreichte. Damals erreichten die Wassertropfen ihr Traumziel, den Lake Eyre in South Australia. Zieht sich das Wasser zurück, bleiben große Tümpel. Umgeben von River Gum, Coolabah-Bäumen und Gidie sind sie Lebensraum von Fischen, Muscheln und Wasservögeln wie Ibis, Ente, Reiher, Heron und Schwan. Zentrum von Channel Country ist Boulia, das 1876 am Burke River entstand. Heute leben hier immer noch nicht mehr als 250 Einwohner. Nur zum Rodeo an Ostern zieht es kurzzeitig Tausende von Besuchern an. Ein Stein an der Hauptstraße warnt vor den Gefahren der nahen Simpson-Wüste. Auch Birdsville im Süden ist so eine typische Outback-Stadt – auch wenn »Stadt« weitaus übertrieben ist. In seiner Blütezeit, als Birdsville Station für die riesigen Viehtransporte von South Australia war, gab es hier 110 Einwohner, mehrere Hotels, Krämerläden, Schmieden, eine Bank, von Chinesen betriebene Gemüsegärtnereien und sogar einen Hersteller von Sprudelwasser. Das »Birdsville Hotel«, 1885 erbaut und als Oase zwischen der Simpson-Wüste und Steinwüste von Gibber Sturt bekannt geworden, ist heute das einzige Hotel weit und breit. Ein Pub ist übriggeblieben, eine Kirche, ein Krämerladen, die Polizeistation, die Post und – sage und schreibe – ganze 30 Einwohner. Doch am ersten Septemberwochenende bemühen sich Tausende von erlesenen Besuchern, Jet-setter aus der ganzen Welt, zum berühmten Pferderennen und lassen sich drei Tage lang in roten Staub einhüllen. An den übrigen 362 Tagen im Jahr genießt Birdsville

158 Um es ein für allemal zu klären: Der Koala ist kein Bär, sondern ein hochspezialisiertes Beuteltier und vor allem ein Gourmet: Von den mehr als 500 Eukalyptusarten akzeptiert das wählerische Tier nur die Blätter von einigen wenigen. Seinen Aboriginalnamen verdankt er der Tatsache, daß er nicht trinkt.

den Ruhm, dieser bekannte einsame Ort in der Mitte von Nirgendwo zu sein.

Einsamkeit regt die Phantasie an, heißt es, oder auch die Wahrnehmungsfähigkeit. Und so umgeben mysteriöse Geschichten um ein übernatürliches Licht das ehemalige Min-Min-Hotel, das einst 90 Kilometer von Boulia entfernt stand. Das Hotel brannte 1918 nieder. Was blieb, ist ein Berg aus leeren Flaschen, ein einsames Grab im Sandhügel – und das rätselhafte Min-Min-Licht, das gleich einem Scheinwerferlicht von vielen tausend Menschen seither gesehen wurde. Aborigines sagen, es sei vor der Ankunft der Weißen nie gesehen worden. Und Wissenschaftler haben verschiedenste Entstehungstheorien bei der Hand. Trotzdem gehört das Min-Min-Licht noch immer zu den Mysterien, die bis heute nicht zu erklären sind.

Kuscheltier der Nation – der Koala

Knopfaugen, Wuschelohren und eine schwarze Stupsnase – Koalas gehören nicht nur wegen ihres Aussehens zu den originellsten Geschöpfen der Erde. Irrtümlich oft als Wappentier Australiens bezeichnet – denn das sind Känguruh und Emu –, sind die gutmütigen Kuscheltiere dennoch so etwas wie »Nationalsymbol« und Sympathieträger des fünften Kontinents. Um es ein für allemal zu klären: Koalas sind keine Bären, sondern hochspezialisierte Beuteltiere und leben nur in Australien. Ihre Nahrung besteht ausschließlich aus Eukalyptusblättern. Von den mehr als 500 verschiedenen Eukalyptusarten akzeptieren die wählerischen Tiere aber nur einige wenige. Der Tatsache, daß sie nicht trinken, verdanken sie übrigens ihren Namen, denn »Koala« bedeutet in der Sprache der Aborigines »trinkt nicht«. Die notwendige Flüssigkeit entnehmen sie den Eukalyptusblättern, von denen sie immerhin rund 1,25 Kilogramm täglich verzehren. Die in den Blättern enthaltenen ätherischen Öle lassen sie wie Hustenbonbons riechen und versetzen sie scheinbar in einen ständigen Rauschzustand. Meistens sitzen sie schlafend in den Astgabeln der Eukalyptusbäume und werden nur wach, um im Zeitlupentempo zu fressen oder gelangweilt in die Umgebung zu blinzeln. Sie sind aber sehr gewandte Kletterer. Koala-Weibchen bekommen normalerweise alle zwei Jahre ein Junges. Das Neugeborene – nur knapp zwei Zentimeter groß und fünf

Gramm leicht – kriecht in den schützenden Beutel der Mutter, wo es sechs Monate gesäugt wird. Nach dem Verlassen des Beutels darf das Kleine noch ein halbes Jahr huckepack auf Mamas Rücken reiten. Ausgewachsen wird es wie seine Artgenossen bis zu 80 Zentimeter lang und 15 Kilogramm schwer sein. Ihre Lebenerwartung liegt bei etwa zehn Jahren. Außer durch Epidemien sind sie durch Buschfeuer und vor allem durch das Abholzen der Wälder und ihrer lebensnotwendigen Eukalyptusbäume gefährdet. Bevor die Koalas Anfang der dreißiger Jahre unter Naturschutz gestellt wurden, starben Millionen von ihnen durch rücksichtsloses Abschießen. Ihre Felle waren damals in Europa sehr begehrt. Heute gibt es schätzungsweise 200000 bis 400000 Koalas, die meisten von ihnen in Queensland, das mit seinen großen Waldgebieten eine der wenigen Regionen ist, in denen das wählerische Kuscheltier seine bevorzugten Eukalyptusbäume findet. Wildlife-Experten, Tierärzte und Naturwissenschaftler bemühen sich engagiert um die Aufzucht, Wiederansiedlung und Erforschung der Koalas – mit Erfolg. Die Tendenz der Koalazahlen in Queensland ist wieder leicht steigend. Als Tourist kann man Koalas in vielen Nationalparks und Zoos sehen, mit etwas Glück auch in freier Natur. Im Bunya-Park, rund 20 Kilometer nordwestlich von Brisbane, darf man – von Wärtern ausgesuchte – Koalas in Ruhe auf den Arm nehmen und sich von Freunden fotografieren lassen. Für die Koalas wurden hier verschiedene Gehege eingerichtet, darunter ein eigener Herren-Club, eine Mutterschaftsabteilung und ein Kindergarten. Einige Freigehege erlauben ihrem Publikum keine Streicheleinheiten, wie zum Beispiel das Curumbim Sanctuary an der Gold Coast. Dafür geht es im Long Pine Koala Sanctuary am Rande von Brisbane, dem größten und ältesten Koalapark Australiens, zu wie in Hollywood oder Disneyworld. Nur von einem offiziellen Tierparkfotografen darf man sich mit einem Koala auf dem Arm fotografieren lassen – mit einer Sofortbildkamera, versteht sich, und, was wichtiger ist, erst nach Zahlung von fünf Australischen Dollars. Sekunden später wird das Kuscheltier schon dem nächsten in den Arm gedrückt. Zu den Pin-up-Stars dieser Fotoaktion gehört auch »Simon«, den Papst Johannes Paul II. während seiner Australien-Reise 1986 für ein Pressebild hochhob, das um die Welt ging.

Donatus Fuchs

Australien
Nationalparks

SCONTO

AUSTRALIEN

Indonesien
Kl. Sunda-Inseln
Port Moresby
Papua-Neuguinea
Salomonen

Neue Hebriden

Neu-kaledonien

AUSTRALIEN

Norfolk-Ils.

Brisbane

Lord Howe Is.

Perth
Canberra · Sydney
Melbourne
Neuseeland
Auckland
Wellington

Tasmania
Hobart
Christchurch

Timor Sea

Indian Ocean

Admiralty Gulf
Kalumburu
Bonaparte Archipelago
Kimberley
Wyn

Buccaneer Archipelago
Cockatoo Island
Cape Leveque
Yampi Sound
King Sound
Lak
Gibb River
GIBB RIVER ROAD
King Leopold Range

Beagle Bay
Beagle Bay
Derby
Windjana Gorge
Tunnel Creek
Fitzroy Crossing
Halls Creek
Geikie Gorge

Broome
Roebuck Bay

Cape Bossut
Lagrange

Wolf Creek Meteorite Crater

Eighty Mile Beach

Larrey Pt.
Point Samson
Port Hedland
Goldsworthy
Marble Bar
Great Sandy Desert

Barrow Island
Dampier
Wickam
Karratha
Millstream Chichester Nat. Park
Nullagine

Onslow
North West Cape
Exmouth Gulf
Hamersley
Wittenoom
Roy Hill
Rudall River Nat. Park

Cape Range Nat. Park
Ningaloo Marine Park
Mt. Bruce 1226 m
Tom Price
Karijini Nat. Park
Range
CANNING STOCK ROUTE
WESTERN

Coral Bay
Paraburdoo
Newman
AUSTRALIA

Südlicher Wendekreis
Tropic of Capricorn
23° 26' 30''
Gibson Desert

Lake Macleod

Carnavon
Dairy Creek
GUNBARREL HIGHWAY
Warburton

Dorre Island
Bernier Island
Cape Peron
Gladstone
Wiluna
WARBURTON

Monkey Mia
Dirk Hartog Island
Denham
Shark Bay
Hamelin Pool
Meekatharra
Leinster
Laverton

Kalbarri
Mt. Magnet
Sandstone
Agnew
Leonora

Kalbarri Nat. Park
Northampton
Yalgoo
Horrocks
Mullewa
Menzies

Geraldton
Morawa
Dongara
Three Springs
Paynes Fint
Kalgoorlie
Nullarbo

Eneabba
Jurien
Wubin
Coolgardie
Kambalda
Cocklebiddy

Nambung Nat. Park
Moora
New Norcia
Southern Cross
Widgiemooltha

Pinnacles Desert
Lancelin
Northam
Merredin
Higginsville
Mae

Perth
York
Kellerberrin
Norseman
Balladonia

Fremantle
Brookton
Wave Rock
Frank Hann Nat. Park

Pinjarra
Hyden
Yalgorup Nat. Park
Narrogin
Lake King

Harvey
Wagin
Ravensthorpe
Pt. Dempster

Bunbury
Donnybrook
Hopetoun
Esperance
Cape Arid Nat. Park

Busselton
Stirling RA
Esperance Bay
C. Le Grande
Sandy Bight

Margaret River
Nannup
Manjimup
Jerramungup
Archipelago of the Recherche

Leeuwin-Naturaliste Nat. Park
Augusta
Pemberton
Mt. Barker
Fitzgerald River Nat. Park

Nornalup Nat. Park
Walpole
Denmark
Cheyne Bay
King George Sound

Albany

King Island
Melbourne
Bass Strait
Flinders Island

Cape Barren Island

Cape Grim
Smithton
George Town
Cape Portland

Marrawah
Burnie
St. Helens

Cradle Mtn. Lake St. Clair Nat. Park
Devonport
St. Marys

Launceston
Bicheno

Queenstown
Melton Mowbray
Freycinet Peninsula

Strahan
Swansea

Franklin Lower Gordon Wild River Nat. Park
New Norfolk
Triabunna

South West Nat. Park
Hobart
Port Arthur
Tasman Peninsula

South West Cape
Southport

TASMANIEN

N

0   150 km

New South Wales

Den Südosten des »Fünften Kontinents«
nimmt der mit 801 428 Quadratkilometern fünftgrößte der australischen
Bundesstaaten ein. Als hier 1770
James Cook anlandete, begann die
Geschichte der Europäer auf dem Erdteil,
der schon im Jahrhundert zuvor entdeckt worden war.
Aus der einstigen – hier 1788 erstmals
eingerichteten – britischen Strafkolonie ist längst ein Land mit bedeutender
Schaf- und Rinderzucht geworden, das
darüber hinaus mit Bodenschätzen
gesegnet ist und auch seine Naturwunder,
die durch mehr als 70 Nationalparks
geschützt sind, nicht zu ver-
bergen braucht.
Diese konzentrieren sich vor allem in der
Küstenregion, wo auch die Hauptstadt
Sydney liegt. Dieser Gebietsstreifen am
Pazifischen Ozean ist durch den
Gebirgszug der Great Dividing Range,
der mit dem 2228 Meter hohen
Mt. Kosciusko den höchsten Berg
Australiens beinhaltet, vom weiten
Hinterland des Outbacks abgetrennt.

7 | 8

Vorhergehende Abbildungen:

5 Lord Howe Island hat alle Zutaten einer exotischen Trauminsel: Die Korallenbänke des Johnsons Reef bilden den Vordergrund für die beiden höchsten, von Regenwald überzogenen Berge der Insel, den Mt. Lidgebird (links) und den Mt. Gower (rechts).

6 Beim Aufstieg zum Gipfel des Mt. Gower gibt ein Fenster im tropischen Pflanzengewirr einen flüchtigen Blick auf den unnahbaren Gipfel des Mt. Lidgebird frei.

7/8 Das auffallende »Lachen« des Kookaburra gehört zu den auffälligsten Vogelrufen in den Nationalparks der Ostküste. Das krähengroße Tier gehört zur Familie der Eisvögel und gilt als gewandter Schlangenjäger (7). Eine Woodhen plustert ihr Gefieder auf (8).

9/10 Nur auf Lord Howe Island, und dort beschränkt auf die Gipfelregionen der höchsten Berge, kommt die kleinwüchsige, gerade zwei Meter hohe Moorei-Palme (Lepidorrhachis mooreana) vor. Ebenfalls endemisch ist die Mountain Rose (Metrosideros nervulosa), deren Blüten ganze Berghänge mit dunklem Rot überziehen.

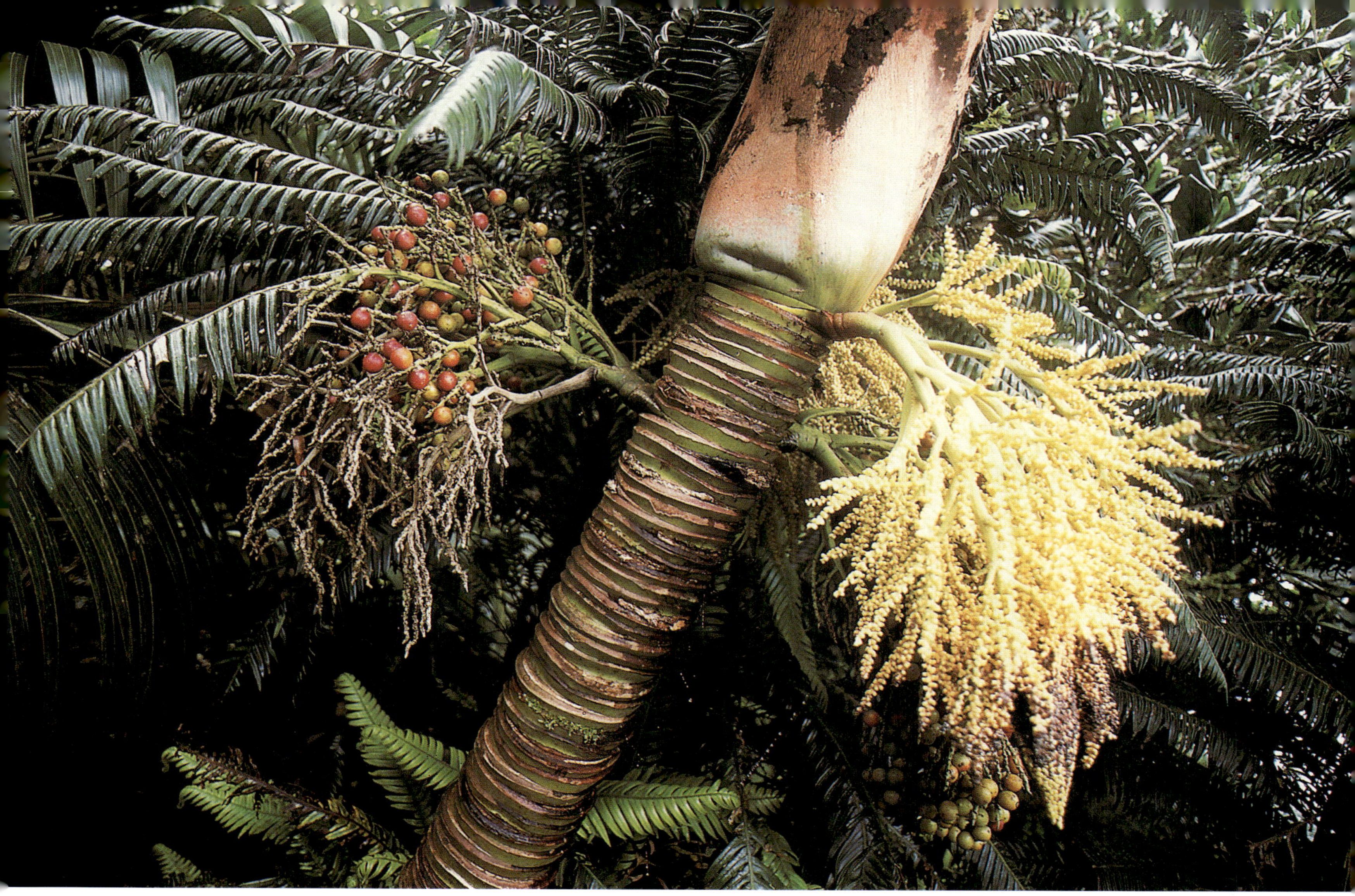

9 | 10

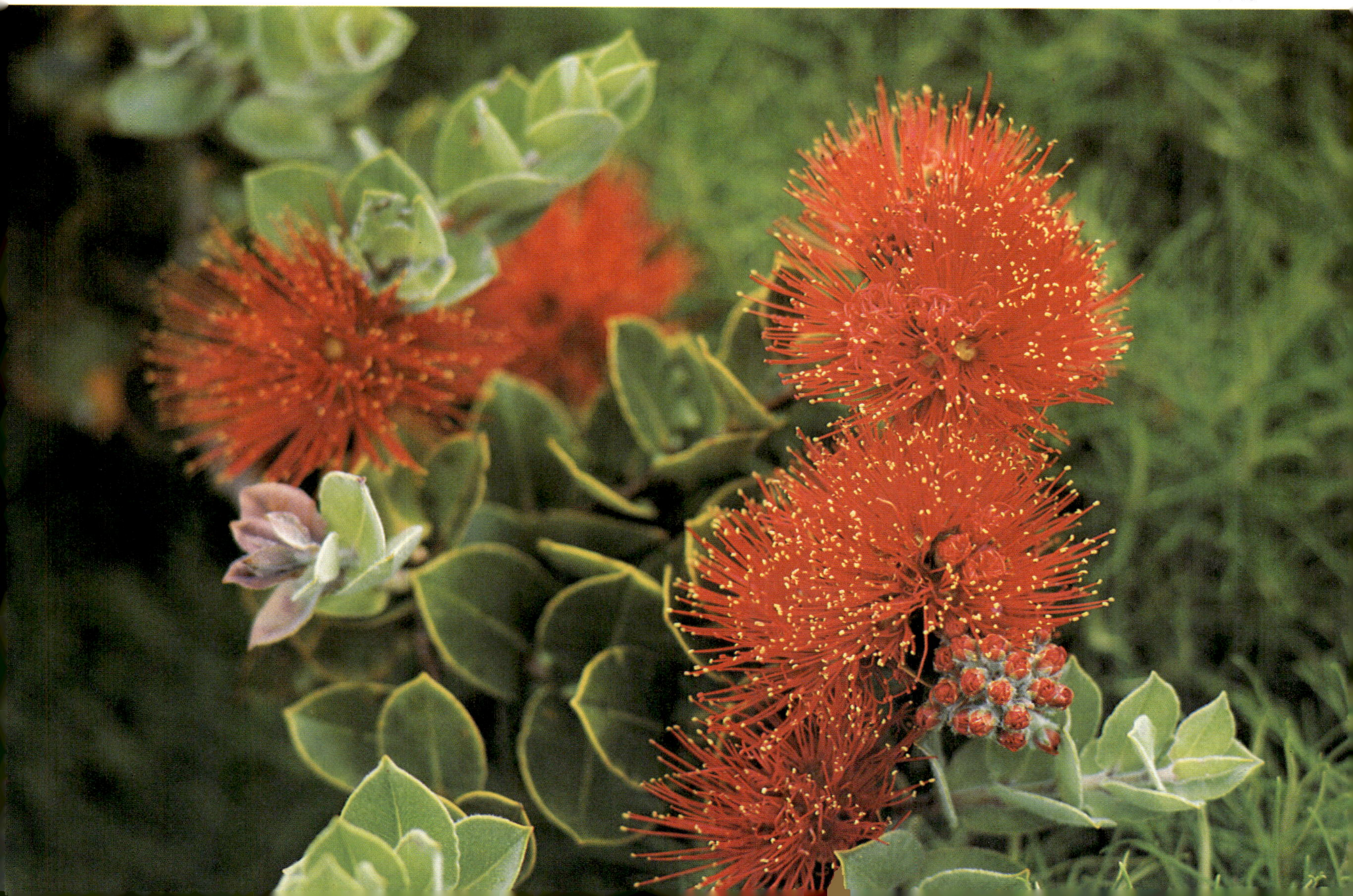

◁ 11

12 | 13 | 14

Küste, Outback und Gebirge

The Premier State« nennt sich New South Wales stolz und gibt dies zum Beispiel auf den Nummernschildern der Autos kund. Dieses Selbstbewußtsein schöpft der Bundesstaat aus der historischen Tatsache, daß an seinen Gestaden durch die Landung von James Cook vor über zweihundert Jahren die Geschichte der Europäer in Australien begann.

Vorhergehende Abbildungen:

11 An den Watsons Crags finden die Snowy Mountains im Kosciusko National Park ihre wohl alpinste Ausprägung. Über 1300 Meter ziehen sich die Steilflanken bis zum dichtbewaldeten Tal des Geehi Rivers hinunter.

12 Schnee-Eukalypten widerstehen den klimatischen Extremen des Gebirgsparks, der als Kältepol Australiens gilt, ausgezeichnet. Jahr für Jahr versinken hier im Kosciusko National Park die Hochlagen unter einer dicken Schneedecke.

13 Reminiszenz aus vergangenen Zeiten: Die Coolamine Homestead im Nordteil des Kosciusko National Parks ist längst aufgegeben und wird nun von der Nationalpark-Verwaltung als historisches Monument gepflegt.

14 Brushtail Possums gehören zu den regelmäßigen nächtlichen Besuchern auf Zeltplätzen im Kosciusko National Park. Man tut deshalb gut daran, seinen Proviant sicher zu verstauen, denn den feinen Nasen der possierlichen Beuteltiere entgeht nichts.

15 Ein Juwel unter den von Gletschern geschaffenen Seen im Kosciusko National Park ist der Blue Lake. In dem tiefen, in einem großartigen Felsrund gelegenen See lebt eine winzige Garnelenart, die nur hier vorkommt.

Flächenmäßig kommt New South Wales innerhalb der australischen Bundesstaaten und Territorien zwar erst an fünfter Stelle; betrachtet man die Wirtschaft und die Einwohnerzahl, steht das Land allerdings ganz vorne. Der bevölkerungsreichste Bundesstaat Australiens – etwa ein Drittel aller Einwohner leben hier – gründet seine Anziehungskraft in erster Linie auf das günstige Klima der Küstenregionen. Nach wie vor geben deshalb die meisten Einwanderer diesen Bundesstaat und vor allem seine faszinierende Metropole Sydney als Ziel ihrer Wünsche an. Zudem ist New South Wales der am höchsten industrialisierte Teilstaat Australiens. Drei Standbeine sichern die Ökonomie des Landes: Bergbau, Landwirtschaft und die verarbeitende Industrie.

Geografisch läßt sich New South Wales in einen fruchtbaren *Küstenstreifen*, die *Gebirgsketten* der *Great Dividing Range*, die landwirtschaftlich intensiv genutzten *Ebenen im Westen* des Gebirges und die Weiten des *Outbacks* unterteilen. Mit dem Abstand zur Küste nimmt die Bevölkerungsdichte rasch ab.

Mit Naturwundern und -schönheiten ist der Bundesstaat dank der abwechslungsreichen Geografie reich gesegnet. Von *subtropischen Regenwäldern* über wilde und einsame *Küstenregionen* bis hin zu den im Winter schneebedeckten Bergen der *Snowy Mountains* reicht die Palette. Im Landesinneren locken die Weiten des trockenen und menschenleeren *Outbacks*. Weit über siebzig Nationalparks – die meisten entlang der Küste und der Great Dividing Range – bewahren die Besonderheiten des Landes.

Information

Anreise: Internationales Einfallstor für New South Wales ist Sydney. Die faszinierende Stadt am Pazifik wird von zahlreichen Fluglinien angeflogen, dementsprechend vielseitig sind die Flugverbindungen von Deutschland aus.

Unterkunft: Sydney zählt zu den Top-Sehenswürdigkeiten des »Fünften Kontinents«, und kaum eine Australienreise führt an dem wirtschaftlichen und kulturellen Mittelpunkt des Landes vorbei. In Sydney ist man sich dieser Spitzenstellung bewußt und bietet seinem internationalen Publikum ein breitgefächertes Angebot an Unterkünften. Die meisten Top-Hotels liegen in der City und in »The Rocks«, darunter das Old Sydney Park Royal (Tel. 02/252 05 24), das Park Hyatt Sydney (Tel. 02/241 12 34) oder The Regent (Tel. 02/238 00 00). Hohen Standard bieten auch das Novotel (Tel. 02/934 00 00) und das Golden Gate Park Plaza International (Tel. 02/28 16 88 88) in Darling Harbour. Etliche Hotels – darunter auch preisgünstige Häuser – haben sich in Kings Cross etabliert. Empfehlenswert ist zudem das Manly Pacific Parkroyal im feinen Vorort Manly (Tel. 02/977 76 66).

Internationales Einfallstor für ganz Australien ist die Millionenmetropole *Sydney*. Von hier aus starten die meisten Besucher ihre Australienreise. Der nächste Nationalpark ist dann auch nicht mehr weit. Allein im Ballungsraum von Sydney bieten mehrere davon den gestreßten Städtern die Möglichkeit, der Hektik des Alltags zu entfliehen. Erwähnt seien da nur der *Royal National Park, Ku-ring-gai Chase National Park, Sydney Harbour National Park* oder der *Brisbane Water National Park*. Und die *Blue Mountains* liegen als eines der wichtigsten Naturreservate Australiens nur eineinhalb Fahrstunden von der City entfernt. Kaum eine andere Großstadt der Erde kann sich deshalb mit so vielen Parks schmücken wie Sydney.

Auch zu den meisten anderen bedeutenden Nationalparks von New South Wales ist es von Sydney aus nicht allzu weit. In ein paar Stunden erreicht man beispielsweise den *Kosciusko National Park*, der im Winter zum Skifahren oder Langlaufen lockt und im Sommer ein traumhaftes Wanderrevier darstellt. Auch die zahlreichen Parks entlang der Küste liegen für australische Verhältnisse sozusagen im Nahbereich.

Lord Howe Island

Inselwunder im Südpazifik

Hier werden Südseeträume wahr: sich im Wind wiegende Palmen, ein langgeschwungener Sandstrand, die türkis-schimmernde Lagune, der weiße Brandungssaum des Korallenriffs, die hohen, mit Regenwald überzogenen Berge, unnahbar steil und meist mit einer Wolkenhaube geschmückt – Die Rede ist nicht von Tahiti, Moorea oder Bora Bora, sondern von Lord Howe Island, vielleicht Australiens schönster Insel. Sie versprüht den Charme Polynesiens und hat alle Zutaten zu einer Trauminsel für Naturliebhaber. Neben der herausragenden landschaftlichen Schönheit war es eben die außergewöhnliche Fauna und Flora, die dieser abgelegenen Insel vor der Küste von New South Wales 1982 den Status »Erbe der Menschheit« eingebracht hat. 75 Prozent von Lord Howe Island und alle umliegenden Inseln sind seit damals – obwohl nicht als Nationalpark ausgewiesen – dauerhaft unter den Schutz der UNESCO gestellt.

Entdeckt wurde Lord Howe Island, ein winziger, abgelegener Splitter, der 770 Kilometer nordöstlich von Sydney aus den Fluten des Südpazifiks ragt, von dem Engländer *Henry Lidgebird*, der 1788 an der Insel vorbeisegelte. Die ersten Siedler erreichten sie allerdings erst 1834. Die Abgelegenheit und die Unberührtheit der Insel sind wohl die Gründe, daß Lord Howe Island sich ihre natürliche Schönheit bis heute bewahren konnte. Die Insel ist halbmondförmig geschwungen, gerade einmal elf Kilometer lang und knapp drei Kilometer an der breitesten Stelle breit. Überraschend urtümlich ist die Topografie. Dominiert wird Lord Howe Is-

land von den beiden steil aus dem Meer ragenden Bergen *Mt. Lidgebird* (777 m) und *Mt. Gower*, der mit 875 Metern den höchsten Punkt der Insel bildet. Die beiden Berge nehmen den gesamten, unwegsamen *Süden* der Insel ein. Der schmale, wie eine Taille eingeschnürte *Mittelteil* ist gemäßigter und den Menschen vorbehalten. Hier liegt der Flughafen, hier lebt die gerade 300 Köpfe zählenden Inselbevölkerung, hier finden sich alle touristischen Einrichtungen. Der *Nordteil* der Insel dagegen wird von einem querliegenden, hammerförmigen *Gebirgsriegel* gebildet, der in dem 208 Meter hohen *Malabar Hill* kumuliert. Hier hat wieder die Natur das Sagen. Während die rauhe und felsige *Ostküste* der Insel der mächtigen Brandung des Südpazifiks direkt ausgesetzt ist, schützt ein sechs Kilometer langes *Korallenriff* – es gilt als das südlichste der Erde – das Innere des Inselbogens und bildet die flache *Lagune*, deren türkisschimmerndes Wasser ein Traumrevier für Schnorchler und Taucher darstellt.

Geologie

Lord Howe Island ist der stark verwitterte Rest eines großen *Schildvulkans*, dessen Alter man auf sieben Millionen Jahre schätzt und der einen Durchmesser von etwa dreißig Kilometern gehabt haben muß. Die zerstörerische

Information

Auskünfte: Lord Howe Island Tourist Centre, 39 York Street, Sydney, NSW 2000, Tel. 02/262 65 55.
Reisezeit: Die Insel erfreut sich eines subtropischen Meeresklimas, geprägt von milden Sommern mit regelmäßigen Niederschlägen. Die Temperaturen im Winter kühl bis mild. Das ausgeglichene Klima macht die Insel zu einem Ganzjahresziel, wobei die Monate November bis Mai als die schönsten gelten.
Unterkünfte: Genächtigt wird auf der Insel meist in sogenannten »self contained units«,

das sind vollständig eingerichtete, geräumige Ferienwohnungen. Informationen über das Angebot bekommt man bei Fastbook Pacific Holidays, 163 Eastern Valley Way, Middle Cove, NSW 2068, Tel. 02/958 27 99.
Camping: Es gibt keinen Campingplatz auf der Insel.
Aktivitäten: Wandern, Tauchen, Schnorcheln, Fischen, Tierbeobachtungen.
Touren: Geführte Wanderungen werden von Lord Howe Island Nature Tours, P. O. Box 6367, Coffs Harbour Plaza, NSW 2450, angeboten.

16 Höhepunkt eines jeden Aufenthalts auf Lord Howe Island ist die Besteigung des 875 Meter hohen Mt. Gower. Die anstrengende Tour darf nur mit einem Führer unternommen werden. Lohn der Mühen sind eine einzigartige Pflanzen- und Vogelwelt und der Blick zur 23 Kilometer entfernten Balls Pyramid, einer 551 Meter hohen Felspyramide (im Hintergrund).

17 Einer der wirtschaftlichen Grundstützen Lord Howe Islands ist der Export von Samen der Kentia-Palme (Howea forsteriana) in alle Welt. Die meisten Zimmerpalmen in Europa haben ihren Ursprung auf dieser Insel.

Folgende Abbildung:

18 Der Blick hinab vom Mt. Gower präsentiert die landschaftliche Schönheit Lord Howe Islands in ihrer gesamten Vielfalt.

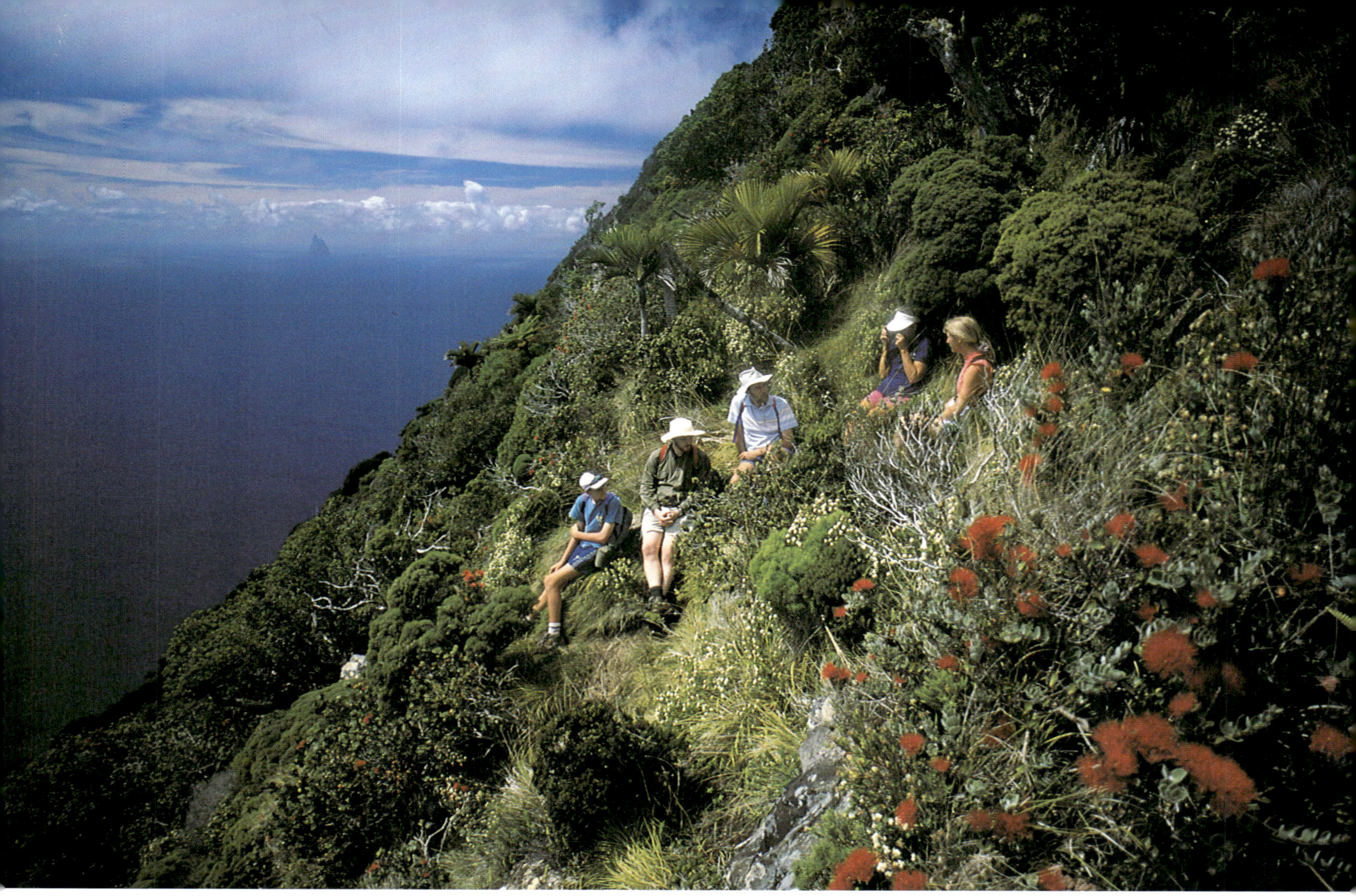

16 | 17

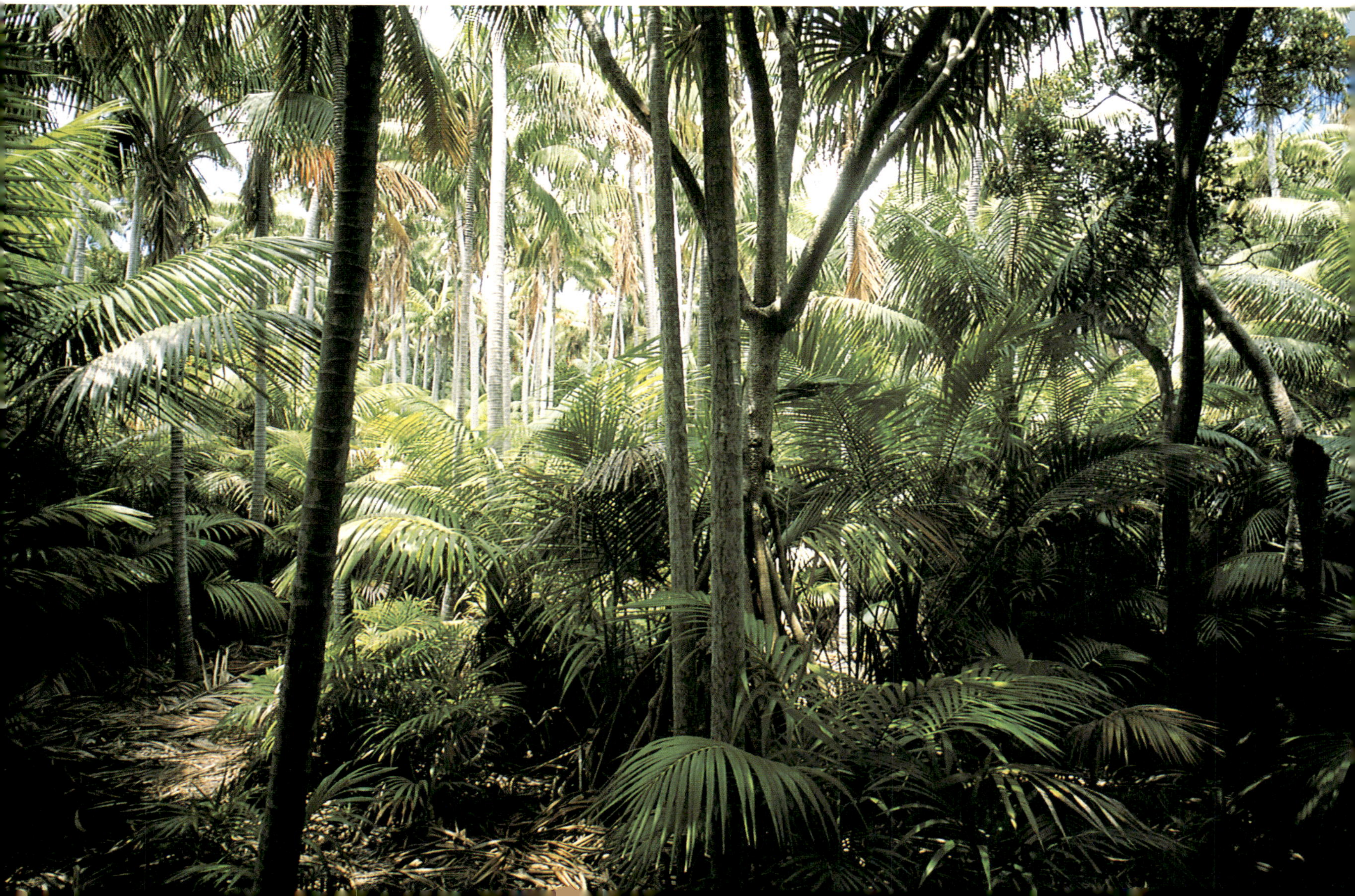

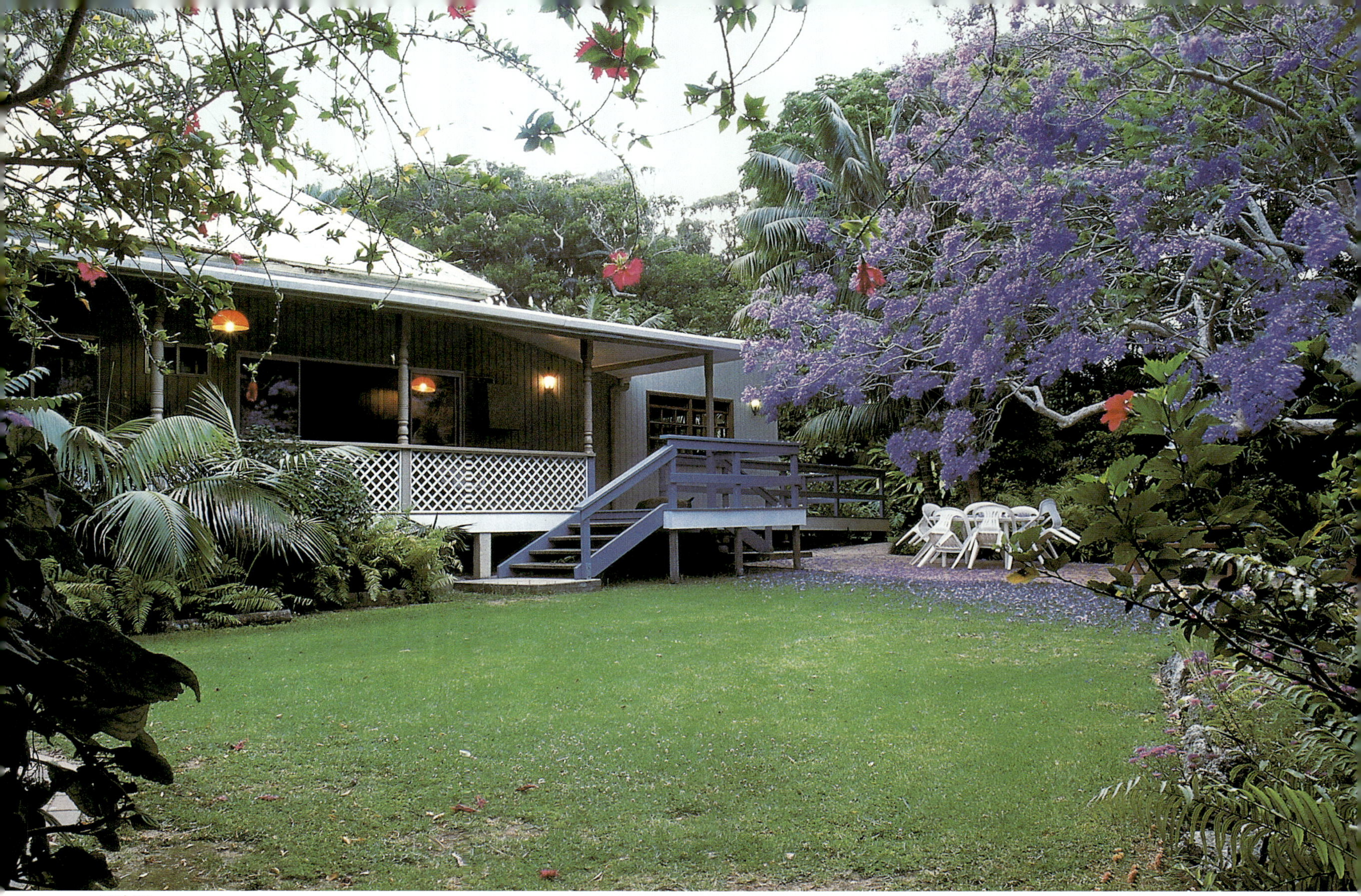

19 | 20

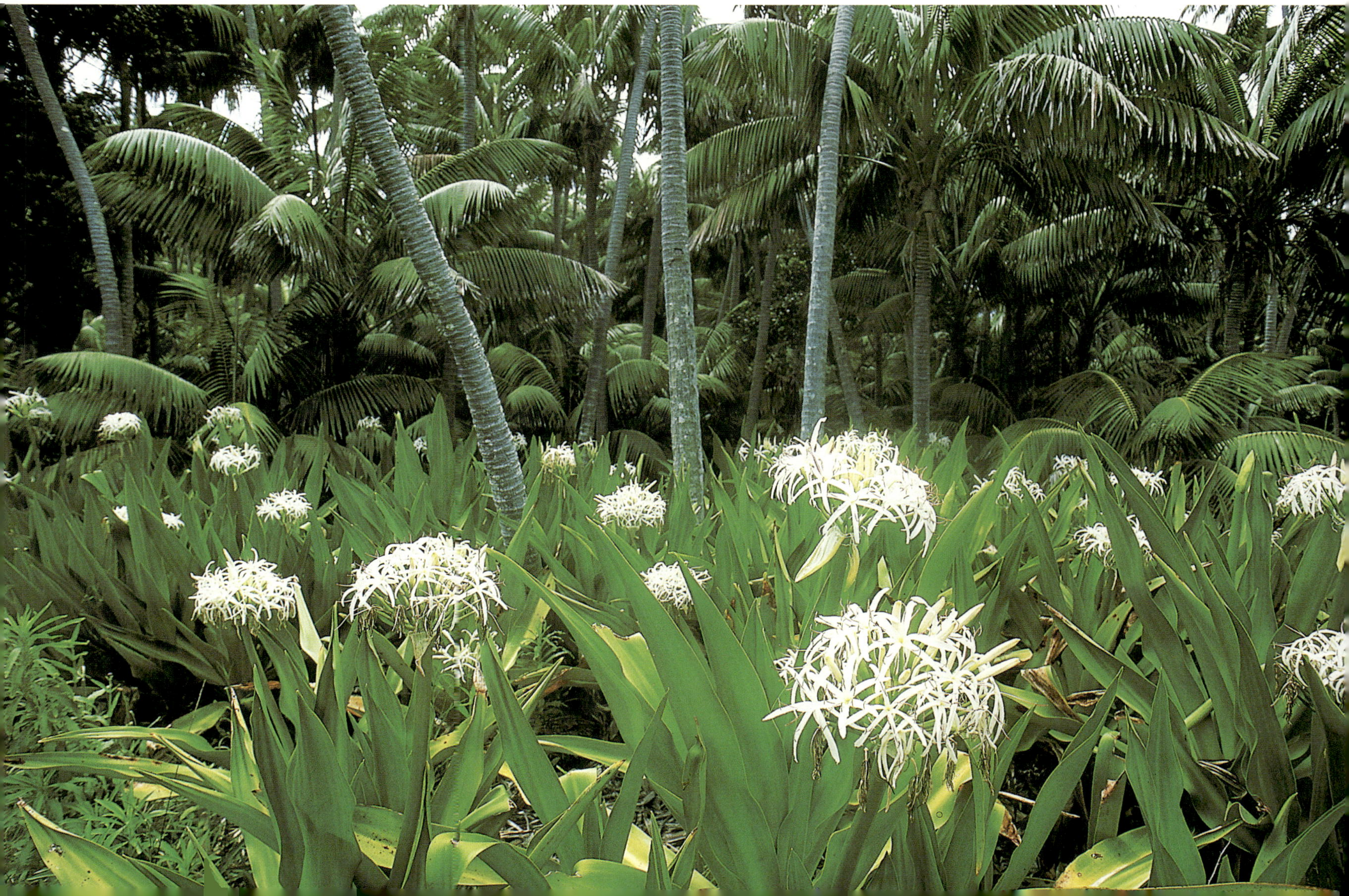

Kraft der Erosion hat im Laufe der Jahrmillionen die Fläche der Insel auf ein Vierzigstel und die Höhe auf die Hälfte der ursprünglichen Landmasse reduziert. Lord Howe Island liegt in einer Linie mit einer ganzen Reihe von untermeerischen Vulkanen, und man geht heute davon aus, daß ein »hot spot«, eine stationäre und hochliegende Magmakammer, die Inseln und Vulkane geschaffen hat. *Balls Pyramid*, eine spektakuläre, 551 Meter hohe Felsenpyramide 23 Kilometer südöstlich von Lord Howe Island, ist der letzte Rest einer bereits fast vollständig verwitterten Nachbarinsel.

Die gerade noch 200 Meter aufragenden Hügel am Nordende von Lord Howe Island stammen aus einer früheren vulkanischen Periode als die zwei das Antlitz der Insel prägenden Berge *Mt. Lidgebird* und *Mt. Gower*. Letztere entstanden, so vermuten die Geologen, als der Gipfel des großen Vulkans in sich zusammensackte und eine große Caldera bildete. Diese füllte sich wieder mit Lava auf, und die beiden steil aufragenden Berge stellen heute den verwitterten Rest dieser Caldera-Füllung dar. So erklären sich auch die horizontalen Basaltschichten der imposanten Gipfel. Im flacheren Mittelteil der Insel bilden durch Kalziumkarbid verfestigte alte Sanddünen eine geologische Besonderheit auf der vulkanischen Insel. In den versteinerten Sandmassen fand man die Eier und Skelette der längst ausgestorbenen *Gehörnten Schildkröte* (horned turtle).

Die Natur der Insel

Die Lage und Isolation der Insel führte zur Entwicklung einer ganz speziellen Pflanzenwelt. Auf Lord Howe Island

19 Massentourismus ist auf Lord Howe Island ein unbekanntes Wort. Die Anzahl der Gäste ist begrenzt, überfüllte Restaurants sind deshalb selten.

20 Vor einem dichten Hain aus Kentia-Palmen auf Lord Howe Island stehen Murray-Lilien (Crinum penduculatum) in voller Blüte und schaffen einen tropischen Paradiesgarten.

vermischt sich die Flora Australiens mit derjenigen Neuseelands, Neukaledoniens und Norfolk Islands. Diese ungewöhnliche Kombination sowie der hohe Anteil an endemischen Pflanzenarten – ein Drittel der 180 Blütenpflanzen und 54 Farnarten kommt nur hier vor – waren die ausschlaggebenden Argumente dafür, die Insel zum »Erbe der Menschheit« zu erklären.

Eine besondere Bedeutung kommt der Vogelwelt der Insel zu. Über 130 Arten hat man bisher gezählt, 28 brüten regelmäßig auf der Insel. Riesige Brutkolonien bilden dabei die *Seeschwalben*, zwei Arten von *Sturmtauchern* und der sogenannte *Red-tailed Tropic Bird*, dessen Hauptmerkmal zwei lange, rotgefärbte Schwanzfedern sind.

Der wohl berühmteste Vogel der Insel aber ist die *Woodhen*, ein flugunfähiger, etwa hühnergroßer Waldbewohner, der nur auf Lord Howe Island vorkommt. Die Zahl der einst recht häufigen Vögel sank in den siebziger Jahren auf etwa dreißig Exemplare ab, die im unzugänglichen Regenwald auf dem Gipfel des Mt. Gower überlebten. Die Art schien verloren. Ein großangelegtes Brutprogramm, das 1980 zur Rettung der Vogelart gestartet wurde, verlief aber so erfolgreich, daß sich der Bestand auf etwas mehr als 200 Vögel erhöhte und das Aussterben der Spezies verhindert werden konnte.

Auf der Insel unterwegs

Lord Howe Island ist eine Insel der Wanderer – und Radfahrer. Die zahlreichen Attraktionen der Insel – wie beispielsweise *Neds Beach* mit den zahmen Fischen – und die Ausgangspunkte zu den Wanderungen können umweltfreundlich mit dem Zweirad erreicht werden. Aber erst zu Fuß auf dem ausgedehnten Wegenetz unterwegs bekommt man einen umfassenden Einblick in die ungewöhnliche Natur von Lord Howe Island. Auf den Wanderungen sind die ungewöhnliche Vegetation und vor allem die Vogelwelt das Ziel – mit atemberaubenden Ausblicken als Dreingabe.

Höhepunkt aller Wanderungen ist die Besteigung des *Mt. Gower*, dessen massiger, mit Regenwäldern überzogener Gipfel die *Südspitze* der Insel bildet. Da das Gelände sehr zerklüftet, der Weg nicht markiert und die Witterung am Berg recht unbeständig ist, darf diese Tour nur in Begleitung eines autorisierten Führers angegangen werden. Höhepunkte dieser außergewöhnlichen und anstrengenden Tageswanderung sind die phantastischen Blicke über die Insel, die Lagune und das Riff, die einzigartige Vegetation des Gipfelregenwaldes und die Möglichkeit, die seltenen Woodhen aus nächster Nähe zu sehen. Ähnlich eindrucksvoll, aber nicht so anspruchsvoll, ist der Aufstieg zum *Goat House*, einer großen Grotte an der steilen Nordflanke des *Mt. Lidgebird*. Auf den von Steilabbrüchen umrahmten Gipfel selbst führt kein Weg. Atemberaubende Ausblicke bietet auch die Überschreitung des *Malabar Hill* zu *Kims Lookout* im Norden der Insel. Der Pfad verläuft entlang einem bis zu 200 Meter tief abstürzenden Steilabbruch und bietet herrliche Ausblicke zur Gruppe der *Admiralty Islands*. In den Steilwänden nisten zahllose Seevögel, darunter der *Red-tailed Tropic Bird*. Die Brutkolonien dieses wunderschönen Vogels auf Lord Howe Island gelten als die größten der Welt.

Ein besonders für Vogelliebhaber lohnender Ausflug führt vom nördlichen Ende der *Lagoon Road* parallel zum *Old Settlement Beach* über den *Max Nichols Memorial Track* zur malerischen Bucht des *North Beach*. Von dort läßt sich der Gipfel des *Mt. Eliza* (147 m) in einer halben Stunde besteigen. Das Gipfelplateau ist ein bevorzugter Nistplatz der *Rußseeschwalbe*.

Warrumbungle National Park

Aus Feuer geboren

Vulkankegel, über denen kilometerhohe Aschesäulen stehen, rotglühende Lavaströme, zerstörerische Eruptionen, Termalgebiete à la Yellowstone –

das alles wird man in Australien vergeblich suchen. Aktiven Vulkanismus kann der Inselkontinent seinen Besuchern nicht bieten. Nicht immer aber waren die Zeiten »down under« so ruhig. In zahllosen Regionen Australiens findet man Zeugnisse einer feurigen Vergangenheit, als Vulkane das Antlitz des australischen Kontinents mitgestalteten, und immer wieder stößt man auf Spuren gewaltiger, landschaftsverändernder Naturkatastrophen. Eines dieser ehemals von aktiven Feuerbergen geprägten Gebiete liegt im Nordwesten des Bundesstaates New South Wales, etwa 500 Kilometer von Sydney entfernt. Aus der bewaldeten Bergkette der *Warrumbungle Range* ragen seltsame, fremd wirkende Felsgestalten, bizarre Gesteinstürme, -mauern und -dome auf. Diese ungewöhnlichen Formationen sind der augenscheinliche Beweis, daß die Gegend einmal Schauplatz heftiger vulkanischer Aktivitäten war. Die »Krummen Berge«, so die Übersetzung des Namens Warrumbungle, bilden heute den Kern des beliebten *Warrumbungle National Parks*.

Geologie

Der Gebirgszug gehört zu einer ganzen Reihe von vulkanischen Gebieten in New South Wales, die entlang von Verwerfungslinien – im Zuge der Auffaltung der *Great Dividing Range* – entstanden. Vor 17 Millionen Jahren begann sich hier Lava über den uralten Sandstein aus dem Mesozoikum und dem Perm zu ergießen. Es handelte sich dabei um zähe, siliziumreiche Lava, die schnell erhärtete und gelegentlich die Schlote der Feuerberge ver-

stopfte. Dann staute sich der Druck im Inneren und entlud sich in katastrophalen, explosionsartigen Eruptionen. Bei diesen gewalttätigen Ausbrüchen wurden große Mengen von Gesteinstrümmern, Asche und Bimsstein über das umliegende Land verteilt. Unterschiedliche Gesteinsschichten mit einer Mächtigkeit von mehreren hundert Metern lagerten sich ab. In der Endphase dieser feurigen Zeit schließlich, als der Druck im Erdinneren nachließ, verstopfte Trachyt, eine besonders schnell abkühlende Lava, die Schlote. Vor etwa dreizehn Millionen Jahren verebbte der Vulkanismus in der Gegend des heutigen Warrumbungle National Parks.

Seitdem gestaltet die Erosion das Antlitz des Gebirgszuges. Im Lauf der Jahrmillionen verwitterte das weichere Gestein, übrig blieben die harten Lavapfropfen, Trachytdome und -adern. Sie prägen heute das unverwechselbare Gesicht des Parks. Die bekanntesten Berggestalten des Parks sind unter anderem das *Breadknife*, eine bis zu 90 Meter hohe Trachytmauer, die grandiose Felsnadel des *Belougery Spire* oder der massive Felsdom des *Bluff Mountain*.

Flora und Fauna

Eine besondere Bedeutung kommt dem Park, der an der Schnittstelle zwischen der feuchteren Küstenregion im *Osten* und dem trockenen *Westen* liegt, als Pflanzenschutzgebiet zu. Gerne als Treffpunkt des Ostens mit dem Westen bezeichnet, findet man in der Warrumbungle Range Pflanzenarten aus den beiden klimatisch so unterschiedlichen Regionen. So treffen Bäume, die nor-

malerweise auf dem regenreicheren New-England-Hochland beheimatet sind, an den geschützten Südhängen des Gebirges auf brauchbare Lebensbedingungen. Auf der trockenen, mehr der Sonne ausgesetzten Nordseite des Gebirgszuges gedeihen dagegen wasserspeichernde Pflanzen, die ansonsten typisch für die westlichen Trockengebiete sind.

Die überraschende Vegetationsvielfalt spiegelt die abwechslungsreiche Topografie und die verschiedenen Böden des Gebietes wider. Weit über 600 Blütenpflanzen sind bisher entdeckt und registriert worden. Da der gebirgige Park von landwirtschaftlich genutztem Land umgeben ist, macht ihn sein Inselcharakter zu einem bedeutenden Rückzugsgebiet für zahlreiche Pflanzen.

Die vielseitigen Landschaftsformen, Mikroklimata und die damit verbundenen Pflanzengemeinschaften bilden die unterschiedlichsten Lebensräume für Tiere. Die auffälligsten Vertreter des Tierreichs sind das *Eastern Grey Kangaroo* und das plumpe *Wallaroo*. Zusammen mit zahlreichen Emus bevölkern sie die Wiesenflächen des Parks. Die scheuen *Rotnacken-* und *Sumpfwallabies* sowie die putzigen *Koalas* bekommt man dagegen selten zu Gesicht – es sei denn, man hat gute Augen. Selten blicken lassen sich auch die zahlreiche Reptilien – von einem gelegentlichen *Goanna* abgesehen. Die größte Vielfalt aber können die Vögel für sich verbuchen: Mehr als 180 Arten bevölkern den waldreichen Park.

Im Park unterwegs

Von *Coonabarabran*, einem geschäftigen Ort nordwestlich des Parks, führt der *John Renshaw Parkway* in das Schutzgebiet. Kurz vor Erreichen der Nationalpark-Grenze zweigt rechts ei-

Information

Auskünfte: National Parks & Wildlife Services, 56 Cassilis Street (P. O. Box 39), Coonabarabran, NSW 2375, Tel. 068/421311.
Reisezeit: Der Park ist ganzjährig geöffnet. Frühling und Frühsommer gelten als die schönste Reisezeit, im Winter kann es im Park empfindlich kalt werden.
Unterkunft: Außer Camping gibt es im Park

keine Übernachtungsmöglichkeiten. Hotels und Motels findet man im nahen Coonabarabran.
Camping: Mit allen sanitären Anlagen ausgestattet ist Camp Blackman, Toiletten und Wasser gibt es im Camp Wambelong. Camp Elongery ist für Gruppen reserviert.
Aktivitäten: Wandern, Klettern (Permit notwendig), Tierbeobachtungen.

21 Eines der Schaustücke des Warrumbungle National Parks ist die Trachytsäule des Belougery Spire. Die Felsnadel stellt den erkalteten, erosionsbeständigen Pfropfen eines Vulkanschlotes dar. Der Gipfel der Zinne ist nur erfahrenen Kletterern vorbehalten.

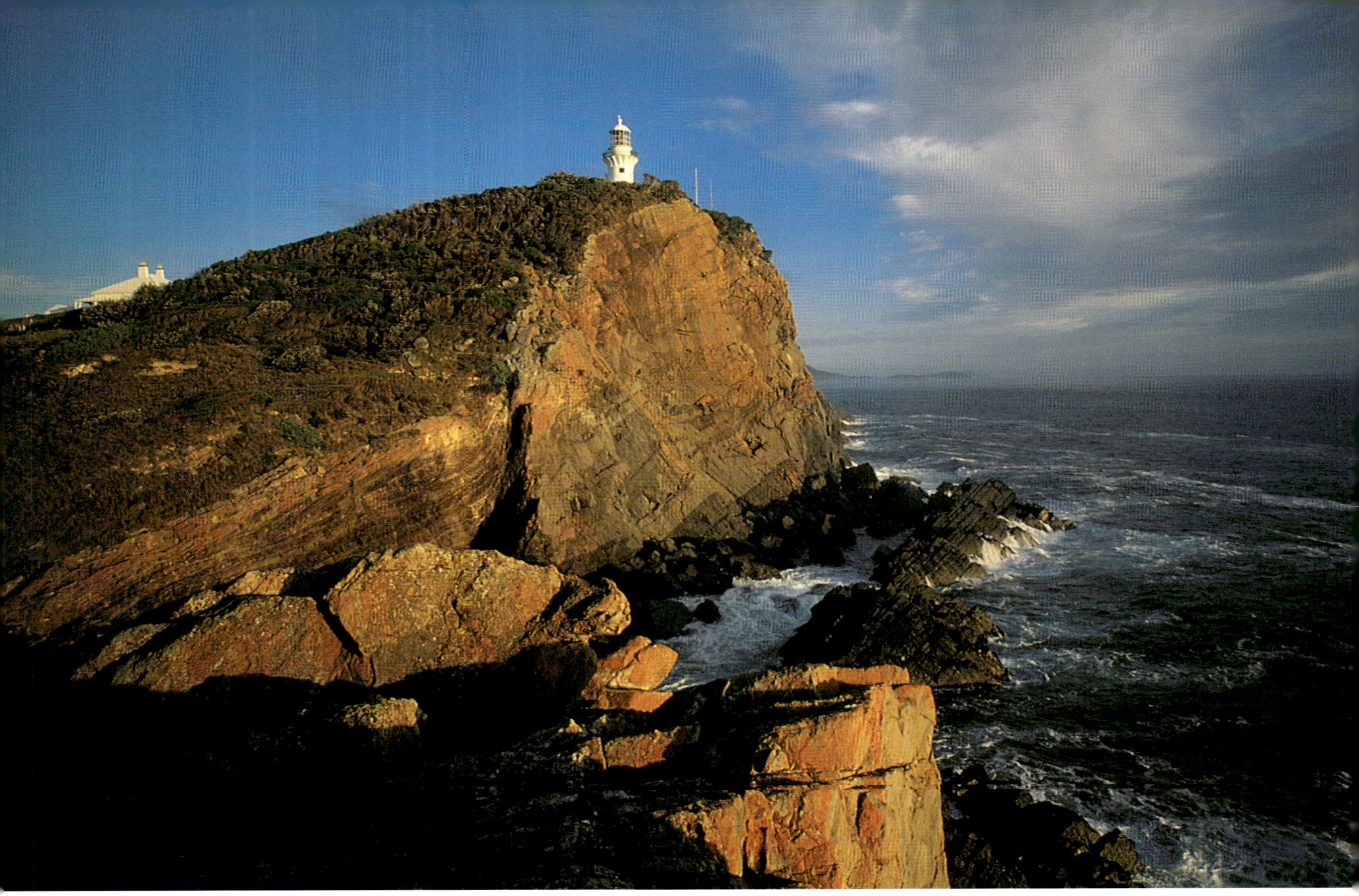

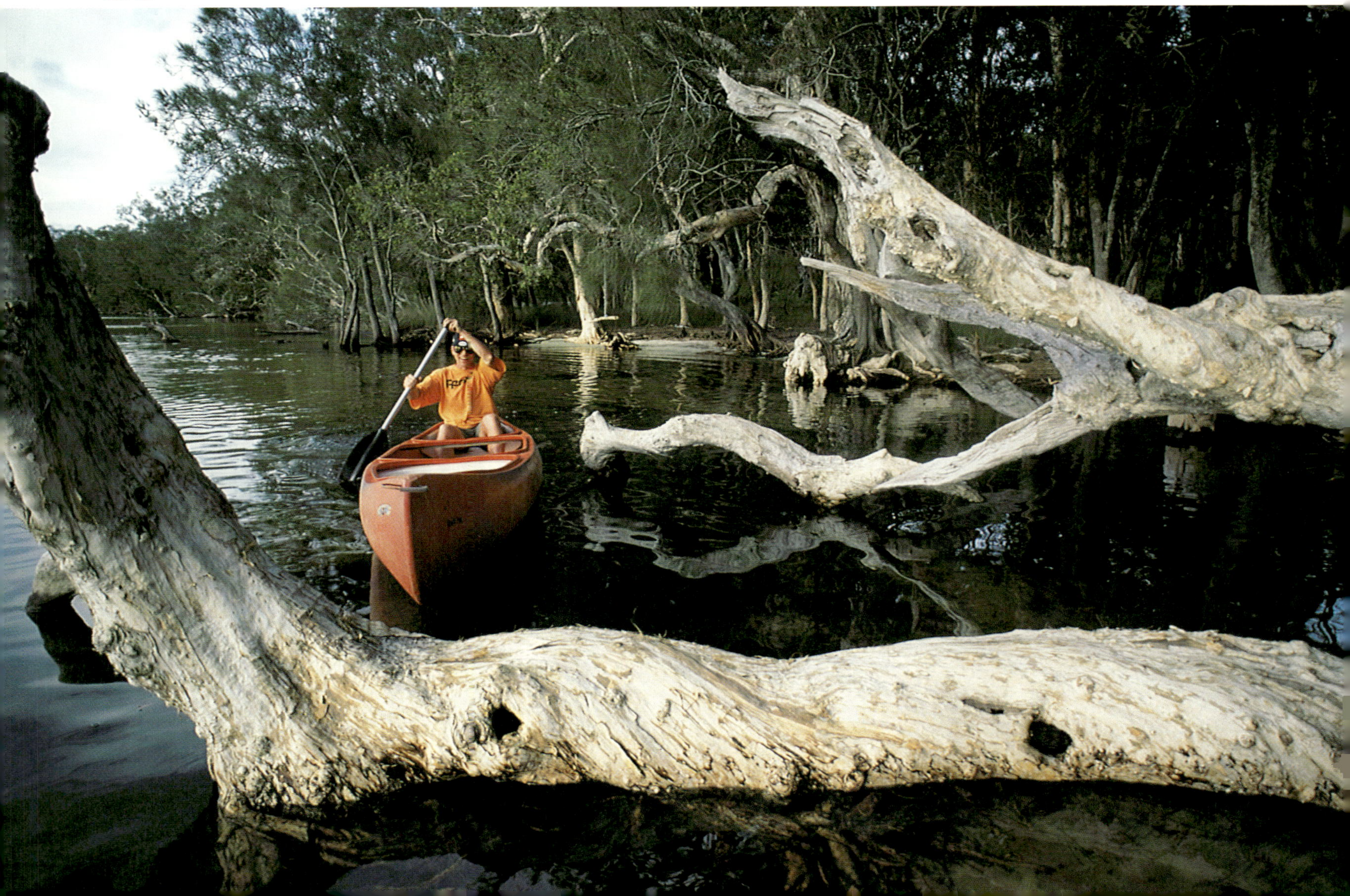

ne steile Teerstraße zum *Siding Spring Observatory* ab – ein Abstecher, der zu empfehlen ist. Das große Teleskop kann besichtigt werden, und eine ständige Ausstellung mit dem lockenden Titel »Exploring the Universe« entführt Besucher in die geheimnisvolle Welt der Sterne.

Ein Hinweisschild mit der Aufschrift *Whitegum Lookout* weist ein paar Kilometer weiter im Park auf die erste Sehenswürdigkeit hin. Ein kurzer Spaziergang von fünfzehn Minuten führt zu einem Aussichtspunkt, von dem aus die gesamte *Hauptkette der Warrumbungle Range* mit ihren markanten Felsgestalten überblickt werden kann. Eine Schautafel erklärt das Panorama und vermittelt Wissenswertes über die Entstehungsgeschichte der Gegend.

Die Straße windet sich nun in einer großen Schleife den Berghang hinunter. Schon bald darauf öffnet sich das Gelände, weite Grasebenen bestimmen jetzt das Bild. Besonders am Morgen und am Abend bevölkern hier ganze Herden von *Känguruhs* die Wiesen. Zum *Visitor Centre*, dem Hauptquartier des Parks angegliedert, ist es jetzt nicht mehr weit. Hier werden die Permits für das Zelten ausgegeben, Ausstellungen und Videovorführungen stellen die Besonderheiten des Parks vor und freundliche Ranger geben Auskünfte über die Wandermöglichkeiten im Park.

Wandern im Park

Denn um den Park wirklich kennenzulernen, müssen die Wanderstiefel geschnürt werden. Ein Netz von Wanderwegen durchzieht den zentralen Teil des Reservats und ermöglicht den Zugang zu praktisch allen landschaftlichen Ausprägungen. Als schönste Wanderung lockt der *Grand High Tops Circuit*. Er verbindet die bekanntesten Felsformationen der *Warrumbungle Range* zu einer langen, aber äußerst lohnenden Tour. *Bluff Mountain* – auf einem Abstecher vom Weg aus zu besteigen –, *Bluff Pyramid, Crater Bluff* und *Belougery Spire* – die *Grand High Tops* – stehen Parade. Als optische Zugabe gibt es die Trachytmauer des *Breadknife*. Früher war der schmale Gesteinswall ein beliebtes Kletterziel, heute ist die erosionsgefährdete Mauer allerdings für Felsakrobaten tabu. Näher als auf dem Grand High Tops Circuit kommt man an die berühmten Felsgestalten des Parks nicht heran. Mit Abstand betrachten kann man sie vom Felsgipfel des *Macha Tor*, erreichbar über den *Goulds Circuit*. Gipfelstürmer werden an der Besteigung des *Mt. Exmouth* ihre Freude haben. Auch von seinem höchsten Punkt aus sind die Aussichten grandios.

Myall Lakes National Park
Seenplatte hinter Dünen

Nördlich der Stadt Newcastle schwenkt der *Pacific Highway* ins Landesinnere ein, hält nun für längere Zeit Abstand zur Küste – und umgeht so einen der attraktivsten Nationalparks von New South Wales, den *Myall Lakes National Park*. Vom Highway aus nicht einsehbar, zieht sich zwischen dem kleinen Küstenort *Hawks Nest* und dem zauberhaften Städtchen *Forster* eine *Kette von Seen* parallel zur Küste entlang. Vom offenen Meer sind sie durch einen hohen *Dünenwall* abgeschirmt. Die miteinander verbundenen Seen *Bombah Broadwater, Two Mile Lake, Boolambyte Lake* und *Myall Lake* bilden mit einer Fläche von etwa 10000 Hektar das größte natürliche System von Küstenseen in New South Wales und nehmen bereits ein Drittel der Gesamtfläche des Parks ein. Sie stellen ein wichtiges *Laichgebiet* für zahlreiche Fischarten und *Garnelen* dar.

Entstehungsgeschichte

Die Seen begannen sich vor etwa 8000 Jahren, gegen Ende der letzten Eiszeit, zu bilden. Damals stieg der Meeresspiegel an und überflutete küstennahe Flußtäler. Dabei wurden höhergelegenes Land und felsige Hügel zu Inseln, die die Grundsteine zu der Landschaft, wie sie sich heute präsentiert, bildeten. Die Inseln fungierten sozusagen als Anker für die angespülten Sandmassen. Letztere begannen sich um die Inseln abzulagern; im Lauf der Zeit bildeten sich riesige Dünenwälle und das aufgestaute Wasser wurde vom Meer abgeschnitten. Diese Wälle schützen heute die Seen vor der wilden Brandung des Pazifischen Ozeans.

Vegetation begann die Dünen zu erobern. Vor allem sandbindende Gräser und kleine Büsche, die im Frühling ihre bunten Blüten entfalten, trugen dazu

22/23 Zwei Gesichter – ein Park: Erst kürzlich in den Myall Lakes National Park eingegliedert wurde die felsige Landzunge des leuchtturmgeschmückten Sugar Loaf Point. Kernstück des großartigen Parks ist jedoch eine ausgedehnte Seenplatte, die in den Ferienzeiten ein beliebtes Revier für Wassersportler und Fischer darstellt. Eine der geruhsamsten Möglichkeiten, die miteinander verbundene Seen sowie deren Vogel- und Pflanzenwelt zu erleben, ist per Kanu – hier entlang des mit Papierrinden-Bäumen bewachsenen Ufers des Two Mile Lake.

Information

Auskünfte: Myall Lakes National Park, 5 Bourke St. (P. O. Box 270), Raymond Terrace, NSW 2324, Tel. 049/873108.
Reisezeit: Der Park ist ganzjährig geöffnet.
Unterkünfte: Die einzige Übernachtungsmöglichkeit im Park gibt es am Bombah Point. Die umliegenden Orte Hawks Nest, Tea Garden, Nerong, Bulahdelah und Bungwahl bieten Unterkünfte verschiedener Kategorien.
Camping: Zahlreiche Campingplätze unterstreichen die Beliebtheit des Parks.

Die mit dem Auto erreichbaren Zeltplätze finden sich bei Mungo Brush, Broadwater, Bombah Point, Yagoon und Violet Hill. Nur mit dem Boot zu erreichen sind die Campingplätze River Mouth (Bombah Broadwater), Shelly Beach (Myall Lake), Korsmans Landing (Two Mile Lake) und Johnstons Beach (Boolambayte Lake).
Aktivitäten: Alle Arten von Wassersport (Segeln, Windsurfen, Motorbootfahren, Wasserski, Schwimmen) sowie Wandern und Fischen.

bei, die Sandmassen zu stabilisieren. In den von salzbeladenen Winden geschützteren Regionen wächst *Eukalyptuswald*, dominiert von *Red Bloodwood*, *Blackbutt* und *Swamp Mahogany*. Auffälligstes Gehölz an den Ufern der Seen ist der *Papierrindenbaum* mit einer vielschichtigen papierähnlichen Rinde. Eine Besonderheit im Bereich des Parks bildet der *Küstenregenwald* von *Mungo Brush*. Diese Vegetationsgemeinschaft, von der nur noch winzige Reste vorhanden sind, wächst nahe der Küste, und ihre Pflanzen sind den salzhaltigen Winden ausgesetzt. Die Bäume in dieser rauhen Umwelt wachsen nicht besonders hoch, *Moose*, *Farne* und *Epiphyten* sind selten; der Unterschied zu den küstenfernen Regenwäldern ist augenscheinlich.

Diese Vegetationszonen bilden Lebensräume für die unterschiedlichsten Tiere. Zu den häufigsten »Großtieren« zählen *Eastern Grey Kangaroos*, *Sumpf-* und *Red-necked Wallabies*, *Dingos* und *Koalas*. Zahlreich sind die nachtaktiven *Ring-tailed* und *Brush-tailed Possums*. Viele Reptilien, darunter auch Giftschlangen, fühlen sich im Park wohl. Für Vogelliebhaber bieten die Seen ein weites Betätigungsfeld. *Pelikane*, *Schwarze Schwäne*, *Enten* und *Reiher* beleben die Gewässer, über den Seen kreisen häufig *Weißbauch-Seeadler* auf der Jagd nach Fischen. Auffälligste Vögel in den Waldgebieten des Parks sind der blauschwarz schimmernde *Seidenlaubenvogel* und der auffällig gefärbte *Königssittich*.

Im Park unterwegs

Die großartigen Freizeitmöglichkeiten sorgen dafür, daß das Schutzgebiet in bezug auf seine Popularität einen Spitzenplatz innerhalb der Nationalparks des Staates New South Wales einnimmt. Segeln, Kanutouren, mehrtägige Aufenthalte auf Hausbooten oder Spritztouren mit Motorbooten sowie Wasserskifahren sind beliebt, Fischen eine Passion vieler Australier. Wandermöglichkeiten erhöhen die Attraktivität weiter; wer möchte, kann zwischen Meer und Seen wählen, wenn

ihm nach Schwimmen zumute ist. Denn der Park umfaßt nicht nur die Seen mit den umliegenden Wäldern, sondern auch einen weiten *Küstenabschnitt* mit kilometerlangen *Sandstränden*.

Fährt man von Hawks Nest auf der geteerten *Mungo Brush Road* in den Park hinein, verlocken immer wieder Sandpisten zwischen den Dünen zu Strandabstechern. Diese kurzen Stichstrecken sind allerdings nur mit dem Allradfahrzeug zu befahren. Am *Bombah Broadwater* bietet sich die Gelegenheit, die botanische Besonderheit des Mungo Brush auf einer Rundwanderung zu erkunden, bevor es weiter geht zur Fähre, die den Verbindungskanal zwischen Bombah Broadwater und *Two Mile Lake* überwindet. Dann ist *Bombah Point*, das touristische Zentrum im Park, erreicht. Ein kleiner Laden, eine Tankstelle, ein Caravan- und Campingplatz und ein Bootsverleih sind hier ebenso zu finden wie diverse Übernachtungsmöglichkeiten. Bombah Point ist der beste Ausgangspunkt, um die glitzernde Wasserwelt der Seenplatte mit dem Kanu, dem Motorboot oder dem Segelboot zu erkunden. Eine der schönsten Bootsausflüge im Park hat dabei den *Boolambyte Creek*, der kurz vor dem gleichnamigen See in den Two Mile Lake mündet, zum Ziel. Im dunklen, von Gerbsäuren gefärbten Wasser spiegeln sich die *Papierrindenbäume*, deren Äste bilden ein Dach über den stillen Fluß, und wer sich leise vorantastet, hat in dieser verwunschenen Landschaft gute Möglichkeiten, seltene Vögel zu beobachten.

Von *Bombah Point* führt die Straße, die sich jetzt *Lakes Road* nennt und noch nicht durchgehend geteert ist, aus dem Park hinaus nach *Buhladelah*. In diesem kleinen Ort an dem Pacific Highway können Hausboote gemietet werden. Über den *Upper Myall River* erreicht man mit den Booten vom Ort aus problemlos *Bombah Broadwater* und kann nun tagelang die Seenplatte durchkreuzen.

Einen Abstecher wert ist die nordöstlichste Ecke des beliebten Nationalparks. Für Einsamkeitsfanatiker bietet

sich dort der verschwiegene Campingplatz von *Yagoon* (Straße von Bungwahl) als Ziel an. Das Meer ist nur ein paar Gehminuten entfernt, und nichts steht hier langen Strandspaziergängen im Wege. Die drei Kilometer entfernte Felshalbinsel *Seal Rock* mit dem *Leuchtturm* lohnt einen Abstecher. Seal Rock mit den wilden Felsabstürzen zum Meer hin wurde erst kürzlich dem Nationalpark angegliedert.

Blue Mountains National Park

Park mit zwei Gesichtern

Spaziert man durch die Straßen der quirligen Millionenmetropole *Sydney*, fällt einem die Vorstellung schwer, daß nur eineinhalb Autostunden von diesem Stadtmoloch entfernt eine der schönsten und spektakulärsten Naturlandschaften Australiens wartet: die *Blue Mountains*.

Genau betrachtet sind die Blue Mountains eigentlich gar kein Gebirge, sondern ein mächtiges Sandsteinplateau, das am Ende des Tertiärs durch gewaltige Kräfte im Erdinneren hochgedrückt wurde, dabei zerbrach und im Laufe der Jahrmillionen von Flüssen zersägt und aufgeteilt wurde. So entstand ein verzweigtes System an Tälern, Schluchten und Canyons, begrenzt von zum Teil mehrere hundert Meter hohen Felswänden und Klippen. Das zerklüftete Sandsteinplateau bildete für eine ganze Generation von Siedlern eine unüberwindbare Barriere auf dem Weg nach Westen. Zahlreiche Versuche der Überquerung scheiterten. Erst 1813 gelang es einer Expedition, das unwegsame Hindernis zu überwinden und den Weg nach Westen freizumachen. Bereits 1815 hatte man die erste Straße über die Blue Mountains

24 Die verwunschene Waldwelt im Tal des tief eingeschnittenen Williams Rivers im Barrington Tops National Park ist nur zu Fuß zu erreichen. Mit etwas Glück kann man hier den scheuen Leierschwanz mit seinem auffälligen Schwanzgefieder beobachten.

fertiggestellt, und mit der Inbetriebnahme der Great Western Railway begann 1868 der Tourismus in der Region. 1959 erklärte man große Teile des zerklüfteten Plateaus zum Nationalpark, weitere Gebiete wurden 1977 hinzugefügt, und heute umfaßt der Park 247 000 Hektar.

Die Natur des Parks

Dank der reich gegliederten Topografie der Blue Mountains findet man im Park die unterschiedlichsten Vegetationsgemeinschaften und Lebensräume. Während auf den Plateauhöhen *Heidegemeinschaften* und trockene *Eukalyptuswälder* mit einer erstaunlichen Vielfalt an Pflanzenarten vorherrschen, bestimmt *subtropischer Regenwald* mit mächtigen *Sassafras-* und *Coachwood-Bäumen* in den Tiefen der Täler und Canyons das Bild. Farne, Moose und Flechten bilden den Unterbau dieser feuchten Wälder. Viele Tiere im Park sind nachtaktiv und deswegen selten zu sehen. Dazu gehören die *Possums, Wombats, Sugar-* und *Greater Glider. Sumpf-Wallabies* sind gelegentlich in der Dämmerung zu beobachten. Die auffälligste und artenreichste Tierfamilie im Park aber sind die Vögel. Über einhundert Arten wurden im Park registriert, darunter so auffällige Schönheiten wie der bunte *Königssittich* oder der *Leierschwanz*. Wanderer begleitet das charakteristische Schnalzen des *Whip Bird* und das helle Klingeln des *Bell Bird*. Eine ganze Reihe von *Reptilien* finden im Park ihren Lebensraum.

Die Blue Mountain Drives

Die Nähe zur Stadt und die leichte Erreichbarkeit über den *Great Western Highway* machen den *Blue Mountain National Park* zu einem beliebten Naherholungsziel der Sydneysider. Ent-

sprechend groß ist der Andrang; die Beliebtheit des Parks spiegelt sich wider in der weitentwickelten touristischen Infrastruktur. Das große Schutzgebiet wird durch einen breiten Korridor entlang dem Great Western Highway in zwei Teile geschnitten. An dieser wichtigen Westverbindung reihen sich zahlreiche Ortschaften, zusammengefaßt als *City of the Blue Mountains*, wie Perlen an einer Schnur auf. Die Orte *Glennbrook* mit dem Information Centre, *Wentworth Falls, Leura, Katoomba, Medlow Bath, Blackheath* und *Mt. Victoria* bilden dabei die touristischen Brennpunkte.

Vom Great Western Highway nun zweigen zehn Ausflugsstraßen ab – die sogenannten *Blue Mountain Drives*. Sie führen zu Sehenswürdigkeiten und Aussichtspunkten am Rande des Nationalparks. Der Routenverlauf ist jeweils mit Schildern gekennzeichnet. Die besten Einblicke in die landschaftlichen Schönheiten des Reservats bekommt man auf den Blue Mountains Drives 6 bis 8. Sie beinhalten praktisch alle touristischen Höhepunkte des Parks. *Blue Mountain Drive 6* – auch als *Cliff Drive* bekannt – hat seinen Ausgangspunkt in *Katoomba*, dem Epizentrum der touristischen Aktivitäten. Erstes Ziel des Rundkurses ist der *Ho-*

neymoon Lookout, Höhepunkt ist aber sicher der kurz darauf folgende *Echo Point*. Hier sind die Auswirkungen des Tourismus allerdings besonders stark zu spüren. Während der Hochsaison muß man hier den Blick über das *Jamison Valley* hinüber zum *Mt. Solitary* und zum *Ruined Castle* sowie zu den nahen Sandsteintürmen der *Three Sisters*, der bekanntesten Felsformation der Blue Mountains, mit ganzen Busladungen von Touristen aus aller Herren Länder teilen. Das *Blue Mountains Information Center* am *Echo Point* offeriert Auskünfte, Bücher, Karten und Souvenirs.

Nächster Stopp entlang dem *Blue Mountain Drive 6* ist die Bergstation der *Scenic Railway*, einer Zahnradbahn, die durch eine Steilrinne in den Wandabstürzen ins dichtbewaldete *Jamison Valley* hinunterführt. Atemberaubende Blicke bietet die Fahrt mit der *Scenic Skyway*, einer Seilbahn, die eine enge Talausbuchtung des Plateauabbruchs überquert. Unweit der Bergstation zweigt vom Cliff Drive eine unbefestigte Seitenstraße auf das *Narrow Neck*, eine schmale, von senkrechten Felswänden eingerahmte Landzunge, ab. Schließlich rundet der *Cahill's Lookout* den Ausflug ab.

Höhepunkte des *Blue Mountain*

---

25 Eine der zahlreichen Launen der Natur im Blue Mountains National Park ist die »Winderoded Cave« an der Anvil Ridge. Erosion hat hier einen großartigen Felsüberhang geschaffen und dessen Sandsteinwände mit bizarren Mustern und Formen versehen.

Information

Auskünfte: Blue Mountains Heritage Centre, Govetts Leap Road (P. O. Box 43), Blackheath, NSW 2785, Tel. 047/87 88 77; Glenbrook Visitor Centre, Bruce Road, Glenbrook, NSW 2773, Tel. 074/392950.

Reisezeit: Der Park ist ganzjährig geöffnet. Als schönste Jahreszeiten zum Wandern empfiehlt sich der australische Frühling und Herbst. Einen eigenen Reiz haben die Wintermonate, gelegentlich fällt in den höheren Lagen Schnee.

Unterkünfte: In den Orten entlang dem Great Western Highway, besonders in Leura, Katoomba und Blackheath, gibt es Unterkünfte in allen Preislagen und Kategorien. Auskünfte gibt die Blue Mountains Tourism Authority, P. O. Box 8, Glenbrook, NSW 2773, Tel. 047/39 62 66.

Camping: Caravanparks mit allen Einrich-

tungen gibt es in Katoomba, Blackheath und Leura. Sehr einfache, mit dem Auto erreichbare Campingplätze sind außerdem Euroka Clearing und Ingar (nahe Wenthworth Falls), Murphys Glen (nahe Woodford) und Perrys Lookdown (nahe Blackheath). Wildes Zelten ist im Park abseits der Wege und Straßen erlaubt. Einschränkungen gibt es nur im Grose Valley. Hier darf nur bei Acacia Flat und Burra Korain gezeltet werden.

Aktivitäten: Die Blue Mountains sind in erster Linie ein Wanderpark. Andere Aktivitäten sind Canyoning, Klettern, Reiten (Tel. 047/87 91 65) und Hubschrauberrundflüge (Tel. 047/88 11 09).

Touren: Neben von Rangern angebotenen Wanderungen bietet Mountain Designs (Tel. 047/82 59 99) Kletter- und Canyontouren an.

Drive 7 sind ohne Zweifel die spektakulären Aussichtspunkte *Govetts Leap* und *Evans Lookout*. Vor allem der Blick über das mächtige *Grose Valley* vom Govetts Leap aus offenbart geradezu bilderbuchhaft die außergewöhnliche Struktur der Blue Mountains. Das dichtbewaldete Tal wird eingerahmt von steilen Felsabbrüchen, die zum Teil bis zu 300 Meter hoch sind. Blickt man nach rechts, fügen die über die Felskante stürzenden *Bridal Vail Falls*, mit 180 Metern Fallhöhe der höchste Wassersturz in den Blue Mountains, dem Bild noch eine weitere Dimension hinzu.

Auf dem Weg zum Govetts Leap passiert man das interessante *Blue Mountain Heritage Centre*. Von hier führt der *Fairfax Heritage Track* zum *Govetts Leap Lookout* hinunter und gibt einen guten Einblick in die abwechslungsreiche Vegetation der Region.

Einen ganz anderen Aspekt der Blue Mountains lernt man auf dem *Blue Mountain Drive 8* kennen. Nicht die an Aussichtspunkten reichen Plateauränder sind hier das Ziel, sondern die Tiefen eines Tals: Durch dichten Regenwald windet sich die Straße in das *Megalon Valley* hinunter.

Zu Fuß im Park unterwegs

Die Blue Mountain Drives machen die touristisch erschlossene Seite des Parks zugänglich, erlauben aber nur Ein- und Ausblicke auf das andere, wilde Gesicht des Parks. Nur wer bereit ist, auf Bequemlichkeit zu verzichten, und sich zu Fuß aufmacht, wird die eigentliche Schönheit dieser Wildnis erleben können. Dabei bilden die zahlreichen Lookouts entlang dem Blue Mountain Drive die Ausgangspunkte für die Fluchten in die Einsamkeit. Der an Landschaftspanoramen reiche Wanderweg zum *Evans Lookout*, der dunkle Einschnitt des *Grand Canyon* und der duftende Eukalyptushain des *Blue Gum Forest* im *Grose Valley* sind zum Beispiel vom *Govetts Leap Lookout* aus zu erreichen. Lohnend vom *Echo Point* aus sind der mit Aussichtspunkten garnierte *Prince Henry Cliff Walk* oder der Abstieg über die *Giant Stairway* in das *Jamison Valley*. Die *Bergstation der Scenic Railway* steht am Anfang einer abwechslungsreichen Wanderung über die *Furber Steps* in die Tiefe der Regenwälder und weiter zum *Ruined Castle* und zum *Mt. Solitary*. Über die steilen Furber Steps erreicht man auch den *Federal Pass* und den Regenwald des *Leura Forest*.

Royal National Park

Der Volkspark

Der 5. Januar 1994 war ein schwarzer Tag für den *Royal National Park*. An diesem Tag begann eines der verheerendsten Buschfeuer, das je den Park heimgesucht hatte. Zwei getrennt entstandene Brandherde im Park vereinigten sich, angetrieben durch heiße Winde, zu einer unkontrollierbaren Feuersbrunst und zerstörten in fünf Tagen über 14000 Hektar, das entspricht 95 Prozent der Parkfläche. Nur einige Küstentäler und die Südostecke des Parks blieben von den Flammen verschont.

Diese Brandkatastrophe läßt an das Jahrhundertfeuer denken, das 1988 den amerikanischen Yellowstone National Park großflächig verwüstete; denn was den Amerikanern der Yellowstone, ist den Australiern der Royal National Park. Obwohl ihre Natur keinerlei Gemeinsamkeiten aufweist, gibt es doch einige Punkte, die einen Vergleich zulassen. Der Royal National Park ist der erste Nationalpark, der in Australien eingerichtet wurde – und zwar im Jahre 1879 als »The National Park«. Damit wurde das erste Mal überhaupt die Bezeichnung Nationalpark für ein öffentliches Schutzgebiet verwendet. Damit ist er gleichzeitig der zweitälteste Nationalpark der Erde, geschlagen von dem nur sieben Jahre älteren Yellowstone National Park, der sich »erster Nationalpark der Erde« auf seine Fahnen schreiben darf. Allerdings war beim Yellowstone zur Zeit der Gründung im Jahre 1872 noch nicht von einem Nationalpark die Rede. Erst 1883, also vier Jahre nach der Gründung von The National Park, wurde Yellowstone per Gesetz zum Nationalpark erklärt. Genaugenommen würde also der Titel »erster Nationalpark der Erde« dem Royal National Park zustehen. Aber für Spitzfindigkeiten dieser Art fehlt den Australiern der Sinn. Die Bezeichnung »Royal« wurde übrigens anläß-

Information

Auskünfte: Royal National Park, P. O. Box 44, Sutherland, NSW 2232, Tel. 02/521 22 30 oder 02/542 06 48.
Reisezeit: Der Park ist ganzjährig geöffnet.
Unterkunft: Im Park selbst gibt es außer Zelten keine Übernachtungsmöglichkeiten. Ein eingeschränktes Angebot an Unterkünften bieten die Orte Bundeen und Otford.
Camping: Der einzige mit allen sanitären Anlagen ausgerüstete Campingplatz liegt in Bonnie Vale bei Bundeena. Wild zelten ist überall im Park erlaubt, solange man sich von Wegen und Picknick-Plätzen fern hält. Fürs Zelten braucht man ein Permit.
Aktivitäten: Wandern, Kanufahren, Radfahren, Fischen. Lohnend sind folgende Wanderungen: Coast Track (26 km, 2 Tage), Uloola Track (11 km), Lady Carrington Walk (9,6 km), Forest Island (4 km) und der Wallumarra Track.
Touren: In den Schulferien veranstalten Ranger geführte Touren. Buchungen im Visitor Centre in Audley.

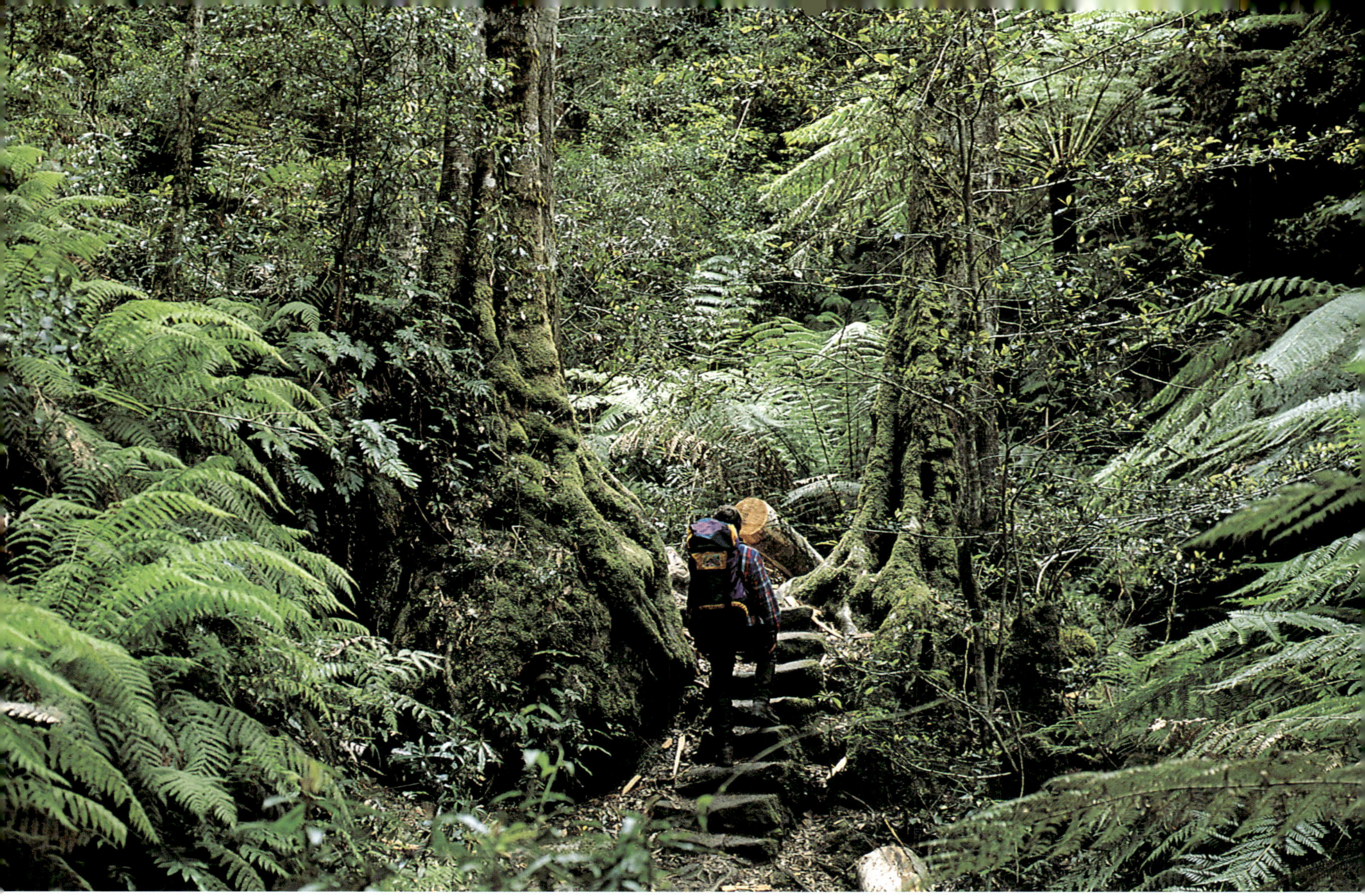

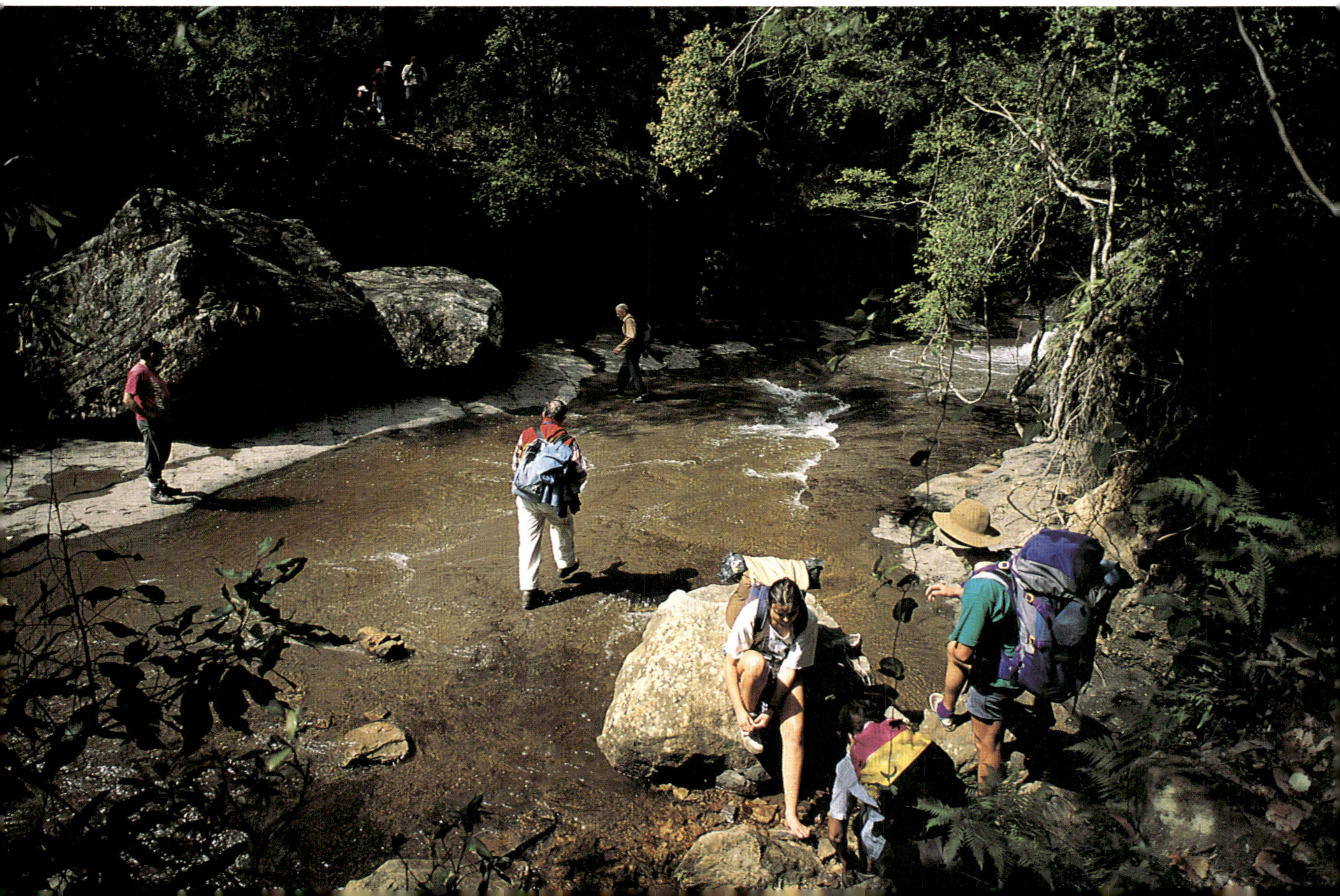

lich des Australienbesuchs Königin Elizabeths II. von England 1954 nachträglich angefügt.

Ursprünglich war das über 15000 Hektar große Areal als Volkspark (»*the peoples park*«) als Erholungsgebiet für das damals von Krankheiten und Ungeziefer heimgesuchte Sydney geplant worden. Der Park erfreute sich bald großer Beliebtheit, die bis heute ungebrochen anhält. Einer der Gründe für die große Popularität ist seine ausgezeichnete Verkehrsanbindung an *Sydney*. Der Royal National Park erstreckt sich südlich der Großstadt entlang der Küste und ist von den Vororten der Millionenmetropole nur durch den Meeresarm des *Port Hacking* getrennt. So ist es möglich, von der City mit einem Vorortzug nach *Cronulla* zu fahren, auf eine kleine *Fähre* umzusteigen und auf der anderen Seite des Meeresarmes in den Park hineinzuwandern. Ebenso günstig ist die Verkehrslage am südlichen Ende des Parks: der kleine Ort *Otford* ist ebenfalls mit einem Nahverkehrszug von der City aus zu erreichen. Kein anderer Nationalpark Australiens hat eine so gute Anbindung durch öffentliche Verkehrsmittel an einen Ballungsraum wie der Royal National Park.

Geologie

Vor 230 Millionen Jahren war das Gebiet, auf dem sich heute der Royal National Park befindet, Teil eines riesigen Deltas an der Küste. Flüsse, die ihren Ursprung im Neuengland-Distrikt im Norden von New South Wales hatten, luden hier Schicht für Schicht Sand und Geröll ab und bedeckten damit die Kohleablagerungen der vorhergehenden Epoche mit mächtigen Sedimentlagen, die sich später zu Gesteinspaketen verdichteten. Vor etwa 100 Millionen Jahren begann sich dann das Land

langsam zu heben. Dabei wurden die Sedimentpakete nach Norden gekippt, und es entstand das pfannenförmige Becken, in dem heute Sydney liegt. Einmal exponiert, konnten die Kräfte der Erosion ansetzen und das Bodenrelief formen. Vor allem das Meer trug dazu bei, der Landschaft ihren Stempel aufzudrücken. So ist die Küste mit ihren wilden Sandsteinklippen, den versteckten Buchten und Stränden, den zahlreichen Gezeitenbecken und den weiten Dünenlandschaften die interessanteste Seite des »Oldies«.

Pflanzen und Tiere

Der nährstoffarme sandige Boden des Parks läßt eine überraschend reiche Flora gedeihen. Zwischen Juli und November entfalten über 700 Blütenpflanzen ihre farbige Pracht. *Heidevegetation* bestimmt das Bild an der *Küste*. Mit steigender Höhe geht diese in *Waldland* über. Hochstehender Wald und *Regenwald* gedeihen in den tief eingeschnittenen Schluchten. In den Gezeitenzonen der Flüsse finden *Mangroven* ihr Auskommen; Schilf bedeckt die Sumpfgebiete des Reservats. Wer heute im Park unterwegs ist, stößt überall auf die Spuren des Buschfeuers vom Januar 1994. Aber man wird auch mit Erstaunen feststellen, wie schnell sich die Pflanzenwelt dort regeneriert hat. Bereits ein paar Wochen nach dem Feuer begannen verkohlte Eukalyptusbäume wieder auszutreiben, Gras- und Farnschößlinge durchbrachen den aschegedüngten Boden, Samen begannen zu keimen. Glimpflich davongekommen sind auch jene Waldstücke, in denen feuerempfindlicher Regenwald wächst.

Im Park unterwegs

Ein idealer Ort, seine Erkundungen zu beginnen, ist das *Visitor Centre* in *Audley* im Nordteil des Parks. Ausstellungen und Videoshows informieren über die Geschichte, Geologie, Pflanzen und Tiere des Parks; ein wichtiges Thema ist natürlich auch das Feuer von 1994. Mehrere Straßen durchziehen das Reservat, dessen Hauptsehenswürdigkei-

ten an der Küste liegen. Strände sind hier rar: der größte Teil der Küste zeigt sich als dramatische Steilküste mit hohen, brandungsumtosten Sandsteinklippen. Beliebt bei Familien ist vor allem der *Wattamolla Beach*, der über die *Wattamola Road* vom *Bundeena Drive* aus erreicht wird. Die wunderschöne Sandbucht eignet sich ausgezeichnet zum Schwimmen, die umliegenden Klippen bieten vielversprechende Plätze zum Brandungsfischen. Die bekannten Strände *Big* und *Little Marley Beach* sowie *Burning Palms* sind nur zu Fuß zu erreichen. Den intensivsten Eindruck von dem wilden Küstenabschnitt zwischen *Bundeena* und *Otford* bekommt man allerdings auf dem *Coast Track*, für den man zwei Tage veranschlagen muß. Der an Aussichtspunkten reiche Weg verläuft meist an der Kante der Steilküste und verbindet alle Höhepunkte entlang der Küste. Neben den Stränden herausragende Attraktionen sind der *Eagle Rock*, ein riesiger überhängender Fels, der an den Kopf eines Adlers erinnert, oder der *Figure Eight Pool* bei Burning Palms. Auf einer Felsplatte am Meer haben sich erstaunliche Gezeitenbecken gebildet, darunter der Figure Eight Pool, der die Form einer großen Acht hat. Insgesamt erschließt ein Wegenetz mit einer Gesamtlänge von 150 Kilometern praktisch alle Ecken des Parks.

Kosciusko National Park

Das Dach Australiens

Australien – mit einer durchschnittlichen Höhe von 300 Metern der flachste Kontinent der Erde – fehlt eine Gebirgslandschaft mit alpinen Dimensionen. Vor diesem Hintergrund fällt es leichter, die Begeisterung der Australier für die *Snowy Mountains* und den grandiosen *Kosciusko National Park* zu verstehen. Der riesige Park – er umfaßt über 690000 Hektar – beherbergt eine ganze Reihe der höchsten Berge Australiens, darunter den Kumulationspunkt des gesamten Kontinents, den

2228 Meter hohen *Mt. Kosciusko*. Baumlose Höhen, blumenreiche Matten, Gebirgsseen, ungestüme Flüsse und endlose Wälder bilden die Komponenten einer für Australien einzigartigen Landschaft – die sich zudem im Winter in eine Zauberwelt mit Schnee und Eis verwandelt. Damit kommen die Snowy Mountains mit ihren abgerundeten Kuppen, denen allerdings die alpine Schroffheit gänzlich fehlt, der Vorstellung eines richtigen Gebirges am nächsten – und locken die Australier in hellen Scharen an. Drei Millionen Besucher pro Jahr sprechen eine deutliche Sprache. Im Sommer einmal auf den *Mt. Kosciusko*, das Dach Australiens zu pilgern, ist für viele Australier nationale Pflicht. So tummeln sich an schönen Sommertagen dann auch Menschenmassen in wahrlich alpinen Dimensionen auf dem von Granitblöcken übersäten prominenten Gipfel. Und im Winter sind die Skigebiete innerhalb des Nationalparks für die schneeverrückten Australier das Ziel ihrer Träume.

Geologie

Die Genesis der Snowy Mountains begann vor etwa 450 Millionen Jahren. Damals waren große Teile von Südost-Australien vom Meer bedeckt. In den folgenden 100 Millionen Jahren lagerten sich Sedimentgesteine und vulkanisches Material ab. Schließlich begann sich der Meeresboden zu heben, die

Gesteinsschichten wurden aufgefaltet und verworfen, Erosion setzte ein. Zu dieser Zeit drangen große Mengen Magma in die Sedimentschichten ein, erkalteten und erhärteten sich zu Granit. An den Kontaktzonen wurde Gestein durch Hitze und Druck umgewandelt. Im Laufe der Jahrmillionen wurde der Granitkern herausgewittert; in das durch die Anhebung entstandene Plateau schnitten sich Flüsse ein und schufen tiefe Täler.

Eine besondere Form der Landschaftsumgestaltung – mit auch heute noch sichtbaren Zeugnissen – begann vor etwa 40 000 Jahren. Damals wurde das Klima immer kälter, und es bildeten sich Gletscher. Mit steigenden Temperaturen zogen sich die Eisströme wieder zurück und verschwanden schließlich ganz aus dem Landschaftsbild der Snowy Mountains. Die Spuren des Eises, ausgehobelte Kare und dunkle Karseen, poliertes Gestein und Moränen, sind heute noch sichtbar. Ein besonders gutes Beispiel für diese glacialen Landschaftsformen ist der *Blue Lake* in der *Main Range*, dem Hauptkamm der *Snowy Mountains*.

Ein von Menschen geprägter Park

Nicht nur die Natur mit ihren verändernden Kräften hat den Bergen des Kosciusko National Parks ihren Stempel aufgedrückt. Auch der Mensch in seinem Streben nach Profit trug das

Seine dazu bei, die Landschaft zu gestalten. 1859 fand man Gold bei *Kiandra*, und innerhalb kürzester Zeit schnellte die Zahl der Einwohner des Ortes auf über 10000. Von dem einstigen Boom ist heute nicht mehr viel zu sehen. Der Ort, Schauplatz menschlichen Glücks und Unglücks, ist längst verschwunden. Nur die Reste von Maschinen, die zur Gewinnung des Goldes verwendet wurden, hat man dort, wo sich Kiandra früher befand, am *Snowy Mountains Highway* aufgestellt. Dahinter – am sogenannten *New Chum Hill* – erkennt man die Wunden, die man der Landschaft zugefügt hat.

In den dreißiger Jahren desselben Jahrhunderts zwang eine katastrophale Dürre die Viehzüchter, die ihre Weiden zu Füßen der Snowy Mountains hatten, ihre Tiere zum Grasen in die Hochlagen zu treiben; in den sechziger Jahren war die Sommerweide bereits gängige Praxis. Erst 1972 (der Park wurde bereits 1967 gegründet) wurde, erzwungen durch die verheerenden Auswirkungen der Sommerweide auf die empfindliche Vegetation, der Weidebetrieb eingestellt. Heute noch findet man auf Wanderungen in den Snowy Mountains, zum Beispiel auf dem an Aussichtspunkten reichen *Main Range Walk*, der vom *Charlotte Pass* aus entlang der Hauptkette des Gebirges zum *Mt. Kosciusko* führt, die Überreste von Stacheldrahtzäunen.

Weitaus größer – und in ihren Dimensionen kaum überschaubar – war jedoch die Einrichtung des *Snowy Mountain Hydro-Electric Scheme*. Das ehrgeizigste Projekt in der Geschichte

Information

Auskünfte: Kosciusko National Park, Private Mail Bag, via Cooma, NSW 2630. Tel. 064/562102.
Reisezeit: Der Park ist ganzjährig geöffnet. Die schönste Zeit zum Wandern sind die Monate Februar und März, wenn die Wildblumen in voller Blüte sind. Zwischen Dezember und September gehört der Park den Wanderern, in den Wintermonaten (August bis Oktober) liegt in den Hochlagen meist Schnee; Schneestürme und Frost sind dann die Regel.
Unterkunft: Eine ganze Palette an Übernachtungsmöglichkeiten bieten sich im Park an. Zentrum des touristischen Geschehens

ist dabei Thredbo mit Chalets, Lodges und Hotels. Sämtliche Orte des Skigebiets bieten Unterkünfte. Außerhalb des Parks kommt vor allem das Städtchen Jindbyne als Übernachtungslokalität in Frage.
Camping: Bestens ausgerüstet ist der Campingplatz bei Sawpit Creek, Tel. 064/56 22 24.
Aktivitäten: Wandern, Wildwasserfahren, Skifahren, Skitouren.
Touren: Skitouren, Tageswanderungen und mehrtägige Trekkings im Park werden von dem Bergsportausrüster Paddy Pallin, PMB 5, Jindabyne, NSW 2627, Tel. 064/5629 22 angeboten.

30 An der Küste des Royal National Parks hat sich die Natur als Künstler betätigt und die Sandsteinplatten im Brandungsbereich mit eigenartigen Ornamenten ausgestaltet. Auffälligster Teil ist der Figur-Eight-Pool, zwei miteinander verbundene kreisrunde Vertiefungen, die eine Acht bilden.

31 Beliebte Freizeitbeschäftigung im gut zugänglichen Royal National Park ist das Brandungsfischen. Die Felsküste ist fischreich, und gute Fänge – etwas Erfahrung vorausgesetzt – können garantiert werden.

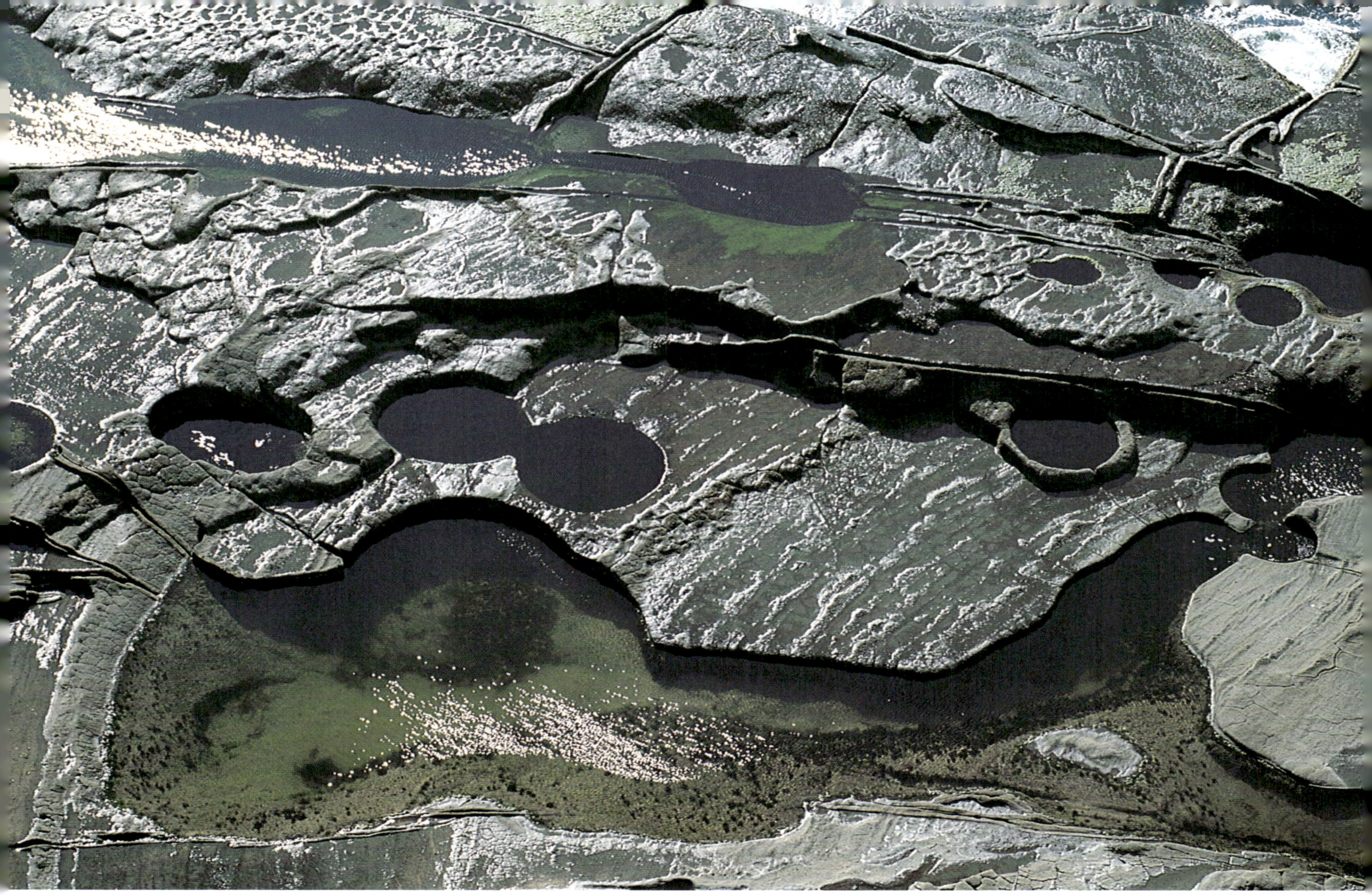

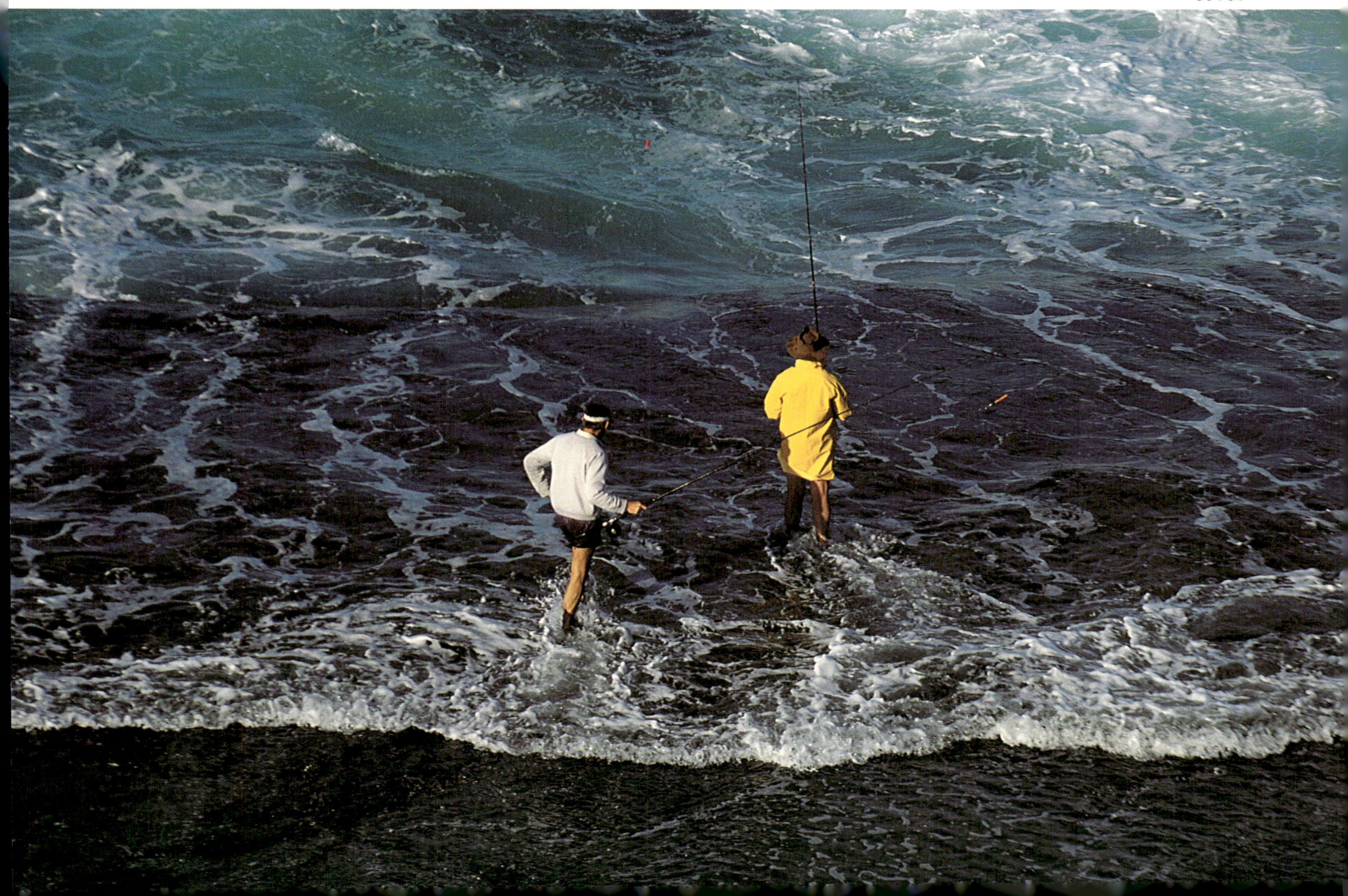

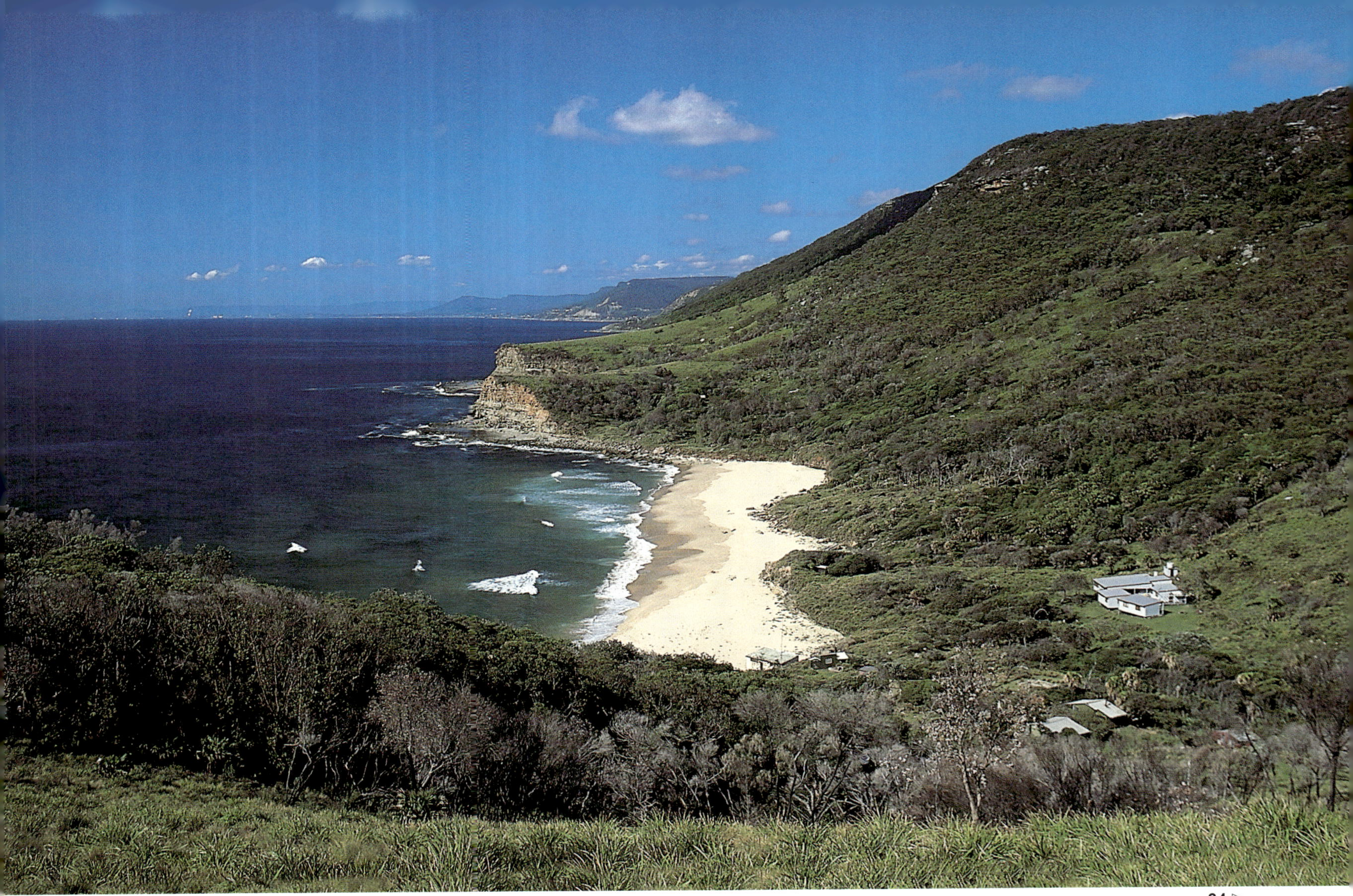

32 | 33

34 ▷

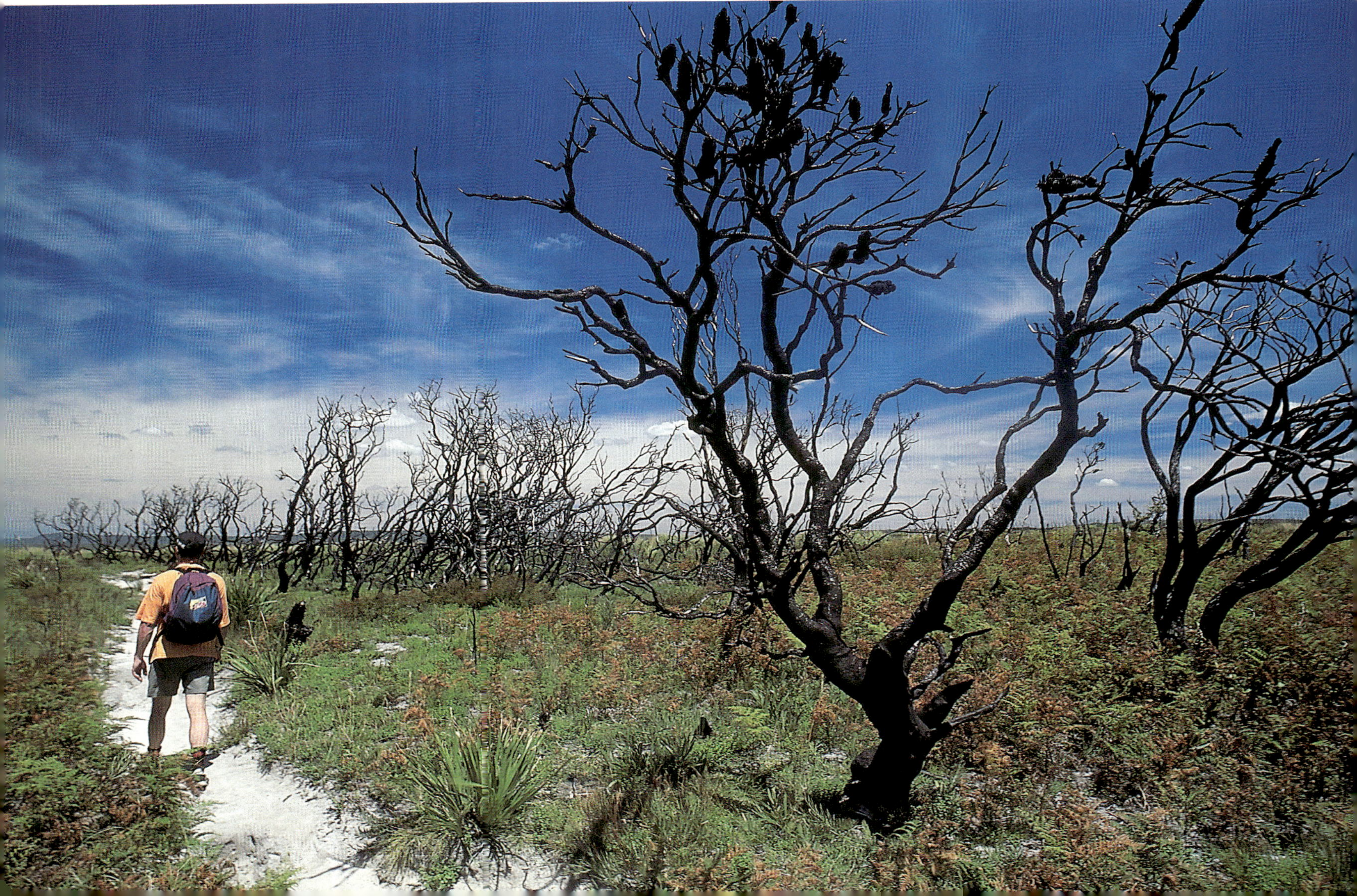

32/33 Zwei Aspekte des etwa 30 Kilometer langen Coast Walk im Royal National Park: Der Strand von Burning Palms bietet die letzte Möglichkeit eines erfrischenden Bades im Meer, bevor der schweißtreibende Aufstieg zum Kamm der Garawarra Ridge beginnt. Verkohlte Banksia-Büsche begleiten an manchen Abschnitten der Zweitagewanderung den Trekker, mahnende Zeugen des verheerenden Buschfeuers im Januar 1994.

34 Zahllose Gezeitenbecken entlang der Felsküste des Royal National Parks – hier südlich des Strandes von Burning Palms – bieten Einblicke in das Leben in der Brandungszone. Tange, Seeanemonen, zahlreiche Fische und Krabben stellen nur einen Teil des reichhaltigen Lebens in den Felsbassins dar.

35 Einen der wildesten Küsten-abschnitte des Royal National Parks bilden die Klippen bei Curra-currong. Im Vor-dergrund rauscht das Wasser des Curracurrong Creek über die Sandsteinfelsen ins Meer. Beim Annähern an die ungeschützten Steilabstürze ist jedoch größte Vorsicht geboten.

36 Mit einer un-gewohnten Land-schaft im Norden des Schutzgebietes überrascht der Mt. Kosciusko National Park. In dem ver-karsteten Kalk-steingebiet ent-springt an den Quelltöpfen der Blue Waterholes der Cave Creek, um anschließend durch einen großartigen Canyon zu fließen.

37 Frühsommer ist die beste Zeit für Wanderungen entlang der Haupt-kette der Snowy Mountains. Dann überziehen Wild-blumen die sanften Matten. Eine der farbbestimmenden Pflanzen ist der gelbblühende Com-mon Billy Button (Craspedia glauca).

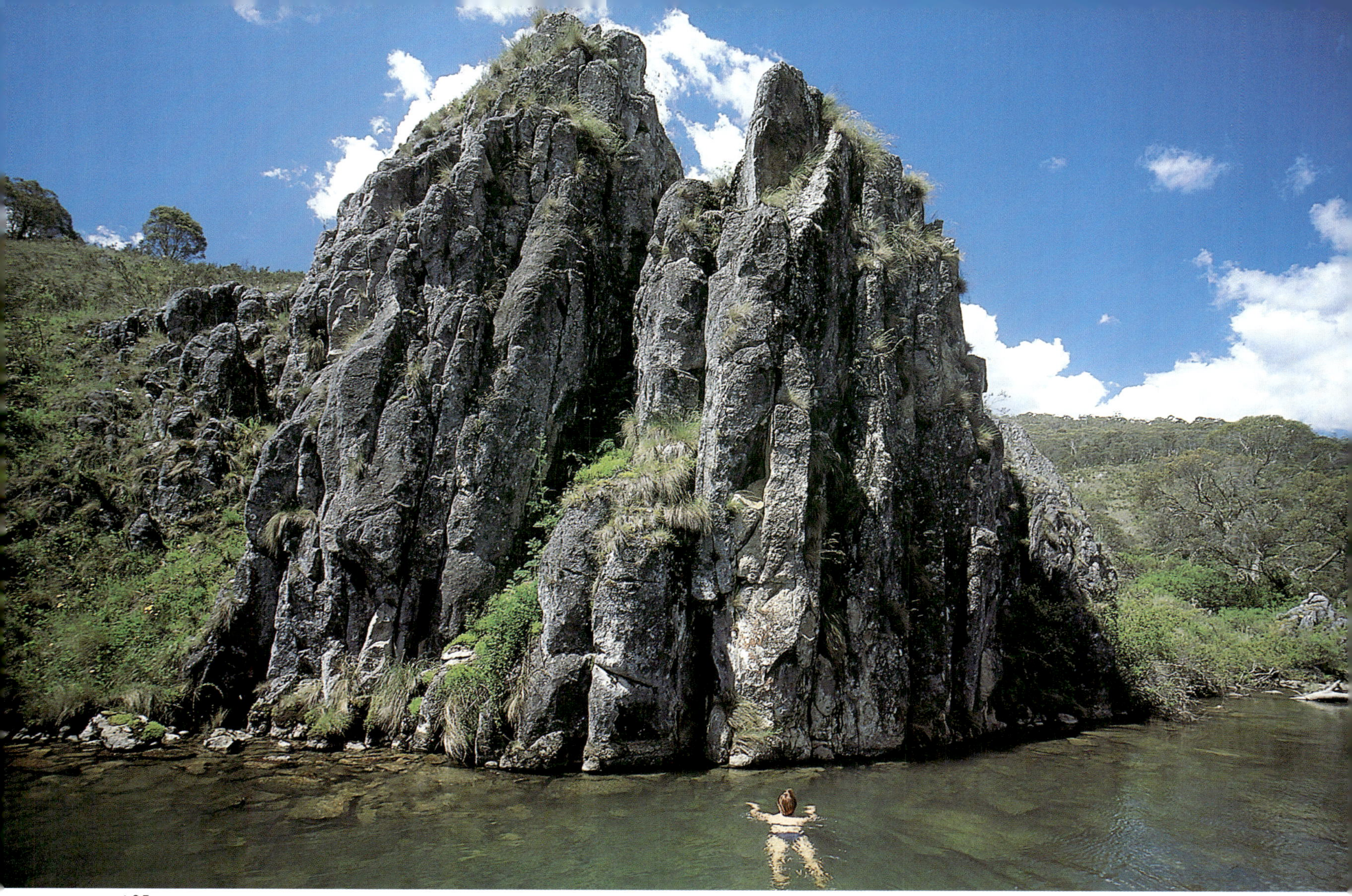

◁ 35

36 37

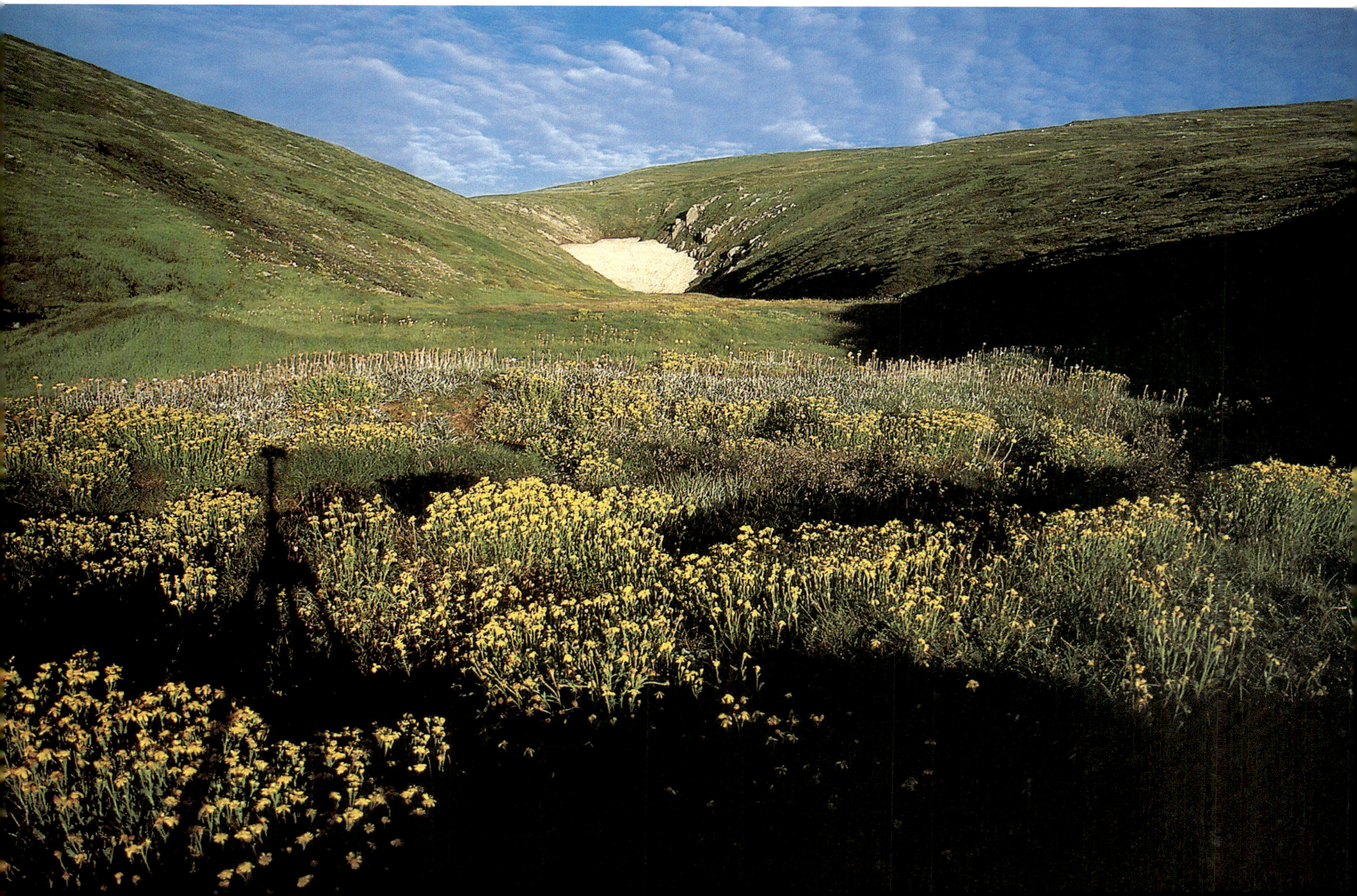

Australiens wurde 1949 gestartet und umfaßte die Ableitung von fünf Flüssen, verbunden mit der Anlage von 145 Kilometern Tunnel, 130 Kilometern Aquädukte, 1600 Kilometern Straßen, 17 großen und zahlreichen kleineren Staudämmen sowie der Errichtung ganzer Orte und Arbeitslager innerhalb und außerhalb des Nationalparks. Ein Teil der Stauseen liegt heute innerhalb der Parkgrenzen.

Damit nicht genug: Innerhalb des Parks haben sich einige der bekanntesten Skigebiete Australiens etabliert. Jedes Jahr strömen die wintersportbegeisterten Australier vor allem aus der Millionenstadt Sydney nach *Thredbo, Perisher Valley* oder *Smiggin Holes*. Trotzdem haben weite Gebiete des riesigen Nationalparks ihr ursprüngliches Gesicht bewahren können und sind nach wie vor unberührte Wildnis.

Im Park unterwegs

Die meisten Besucher fahren über das Städtchen *Jindabyne* in den Park hinein. Hier, im Südteil des riesigen Schutzgebietes, wartet auch die größte Attraktion auf die Besucher: die Hauptkette der Snowy Mountains mit ihrem Kumulationspunkt *Mt. Kosciusko*. Wer lange Wanderungen scheut und trotzdem einen Blick auf den höchsten Berg des Kontinents werfen will, fährt am besten von Jindabyne über *Sawpit Creek* (Ranger Station und *Visitor Centre*) zum *Charlotte Pass* hinauf. Von hier zeigt sich Australiens höchster Berg als weiche, unscheinbare Kuppe. Am Paß (etwas unterhalb liegt ein kleines Skigebiet) starten auch der *Main Range Walk*, der schönste, aber auch längste Zustieg zum Gipfel, und die acht Kilometer lange *Mt. Kosciusko Summit Road*, eine für den Autoverkehr geschlossene Schotterstraße. Sie stellt eine kürzere Alternative für die weniger Energetischen dar.

Die verschiedenen Landschafts- und Vegetationszonen des Parks, mit Ausnahme der Hochlagen, erlebt man auf dem 200 Kilometer langen *Alpine Way* von *Jindabyne* über *Thredbo* und *Khancoban* nach *Kiandra*. Thredbo ist das Zentrum des Skibetriebs und der einzige größere Ort in den Snowy Mountains. Dementsprechend stark ist das Ortsbild von Hotels und Chalets geprägt. Von hier führt auch der beliebteste Anstieg auf den Mt. Kosciusko. Erst mit einem *Sessellift* und dann auf einem Weg aus Eisenrosten, der zum Schutz der erosionsempfindlichen Matten angelegt wurde, pilgern jährliche Tausende auf das Dach Australiens.

Eine andere Möglichkeit, in den Park zu gelangen, bietet der *Snowy Mountain Highway*. Die Straße führt von *Tumut* über *Kiandra* diagonal durch den nördlichen Abschnitt des Parks nach *Adaminaby*. Auf dem Weg nach Kiandra ist ein Abstecher zu den prachtvoll gelegenen *Yarangobilly Caves* zu empfehlen. Mehrere Höhlen können im Rahmen von Führungen besucht werden.

Trekking

Im Sommer lockt der großartige Nationalpark vor allem erfahrene »bushwalker«, wie sich die Wanderer in Australien nennen. Sie finden im Kosciusko ihren ganz persönlichen Trekkinghimmel. Der sichere Umgang mit Kompaß und Karte sowie eine vollständige Trekkingausrüstung sind für Exkursionen in die Wildnis des Parks unabdingbar.

38 Um die empfindliche alpine Vegetation zu schützen und um Erosion zu verhindern, sah sich die Nationalpark-Verwaltung gezwungen, große Strecken des überaus beliebten Anstieges zum Mt. Kosciusko, dem höchsten Berg des australischen Kontinents, mit Gitterstegen zu befestigen.

Victoria

Der zweitkleinste Bundesstaat Australiens
ist gleichzeitig mit der zweithöchsten
Bevölkerungszahl aller Bundesstaaten der
am dichtesten besiedelte. Allein im
Großraum Melbourne leben an die drei
Millionen Menschen. Damit ist Melbourne
nach Sydney die zweitgrößte Stadt
Australiens.
Den kleinen Bundesstaat – mit 227 600
Quadratkilometern umfaßt er gerade drei
Prozent der Gesamtfläche Australiens –
nun aber als zweitklassig abzutun, wäre
vermessen. Wirtschaftlich spielt Victoria
innerhalb des Staatengefüges Australiens
eine wichtige Rolle. Sein Reichtum
basiert vor allem auf den enormen
Braunkohlevorkommen im Latrobe
Valley, deren Umfang auf 52 000
Megatonnen geschätzt werden. Bezogen
auf die Landesfläche hat Victoria aber
auch bei den landwirtschaftlichen
Produkten die Nase vorn.

43 | 44

45 ▷

Vorhergehende
Abbildungen:

39 »The Monolith«
im Mt. Buffalo
National Park ist
nur einer der vielen
Granitmonumente,
die das Bild des
gebirgigen Schutz-
gebiets prägen.

40 Von den ver-
schiedenen Aus-
sichtspunkten des
Mt. Buffalo Pla-
teaus geht der Blick
hinüber zu den
Victorian Alps.

41 Höchster Gipfel
des Mt. Buffalo
National Parks ist
»The Horn« am
Südende des
Hochplateaus.

42 Besonders von
Kletterern geschätzt
wird die aus him-
melwärts streben-
den Granitsäulen
aufgebaute »Cathe-
dral«. Den schön-
sten Blick auf die-
sen formschönen
Gipfel hat man von
»The Hump«, dem
gegenüberliegen-
den, durch einen
Pfad erschlossenen
Berg.

43/44 Die wilde
Seite der Küste des
Wilsons Promon-
tory National Parks
ist eine eindrucks-
volle Kombination
aus weit in das
Meer hinausragen-
den Halbinseln,
versteckten Strän-
den und riesigen
Felsblöcken – wie
das doppelstöckige
Granitmonument,
das über die weit
geschwungene
Whisky Bay wacht
(43), oder der Pillar
Point (44).

45 Mächtige
Wellen rennen
nach einer abzie-
henden Kaltfront
gegen die Granit-
gestade des Wil-
sons Promontory
National Parks an.

46 Zeugnisse einer vergangenen Aborigines-Kultur bilden die Muschelhaufen; sogenannte »middens«, an der Küste des Wilsons Promontory National Parks. Muscheln und Krustentiere bildeten den Hauptteil der Nahrung der hier lebenden Ureinwohner. Die ungenießbaren Schalen häuften sich im Lauf der Zeit an den Eßplätzen an.

47 Entlang des Tidal Rivers im Lilly Pilly Gully zeigt sich der Wilsons Promontory National Park von einer ganz anderen Seite. Baumfarne und Lilly-Pilly-Bäume prägen dort die subtropisch anmutende Vegetation.

46 | 47

48 Einer der auffälligsten Vögel im Wilsons Promontory Park ist der prächtig gefärbte Crimson Rosella, eine Sittichart. Die Vögel sind an die Anwesenheit der Menschen gewöhnt und zeigen oft wenig Scheu.

49 Die Schönheit der australischen Nationalparks zeigt sich sehr oft auch im Detail. Dieser strahlende Farbtupfer, die Jugendblätter eines Eukalyptus, wurden im Mt. Buffalo National Park entdeckt.

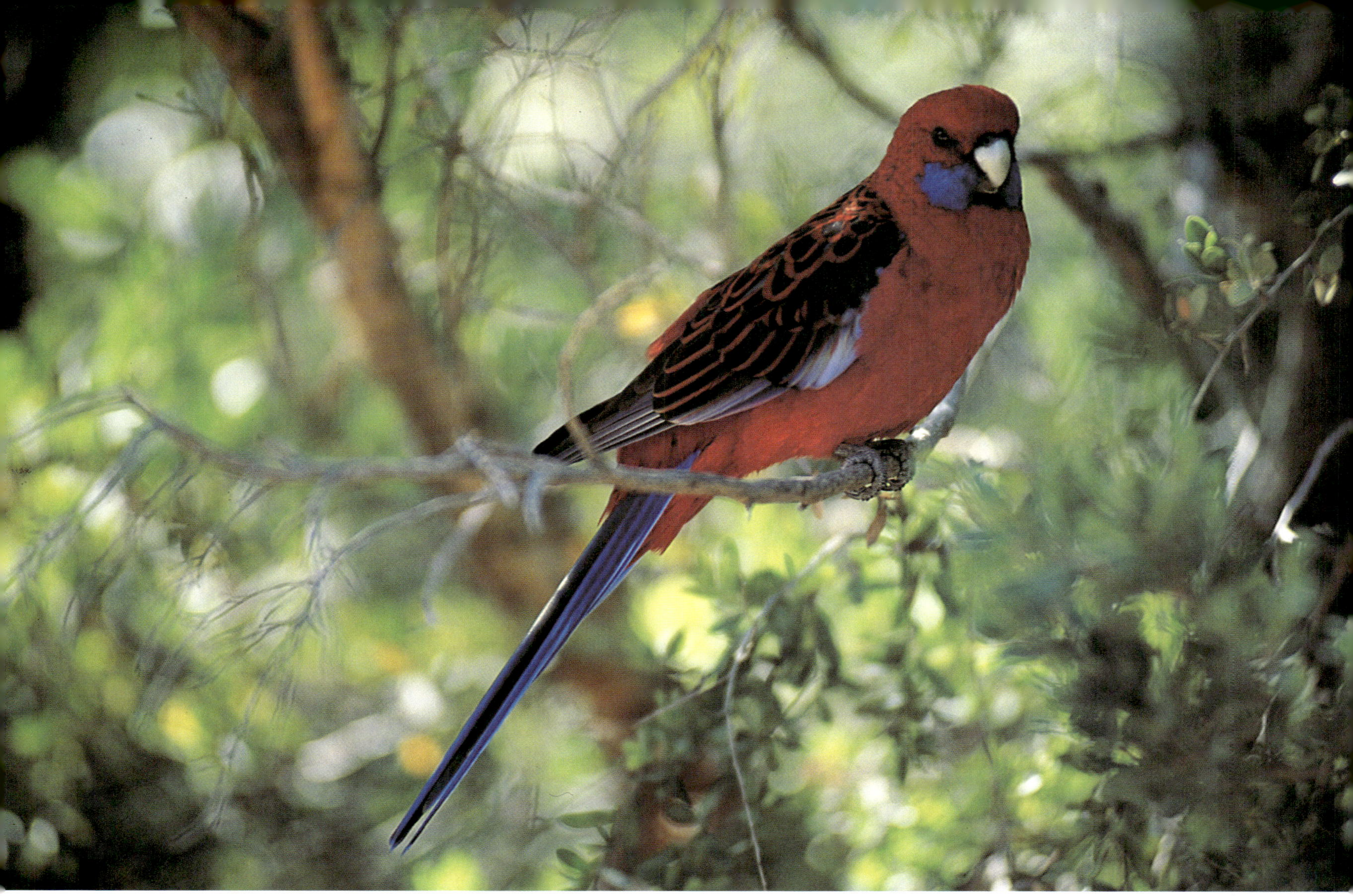

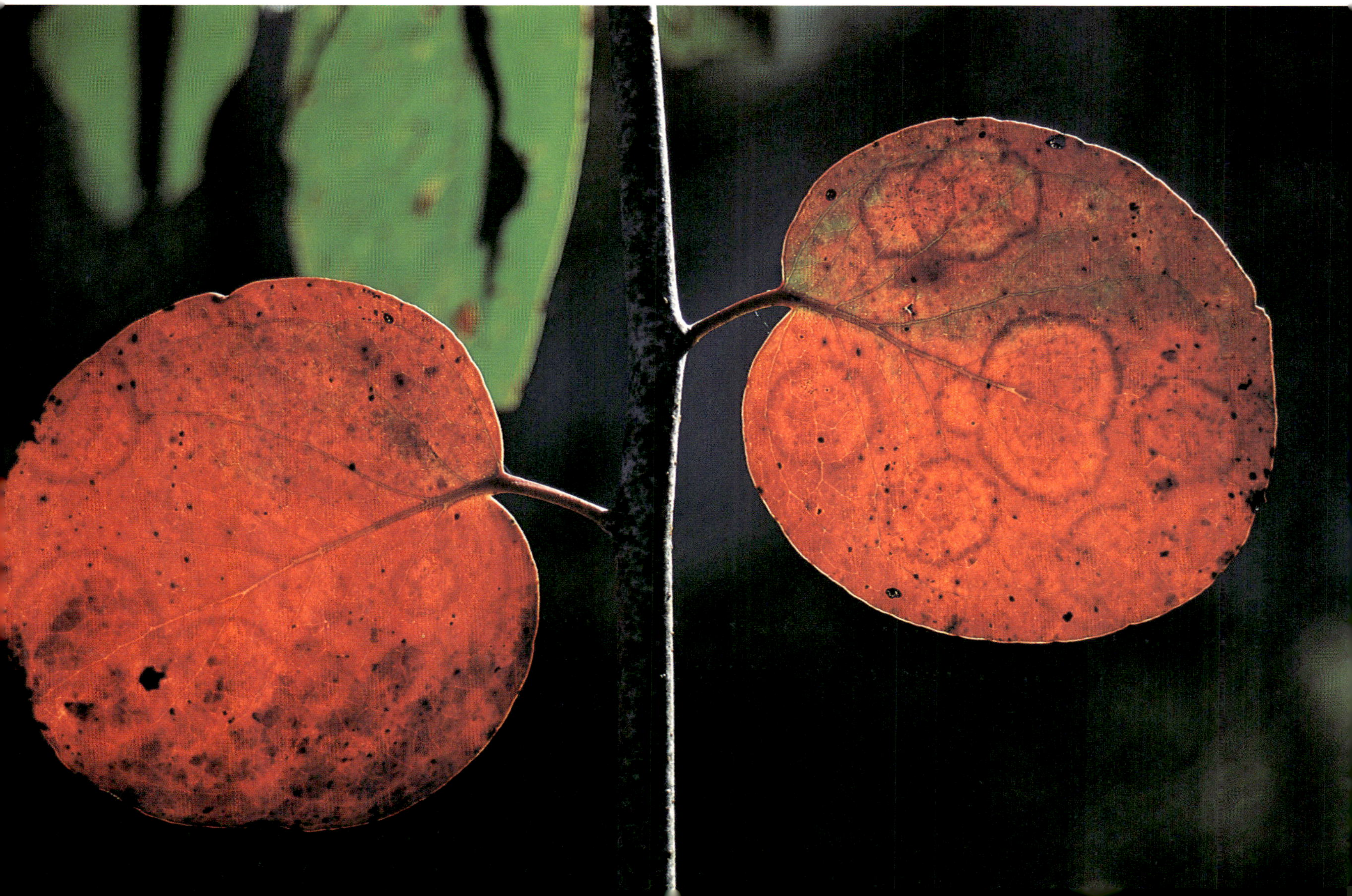

Rund um die »lebenswerteste Stadt der Welt«

Trotz seiner geringen Größe zeigt sich Victoria erstaunlich abwechslungsreich, das geografische Spektrum ist weit gefächert. Seine größten Höhen erreicht der Bundesstaat am *Mt. Bogong* (1986 m) und am *Mt. Feathertop* (1922 m) in der *Great Dividing Range*. Die Schönheit der *Victorian Alps*, wie dieser Teil des Gebirges auch genannt wird, kann sich mit der der Snowy Mountains durchaus messen. Ein weiterer geografischer Großraum ist das Becken des Murray Rivers, Australiens mächtigster Fluß. Über 1200 Kilometer lang ist die an Naturschönheiten überreiche Küste Victorias. Angesichts dieser geografischen Vielfalt erstaunt es nicht, daß Victoria einige der wichtigsten Nationalparks Australiens innerhalb seiner Grenzen beherbergt. Über dreißig Schutzgebiete weisen den Status eines *Nationalparks* auf und umfassen zusammen mit knapp fünfzig *Wilderness State Parks* ein Zehntel der Landesfläche. So unterschiedlich die Geografie des Landes, so unterschiedlich präsentieren sich auch die Parks. Hochgelegenes Bergland mit Schnee im Winter prägt den *Alpine National Park* und den *Mt. Buffalo National Park*. Trocken und halbwüstenartig

präsentieren sich die Parks im Nordwesten. Gemäßigte *Regenwälder* – etwa im *Errinundra National Park* oder im *Otway National Park* – gehören ebenso zum Naturspektrum wie wilde und spektakuläre Küstenparks. Einer der bekanntesten ist sicher der *Port Campbell National Park*, einer der außergewöhnlichsten der *Croajingalong National Park*. Praktisch alle Schutzgebiete können von der Stadt Melbourne, die 1990 zur »lebenswertesten Stadt der Welt« geadelt wurde, innerhalb eines Tages erreicht werden.

Mount Buffalo National Park

Die Granitbastion

Als die Forscher *Hamilton Hume* und *William Hovell* im Jahre 1824 auf ihrer beschwerlichen Fußreise von Sydney zur *Port Philipp Bay* durch das nördliche Victoria zogen, entdeckten sie in der Ferne einen hohen, schneebedeckten Gebirgsstock. Die Umrisse des ge-

heimnisvollen Massivs erinnerten sie an die Gestalt eines Büffels, und so nannten sie den unbekannten Berg schlicht *Mt. Buffalo*. Das alleinstehende, auf allen Seiten von dicht bewaldeten Steilabbrüchen und Wandabstürzen umgebene Massiv mit seinem Hochplateau von elf mal sieben Kilometern Ausdehnung überragt die umliegenden Ebenen um gut 1000 Meter. Aufgebaut ist der Bergstock, der zu den *Victorian Alps* gezählt wird und zu seiner Gänze als *Mt. Buffalo National Park* geschützt ist, aus Granit.

Entstehung

Der Grundstock für das Granitmassiv des Mt. Buffalo wurde gelegt, als vor etwa 300 Millionen Jahren geschmolzenes Gestein aus dem Erdinneren unter die mächtigen Sedimentschichten der Region gedrückt wurde und dort langsam abkühlte. Im Laufe der Jahrmillionen wurden die Sedimentschichten langsam abgetragen, und schließlich blieb nur noch der widerstandsfähige

50 An den Eurobin Falls in den Tieflagen des Mt. Buffalo National Parks rauscht das Wasser des Eurobin Creek über glattpolierte Granitplatten und schafft ein kleines Naturwunder abseits des Besucherstroms.

Information

Anreise: Melbourne, das internationale Tor Victorias, wird täglich von einer ganzen Reihe von Fluglinien von Deutschland aus angeflogen. Von hier aus sind Flugverbindungen zu allen wichtigen Städten Australiens möglich.
Unterkunft: Als weltoffene Kulturstadt bietet Melbourne eine kaum noch zu überschauende Vielfalt an Übernachtungsmöglichkeiten, die die gesamte Palette von

»First Class« bis »preisgünstig« umfaßt. Nobel ausgestattet und zentral gelegen sind zum Beispiel das Menzies at Rialto (Tel. 03/6209111) und das Chateau Melbourne (Tel. 03/6633161). Im mittleren Preisbereich rangieren das Astoria City Travel Inn (Tel. 03/6706801) oder das City Square Motel (Tel. 03/6547011). Günstige Unterkünfte bieten viele nicht klassifizierte Hotels im Stadtkern und den Vororten.

Granitkern übrig. Die verwitterten Sedimente bilden heute die weiten Ebenen dieses Teils von Victoria. Die phantastischen Granitkugeln, -türme und -burgen, die dem Park einen ganz eigenen Charakter verleihen, entstanden ebenfalls durch Erosion.

Im Park unterwegs

Touristische Lebensader des Nationalparks ist die gut ausgebaute Teerstraße, die von dem Örtchen *Porepunkah* aus in weiten Kehren die Steilstufe des Massivs überwindet und das Plateau auf seiner ganzen Länge durchquert. Als *Nature Drive* kann man mit Hilfe einer Broschüre die Sehenswürdigkeiten auf dem Weg zur Hochfläche »erfahren«. Kurz nach dem Parkeingang lohnt ein kurzer Abstecher zu den hübschen *Eurobin Falls*, wo das Wasser des *Eurobin Creek* über eine glatte Granitwand rauscht. Wenige Kilometer weiter, etwa auf halber Höhe des Aufstiegs, leitet ein kurzer Wanderweg zu den *Rollasons Falls* hinunter. Während der Fahrt zum Plateau bietet sich gute Gelegenheit, die Änderungen in der artenreichen Vegetation des Parks zu beobachten. Bei *The Gap* schließlich ist die Hochfläche erreicht. Der Wald tritt zurück und macht einer weiten, sumpfigen Wiesenfläche, der *Hospice Plain*, Platz. Hier zweigt nun der Zubringer

zum *Mt. Buffalo Chalet* ab, einem altehrwürdigen Gästehaus, das an ein Grand Hotel erinnert. Einzigartig ist die Lage des Chalets. Es steht unmittelbar am größten Wandabsturz des Parks, nur durch die Straße und einen schmalen Waldstreifen von diesem getrennt. *The Gorge* wird dieser beeindruckende Abschnitt genannt, der auf dem *Gorge Nature Walk* erkundet werden kann. Zahlreiche Aussichtspunkte direkt an der Kante geben den Blick auf die Bergketten der Victorian Alps und auf das tief unter dem Betrachter liegende fruchtbare *Tal des Ovens Rivers* frei. Die Granitwände und -pfeiler um den Wasserfall des *Cristal Brooks* gelten als eines der besten und anspruchsvollsten Klettergebiete Australiens – mit Wandhöhen bis zu 300 Metern. Von den Klippen starten Drachenflieger, in Kursen kann man Abseilen lernen. Mehrere lohnende Wanderwege nehmen beim *Chalet* ihren Anfang und haben zum Beispiel den riesigen freistehenden Granitblock *The Monolith*, den *Underground River* – auf mehreren hundert Metern fließt der *Eurobin Creek* in der *Haunted borge* unterirdisch und kann auf einer geführten Tour erkundet werden – sowie den *View Point Nature Walk* als Ziel. Eine informative Broschüre gibt für diesen Naturlehrpfad Einblicke

in die komplexe Ökologie des Plateaus.

Zurück auf der Hauptstraße ist der erste Anlaufpunkt die *Ranger Station* mit einem kleinen Informationszentrum. Einen ganz anderen landschaftlichen Aspekt bietet der malerische *Lake Catani*. An dem tiefblauen See, der im Sommer zum Baden und Schwimmen lockt, liegt der einzige Campingplatz des Parks. Nun beginnt die Straße in zahlreichen Kurven anzusteigen, und immer wieder führen kurze Wanderwege zu Sehenswürdigkeiten. Lohnend ist vor allem die Besteigung von *The Hump*. Von seinem Gipfel hat man einen herrlichen Blick auf die Felszinnen von *The Cathedral*, einer der bekanntesten Felsformationen im Park. Gute Kletterer finden an den Granitpfeilern ihre Herausforderung. Schließlich ist das *Tatra Inn* mit dem kleinen Skigebiet erreicht. Hier endet die Teerstraße; jedoch führt eine Schotterpiste noch einige Kilometer weiter zum Ausgangspunkt für die Besteigung von *The Horn*, der mit 1723 Metern höchsten Erhebung des Massivs. Besonders zur Zeit des Sonnenuntergangs ist die Aussicht von dem exponierten Felsgipfel grandios.

Wilsons Promontory National Park

Eckstein des Kontinents

Am südlichsten Punkt des australischen Kontinents scheint die Natur noch einmal all ihre Kräfte zu einem

---

Information

Auskünfte: Mt. Buffalo National Park, Park Road, Mt. Buffalo, VIC 3745, Tel. 057/55 1466.
Reisezeit: Der Park ist das ganze Jahr über geöffnet. Als beste Monate für einen Besuch gelten November bis April. Dann ist es tagsüber warm, mit kühlen Nächten. Plötzliche Wetterwechsel mit Kälteeinbrüchen können auch im Sommer auftreten. Im Winter schneit es in den Hochlagen des Parks regelmäßig.
Unterkünfte: Stilvoll untergebracht ist man im Mt. Buffalo Chalet, Tel. 075/55 1500. Seit kurzem auch im Sommer geöffnet ist das Tatra Inn, das eine preisgünstige Alternative zum Chalet bildet (Tel. 057/55 1988). Die nahegelegen Orte Porepunkah, Bright und Myrtleford bieten eine ganze Reihe von Übernachtungsmöglichkeiten. Informatio-

nen bei The Bright and Ovens Tourist Association, Tel. 057/55 2275.
Camping: Einziger Zeltplatz im Park ist der wunderschön gelegene Lake Catani Camping Ground, Tel. 057/55 1577. In Bright und Myrtleford gibt es Caravan Parks.
Aktivitäten: Kaum ein Park in Victoria bietet so viele Möglichkeiten wie der Mt. Buffalo National Park. Neben wandern kann man im Park reiten, radfahren, Drachenfliegen, klettern, schwimmen und Kanu fahren. Pferde können am Chalet gemietet werden. Im Winter sind Skifahren und Cross Country Skiing populär.
Touren: Geführte Reitausflüge, Fotokurse, Abseilkurse und die Exkursion zum Underground River werden vom Mt. Buffalo Chalet aus angeboten, Tel. 075/55 1500.

---

51 Eine Aussichtswarte par excellence bildet der Gipfel des Mt. Oberon. Von dem Kulminationspunkt des Wilsons Promontory National Parks überblickt man weite Bereiche des Schutzgebiets, ein Augenschmaus, besonders zur Stunde des Sonnenuntergangs.

52 »The Gorge« nennt sich das hufeisenförmige, von senkrechten Granitwänden gebildete Amphitheater unterhalb des altehrwürdigen Hotels »The Chalet« im Mt. Buffalo National Park. Die Wandfluchten des Bergmassivs bieten ein einzigartiges Revier für extreme Kletterer. Manche Routen erreichen mit Wandhöhen von über 300 Metern nahezu alpine Dimensionen.

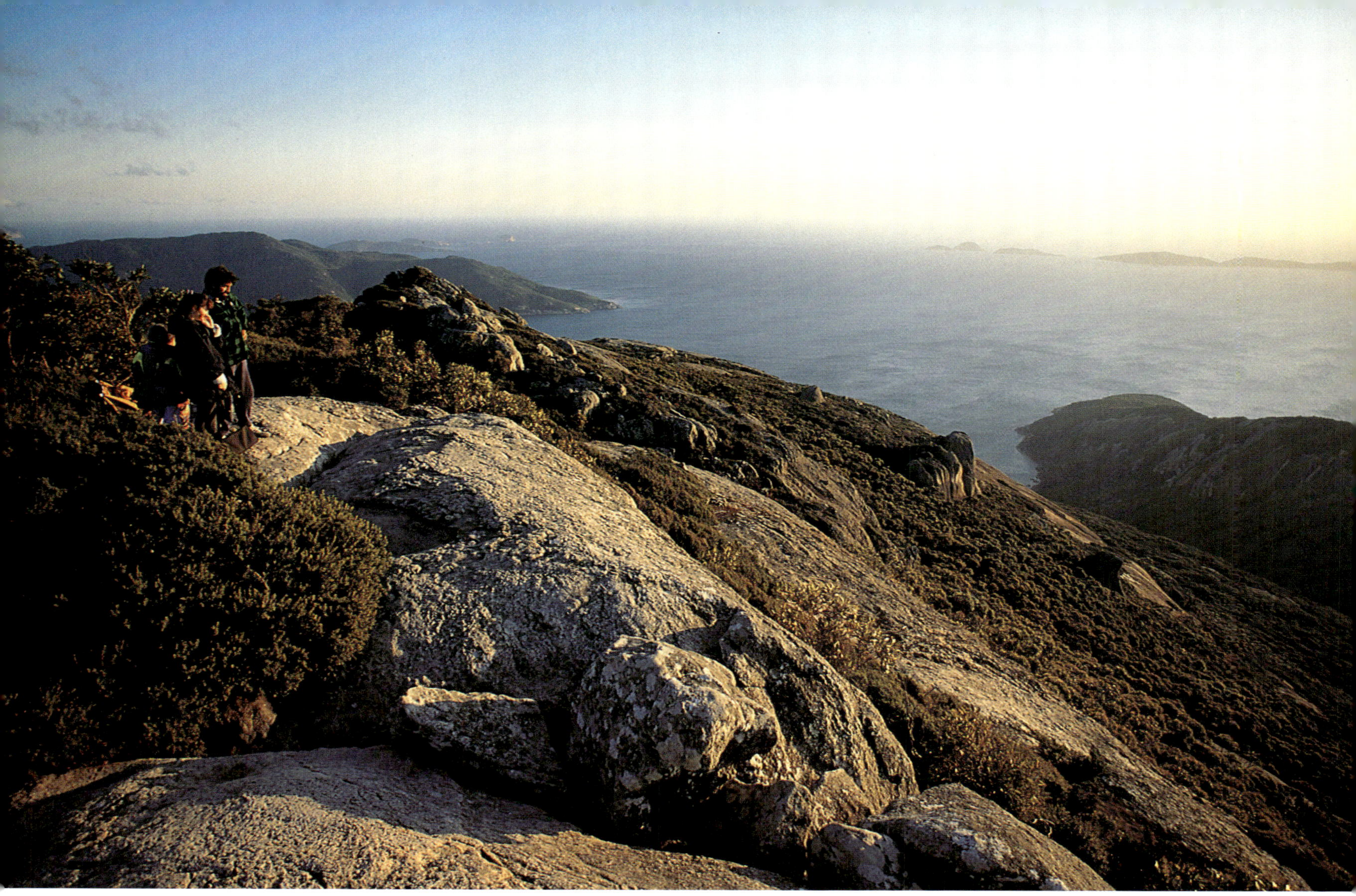

51 52

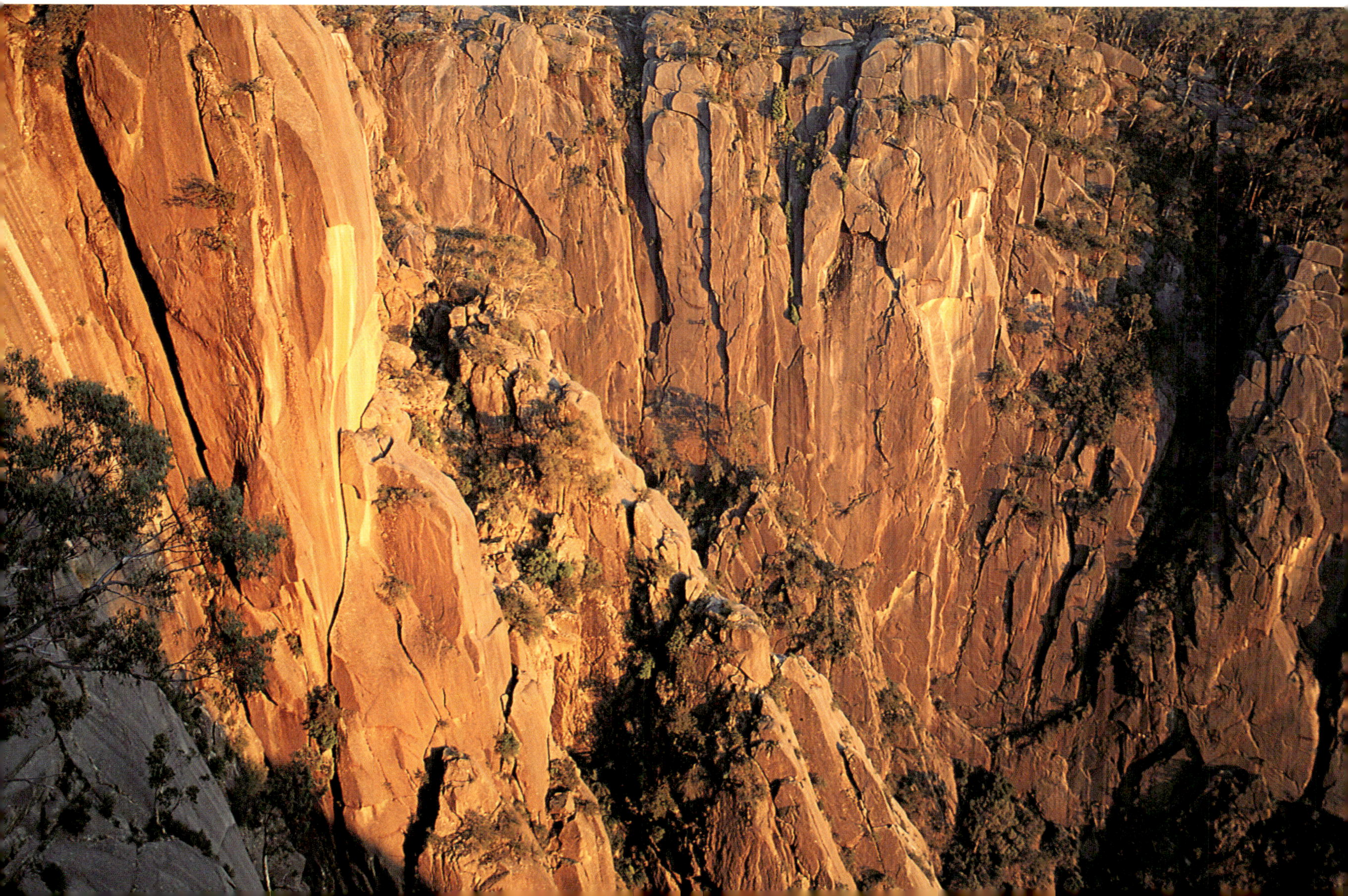

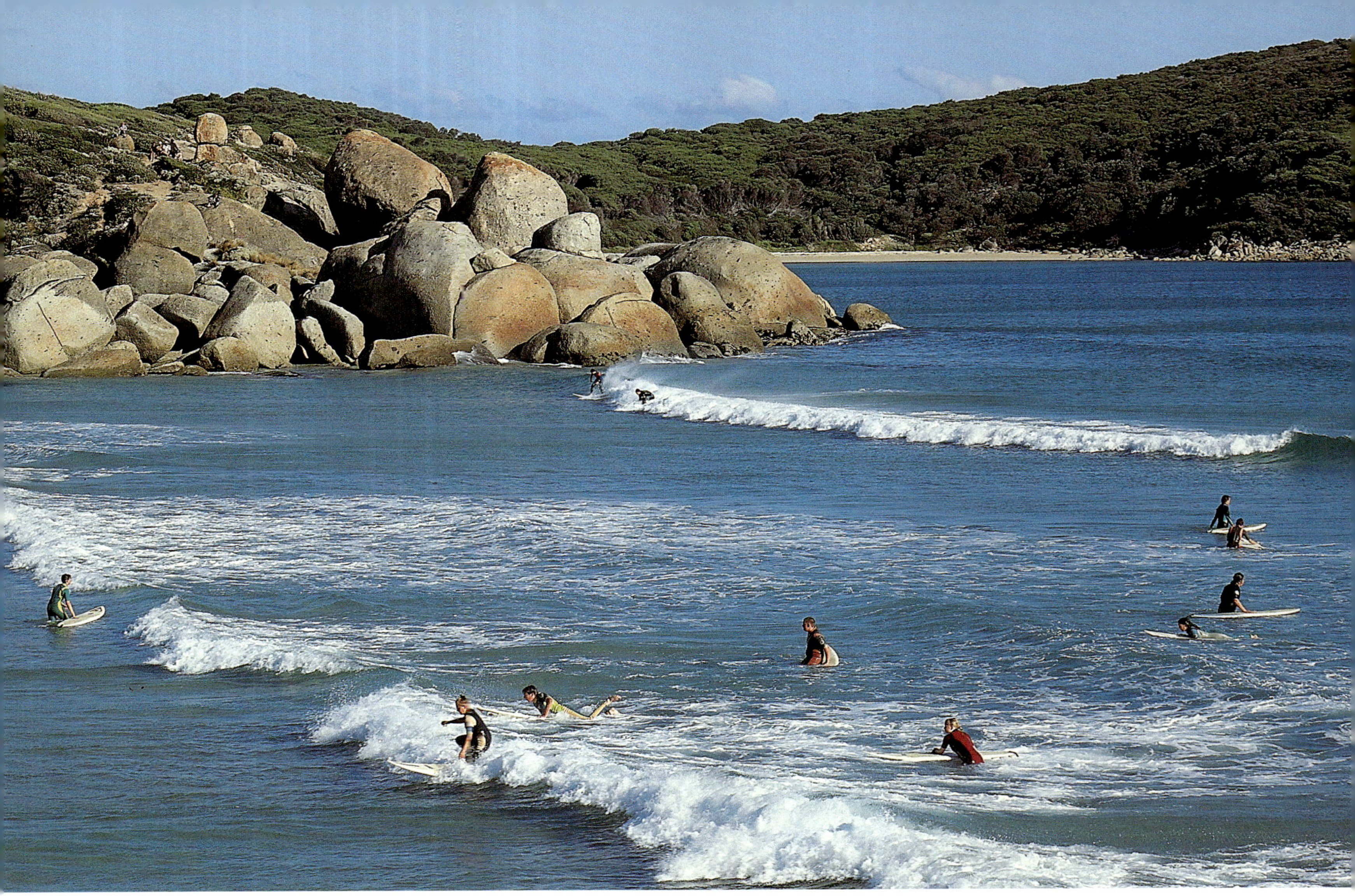

53 | 54

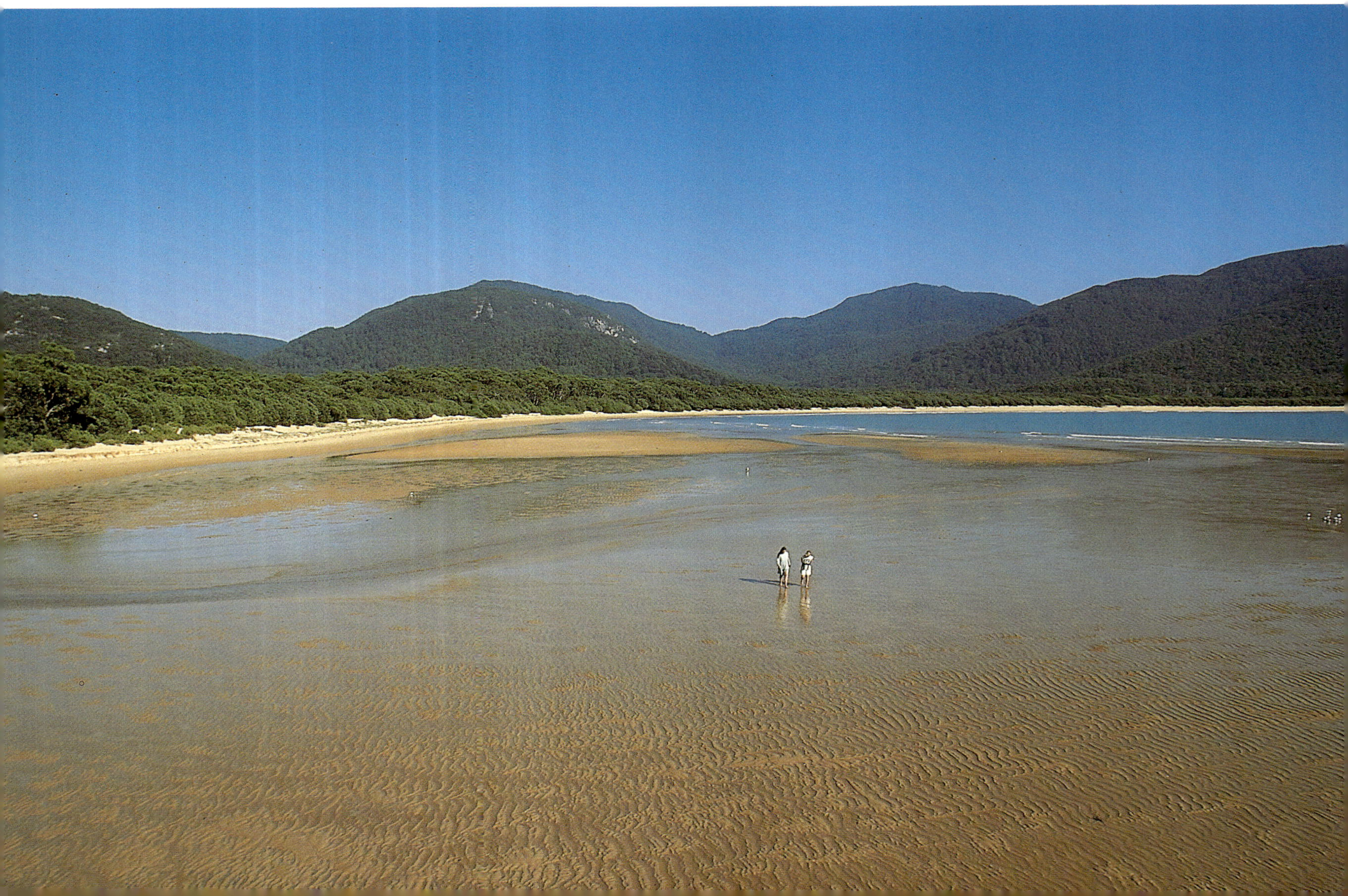

»grande finale« zu vereinigen. Nur rnoch gut 200 Kilometer von der Insel Tasmanien entfernt ragt hier die gebirgige Halbinsel des _Wilsons Promontory_ trotzig in die rauhe _Bass Strait_ – ein oft sturmumtostes Granitgebirge mit wilden Felsgestaden, herrlichen Stränden, versteckten Traumbuchten, dichten Wäldern und einer artenreichen Fauna. Vor diesem Felsfinger liegen, wie von großzügiger Hand ausgestreut, eine Reihe von Inseln. Dieses prachtvolle Landschaftsensemble ist als _Wilsons Promontory National Park_ geschützt, die umliegenden Gewässer mit den Inseln als _Marine Park_.

Geologisch bilden die Berge und Inseln des Parks den ertrunkenen Teil eines Granitgebirges, das einst das Festland mit Tasmanien verband. Seit dem Anstieg des Meeresspiegels nach der letzten Eiszeit ragen nur noch die Gipfel des Gebirgszugs aus dem Wasser.

Die relative Nähe zur Millionenstadt _Melbourne_ – 230 Kilometer sind für australische Verhältnisse ein Katzensprung – machen den Wilsons Promontory National Park zu einem bevorzugten Wochenendziel für die Melbournesen, und dieser Park führt – gemessen an den Besucherzahlen – die Beliebtheitsskala der Nationalparks in Victoria an. Gut ausgebaute und markierte Wanderwege erschließen alle Landschaftsaspekte des »Prom«, wie der Nationalpark in Victoria kurz genannt wird. Der gehfreudige Besucher hat dabei die Wahl zwischen kurzen Spaziergängen und ausgiebigen Tagestouren bis hin zu mehrtägigen Trekkings.

Die Wilsons Promontory Road

Die Zufahrt von Melbourne zum Park erfolgt über den _South Gippsland_ _Highway_ bis zum Städtchen _Meeniyan_ und von dort über die Straße 189 zum einzigen Parkeingang (_Yanakie Entrance_) kurz hinter der kleinen Ortschaft _Yanakie_.

Die 32 Kilometer lange _Wilsons Promontory Road_ vom Parkeingang nach _Tidal River_, dem touristischen Nervenzentrum des Reservats, gibt einen wunderschönen Überblick über die Landschaften und Besonderheiten des »Prom«. Die ersten Kilometer führen über den _Yanakie Isthmus_, der im hinteren Teil von einer weiten Wiesenebene geprägt wird. Eingerahmt wird die an die afrikanische Savanne erinnernde Ebene in der Ferne von den blaugrünen Bergen der _Voraker Range_.

Der flache _Yanakie Isthmus_, eine aus Sand aufgebaute Landbrücke, verbindet das »Prom« mit dem Festland, das nach dem Ende der letzten Eiszeit, bedingt durch das Ansteigen des Wasserspiegels, eine gebirgige Insel bildet. Nach und nach lagerte sich dann Sand ab, bis schließlich eine Verbindung zum Festland zustande kam.

Begrenzt wird die Grasfläche von einem Höhenzug, den die Straße nun überwindet. Kurz danach überquert man den _Darby River_, einen dunklen, stillen, von Schilf eingerahmten Fluß, der sich knapp einen Kilometer weiter ins Meer ergießt. Ein kurzer Wanderweg führt von hier zum _Darby Beach_.

Wo heute ein beliebter Picknick-Platz ist, stand früher das berühmte _Darby River Chalet_. 1910 als kleine Hütte gegründet, wurde es später erweitert und war bis zum Zweiten Weltkrieg ein beliebter Treffpunkt für Liebhaber des »Prom«. Nach dem Krieg wurde der Bau abgerissen.

Nun beginnt der gebirgige Teil des Parks, und die Straße steigt in weiten Kurven zum _Darby Sattel_, Ausgangspunkt einer Wanderung zum _Tongue Point_, einer weit ins Meer hinausragenden Halbinsel mit großartigen Granitfelsen an ihrer Spitze. Der Straßenabstieg vom Sattel wird versüßt durch überraschende und spektakuläre Blicke auf die wilde Küste, das türkisfarbene Meer und die vorgelagerte Felsinsel. Ein kurzer Abstecher etwa einen Kilometer nach dem Sattel führt hinunter zur herrlich gelegenen _Whisky Bay_ mit ihrem weißen Sandstrand.

Von hier an reiht sich eine Traumbucht an die andere, getrennt durch felsige Landzungen. _Picnic Bay_ und _Leonhard Bay_ mit dem _Squeaky Beach_, benannt nach dem quietschenden Geräusch, das beim Gehen in dem feinen Quarzsand zu hören ist, sind nur zu Fuß zu erreichen. Ins Blickfeld kommt jetzt der _Mt. Bishop_ (319 m), ein hervorragender, durch einen einfachen Weg erschlossener Aussichtsberg. Zu seinen Füßen gibt eine der beliebtesten

53 Die von Granitfelsen eingerahmte Sandbucht der Whisky Bay im Wilsons Promontory National Park wird von angehenden Surfern als Übungsrevier geschätzt.

54 Nur in einer strammen Tagestour – oder im Rahmen einer gemütlichen Zweitagetour – ist der weite Sandbogen des einsamen Sealers Cove im Wilsons Promontory National Park zu erreichen.

Information

Auskünfte: Informationen über den Park bekommt man am Parkeingang und im Visitor Centre. Ranger in Charge, Wilsons Promontory National Park, Tidal River via Foster, Vic. 3960, Tel. 056/809555.
Reisezeit: Der Park ist ganzjährig geöffnet. Zu Weihnachten, Ostern sowie an den Labour-Day- und Melbourne-Cup-Wochenenden ist der Park überfüllt. Als beste Reisezeit gelten der Frühling und der Herbst.
Unterkünfte: Die Ortschaft Tidal River im Nationalpark bietet eine ganze Reihe von Unterkunftsmöglichkeiten: Appartements und Hütten (2–6 Personen, Tel. 056/809500) und Motor Hus (4–6 Personen, Tel. 056/809555). Auskünfte gibt die South

Gippsland Tourism Association, Tel. 056/552233.
Camping: Die Tidal River Camping Area hat 500 Plätze. Trotzdem sind Reservierungen mehrere Monate im voraus vor allem für die Stoßzeiten notwendig (Tel. 056/809555). Bei großem Andrang werden die verfügbaren Plätze verlost. Für die nur zu Fuß erreichbaren Zeltplätze im Park benötigt man ein Permit.
Aktivitäten: Wandern, Surfen, Schwimmen, Tauchen, Fischen. Da die Gewässer um den Nationalpark als Marine Park unter Schutz stehen, empfiehlt es sich, Informationen zum Tauchen, Schnorcheln und Fischen im Tidal River Information Centre, Tel. 056/809555, einzuholen.

Wanderstrecken im Park, der *Lilly Pilly Gully Nature Walk*, eine Einführung in die abwechslungsreiche Vegetation des Nationalparks. Schließlich erreicht man *Tidal River* an der *Norman Bay*. Hier befindet sich die Hauptverwaltung des Reservats; das *Visitor Centre*, ein kleiner Supermarkt mit Imbiß, Tankstelle und öffentlichem Telefon, versorgt die Besucher, die hier die einzige Übernachtungsmöglichkeit im Park finden. Der breite, weitläufige *Norman Beach* ist der Hausstrand des in Ferienzeiten regelmäßig überfüllten Ortes.

Vor der Abzweigung nach Tidal River führt die Wilsons Promontory Road nach einigen kurvenreichen Kilometern zum *Telegraph Saddle*. Vom Sattel ist der Granitgipfel des *Mt. Oberon* (558 m) auf einem breiten Forstweg in etwa einer Stunde zu erreichen. Dort liegt dem Besucher dann der »Prom« in seiner ganzen Schönheit zu Füßen.

Am Telegraph Saddle beginnt eine mehrtägige Wanderung, die mit *Sealers Cove, Refuge Cove, Waterloo Bay, Oberon Bay* und *Norman Bay* eine Reihe der schönsten Buchten und Strände verbindet. Die Anzahl der Trekker wird durch die Vergabe von Permits begrenzt, so daß man sein Fleckchen vom Paradies hier ungestört genießen kann. Noch ruhiger ist der abgelegene Nordteil des Parks: *Five Mile Beach, Chinaman Long Beach* und *Tin Mine Cove* sind nur durch lange Wanderungen erreichbar.

Grampians National Park

Zeitlose Schönheit

Seit das Gebiet der *Grampians* 1984 zum Nationalpark erklärt wurde, kann sich der kleine Bundesstaat Victoria mit einem der eindrucksvollsten und beliebtesten Nationalparks Australiens schmücken. Geografisch wird das wild zerklüftete *Sandsteingebirge* – obwohl keine unmittelbare Verbindung besteht – zur *Great Dividing Range* gezählt.

Wie eine Insel erhebt sich aus den endlosen, landwirtschaftlich intensiv genutzten Ebenen West-Victorias ein Gebirge aus mehreren parallel verlaufenden Bergketten. Die meisten der verwitterten, exakt in Nord-Süd-Richtung verlaufenden Gebirgszüge brechen ostseitig abrupt in imposanten Wandabstürzen ab, während die Westseite sanft geneigte Hänge aufweist.

Die Natur des Parks

Bereits vor der Einrichtung des Nationalparks erfreuten sich die Grampians bei der Bevölkerung großer Beliebtheit. Die Weide- und Holzwirtschaft wurde bereits früh eingeschränkt, große Teile des Gebirges zum *Grampian State Forest* erklärt. So konnten umfangreiche Gebiete praktisch im unberührten Zustand in den *Grampians National Park* eingebracht werden. Neben der abwechslungsreichen und reizvollen Landschaft sorgten vor allem die reiche Vegetation und das interessante Tierleben dafür, daß die Grampians geschützt wurden. Immerhin ein Drittel aller Pflanzen Victorias, also nahezu 900 Blütenpflanzen, darunter etwa einhundert verschiedene Orchideen, gedeihen im Park. Neben zahlreichen endemischen Arten fand man in den Grampians Pflanzen, die sonst nur noch in weit entfernten Gebieten wie etwa Tasmanien oder Westaustralien vorkommen. Dazwischen aber treten sie nicht auf. Eine *Küsten-Banksia*, deren Standort versteckt hoch in den Felsen liegt, erreicht das Ende ihres Verbreitungsgebietes eigentlich mit der *Port Philipp Bay* bei Melbourne und das überraschende Vorkommen dieser Küstenpflanze wird von Wissenschaftlern als Beweis dafür angesehen, daß das Meer einst bis zu den rötlichgelben Felswänden der Grampians reichte.

Auch für Vogelkundler tut sich in den Grampians ein Paradies auf. Über 200 Vogelarten wurden aufgelistet, darunter die frechen *Kookaburras*, die farbenprächtigen *Crimson Rosellas* und *Galahs*, die *Yellow-tailed Black Cockatoos* mit ihrem charakteristischen Krächzen, *Emus, Reiher, Kormorane, Ibisse* und *Weißbauch-Seeadler*. Auch die Säugetiere sind reich vertreten.

Im Park unterwegs

Touristisches Zentrum des Parks ist *Halls Gap*. Der bekannte Ort bildet für die meisten Besucher den ersten Anlaufpunkt. Nicht ganz drei Kilometer südlich des Ortes, zu erreichen über die *Grampians Road*, wartet das sehenswerte *National Park Visitor Centre* auf interessierte Besucher. Nur zwei Gehminuten vom Visitor Centre entfernt präsentiert sich eine ganz besondere Attraktion: das *Brumbuk Living Cultural Centre*. Hier kann man eintauchen in die bewegte Geschichte und das Leben der *Kooris*, wie sich die Aborigines hier selbst nennen. Das Zentrum ist als Begegnungsstätte der Kulturen gedacht und ist gleichzeitig Ausdruck des wiedererwachten Selbstbewußtseins der Ureinwohner Australiens. Das außergewöhnliche Design des Gebäudes, geschaffen von dem Architekten *Greg Burgess*, wurde mit einer ganzen Reihe von wichtigen Architekturpreisen ausgezeichnet.

55 Victorias Südküste findet ihren dramatischen Höhepunkt im Port Campbell National Park. Die grandiose, oft sturmumtoste Steilküste unterliegt ständigen Veränderungen und fasziniert mit großartigen Naturmonumenten. Im Bild zwei der »Zwölf Apostel«.

Folgende Abbildungen:

56 Um den Sonnenaufgang von der exponierten Schaukanzel »The Pinnacle« erleben zu können, muß man noch bei Dunkelheit losmarschieren. An klaren Morgen wird man dafür mit einem farbenprächtigen Schauspiel belohnt.

57 Aus weiten, landwirtschaftlich genutzten Ebenen, deren Monotonie nur durch vereinzelte Eukalyptusbäume unterbrochen wird, ragen die beiden südlichsten Gipfel der Grampians auf: der Mt. Sturgeon und der Mt. Abrupt.

58 Schwindelfrei müssen Besucher schon sein, wenn sie sich auf die waagrecht herausragenden Sandsteinplatten der »Balconies« im Grampian National Park wagen. Ein kurzer Wanderberg führt zu diesem beliebten Aussichtspunkt.

58 ▷

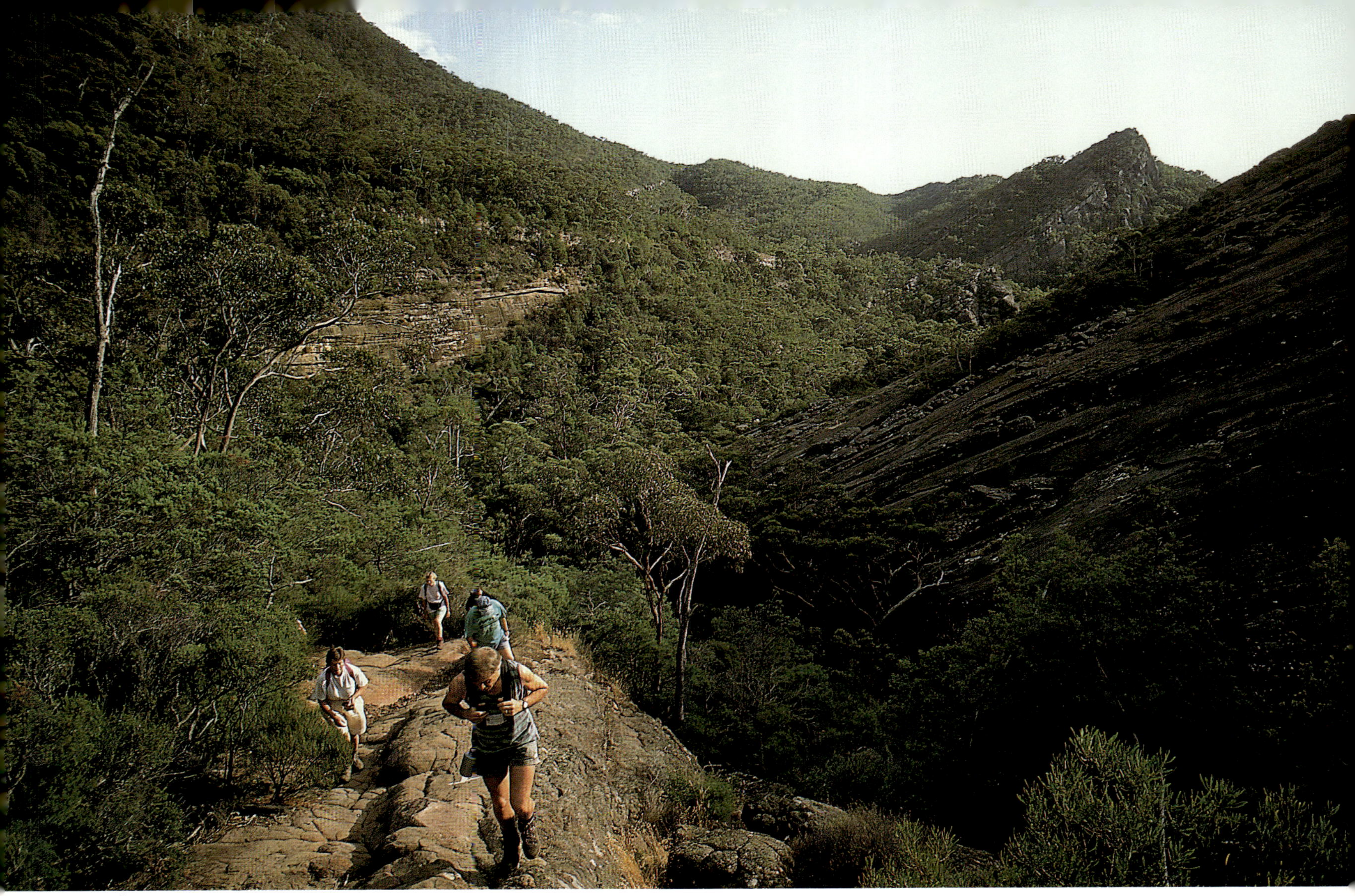

59 | 60

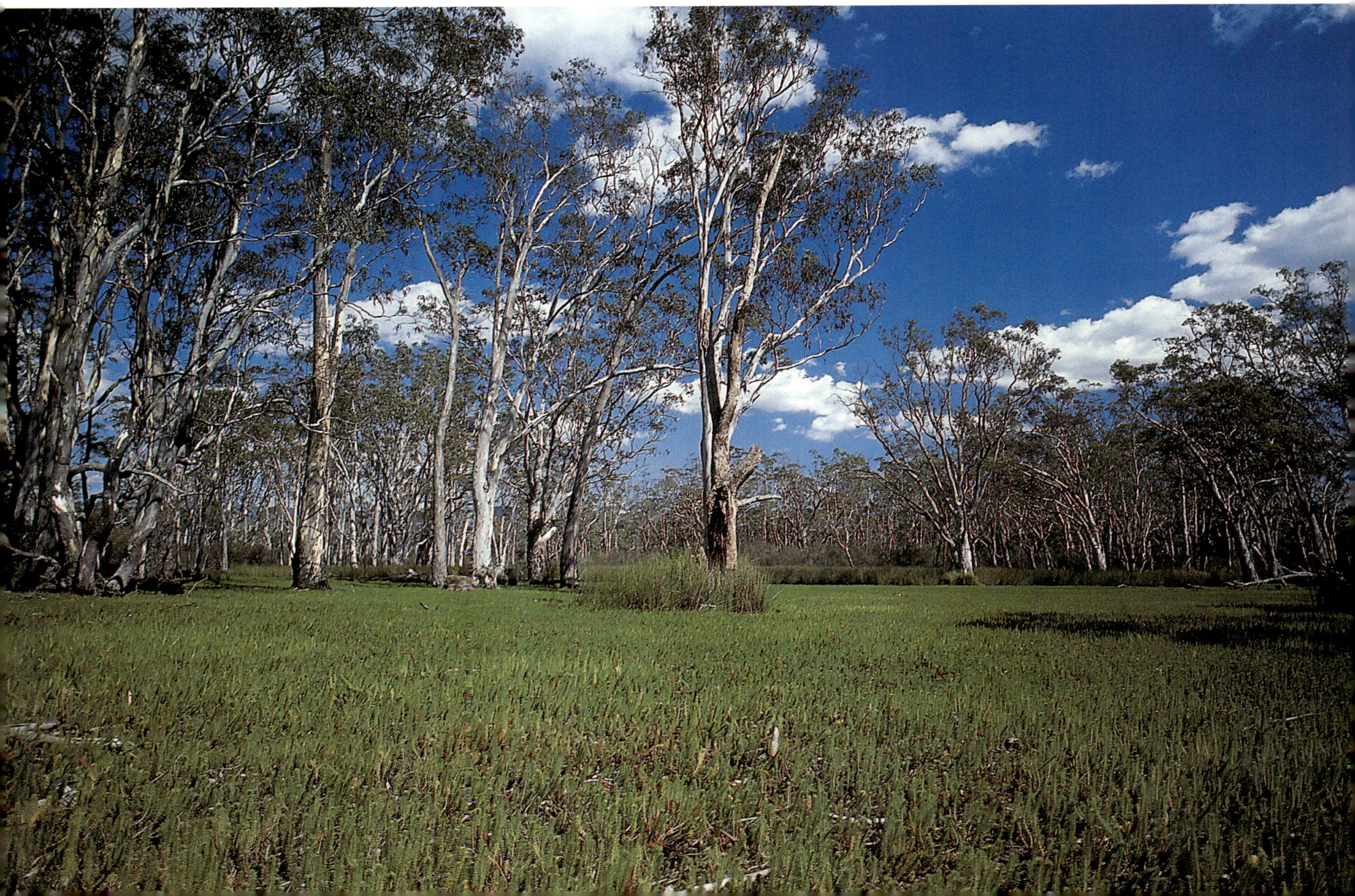

Ausgestattet mit einer Fülle von Informationen kann man sich nun auf Entdeckungstour in dem 167 000 Hektar großen Park begeben. Eine der meistgeschätzten Regionen liegt ganz nahe an Halls Gap: die _Wonderland Range_. Eindrucksvolle Felsformationen, großartige Aussichtspunkte, Schluchten, Wasserfälle und eine besonders vielfältige Vegetation rechtfertigen die Beliebtheit. Die Schönheiten der Wonderland Range können nur zu Fuß erkundet werden. Bester Ausgangspunkt für die Exkursionen ist der _Wonderland Turntable_, den man von Halls Gap aus bequem über die bestens ausgebaute _Mt. Victory Road_ und eine kurze Stichstraße erreicht. Die wohl interessanteste, aber stellenweise anstrengende Wanderung führt von hier durch den _Grand Canyon_, eine tief in den Sandstein eingeschnittene Schlucht, und den engen Felsspalt der _Silent Street_ zu _The Pinnacle_, einem äußerst exponierten, aber mit einem Geländer gesicherten Felssporn an der Absturzkante des Gebirgszuges. Von dort oben liegt dem Betrachter das _Tal von Halls Gap_ zu Füßen, der Blick reicht zum aufgestauten _Lake Bellfield_ und über die Ausläufer der _Mt. William Range_ hinaus in die im Hitzedunst flirrende Ebene. Kürzer und weit weniger anstrengend ist die luftige Aussichtswarte vom _Sundial Turntable_ aus zu erreichen.

Die _Mt. Victory Road_ bildet den Zugang zu zwei weiteren Attraktionen: _Reid Lookout_ und _The Balconies_. Reid Lookout, an der Kante der _Mt. Victory Range_, überblickt das weite, dicht bewaldete _Victoria Valley_ bis hin zur fernen _Victoria Range_. Eine ständig besetzte Feuerbeobachtungsstation am Rande des Wandabbruchs nützt den grandiosen Panoramablick.

Nur einen guten Kilometer entfernt davon ziehen waagrecht über den steilen Waldhang hinausragende Sandsteinplatten, _The Balconies_, den Besucher in ihren Bann.

Während des Abstechers zum _Lake Wartook_ wartet der Park noch mit einer anderen Überraschung auf: die malerischen _MacKenzie Falls_, eine Serie von imponierenden Wasserfällen. Geologisch bilden diese Felsstufen eine Besonderheit, handelt es sich hier doch nicht um Sandstein, sondern um einen alten Eruptivgang aus tiefschwarzem Basalt. Beliebtes Ausflugsziel entlang der _Mt. Victory Road_ ist der Picknickplatz _Zumstein_ am _MacKenzie River_, berühmt-berüchtigt für seine _Känguruhs_, die beim Betteln ganz schön aufdringlich werden können.

Etwas abseits des Hauptgeschehens liegt das nördliche Ende des Parks – zu Unrecht. Vor allem das wilde Felschaos des _Mt. Stapylton_ und des bemerkenswerten _Hollow Mountains_ kann man ohne Gewissensbisse zu den herausragendsten Gebieten des Parks zählen. Die zerklüftete Felswelt ist allerdings allein erfahrenen Wanderern und Kletterern vorbehalten. Als letzter Vorposten des Gebirges garantiert der alleinstehende _Mt. Zero_ grandiose Weit- und Panoramablicke. Seine Besteigung ist einfach. Erreicht wird der Norden der Grampians von Halls Gap aus auf der ungeteerten, stellenweise recht ruppigen _Mt. Zero Road_.

Mit Schotterstraßen vorliebnehmen muß man auch, wenn man zwei der schönsten und interessantesten _Aboriginal-Felsmalereien_ im äußersten Westen des Parks besichtigen will. _Billimina (Glenisla shelter)_ und _Manja (Cave of Hands)_ liegen in den westlichen Abhängen der Victoria Range.

Von Halls Gap aus führt die _Grampians Road_, später _Mt. Abrupt Road_, parallel zur vielzackigen _Sierra Range_ nach Süden. Endpunkt der Straße ist der bereits außerhalb des Parks liegende Ort _Dunkeld_, »The Southern Gateway to the Grampians«. Auf dem Weg dorthin hat man die Möglichkeit über die _Mt. William Road_ dem _Mt. William_ – mit 1167 Metern der höchste Berg der Grampians – nahezukommen. Das letzte Stück zum Gipfel ist für Autos gesperrt, verlangt aber vom Fußgänger auch keine Großtaten mehr. In weiten Kurven führt eine breite Schotterstraße zur mit Antennen, Masten und Gebäuden »geschmückten« Bergspitze. Sie beeinträchtigen jedoch den Augenschmaus vom Gipfel nicht. Der Blick schweift über das weite und dicht bewaldete _Major Mitchel Plateau_ südlich des Gipfels und bleibt an der zerklüfteten _Sierra Range_ im Osten hängen.

Eine lohnende Wanderung im Süden führt auf den prachtvolle Ausblicke gewährenden Gipfel des _Mount Abrupt_, der – nomen est omen – ganz plötzlich aus der Ebene wächst und mit einer beeindruckenden Steilflanke bewehrt ist.

59 Eine der schönsten Wanderregionen im Grampians National Park stellt das Gebiet der Wonderland Range dar. Die Wanderer im Bild befinden sich im Aufstieg zu »The Pinnacle«, einer luftigen Aussichtskanzel hoch über Halls Gap.

60 Das Umland des Moora Reservoirs im Zentrum des Grampians National Parks wird von sumpfigen Ebenen geprägt. Die Straßen in diesem Teil des Reservoirs sind ungeteert und streckenweise in schlechtem Zustand.

Information

Auskünfte: Grampians National Park, Halls Gap, Vic. 3381, Tel. 053/564381.
Reisezeit: Heiße Sommer und kalte Winter charakterisieren das Klima im Park. Die beste Zeit für einen Besuch ist das Frühjahr zur Wildblumenblüte oder der Herbst.
Unterkünfte: Zentrum des touristischen Geschehens im Park ist Halls Gap. Hier findet man verschiedenste Unterkunftsmöglichkeiten in Hotels, Motels und Cabins. Besonders empfehlenswert sind die Pioneer Cottages etwa 10 km außerhalb von Halls Gap, Tel.053/564402.
Camping: Gut ausgestattet ist der Halls Gap Lakeside Caravan Park, Tel. 053/564281. Mit allen sanitären Anlagen versehen ist auch der Campingplatz in der Zumstein Recreation Area, Tel. 053/836242, im Nationalpark.
Über den ganzen Park verstreut gibt es zusätzlich einfache Zeltplätze, die nur mit dem Nötigsten ausgestattet sind. Informationen über diese Zeltplätze bekommt man im Visitor Centre.
Aktivitäten: Wandern, Tierbeobachtungen, Klettern.

Südaustralien

Knapp drei Jahrzehnte nach der
»Inbesitznahme« Australiens durch James
Cook erforschte der Engländer
Matthew Flinders im Rahmen seiner
Expedition auch über mehrere Jahre
die Südküste des »Fünften Kontinents«.
Kein Wunder, daß nicht nur der
bedeutendste Gebirgszug Südaustraliens,
die rund 430 Kilometer langen Flinders
Ranges mit dem 1165 Meter hohen
St. Mary Peak, nach dem Pionier benannt
ist, sondern auch zwei prominente
Schutzgebiete dessen Namen tragen, der
Flinders Ranges National Park auf
dem Festland und der Flinders Chase
National Park auf der vorgelagerten
Kangaroo Island.
Umgekehrt verdankt ihm der »Fünfte
Kontinent« seinen heutigen Namen, denn
Flinders schlug für den bis dahin
»Neuholland« genannten Erdteil den
Namen »Australien« vor. Heute
konzentriert sich die Bevölkerung
Südaustraliens auf den Großraum der
Hauptstadt Adelaide; das Hinterland mit
seinen großen Salzseen ist fast
menschenleer.

St Mary Peak
1170 metres

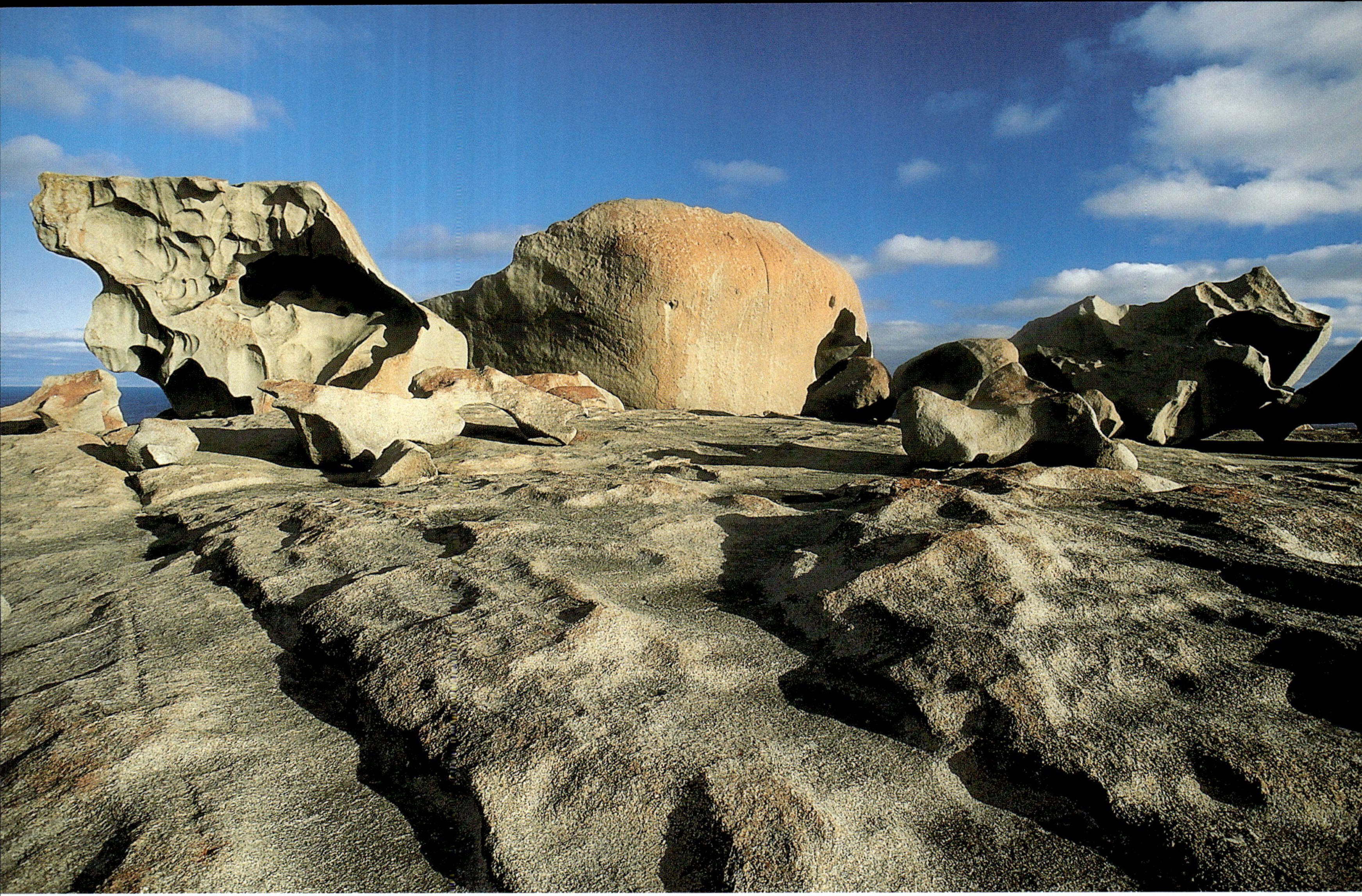

63 | 64

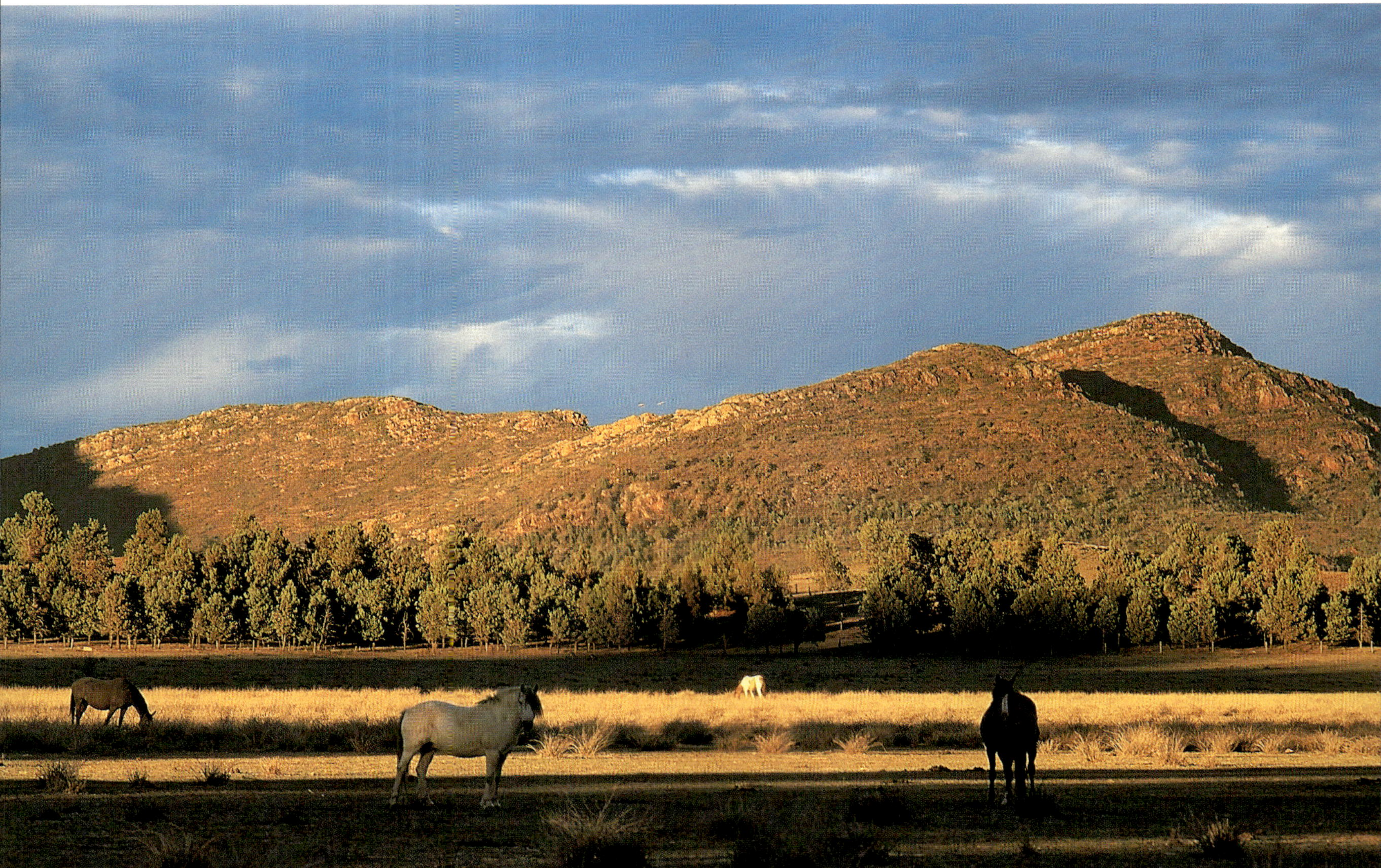

Das Land der großen Salzseen

Betrachtet man die Verteilung der Bevölkerung im Bundesstaat Südaustralien, bekommt man damit gleich einen guten Eindruck von der geografischen Struktur des Landes. Etwa siebzig Prozent der Einwohner leben in dem Großraum der Hauptstadt *Adelaide*, nur ein Prozent im Norden des Landes, der Rest verteilt sich auf die landwirtschaftlich nutzbaren Küstengebiete und die Eyre Peninsula. Geografisch ist Südaustralien dreigeteilt: zunächst in den wüsten- oder halbwüstenhaften Norden mit riesigen *Salzseen* einerseits und dem uralten Gebirgsstock der *Flinders Ranges* an-

---

Vorhergehende Abbildungen:

61 Die Hitze der Mittagsstunden verdöst dieser Koala in den Zweigen eines Eukalyptusbaumes nahe dem Besucherzentrum des Flinders Chase National Parks auf Kangaroo Island.

62 Ungehindert schweift der Blick vom Gipfel des St. Mary Peak, der höchsten Erhebung der Flinders Ranges, über die zeitlose Landschaft eines Gebirges im Endstadium. Von der einstigen Größe der Flinders Ranges, eines der ältesten Gebirge der Erde, ist nur noch das Skelett übriggeblieben.

63 An die Werke eines modernen Bildhauers erinnern manche der verwitterten Granitfelsen der »Remarable Rocks« im Flinders Chase National Park.

64 Landschaften im Westen der USA ähnelt dieses Bild, aufgenommen in der Ebene vor dem Bergsaum des Wilpena Pounds im Flinders Ranges National Park.

dererseits. Mehr Niederschläge bekommt der zweite Landschaftsgürtel, die sogenannten *»gulf lands«*. Damit ist die Region um den *Spencer Gulf* einschließlich der *Eyre Halbinsel* gemeint. Zu dieser Region gehören auch die Küstenebenen und die *Mt. Lofty Range*. Als dritte Zone gelten die Ebenen im Südosten. Landwirtschaftlicher Erfolg beruht hier auf Bewässerung. Die Hauptwasserquelle ist dabei der große *Murray River*.

Trotz der klimatischen Widrigkeiten zählt Südaustralien zu den führenden Staaten, was die landwirtschaftliche Produktion betrifft. Weizen, Gerste, Zitrusfrüchte, Wein und Trauben sind dabei die wichtigsten Erzeugnisse. Rohstoffe wie Eisen, Uran, Kupfer sowie Naturgas bilden eine weitere Stütze der Wirtschaft. Nicht zu vergessen ist auch die *Opalgewinnung* im weltbekannten *Coober Pedy*. Inzwischen hat sich Südaustralien von dem wirtschaftlichen Absturz in den siebziger Jahren wieder erholt, der zum Niedergang der weiterverarbeitenden Industrie geführt hatte. Vor allem der Schiffsbau, der

Südaustralien in den vorangegangenen Jahren eine Periode wirtschaftlichen Wohlstands beschert hatte, war davon betroffen. *Adelaide, Port Augusta* und *Port Pirie* sind heute die Zentren einer wiedererstarkten weiterverarbeitenden Industrie.

Wie alle anderen australischen Staaten setzt auch Südaustralien zunehmend auf den Tourismus. Neben den Besucherhits *Kangaroo Island, Adelaide* und dem *Barossa Valley* hat Südaustralien viel Natur zu bieten. Allein in den Flinders Ranges haben sich drei interessante Nationalparks etabliert, der *Mt. Remarkable National Park*, der bekannte *Flinders Ranges National Park* und der abenteuerliche *Gammon Ranges National Park* im Norden des Gebirgszuges. Im Bereich der riesigen Salzseen sind einige Nationalparks und Schutzgebiete eingerichtet worden, die allerdings touristisch keine Rolle spielen. Einer der wichtigsten Nationalparks ist ohne Zweifel der *Flinders Chase National Park* auf *Kangaroo Island*, aber auch einige der Küstenparks sind populär.

Information

Anreise: Der internationale Flughafen von Adelaide wird regelmäßig von zahlreichen Fluglinien angeflogen. Von hier bestehen gute Verbindungen zu allen australischen Städten.

Unterkunft: Als Einfallstor für Südaustralien und Ausgangs- bzw. Endpunkt vieler Touren im Land hat Adelaide eine umfang-

reiche Auswahl an Hotels, Motels und Pensionen. Die meisten Hotels höherer Kategorie sind im Zentrum angesiedelt, wie z. B. das ausgezeichnete Adelaide Hilton International, Tel. 08/271 07 11, oder das Hyatt Recency, Tel. 08/231 12 34. Empfehlenswert ist zudem die Adelaide Travellodge, Tel. 08/223 27 44.

Flinders Chase National Park und Seal Bay Conservation Park

Insel der Tiere

Kangaroo Island ist – nach Tasmanien und Melville Island – mit der respektablen Fläche von 4405 Quadratkilometern die drittgrößte Insel Australiens. Sie liegt in westlicher Fortsetzung der Landzunge, die sich südlich von *Adelaide* ins Meer hinausschiebt und den *St. Vincent Golf* an dessen östlicher Seite säumt. Vom Festland durch die schmale *Backstairs Passage* getrennt, hat sich die Insel zu einer der wichtigsten Touristendestinationen Südaustraliens entwickelt. Viel dazu beigetragen haben zwei Parks der Insel, der *Flinders Chase National Park* im Westen der Insel, der ohne Zweifel zu den wichtigsten Schutzgebieten des Landes zählt, und der kleine *Seal Bay Conservation Park* an der rauhen Südküste. Ohne den Besuch dieser beiden Reservate wäre der Aufenthalt auf der Insel nicht komplett.

Seal Bay Conservation Park

Man erreicht das kleine, aber außergewöhnliche Schutzgebiet auf einer ungeteerten Stichstraße, die von der ebenfalls recht rauhen *South Coast Road* abzweigt. Der Seal Bay Conservation Park umfaßt einen schmalen Küstenstreifen mit wind- und salzgestutzter Vegetation und eine langgezogene, auf beiden Seiten mit Felsklippen begrenzte Sandbucht. Dieses unberührte Stück Küste hat sich eine große Kolonie *Australischer Seelöwen* (Neophoca cinerea) zu ihrer Heimstatt auserkoren. Die Kolonie in der Seal Bay umfaßt mit mehreren hundert Exemplaren etwa zehn Prozent der Weltpopulation dieser herrlichen Tierart und gilt als die zweitgrößte Brutkolonie in Australien. Der Anblick der friedlich in der Sonne liegenden Tiere vermittelt zumindest einen kleinen Eindruck der paradiesischen Verhältnisse, die vor der Ankunft der Robbenjäger auf Kangaroo Island herrschten. Hundert Jahre gnadenloser Jagd auf Robben und Seelöwen, die wegen ihrer Felle, des Leders und ihres Specks zu Tausenden abgeschlachtet wurden, haben die Seelöwen an den Rand des Aussterbens gebracht. Diese dunklen Zeiten gehören zum Glück der Vergangenheit an, der Bestand der Tiere ist vorerst gesichert.

Heute ist es in der Seal Bay unter der kundigen Führung von Rangern möglich, den Strand entlang zu bummeln und sich mitten in der Kolonie zwischen den Tieren aufzuhalten – ein Erlebnis, das einzigartig in Australien ist. Im Laufe der Jahre haben sich die Seelöwen an die Anwesenheit der Menschen gewöhnt und bleiben ruhig liegen, wenn man sich ihnen nähert. Die Ranger achten allerdings genau darauf, daß ein Sicherheitsabstand von fünf Metern nicht unterschritten wird. Die Bucht ist in erster Linie ein Rastplatz für die erschöpften Tiere, die mehrere Tage hintereinander auf offener See beim Fressen zubringen. Sie genießen ganz offensichtlich die Sonne und tanken Kraft für den nächsten Jagdausflug. Das Gebären und Aufziehen der Jungen findet dagegen hauptsächlich in unzugänglichen Buchten am westlichen und östlichen Ende des langgezogenen Seal Bay Strandes statt. Der Zutritt zu diesen Buchten ist strengstens verboten, jede Störung der Tiere soll vermieden werden. Um den kompletten Schutz der Kolonie zu gewähren, wurde die Schutzzone des Parks einen Kilometer in das Meer hinaus erweitert. In diesem *Seal Bay Aquatic Reserve* ist Schwimmen und Fischen nicht erlaubt. Seit Jahren markieren Mitarbeiter des *South Australian National Parks and Wildlife Service* die in der Bucht geborenen Jungen, um mehr über das Leben der beeindruckenden Tiere zu erfahren. Die gewonnenen Erkenntnisse sollen einen besseren Schutz und das zukünftige Überleben der Tierart sichern.

Flinders Chase National Park

Wie im Seal Bay Conservation Park sind es auch im *Flinders Chase National Park* vornehmlich die Tiere, die das Herz der Besucher erobern. Erster Anlaufpunkt des Parks ist das *Rocky River Park Headquarter*. Hier sind das *Visitor Centre* und ein großer Campingplatz situiert, von hier aus sind alle Attraktionen des Parks zu erreichen. Das weitere Umfeld des Visitor Centres gleicht einem Freilichtzoo. Schon am Parkplatz wird man von ganzen Scharen

---

Information

Auskünfte: Flinders Chase National Park and Seal Bay Conservation Park, PMB 246, Kingscote, SA 5223, Tel. 0848/372 35.
Reisezeit: Der Park ist das ganze Jahr über geöffnet. Milde regenreiche Winter und warme trockene Sommer prägen das Klima der Insel. Etwa zwei Drittel der Jahresniederschläge gehen zwischen Mai und September nieder, als feuchtester Monat gilt der Juli.
Unterkünfte: Flinders Light und Hartley Hut am Cape Broda, die Old Rocky River Homestead sowie die Parndana und Karatta Lodge am Cape du Couedic bieten außergewöhnliche Unterkünfte zu niedrigen Preisen

in historischen Gebäuden innerhalb des Flinders Chase National Parks. Im Seal Bay Conservation Park gibt es keine Übernachtungsmöglichkeiten.
Camping: Ein Caravan- und Campingplatz mit allen Einrichtungen findet sich am Rocky River Park Headquarter. Einfache Buschcampingplätze gibt es bei Harveys Return, West Bay und Snake Lagoon. Für alle Campingplätze ist ein Permit vom Parkhauptquartier notwendig. Camping ist im Seal Bay Conservation Park nicht erlaubt.
Aktivitäten: Wandern, Sightseeing, Schwimmen, Tierbeobachtungen.

65/66 Die Kombination aus Geschichte und Natur macht den besonderen Reiz des Flinders Chase National Parks aus. Der historische Leuchtturm am Cape Borda tut seit 1858 seinen Dienst und zieht Besucher ebenso an wie die freundlichen und gar nicht scheuen Kangaroo Island Grey Kangaroos, eine Unterart des Western Grey Kangaroos vom Festland. Die Inselkänguruhs sind im Vergleich zur Festlandspezies dunkler gefärbt und haben ein längeres Fell.

bettelnder Känguruhs empfangen. Jahrelanges Füttern durch die Besucher hat dazu geführt, daß die *Kangaroo Island Grey Kangaroos*, eine nur auf der Insel vorkommende Unterart des auf dem Festland lebenden *Western Grey Kangaroos*, jede Scheu verloren haben. Die Nationalparkverwaltung hat inzwischen eine Aufklärungskampagne gestartet, die auf die tödlichen Gefahren aufmerksam macht, die das Füttern für die Tiere bringt. Mit zum hungrigen Empfangskomitee gehören auch die ansonsten scheuen *Tammar Wallabies*. Zahllose *Cape-Barren-Gänse* und *Emus* scheint die Anwesenheit der Menschen ebenfalls nicht zu stören; in den *Eukalypten* kann man *Koalas* entdecken, farbenprächtige *Sittiche* lärmen durch die Bäume; unweit des Parkhauptquartiers, am *Rocky River*, hat man – Geduld und die richtige Tageszeit vorausgesetzt – gute Chancen, das scheue *Schnabeltier* zu beobachten, und nachts treiben die possierlichen *Brushtail Possums* vor allem am Campingplatz ihr Unwesen.

Nicht weniger beeindruckend als die Tierwelt sind die zahlreichen landschaftlichen Attraktionen des Parks. Vom *Rocky River Park Headquarter* führt eine rauhe, aber mit normalen PKWs befahrbare Schotterstraße durch dichten Wald und undurchdringliches Mallee-Gestrüpp zum sturm- und wellenumtosten *Cape du Couedic*. Ein malerischer *Leuchtturm* und ein fotogenes Ensemble aus historischen Gebäuden geben dieser exponierten Felszunge ein ganz besonderes Ambiente. An der äußersten Spitze des Kaps hat sich an der Schwächezone zwischen zwei Gesteinsarten durch die ungebremste Kraft der tobenden See eine grandiose Naturbrücke, der *Admirals Arch*, gebildet, die vor allem zur Zeit des Sonnenuntergangs ihre ganze

67 Unweit von Cape Borda im Flinders Chase National Park, in einer versteckten Bucht namens »Harveys Return«, kann man dieses ungewöhnlich gebänderte Gestein entdecken, ein geologisches Bonbon, das sich noch nicht zur Touristenattraktion gemausert hat.

Schönheit entfaltet. Hier, an der Spitze des Kaps, hat auch eine Kolonie *Neuseeländischer Pelzrobben* die schräg ins Meer abfallenden Felsplatten zu ihrem Rastplatz auserkoren. Kurz vor dem Leuchtturm zweigt eine kurze Stichstraße zu *Weirs Cove* ab. Hier steht hoch über den steil abfallenden Klippen die Ruine eines Hauses. Als es noch keine Straßenverbindung zu dem im Jahre 1906 errichteten Leuchtturm gab, wurden die Verpflegung und Ausrüstung für die Leuchtturmwärterfamilie mittels einer kleinen Seilbahn zu diesem Haus heraufgebracht. Die türkisfarbene Bucht unterhalb davon war der einzige Platz an der wilden Steilküste, der das sichere Anlanden der Schiffe ermöglichte.

Eine weitere Stichstraße, der vier Kilometer lange *Boxer Drive*, zweigt unweit des Leuchtturms in Richtung Osten ab und bringt die Besucher zur wohl bekanntesten Sehenswürdigkeit des Parks, den *Remarkable Rocks*. Einen treffenderen Namen für dieses Naturmonument hätte man nicht finden können. Die »bemerkenswerten Felsen« bilden eine Gruppe von bizarr verwitterten, flechtenbewachsenen Granitblöcken, die wie Skulpturen eines modernen Bildhauers auf einem mächtigen, zum Meer hin abfallenden Granitdom ruhen.

Ebenfalls am Rockey River Park Headquarter seinen Anfang nimmt der *West Bay Track,* an dessen Ende die malerische Sandbucht der *West Bay* liegt. Hier erinnert ein schlichtes Holzkreuz an einen unbekannten Seemann der *Loch Vennacher*, die 1905 ganz in der Nähe der Bucht sank. Auf dem Weg zur West Bay zweigen mehrere lohnende Wanderwege zur Küste ab: der *Rocky River Trail*, mit guten Chancen, etwas abseits des Weges in den tiefen Pools des Flusses *Schnabeltiere* zu sehen, der *Sandy Creek Trail*, der durch eine interessante und abwechslungsreiche Vegetation zum Meer hinunter führt, und der sechs Kilometer lange *Breackneck River Track*, dessen Ziel ebenfalls die Küste ist.

Die größten Teile des 74000 Hektar

umfassenden Parks gelten als unzugängliche Wildnis. Vor allem die nahezu unpassierbare *Malle-Vegetation*, ein grünes, undurchdringliches Meer aus niedrigen Bäumen und Büschen, bildet ein wichtiges Rückzugsgebiet für Tiere. Touristisch interessant ist nur noch die Nordwestspitze des Parks. Wieder ist es die Verquickung von atemberaubender Natur und Geschichte, die begeistert. Die Rede ist von dem historischen und in seiner Architektur einmaligen *Leuchtturm* am *Cape Broda*. Das ungewöhnliche Gebäude weist einen quadratischen Grundriß auf und sitzt am Rande steil zum Meer abstürzender Klippen, die hier eine Höhe von 155 Metern erreichen. Es war also aufgrund dieser exponierten Lage nicht notwendig, einen richtigen Turm zu errichten. Ein kleines, liebevoll eingerichtetes Museum und der nach wie vor in Betrieb stehende Leuchtturm selbst können im Zuge einer geführten Tour besichtigt werden.

Drei Kilometer vor dem Leuchtturm zweigt eine Stichstraße zum Ausgangspunkt der längsten Wanderung im Park ab, dem sieben Kilometer langen Pfad zur *Ravine des Casoars*. Ein abgelegener, von mächtigen, höhlenzerfressenen Kalkwänden eingerahmter Strand ist das lohnende Ziel der Mühen. Ein weiteres landschaftliches Kleinod in der Nähe des Leuchtturms ist eine versteckte Bucht namens *Harveys Return*. Ein kleiner Campingplatz am *Playford Highway* markiert den Ausgangspunkt des kurzen Steilabstiegs in die Bucht. In dieser geschützten Bucht landeten vor dem Bau der Straße die Versorgungsboote für den Leuchtturm am Cape Borda. Spuren des im Jahre 1859 über die steile Flanke verlegten Doppelgleises sind immer noch zu sehen. Mit Hilfe von Winden, die von Pferden angetrieben wurden, schaffte man Güter über den Steilhang nach oben. Die Bucht selbst eignet sich herrlich zum Schwimmen – am besten als Abschluß eines aufregenden Besichtigungstages im Park –, und Hobbygeologen werden an dem hübsch gebänderten Gestein der Klippen ihre helle Freude haben.

Flinders Ranges National Park

Fenster zur Erdgeschichte

Südaustraliens größtes Gebirge, die *Flinders Ranges*, zieht sich vom *Spencer Gulf* als eine Serie parallel verlaufender Bergketten über eine Strecke von etwa 430 Kilometern nach Norden und verliert sich in den endlosen Wüsten südöstlich der gigantischen, hitzeflimmernden Salzpfanne des *Lake Eyre*. Im zentralen Teil des Gebirges, wo sich auch dessen höchste Erhebung, der *St. Mary Peak* mit 1165 Metern, befindet, liegt der *Flinders Ranges National Park*, ein Reservat, das Geologen, Historiker, Ästheten, Fotografen und Maler gleichermaßen entzückt.

Der bekannte australische Landschaftsmaler *Sir Henry Heysen* nannte die Flinders Ranges, deren Faszination der Künstler hoffnungslos erlag, die »offenliegenden Gebeine der Natur« (»the bones of nature laid bare«). Besser und exakter kann man den Charakter dieses uralten Gebirges kaum beschreiben. Es ist eine Formation im Endstadium, von ihrer ursprünglichen Größe ist nur noch der Rumpf vorhanden. Der unfaßbare, Jahrmillionen umfassende Prozeß der Erosion hat eine grandiose Naturlandschaft entstehen lassen, deren gnadenlos entblößte geologische Struktur an den rauhen Rückenpanzer eines uralten Krokodils erinnert.

Entstehungsgeschichte

Das Verständnis für diese Landschaft kommt mit dem Wissen über ihren geologischen Aufbau. Es ist keine spannende, aber eine lange Geschichte. In erster Linie ist das Gebirge aus Sedimenten wie Sandstein, Quarzit, Kalk und Schiefer aufgebaut, die sich vor mehr als 1000 Millionen Jahren am Grunde eines untermeerischen Troges – Geologen sprechen von der »*Adelaide Geosyncline*« – abzulagern begannen. Dieser Prozeß dauerte etwa 500 Millionen Jahre, dann begann sich das Bild der Landschaft gründlich zu ändern. Unendlich langsam, getrieben von unfaßbaren Kräften, begann das Land sich zu heben und im Laufe dieses Vorgangs wurden die Gesteinsschichten gekippt, gefaltet und zu einem Gebirge geformt, das die heutigen Flinders Ranges an Höhe weit übertraf. Einmal den Elementen ausgesetzt, begann der Verwitterungsvorgang, der bis heute andauert. Die weichen Gesteinsschichten verschwanden im Lauf der Jahrmillionen, und übrig blieb der Kern des Gebirges, gebildet aus harten, widerstandsfähigeren Gesteinen wie Quarzit oder Sandstein. Bäche und Flüsse zerschnitten die Bergketten und schufen tiefe Schluchten, die geradezu modellhaft Einblicke in den steinernen Rumpf des Gebirges bieten. Eine dieser Schluchten im Flinders Range National Park, die *Brachina Gorge*, bildet so ein Fenster in die Erdgeschichte und wurde zu einem geologischen Lehrpfad ausgebaut, dem *Brachina Gorge Geological Trail*. Er durchläuft auf zwanzig Kilometern Länge zwölf geologische Formationen; Tafeln am Rand der Schotterstraße erklären die erdgeschichtlichen Besonderheiten, Gesteine und Fossilien darunter eines der ältesten bisher bekannten versteinerten Tiere. Eine spektakuläre, farbenprächtige Landschaft bildet den Rahmen für diesen Exkurs in die Vergangenheit. Der Ausgangspunkt des Geotrails liegt an der Straße von *Wilpena* nach *Blinman*.

Der Wilpena Pound

Das bekannteste geologische Schaustück im Park aber ist der *Wilpena Pound*. Es handelt sich bei ihm um die erodierten Reste einer beckenförmigen Quarzitfalte, die weichere Gesteinsschichten schützend umschließt und so die Verwitterung und Abtragung verhindert. Deshalb liegt das flache, parkähnliche Innere des Wilpena Pound auch ein gutes Stück höher als die umliegenden Ebenen. Dort sind die weichen Sedimente längst abgetragen. Die außergewöhnliche Struktur des Wilpena Pounds offenbart sich am besten aus der Luft; von Wilpena aus werden *Rundflüge* angeboten. Wie eine überdimensionale Schüssel – der Pound hat eine Länge von sechzehn und eine Breite von sechs Kilometern –, umgeben von nach außen hin steil abfallenden Felsmauern, liegt dann das geologische Unikum unter dem Betrachter.

Der Wilpena Pound bildet das prominenteste und wichtigste Kernstück des Parks. Wegen seiner gewaltigen, einzeln stehenden *River Gums* und der

68/69 Ohne den Besuch des kleinen Seal Bay Conservation Parks wäre ein Aufenthalt auf Kangaroo Island unvollständig. Die langgestreckte Bucht ist der Lebensraum einiger hundert Australischer Seelöwen. In Begleitung von Rangern kann man sich den sonnenbadenden Tieren bis auf wenige Meter nähern. Nur die etwas abseits gelegenen Brutplätze dürfen nicht betreten werden.

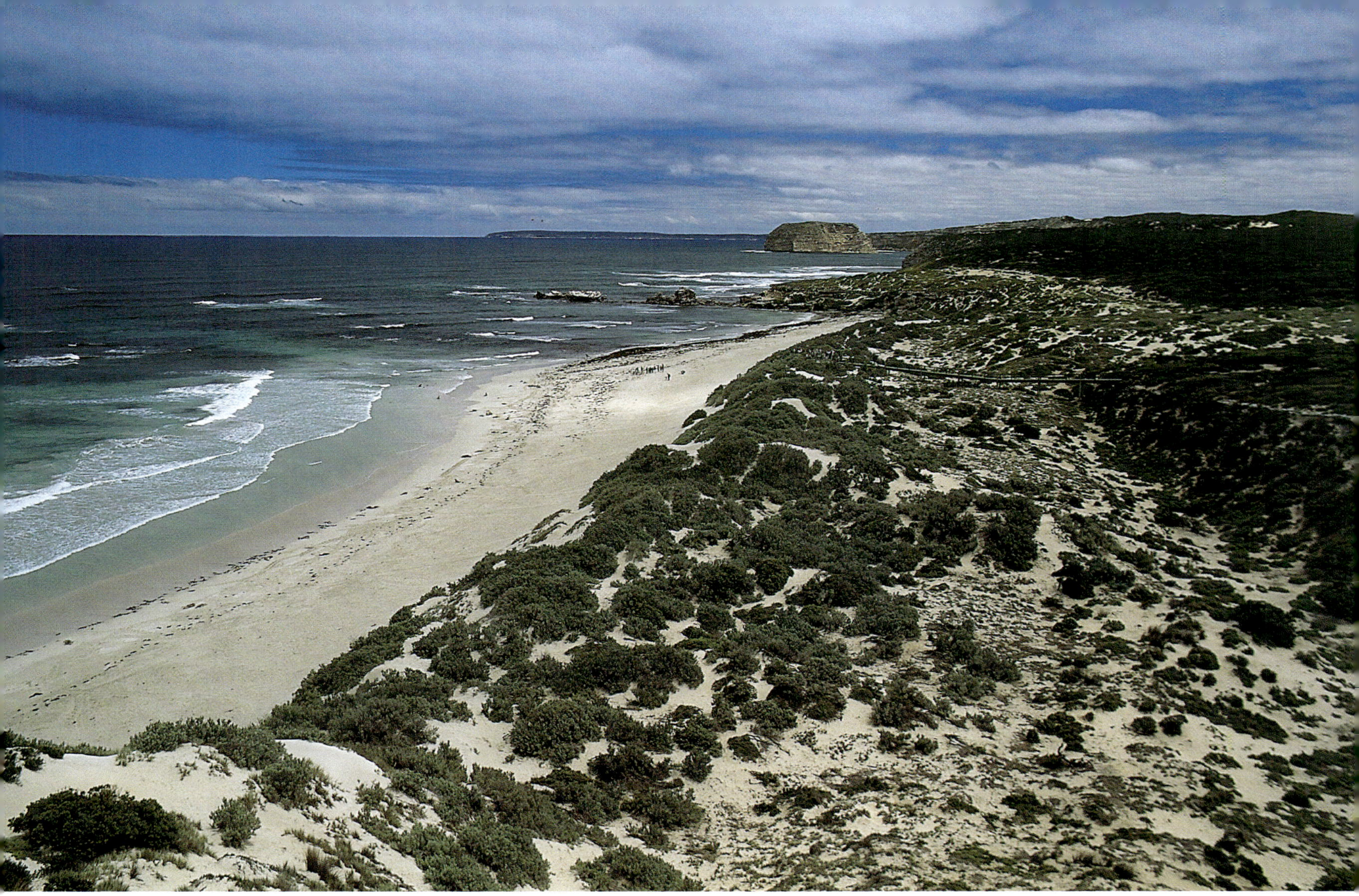

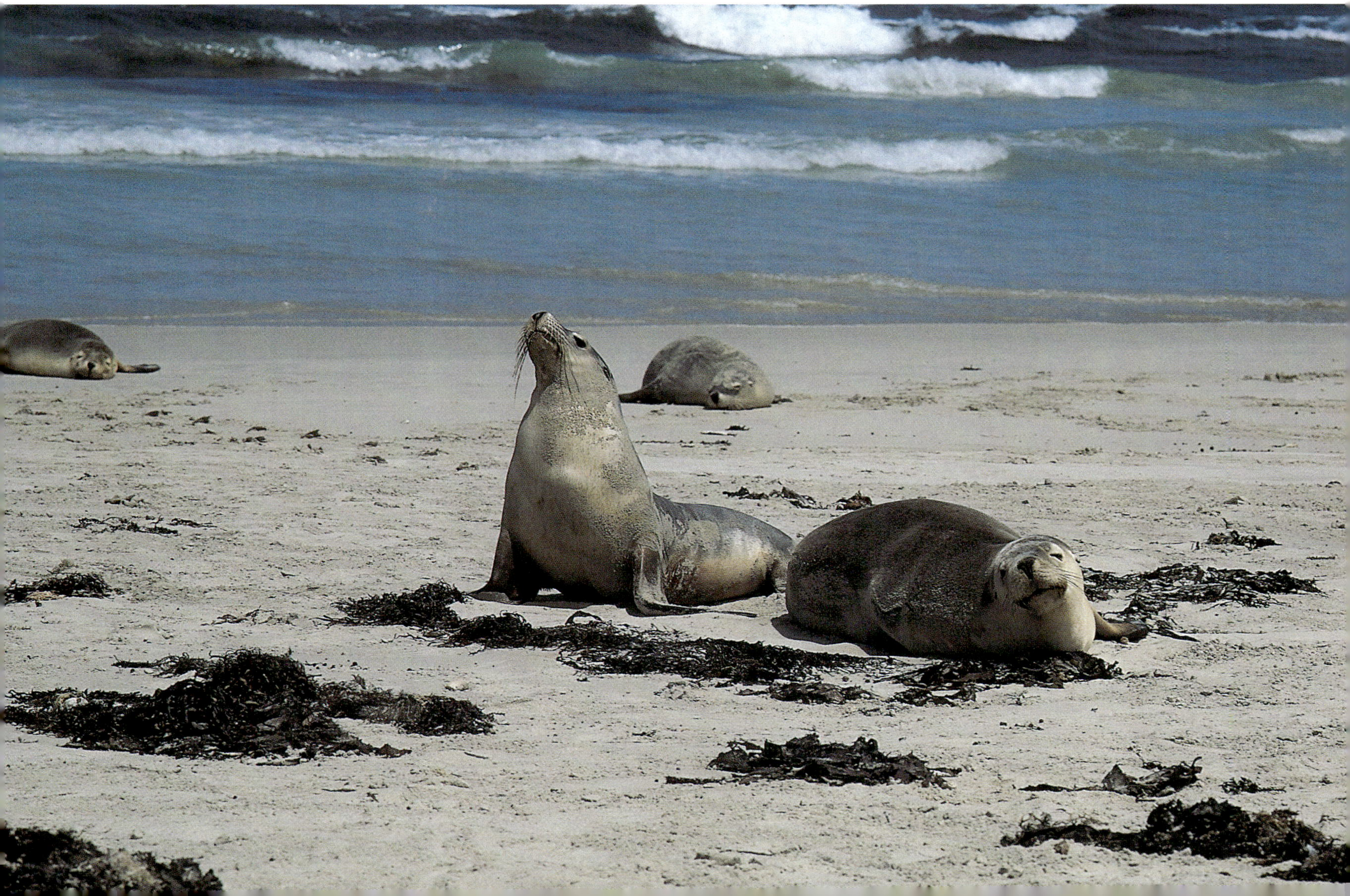

weiten offenen Flächen erinnert das Innere des Pounds stark an eine angelegte Parklandschaft. Genaugenommen ist das Naturpanorama hier auch von Menschen beeinflußt und gestaltet. Entdeckt wurde der Wilpena Pound im Jahre 1950 von *Edward John Eyre* auf der Suche nach Wasser. Bald folgten die Viehzüchter. Fehlendes Verständnis für die harsche, aber empfindliche Natur, Überweidung, Dürrezeiten und das Verschmutzen der wenigen Quellen ließen die Weidewirtschaft allerdings bald scheitern. 1870 folgten Weizenfarmer. In den ersten, ungewöhnlich regenreichen Jahren gelangen sogar einige sehr erfolgreiche Ernten, dann zerstörten katastrophale Dürrejahre – für diese halbwüstenartige Region nichts Ungewöhnliches – den Traum von der blühenden Landwirtschaft und zwangen die Bauern zum Aufgeben. Die Ruine der alten *Homestead* im Wilpena Pound erzählt die tragische Geschichte des Scheiterns in einer unbarmherzigen Natur.

Wandern im Wilpena Pound

Die meisten Wanderwege des Parks finden sich im Bereich des Wilpena Pound. Zugänglich ist die gewaltige Gesteinsschüssel nur an einer einzigen Stelle. Bei *Wilpena*, dem kommerziellen Zentrum des Parks (Visitor Centre, Geschäft mit Tankstelle, Motel, Campingplatz), hat der *Wilpena Creek* einen schmalen, schluchtähnlichen Durchbruch in der kompakten Felsmauer des Pounds geschaffen, der durch einen Wanderweg erschlossen ist. *Emus* und *Känguruhs* sind im Inneren des Pounds nicht selten Wegbegleiter.

Ein stolzes Ziel von Wilpena aus ist der *St. Mary Peak*, mit 1171 Metern der höchste Gipfel der gesamten Flinders Ranges. Lohn des steilen, anstrengenden und im Gipfelbereich relativ an-

70 Einer der auffälligsten und majestätischsten Baumgestalten in den Flinders Ranges ist der sogenannte »Cazneaux Tree« nahe Wilpena. Der uralte Red River Gum, ein Eukalyptus, erlangte durch ein 1937 gefertigtes Foto von Harold Cazneaux weltweit Berühmtheit.

spruchsvollen Weges ist ein atemberaubendes Panorama, das die seltsame Struktur des Wilpena Pound sowie der *Heysen* und *ABC Range* enthüllt. Schneller, kürzer, aber recht schweißtreibend ist der Aufstieg zum *Mt. Ohlsen Bagge*, dessen felsiger Gipfelaufbau wie ein Wächter über der Zugangsschlucht zum Pound thront. Quer durch den Wilpena Pound, hinüber zum *Bridle Gap*, führt ein Abschnitt des *Heysen Trail*, eines nahezu 2000 Kilometer langen Weitwanderweges. Ein weiteres Ziel für fitte Wanderer könnte die *Edeowie Gorge* am Nordwestende des *Wilpena Pounds* darstellen. Einen kleinen Einblick in die vergangene Kultur hier lebender *Aborigines* bekommt man am *Arkaroo Rock* unterhalb der südlichen Felsabstürze des Pounds. Unter einem gewaltigen überhängenden Felsblock haben sich an einer durch Erosion stark zerfurchten Wand Felszeichnungen erhalten. Um die zum größten Teil aus Strichzeichnungen bestehenden und nur in wenigen Fällen als farbige Flächen ausgeführten Motive wegen ihrer hohen Empfindlichkeit vor der Zerstörung durch Anfassen zu bewahren, befinden sie sich heute hinter einem weitmaschigen Schutzgitter. Der Ausgangspunkt des Weges zu dieser heiligen Stätte der Urbevölkerung liegt an der Straße nach *Hawker*.

Exkursionen mit dem Auto

Um den knapp 100 000 Hektar großen Park in seiner faszinierenden Gesamtheit zu erkunden, kommt man um ein Auto nicht herum. Die Fahrt ist dabei das Ziel. Den Exkursionen in die abgelegeneren Regionen des Parks haftet dank teilweise rauher Schotterstraßen ein Hauch von Abenteuer an. Zwar sind die Schotterpisten auch mit normalen Fahrzeugen befahrbar, sie verlangen aber stellenweise höchste Konzentration des Fahrers und belasten das Gefährt nicht unerheblich. Vorsichtiges und vor allem langsames Fahren ist deshalb erste Pflicht. Nur so lassen sich die gewaltigen Landschaftseindrücke des Schutzgebietes richtig genießen.

Als erster Stopp nach dem Verlassen von Wilpena bietet sich der berühmte *Casneaux Tree* an, ein uralter, alleinstehender *Red River Gum* vor der Kulisse der steilaufragenden Felswände des Wilpena Pounds. 1937 fotografierte *Harold Cazneaux* den Baum, und sein Foto, dem er den Titel »Spirit of Endurance« (»Geist der Beständigkeit«) gab, wurde in Australien und Übersee ausgestellt. Ganz in der Nähe verwittern die fotogenen Kulissen des 1984 hier gedrehten Spielfilms »Robbery under Arms«.

Geradezu atemberaubend ist die Fahrt von Wilpena auf einer Schotterstraße in das phantastische *Bunyeroo Valley*. Nach etwa fünfzehn Kilometern erreicht man einen Aussichtspunkt, der prachtvolle Panoramablicke über das Tal gewährt. Nun folgt der spektakulärste Abschnitt der Route. Die Straße bleibt erst auf der Höhe des Kamms – mit Einblicken in eine seltsam zeitlose Landschaft, deren karge Schönheit immer wieder zum Verweilen zwingt – und windet sich schließlich steil in das Tal hinunter. Ziel nach 28 Kilometern ist dort der tiefe Einschnitt der *Bunyeroo Gorge*, die auf einem eineinhalbstündigen Wanderweg erkundet werden kann.

Ganz im Norden des Parks erzählen die *Aroona Ruins* in dem verzauberten *Aroona Valley* eine weitere Leidensgeschichte der frühen Siedler. Im Jahre 1851 begann der Engländer *Frederick Hayward* hier Schafe zu züchten, verkaufte elf Jahre später seinen Betrieb mit Gewinn und kehrte nach England zurück. Seinen Nachfolgern blieb das Glück allerdings nicht treu, und 1886 lag die Homestead in Ruinen. Überlebt haben nur die Weiden- und Maulbeerbäume, die Frederick Hayward an der nahen Quelle gepflanzt hat. Die Ruinen von Aroona bilden zudem den Ausgangspunkt für ausgedehnte Wanderungen.

Im abgelegenen Nordostzipfel des Parks wartet schließlich als weiterer Höhepunkt eine Route durch die fossilienreiche *Wilkawillana Gorge* auf den Besucher.

259

Tasmanien

Die annähernd herzförmige Insel
Tasmanien, die zusammen mit kleineren
umgebenden Eilanden den insgesamt
67 800 Quadratkilometer großen
gleichnamigen Bundesstaat bildet, hieß
noch bis 1853 Van Diemens Land und
wurde dann erst nach ihrem Entdecker,
dem Niederländer Abel Tasman, benannt,
der sie 1642 als erster Europäer erreicht
hatte. Da die Insel geologisch eine
Fortsetzung des südaustralischen
Gebirgsgürtels darstellt, die heute durch
den Meeresarm der Bass Strait vom
Festland getrennt ist, hat sie überwiegend
gebirgigen Charakter und weist nur an
einigen Küstenabschnitten
Tieflandregionen auf. Mit einem Anteil
der Nationalparks von rund zwanzig
Prozent an der Gesamtfläche stellt
Tasmanien das am intensivsten mit
Schutzgebieten versehene Mitglied des
australischen Staatenbundes dar; allein
die unter dem Protektorat der UNESCO
stehende »Tasmanian Wilderness World
Area« belegt 1,4 Millionen Hektar.

78 ▷

Vorhergehende
Abbildungen:

71 Zerbrochene Säulen aus Diorit bilden den Gipfel des Cradle Mountain im Cradle Mountain-Lake St. Clair National Park.

72 Die meterhohen Pandani (Richea pandanifolia) geben dem Cradle Mountain-Lake St. Clair National Park stellenweise ein exotisches Ambiente.

73 Der Schnabeligel, der Echidna, bevorzugt offene Waldstücke im Cradle Mountain-Lake St. Clair National Park.

74 Zu den schönsten und auffälligsten Bäumen im Park zählen die knorrig verdrehten Schnee-Eukalypten mit ihrer farbenfrohen Rinde.

75 Offene Moor- und Heidelandschaften erlebt man entlang des Hounslow Heath Tracks, der seinen Ausgangspunkt im Cradle Valley hat.

76 Namenlose, aber fischreiche Seen prägen die Nordostecke des Cradle Mountain-Lake St. Clair National Parks.

77 Ein kühlgemäßigter Regenwald bildet in geschützten Lagen im Cradle Mountain-Lake St. Clair National Park dichte Bestände.

78 Der Overland Track, ein sechstägiger Weitwanderweg, verbindet die beiden Nationalparkzentren Cradle Mountain und Lake St. Clair.

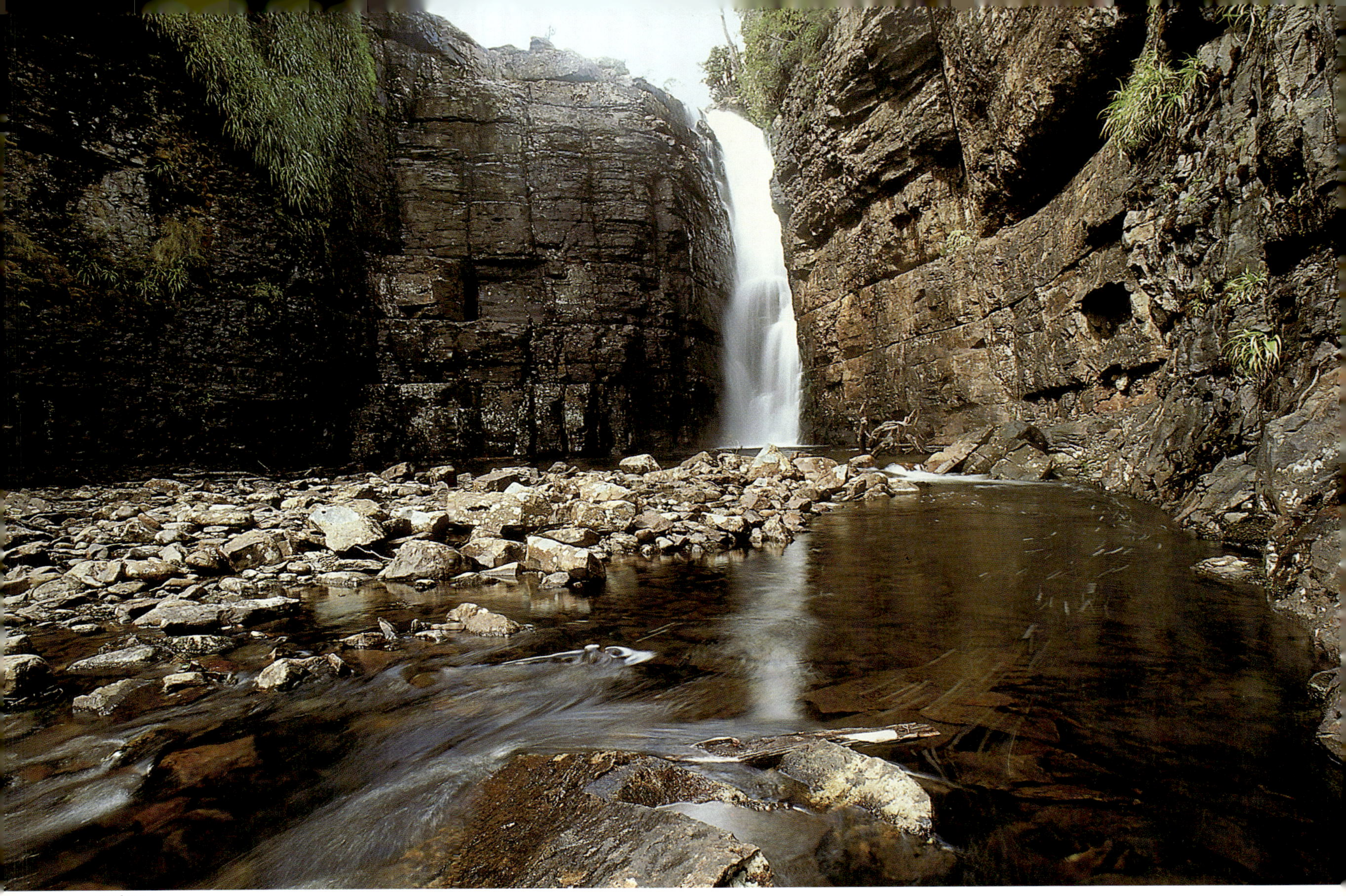

79 | 80

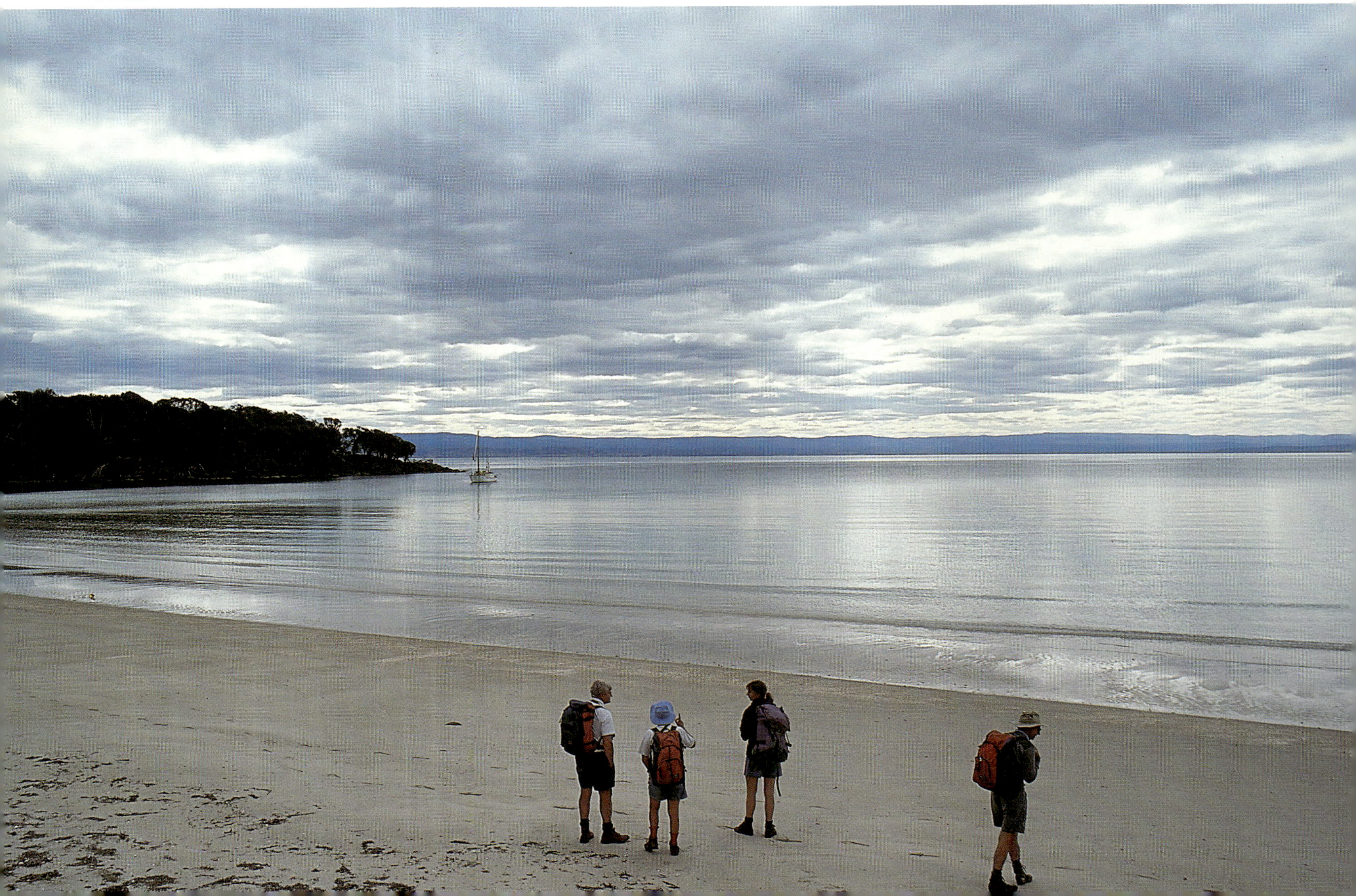

Insel im Abseits?

Mit einer Fläche von 86 300 Quadratkilometern – das entspricht etwa der Größe Bayerns – ist Tasmanien das kleinste Mitglied im Staatenverbund Australiens. Die annähernd herzförmige Insel wird durch die 240 Kilometer breite, oft stürmische *Bass Strait* vom Festland getrennt. Der Inselstaat liegt seit jeher im ökonomischen Abseits Gesamtaustraliens und weist die traditionell höchste Arbeitslosenquote auf.

Wirtschaftliche Standbeine Tasmaniens sind die Holzindustrie und die Agrarwirtschaft. Allerdings kann wegen der gebirgigen Struktur der Insel nur ein Drittel der Fläche landwirtschaftlich genutzt werden. Von ökonomischem Vorteil sind die unerschöpflichen und billigen Energiereserven des Landes. Tasmanien setzt dabei auf die Wasserkraft, dank der hohen Niederschläge eine gesicherte Energiequelle. In den letzten Jahrzehnten entstanden in Tasmanien zahlreiche *Wasserkraftwerke*, mit der Folge, daß man dort in-

zwischen mehr Strom produziert als gebraucht wird. Nirgendwo auf der Welt ist Elektrizität deshalb billiger als in Tasmanien. Dieser Überschuß an Energie hatte zur Folge, daß sich energieintensive Industrien wie die *Metallveredelung* und *Aluminiumherstellung* in Tasmanien ansiedelten.

Der vielleicht größte Schatz Tasmaniens aber ist seine einmalige Natur. Geografisch gesehen ist Tasmanien eine Gebirgsinsel. Im Westen ragen die Berge über 1500 Meter auf, das Massiv des *Ben Lemond* im Nordosten erreicht 1573 Meter. Dazwischen erstreckt sich das seenreiche *Zentralplateau*, das in dem 1617 Meter hohen *Mt. Ossa* kumuliert, dem höchsten Gipfel Tasmaniens. Das östliche Plateau erreicht dagegen nur noch Höhen zwischen 300 und 400 Metern. Dank der

differenzierten topografischen Struktur zeigt sich Tasmanien als Insel der Kontraste. Neben den Gebirgsregionen fügt die zum Teil stark gegliederte *Küste* mit einer Gesamtlänge von 3200 Kilometern dem Landschaftsbild der Insel einen weiteren wichtigen Aspekt zu. Vor allem im Bereich der Nordküste prägen Wiesen und Felder das Bild, und in der Region zwischen *Launceston* und *Hobart*, den beiden wichtigsten Städten der Insel, fühlt man sich oft in das ländliche England versetzt.

Ökonomie und Ökologie prallen in dem ärmsten Bundesstaat immer wieder aufeinander. Berühmtestes Beispiel war der Kampf der Naturschützer gegen den geplanten *Franklin-Lower Gorden-Staudamm*, der weltweit Aufsehen erregte. Mit der Niederschlagung dieses – wie man heute weiß – sinnlo-

79 Ein kurzer Abstecher vom Overland Track bringt Wanderer zu den versteckt gelegenen Hartlett Falls. Sie bilden die ersten Fälle einer ganzen Serie von Seilabstürzen, die der Mersey River auf dem Weg zum Lake Rowallan überwinden muß.

80 Die Trekker sind am Cooks Beach, einem der vielen nur zu Fuß erreichbaren Traumstränden im Freycinet National Park, angelangt und werden ihr Lager ganz in der Nähe, bei Cooks Corner, aufschlagen.

Information

Anreise: Die Anreise nach Tasmanien erfolgt immer über Australien, einen direkten Flug von Europa gibt es nicht. Mehrere Fluglinien verbinden alle größeren Städte Australiens mit der Insel. Regelmäßig angeflogen werden Hobart, Launceston und Devonport. Eine moderne Autofähre verbindet das Festland mit Tasmanien. Die Überfahrt geht über Nacht und dauert etwa 15 Stunden. Informationen bei TT Line Reservation, P. O. Box 168 E, East Devonport, Tel. 004/23 03 33.
Unterkunft: Übernachtungsmöglichkeiten aller Preis- und Komfortklassen bietet die Hauptstadt Hobart. Zentral gelegen sind zum Beispiel das Hobart Macquarie Motor Inn, Tel. 002/34 44 22, das Westside Hotel, Tel. 002/34 62 55, oder das Innkeepers St. Ives Hotel, Tel. 002/30 18 01. Lauceston, die zweitgrößte Stadt Tasmaniens, bietet ebenfalls eine reiche Palette an Unterkunftsmöglichkeiten. Empfehlenswert sind unter anderem das Innkeepers Penny Royal Village, Tel. 003/31 66 99, oder das Batman Fawkner Inn Hotel, Tel. 003/31 72 22. Auf dem Land findet man in jedem größeren Ort ein Motel, zahlreiche kleine Pensionen offerieren Bed & Breakfast. Homehost & Heritage Tasmania bietet eine Reihe von stilvollen Pensionen in historischen Gebäuden oder Übernachtungen auf Farmen, Tel. 002/24 16 12.

sen Projektes konnte ein einzigartiges Ökosystem im wilden Südwesten der Insel gerettet werden. Es ist heute als *Franklin-Gorden Wild Rivers National Park* geschützt. Nach wie vor ein großes Problem für die einzigartige Natur der Insel ist der intensive Holzeinschlag.

Trotzdem ist Tasmanien in bezug auf Nationalparks in einer glücklichen Lage. Mit etwa zwanzig Prozent der Landesfläche weist Tasmanien den weitaus größten Anteil an Parks in ganz Australien auf. In den zum Teil nur schwer zugänglichen Regionen werden immer noch Entdeckungen gemacht, die die Fachwelt erstaunen lassen. Auf einem abgelegenen Berg im Nordwesten Tasmaniens fand man vor kurzem den ältesten lebenden Organismus auf der Erde. Der Baum, eine *Huon Pine*, bedeckt eine Fläche von mehr als einem Hektar, und sein Alter wird mit mindestens 10 500 Jahren angegeben!

Mehrere zusammenhängende Nationalparks, darunter der *Cradle Mountain-Lake St. Clair National Park*, der *Walls of Jerusalem National Park*, der *Franklin-Gorden Wild Rivers National Park*, der *Hartz Mountain National Park* und der große *South West National Park* wurden zur *Tasmanian Wilderness World Heritage Area* zusammengefaßt. Das unter dem Protektorat der UNESCO stehende Schutzgebiet bildet eine der letzten gemäßigten Wildnisse dieser Welt mit unberührten temperierten Regenwäldern, berückenden Gebirgslandschaften, ungezähmten Flüssen und einem Schatz an zum Teil endemischen Pflanzen und Tieren. Mit 1,4 Millionen Hektar entspricht die Fläche des Weltparks einem Fünftel der Inselfläche. Kein Wunder also, daß die wirtschaftlich gebeutelte Insel nun zunehmend auf den Tourismus setzt: Alle Voraussetzungen dazu hat sie.

Cradle Mountain-Lake St. Clair National Park
Der Gebirgspark

Tasmaniens landschaftlicher und topografischer Höhepunkt liegt gerade einmal 85 Kilometer südlich der Hafenstadt *Devonport*, eines der Einfallstore

des Inselstaates: der *Cradle Mountain-Lake St. Clair National Park*. Das Reservat bildet den nordwestlichen Eckpfeiler des riesigen Weltparks der *»Tasmanian Wilderness World Heritage Area«*. Mit 161 000 Hektar nimmt der Park ohne Zweifel einen Spitzenrang innerhalb der Schutzgebiete Australiens ein und gilt als Tasmaniens bekanntester Nationalpark. Einer der Gründe ist die außergewöhnliche Schönheit der für australische Verhältnisse ungewöhnlich alpinen Landschaft. Zahlreiche Seen und Seenaugen, Hochplateaus mit weiten Sümpfen und Mooren, wilde und bizarre Gipfel – darunter der *Mt. Ossa*, mit 1616 Metern Tasmaniens höchster Berg – und undurchdringliche Regenwälder in tiefen Tälern bilden das Landschaftsspektrum des bekannten und beliebten Cradle Mountain-Lake St. Clair National Parks.

Entstehung der Landschaft

Die bedeutendsten Gesteine innerhalb des Parks sind metamorphe und aufgefaltete Sedimente aus dem Präkambrium. Ihr Alter wird mit mehr als 700 Millionen Jahren angegeben. Vorherrschend sind dabei Quarzit und Schiefer, die vor allem im Westen und Norden des Parks den Unterbau bilden. Die aus diesen Gesteinen entstehenden Böden sind sauer und unfruchtbar. Hier haben sich die ausgedehnten *Button-Gras-Ebenen* gebildet. Jüngere Sedimente wie Sandstein (180 bis 275 Millionen Jahre alt) finden sich über den ganzen Park verteilt. Landschaftsgestaltend ist jedoch das rötliche Intrusionsgestein *Dolerit*, das vor etwa 165 Millionen Jahren unter und in die Sedimente der Region eingedrungen und dort erkaltet ist. Die charakteristische säulenartige Ausprägung des Ge-

---

Information

Auskünfte: Cradle Mountain-Lake St. Clair National Park, Cradle Mountain, via Sheffield, TAS 7306, Tel. 004/92 11 33, Department of Parks, Wildlife and Heritage, 134 Macquarie Street, Hobart, TAS 7001, Tel. 002/30 26 20.
Reisezeit: Das Klima im Park kann als sehr feucht und äußerst unbeständig charakterisiert werden. Heftige Wetterstürze, Schneefälle, gelegentlich auch im Sommer, und lange Regenperioden machen vor allem Trekkern und Bergsteigern zu schaffen. Als die beständigsten Monate haben sich Dezember bis März erwiesen.
Unterkünfte: Einfache Hütten können im Cradle Valley (Waldheim Cabins, Tel. 004/92 13 95) und in Cyntia Bay (Tel. 002/89 11 37) angemietet werden. Stilvoll und komfortabel untergebracht ist man in der knapp außerhalb des Parks gelegenen Cradle Mountain Lodge (Tel. 004/92 13 03). Frühe Anmeldung ist dringend empfohlen. Entlang des Overland Tracks kann man in einfachen Hütten übernachten. Man sollte sich jedoch nie

darauf verlassen, einen Platz zu bekommen. Schlafsack und Liegematte sind notwendig.
Camping: Ein großer, bestens ausgestatteter Campingplatz liegt einige Kilometer vor der Cradle Mountain Lodge, Tel. 004/92 13 95. Informationen über den Zeltplatz in Cyntia Bay bekommt man unter Tel. 002/89 11 37. Wildzelten ist im Park überall erlaubt, entlang dem Overland Track befinden sich die Zeltplätze im Bereich der Hütten.
Aktivitäten: Wandern, Bergsteigen, Trekking.
Touren: Der Overland Track wird als geführte Trekkingtour von verschiedenen lokalen Organisationen angeboten. Komfort-Trekking mit Unterkunft in privaten Hütten bietet Cradle Mountain Huts, Tel. 003/31 20 06, an. Preiswerter und mit dem Zelt unterwegs ist man dagegen mit Tasman Expedition, Tel. 003/34 34 77. Beide Firmen haben ihren Sitz in Launceston. Regelmäßig veranstaltet werden zudem von Rangern geführte Wanderungen, auch die Cradle Mountain Lodge bietet ihren Gästen eine ganze Reihe von Unternehmungen an.

81/82 Stilgerechte Unterkunft für die Nordseite des Cradle Mountain-Lake St. Clair National Parks bieten die an einem kleinen Teich direkt am Parkeingang gelegene Cradle Mountain Lodge und die ein paar Kilometer entfernte, rustikale Lemonthyme Lodge.

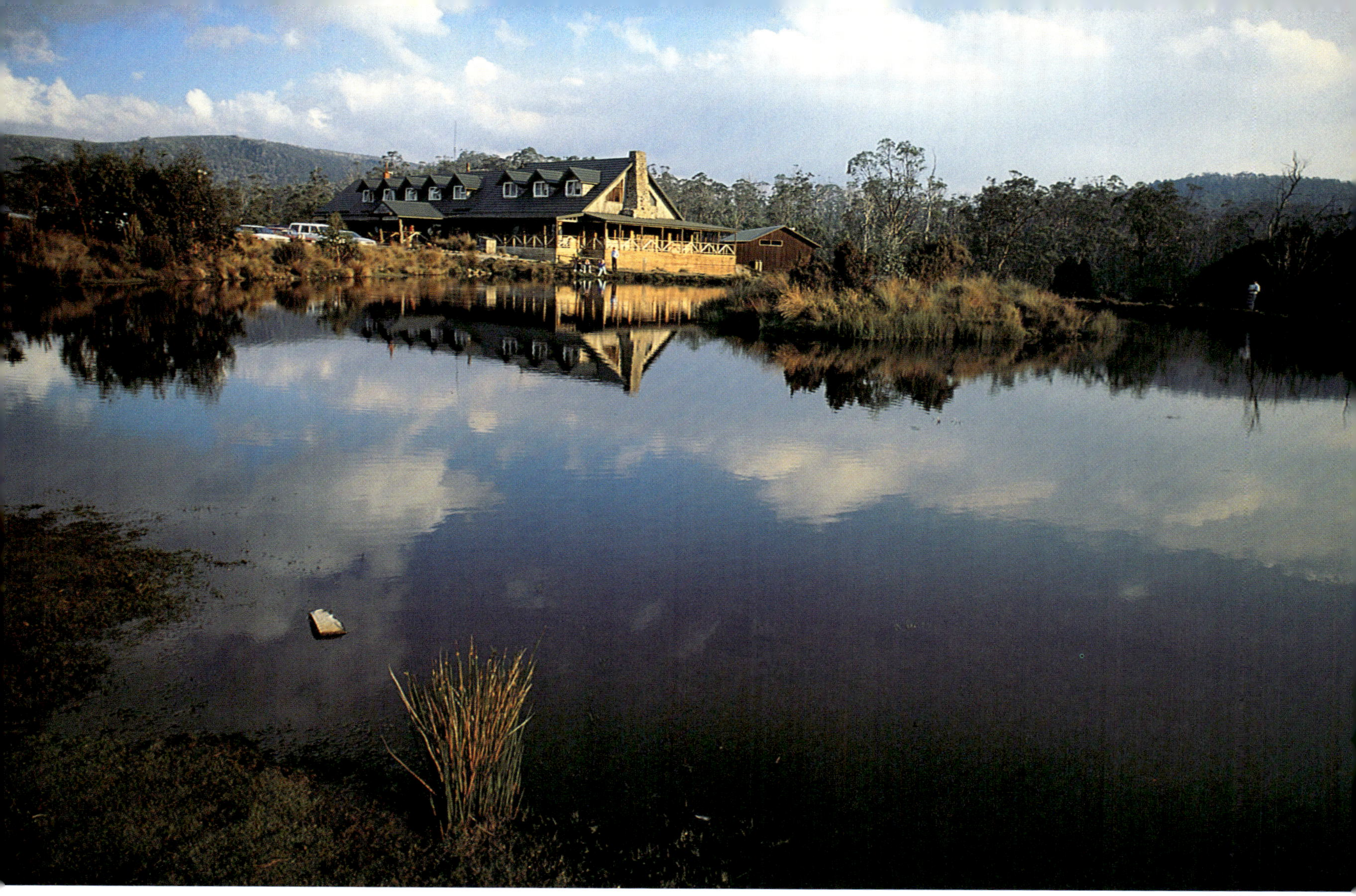

81 | 82

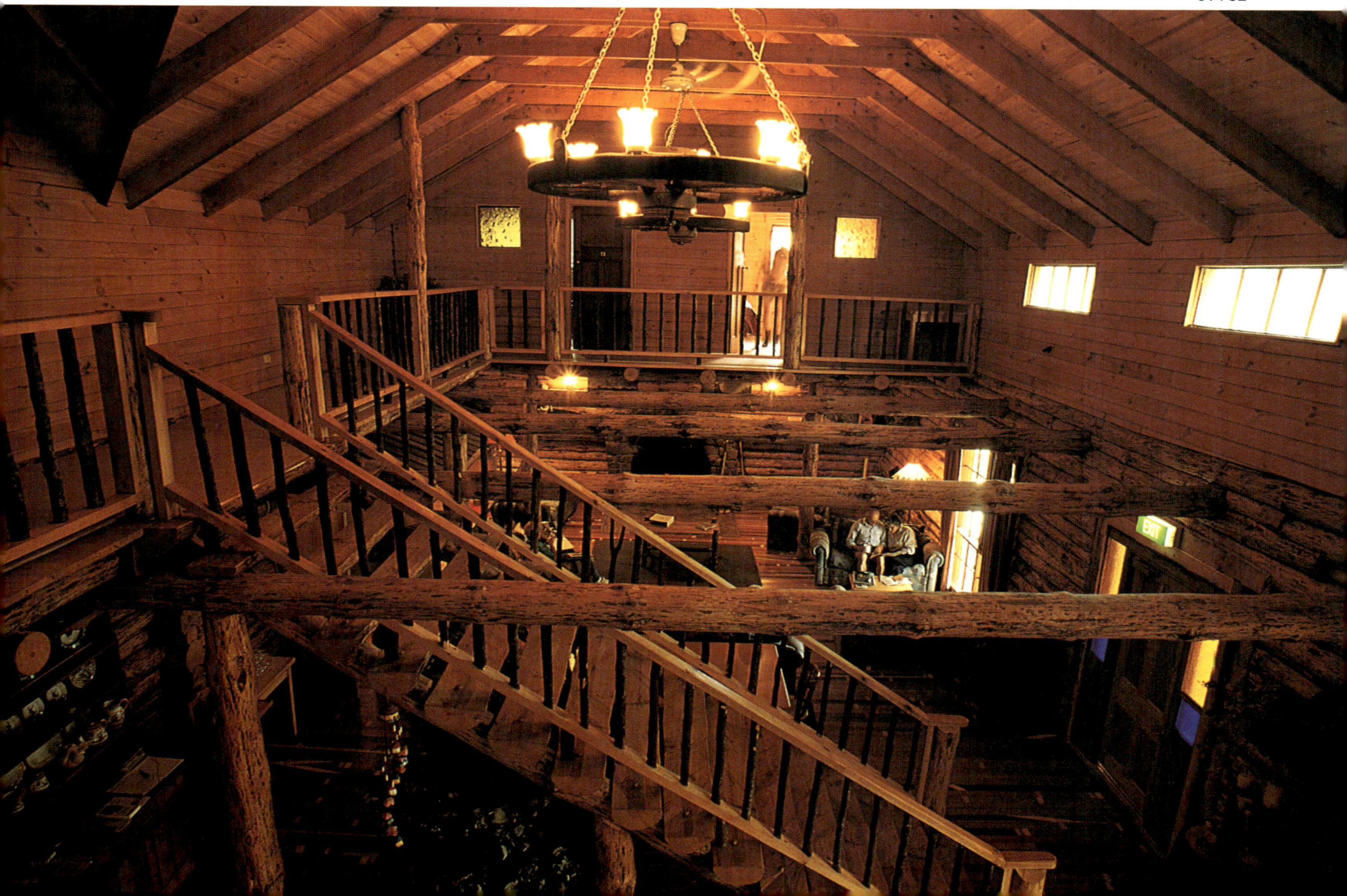

steins hat große Ähnlichkeit mit Basalt. Ständige Erosion hat die über dem eingedrungenen Gestein liegenden Sedimentschichten im Laufe der Zeit abgetragen und ein Doleritplateau freigelegt, das wegen seiner Härte dem nagenden Zahn von Wind und Wetter weit besser widersteht als die weichen Sedimente. Nur an Bruchlinien innerhalb des Plateaus konnten Flüsse und Erosion ansetzen und die kompakte Gesteinsmasse zerteilen. Den letzten Schliff erhielt der Park schließlich während der letzten großen Eiszeit. Vor etwa 20000 Jahren bedeckte eine Eisfläche mit einem Durchmesser von 65 Kilometern das Gebiet einschließlich der _Du Cane Range_ und des _Cradle Mountain Plateaus_. Die Eismassen rundeten die Topografie, hobelten Täler aus, bildeten Kare, Moränen und Seen. Diesen Zeugen der einstmaligen Vergletscherung begegnet man heute bei Streifzügen durch den Park auf Schritt und Tritt.

Vegetation und Tierwelt

Die Pflanzenwelt des Parks reicht von alpinen Mooren über Eukalyptuswälder bis hin zu kühl-gemäßigten Regenwäldern. Bestandsbildend sind hier _Sassafras-Bäume, Myrtle Beech_ – eine Südbuchenart – und die _Celery Top Pine_. Die Stämme der Wälder sind flechtenbedeckt, Moose und Farne bilden einen dichten Unterwuchs und geben den urwüchsigen Wäldern den Flair eines mystischen Zauberwaldes. Auffällige Pflanzenarten im reichen Vegetationsspektrum sind die _King Billy Pines_ und die _Pencil Pines_ der Berg-

83 Der Blick vom Face Track unterhalb der Steilabstürze des Cradle Mountain Massivs über den Lake Wilks (links) und den Lake Dove offenbart deren Entstehungsgeschichte: Ein Gletscher hat das geschwungene Tal ausgeschabt und nach seinem Abschmelzen die beiden Seen hinterlassen.

84 Ein dichter Pandani-Hain im Cradle Valley suggeriert tropische Üppigkeit in einer Region, die im Winter schneebedeckt ist und wo tiefer Frost zur klimatischen Normalität zählt.

wälder. Einen tropischen Eindruck vermitteln die _Pandanis_. Diese palmenähnlichen Pflanzen sind frostresistent und gehören zu den Heidegewächsen. Hoch im Gebirge kommt auch die seltsame _Cushion Plant_, die große, leuchtendgrüne Polster bildet, vor. Im Herbst kann man im Park dann ein ganz besonderes Schauspiel erleben. Dann verfärben sich die Blätter einer laubabwerfenden Buchenart, und ganze Hänge überziehen sich mit einem gelben bis bronzefarbenen Farbschleier. Ebenfalls eine Charakterpflanze der Hochlagen sind die _Schnee-Eukalypten_ mit ihren auffällig gefärbten Stämmen.

So einzigartig wie die Vegetation zeigt sich auch die Fauna des Parks. Am bekanntesten sind die _Tasmanischen Teufel_, nachtaktive Beuteltiere, deren Schreie man im Dunkeln oft hört. Zu Gesicht bekommt man die scheuen Tiere allerdings sehr selten. Häufig zu sehen sind dagegen das _Bennett Wallaby_ und das _Pademelon_, eine kleine endemische _Wallabyart_. _Echidnas_ und _Schnabeltiere_ sind ebenfalls häufig im Park. Obwohl man es in dem rauhen Gebirgsklima des Parks nicht erwarten würde, sind Schlangen häufig. Vor allem die schwarze _Tiger Snake_ entdeckt man an warmen Tagen nicht selten bei ihrem Sonnenbad auf den Wanderwegen.

Zu Fuß im Park unterwegs

Der größte Teil des gebirgigen Parks ist weglose Wildnis und nur erfahrenen, bestens ausgerüsteten Trekkern zugänglich. Doch auch auf gut ausgebauten, beschilderten und markierten Wegen, die von leichten Spaziergängen bis hin zu anstrengenden und anspruchsvollen Tagestouren die gesamte Palette umfassen, kann man die außergewöhnliche Natur des Cradle Mountain-Lake St. Clair National Parks erkunden.

Ausgangspunkt für die zahlreichen Wanderungen ist im Norden des Parks das _Cradle Valley_, im Süden der _Lake St. Clair_. Beide Nationalparkzentren werden verbunden von dem über achtzig Kilometer langen _Overland Track_,

einem der schönsten Weitwanderwege Australiens. Voraussetzung für die fünf- bis sechstägige Wanderung ist gute Fitneß, Unempfindlichkeit gegenüber dem launischen, oft rauhen Wetter und die Bereitschaft, einen schweren Rucksack mit kompletter Trekkingausrüstung zu schleppen.

Den _Nordteil_ des Parks erreicht man über eine vierzehn Kilometer lange Stichstraße, die von der Straße C 132 abzweigt. Kurz vor der Parkgrenze steht die rustikale, aber komfortable _Cradle Mountain Lodge_, beliebter Ausgangspunkt für Unternehmungen innerhalb des Parks. Gleich nach dem Parkeingang liegen die _Ranger Station_ und das _Cradle Mountain Visitor Centre_. Ausstellungen und Video-Vorführungen geben Einblicke in die Geschichte, Geologie und Natur des Parks, freundliche Ranger stehen Rede und Antwort, geben Tips für Wanderungen und stellen die Permits für den Overland Track aus. Hier werden auch die Anmeldungen für die von Rangern geführten Wanderungen entgegengenommen.

Ausgerüstet mit einer Fülle an Informationen geht es nun in das _Cradle Valley_ hinein. Bald nach dem Visitor Centre endet die Teerstraße und leitet in eine Schotterstraße über. Vorbei an der Abzweigung zu den _Waldheim Huts_ – hier stehen einfache Unterkunftshütten und das als Museum ausgebaute historische _Waldheim Chalet_ – führt die enge Straße zu ihrem Bestimmungsort, dem Parkplatz am romantisch gelegenen _Lake Dove_. Waldheim und Lake Dove sind die Ausgangspunkte für praktisch alle Wanderungen im Nordteil des Parks; man hat die Qual der Wahl. Den besten Blick über Lake Dove und die vom Eis gestaltete Landschaft der Region bietet _Marions Lookout_; ein erst 1994 fertiggestellter _Rundweg um den See_ zählt zu den schönsten Wanderungen im Park, der Gipfel des 1545 Meter hohen _Cradle Mountain_ hat bei trittsicheren Bergwanderern einen hohen Stellenwert, und mit dem _Artists Pool_ auf der Ostseite des Cradle Mountain Massivs besitzt der Nordteil des Parks ein landschaftliches Kleinod von berückender Schönheit. Weitere beliebte Wanderziele sind die lieblichen *Twisted Lakes*, der Bilderbuch-Karsee *Crater Lake* oder der temperierte Regenwald nahe Waldheim.

Andere, nicht minder lohnende Eindrücke bietet der *Südteil* des Parks. Auf einer Stichstraße, die bei *Derwent Bridge* vom *Lyell Highway* abzweigt, erreicht man *Cyntia Bay* am *Lake St. Clair*. Hier bilden eine Ranger Station, ein Campingplatz und ein Kiosk die touristische Infrastruktur. Cyntia Bay ist Ausgangs- oder Endpunkt des Overlandtracks, hier starten zahlreiche Wanderungen, die den See und die umliegende Bergwelt zum Ziel haben. Im Sommer bringt eine kleine Fähre die Wanderer, Trekker und Ausflügler über den Lake St. Clair zur *Narcissus Bay* am Nordende des großen Sees.

Der Lake St. Clair gilt mit 200 Metern als der tiefste See Australiens. Sein Bett wurde von gewaltigen Gletschern ausgeschürft, deren Endmoräne das Südende des Gewässers bildet. Der langgezogene See liegt fjordähnlich in einem steilwandigen, dicht bewaldeten Trogtal und wird überragt von einigen der prominenten Gipfel des Parks – wie dem Massiv des *Mt. Olympus* (1447 m), der schlanken Felsnadel des *Mt. Ida* (1253 m) oder dem *Mt. Gould* (1491 m) am Nordende des Sees. Als schönste Wanderziele im Südteil des Parks gelten der *Mt. Rufus* (1416 m),

der *Cuvier Valley Track* sowie von Narcissus Bay aus die Besteigung der *Akropolis* (1471 m) und die Wanderung zu *The Labyrinth*, einer wilden Seenlandschaft in der *Du Cane Range*.

Freycinet National Park
Naturtheater aus Fels und Meer

Gemessen an dem schlechten klimatischen Ruf, der Tasmanien allgemein anhaftet, kann man im *Freycinet National Park* an der Ostküste der Insel recht oft sein blaues Wunder erleben. Im wahrsten Sinne des Wortes, denn das Klima hier ist vergleichbar mit dem in Südfrankreich: lange Trockenperioden mit viel Sonnenschein sind eher die Regel als die Ausnahme. Das glitzernde Wasser, die wilden Granitgestade, die versteckten Buchten – alles versprüht mediterranes Flair, Vergleiche mit der wilden Westküste Korsikas drängen sich auf.

Wie ein knochiger Finger deutet die gebirgige *Freycinet Peninsula*, die der Nationalpark umfaßt, in die Tasman-See hinaus und legt sich, einem schützenden Wall gleich, vor die Küste Tasmaniens. Der Gebirgszug der Halbinsel fängt die Brecher der oft wilden Tasman-See ab. Dahinter liegt die außergewöhnlich fischreiche Bucht der *Great Oyster Bay*. Sie gilt unbestritten als bestes Fischgewässer Tasmaniens. Die vor der Fingerspitze sitzende Insel *Schou-*

ten Island wurde ebenso wie ein großes Areal um die *Friendly Beaches* nachträglich in das Schutzgebiet eingegliedert. Der Nationalpark umfaßt so einen Landschaftsmix aus zerklüfteten Granitbergen, langgezogenen Sandstränden, monumentalen Steilküsten, versteckten Traumbuchten, dichten Wäldern, Sümpfen und Lagunen.

Der Park lebt von dem Gegensatz zwischen Gebirge und Meer. Die sich an der geschützten Westküste reihenden Strände sind vor allem im Spätsommer sehr beliebt. Sie gelten im Gegensatz zu den Stränden an der Ostseite als sicher zum Schwimmen. Aber gerade an der Ostküste, zum offenen Meer hin, findet man die schönsten Buchten und Strände. Die mit Abstand malerischste Bucht fungiert auch als Aushängeschild für den Park und ist Ziel der meisten dortigen Wanderer: die *Whineglass Bay*. Das perfekte Halbrund der mehrere Kilometer langen Bucht, der blendendweiße Sand und das türkisfarbene Meer lassen Gedanken an das Paradies aufkommen. Und den scheinbar endlosen Stränden der *Friendly Beaches* nördlich der *Hazards* gebührt sowieso ein Spitzenplatz in der Strandparade Tasmaniens. In den Dünenlandschaften dahinter fand man große Haufen an Muschelschalen, sogenannte »mitten«. Sie sind Beweis, daß früher die Aborigines dieses Gebiet durchstreiften und sich an dem vielfältigen Nahrungsangebot des Meeres bedienten.

Information

Auskünfte: Freycinet National Park, via Coles Bay, TAS 7215, Tel. 002/57 01 07.
Reisezeit: Der Park ist ganzjährig geöffnet. Sonnenreiche Sommer und milde Winter charakterisieren das Klima im Park. Februar und März eignen sich besonders zum Wandern.
Unterkunft: Im Park bietet die Freycinet Lodge stilvolle Unterkunft, Tel. 002/57 01 01. In Coles Bay findet man eine ganze Reihe von Schlafmöglichkeiten.
Camping: Der Nationalpark-Campingplatz liegt kurz hinter dem Parkeingang, ein großer Caravan- und Campingplatz bietet in

Coles Bay alle Bequemlichkeiten. Kleine Campingplätze für Wanderer und Trekker liegen an der Wineglass Bay, an Bryans Corner und am Cooks Beach. Hier gibt es nur einfache Toiletten, Wasser ist rar.
Aktivitäten: Wandern, Trekking, Schwimmen, Fischen.
Touren: Die in Launceston ansässige Firma Freycinet Experience bietet ein fünftägiges, geführtes Trekking an, das alle landschaftlichen Höhepunkte des Freycinet National Parks berührt. Übernachtet wird in feststehenden Zeltlagern und in einer privaten Lodge, Tel. 003/34 46 15.

85 Vom Aufstieg zum Ossa geht der Blick hinüber zum weiten Tal des Mersey Rivers, flankiert links vom Cathedral Mountain und rechts von den Ausläufern der Du Cane Range. Die grünen Polster im Vordergrund sind sogenannte Cushion Plants, die nur in dem feucht-kühlen Klima der Bergregionen Tasmaniens gedeihen.

86 Die felsigen Dioritzinnen im Hintergrund markieren das Gipfelmassiv des Mt. Ossa, des höchsten Berges Tasmaniens. An klaren Tagen liegt dem Betrachter vom Gipfel aus fast die gesamte Insel zu Füßen. Der Gipfel kann als Abstecher vom Overland Track bestiegen werden.

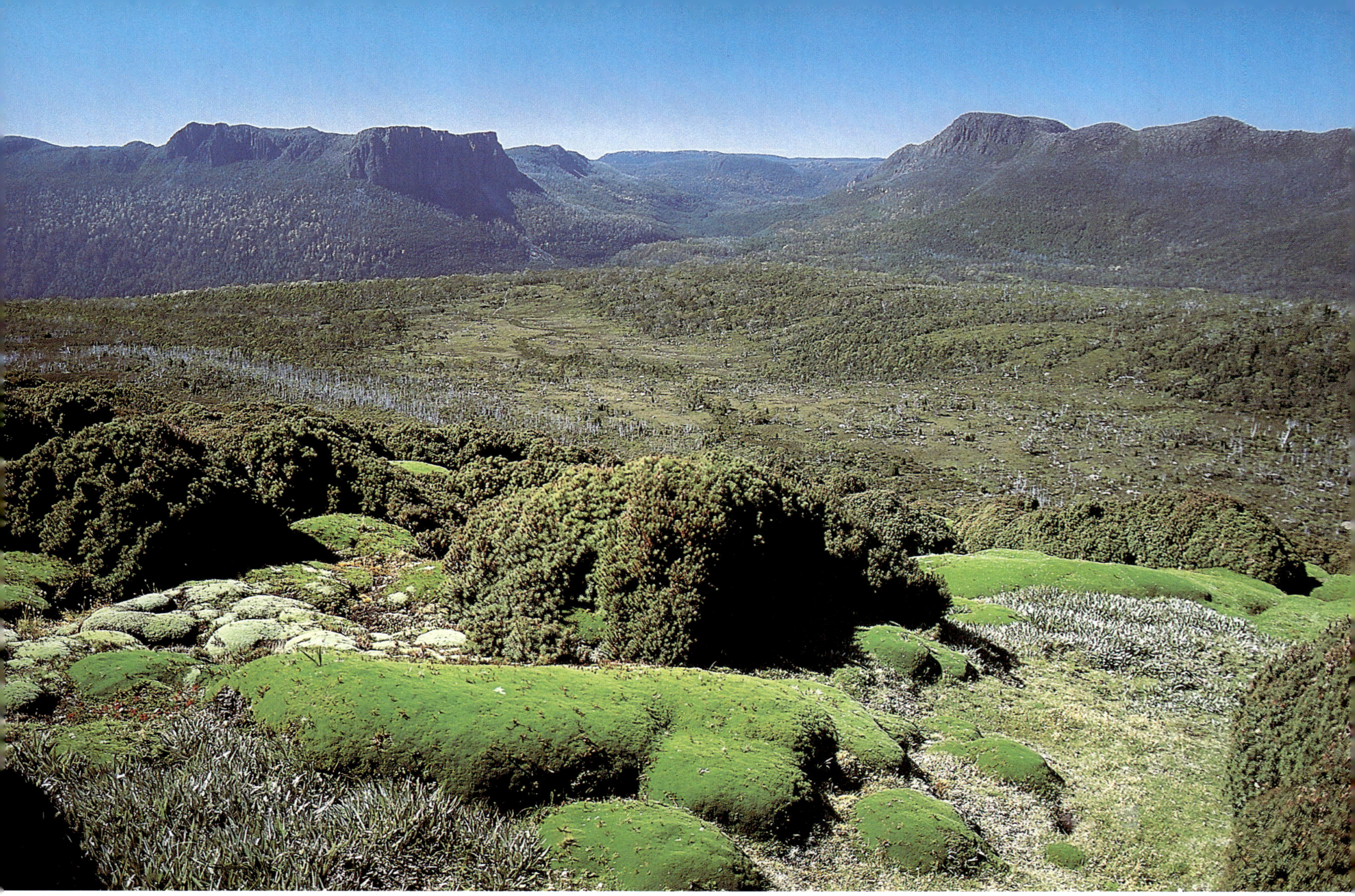

85 | 86

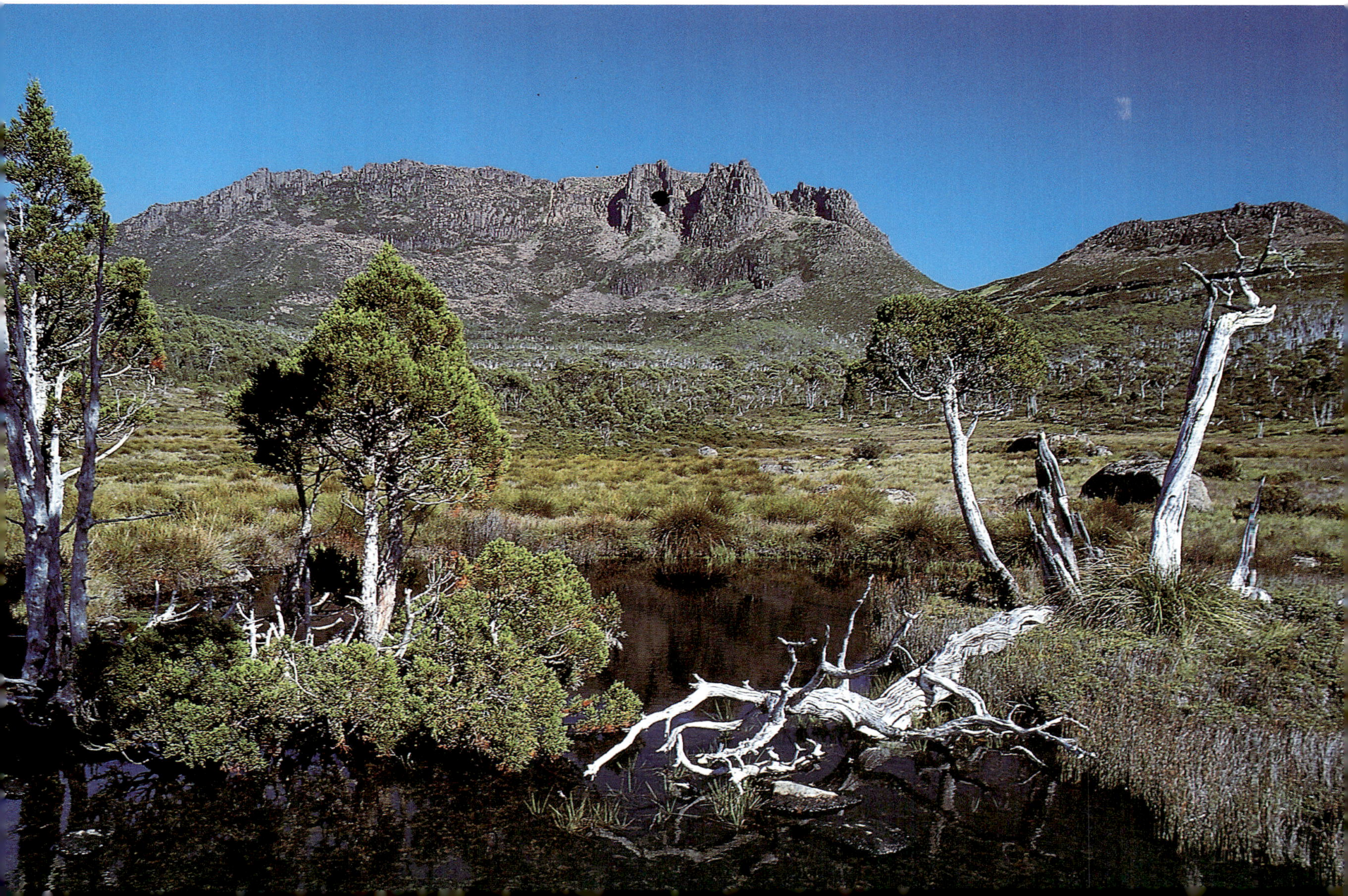

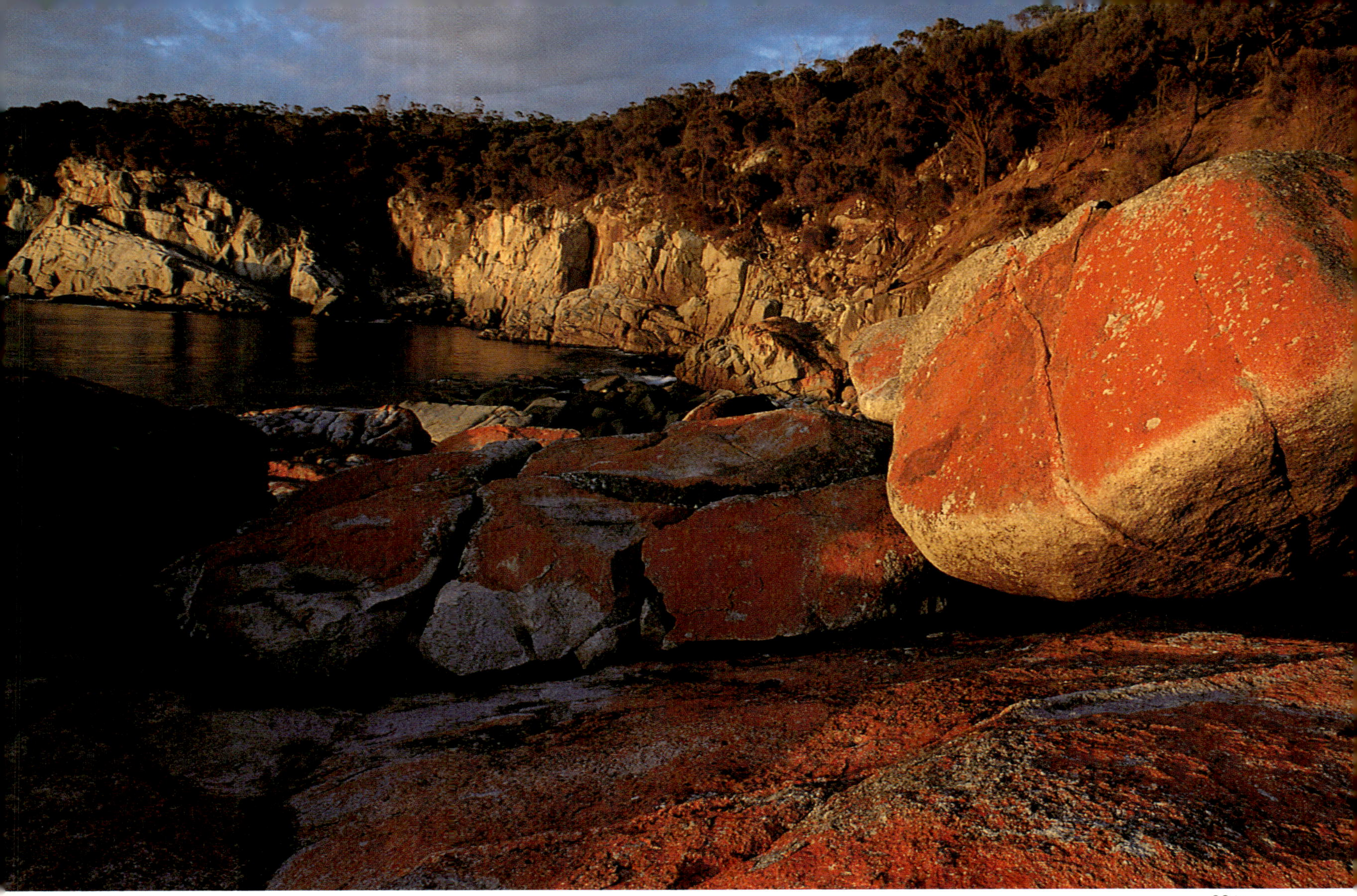

87 | 88

89 ▷

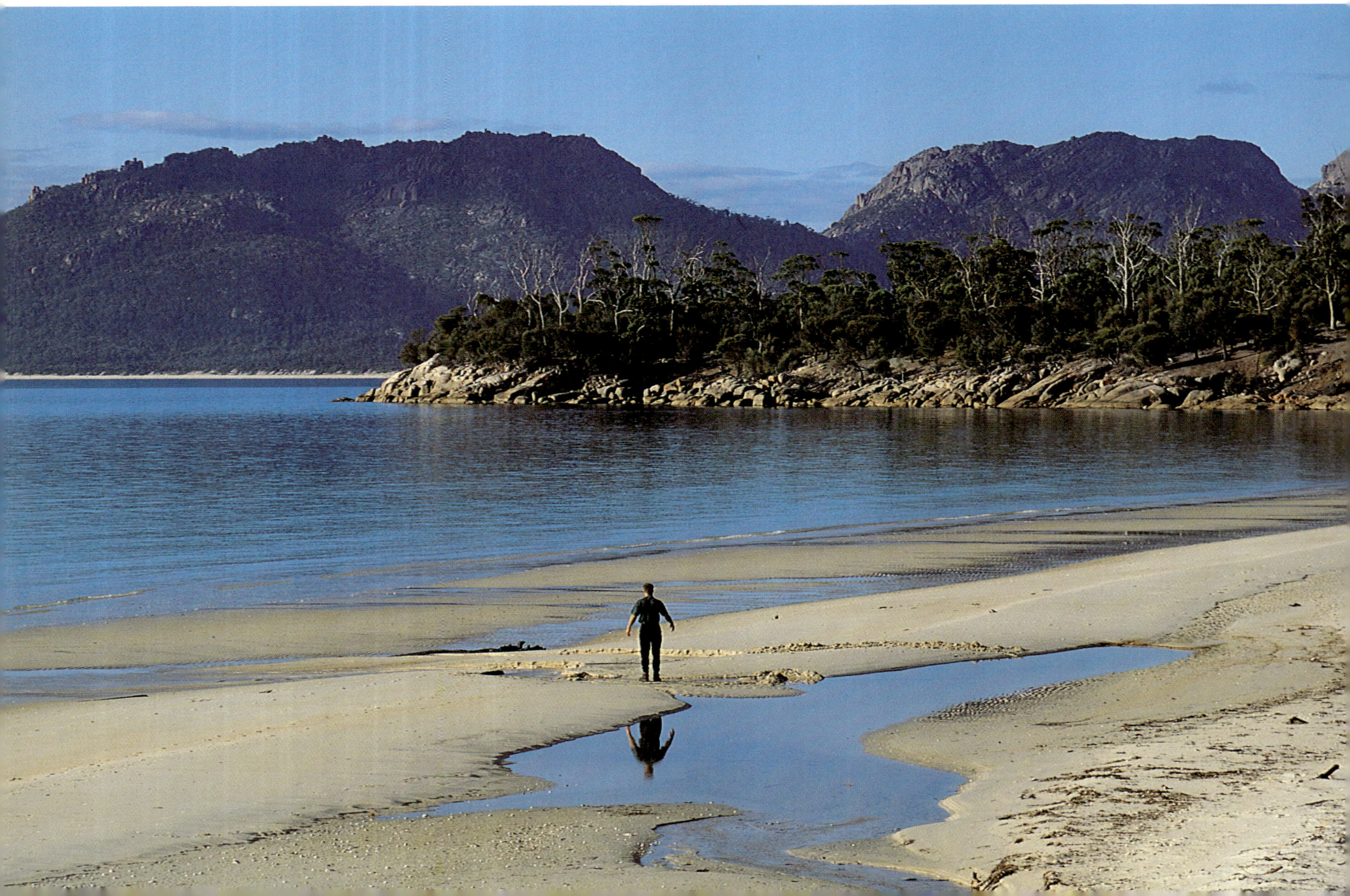

87 Ein verstecktes Kleinod im Freycinet National Park bildet die Little Bluestone Bay, deren flechtenbewachsene Granitfelsen in den weichen Farben eines frühen Morgens leuchten.

88 Einen geeigneten Platz, um »die Seele baumeln zu lassen«, finden Wanderer in der langgezogenen Sandbucht des Cooks Beach im Freycinet National Park. Die Berge im Hintergrund sind Mt. Mayson (links) und Mt. Amos (rechts), zwei Mitglieder des Gipfelquartiers »The Hazards«. Links hinten leuchtet der Sand des zwei Kilometer langen Hazard Beachs.

89 Von dem verschlafenen Ferienort Coles Bay geht der Blick hinüber zu »The Hazards«. Alle vier Hauptgipfel des Granitriegels stehen Parade: Mt. Parsons, Mt. Dove, Mt. Amos und Mt. Mayson (von links nach rechts).

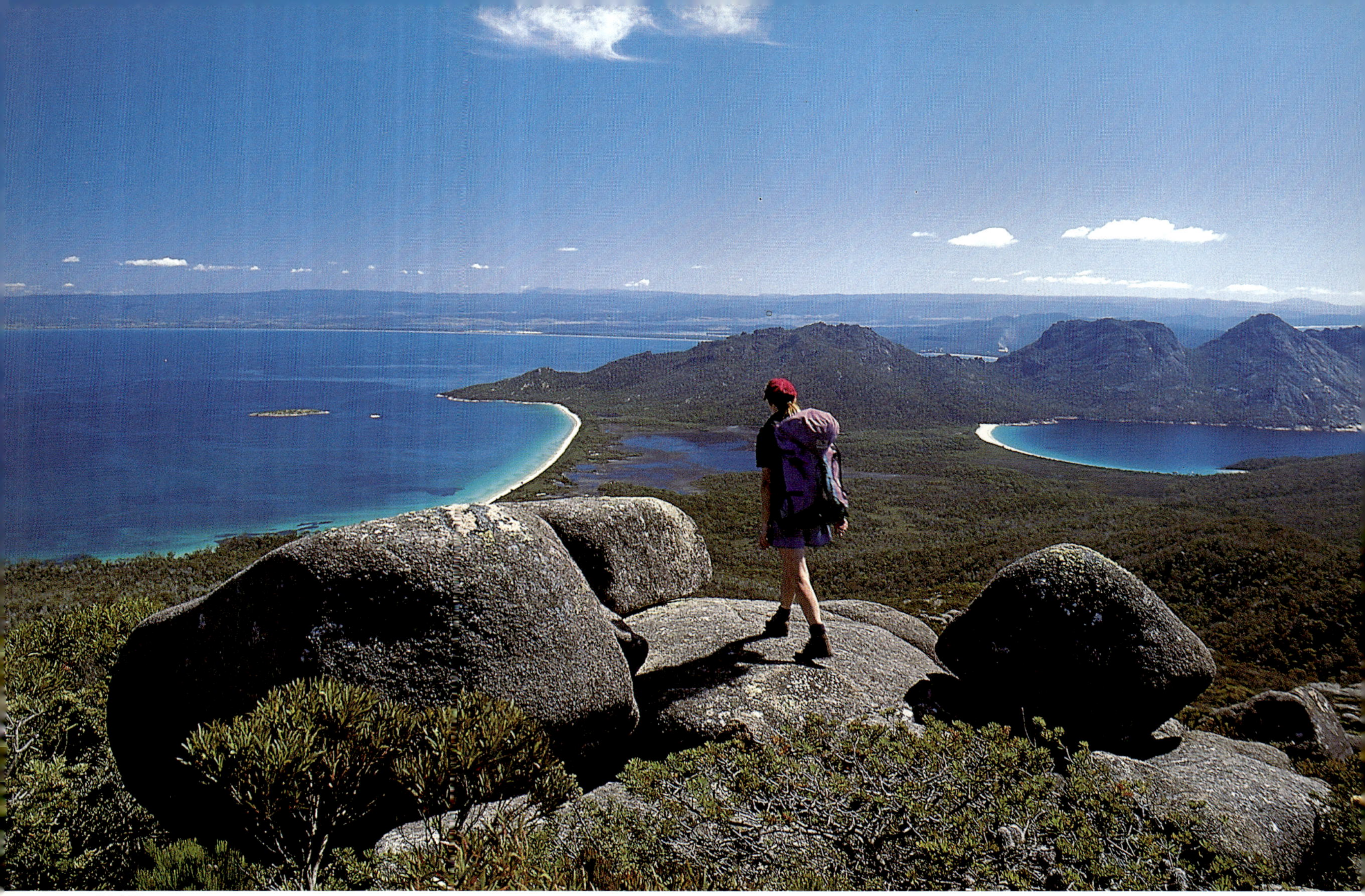

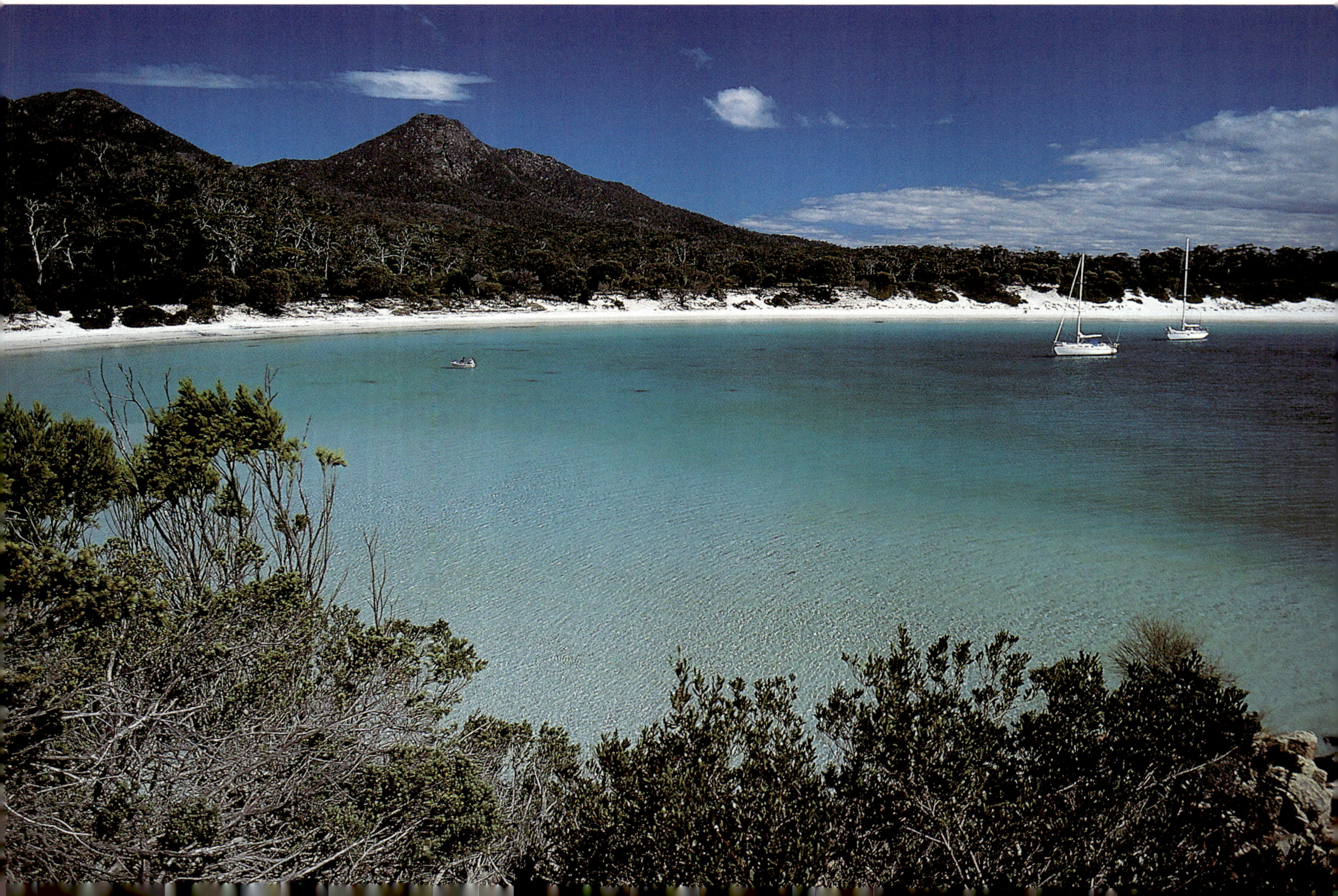

Im Park unterwegs

Vom *Tasman Highway* zwischen *Swansea* und *Bicheno* zweigt eine 35 Kilometer lange geteerte Stichstraße ab. Sie führt entlang dem Nationalpark nach *Coles Bay*. Ungeteerte Seitenwege führen von dieser Straße in den jüngsten Teil des Parks, die Dünen- und Küstenlandschaft um die *Friendly Beaches*. Hinter dem verschlafenen Örtchen Coles Bay ist dann der offizielle Parkeingang erreicht. Hier bekommt man Auskünfte und Broschüren über das Reservat und kann sich einen Platz im nahen Campingplatz am langgezogenen *Richardsons Beach* sichern. Verwöhnte Naturen finden ihr Paradies wahrscheinlich ein paar Kilometer weiter in der unter Schweizer Führung stehenden *Freycinet Lodge*. Ganz in der Nähe zweigt eine rauhe Schotterpiste zum *Cape Tourville* ab. Nicht weit davon entfernt liegt die kleine Felsenbucht der *Little Blue Stone Bay*. Besonders am frühen Morgen ist dieses Kleinod der Natur sehenswert. Dann leuchten die mit orangefarbenen Flechten überzogenen Felsen besonders kräftig. Die sechs Kilometer lange Stichstraße von Coles Bay endet dann unweit der Lodge vor der viergipfligen Granitbarriere der *Hazards*. Ab hier geht es nur noch zu Fuß weiter, denn andere Straßen gibt es in diesem Teil des Parks nicht. Hinter diesem schützenden Bergriegel nun tut sich eine versteckte Wunderwelt für Fußgänger auf, die es auf Tageswanderungen, aber auch auf mehrtägigen Trekkings, zu erkunden gilt.

Wandertouren

Am besten überblicken kann man dieses Natur- und Wanderparadies vom Gipfel des *Mt. Amos* (440 m) aus. Auf diesen zweithöchsten Gipfel der Hazards führt vom Parkplatz am Ende der Stichstraße ein steiler Wanderweg. Lohn der Mühe ist ein Blick über die traumhafte *Whineglass Bay* zu den beiden höchsten Gipfeln des Parks, dem *Mt. Graham* (579 m) und *Mt. Freycinet* (620 m), und zu den abgelegenen Stränden der Freycinet Halbinsel.

Zweifellos zu den schönsten Rundwanderungen im Park gehört die Kombination der drei Wanderwege *Hazards Beach Track, Isthmus Track* und *Wineglass Bay Track*. Auf dieser leichten Tagestour umrundet man den *Mt. Mayson* (400 m), einen der vier Hazardgipfel, und erreicht damit zwei der schönsten Buchten des Parks, den westseitig gelegenen *Hazard Beach* und die *Wineglass Bay* auf der Ostseite. Eine weitere großartige Runde, für die man allerdings mindestens zwei Tage veranschlagen sollte, ist der *Peninsula Track*. Er führt von der *Wineglass Bay* über den Granitgipfel des *Mt. Graham* zum *Cooks Beach* und an der Küste entlang zurück zum *Hazard Beach*. Vom Cooks Beach führt ein weiterer Pfad, der *Bryans Beach Track*, zum weitgeschwungenen und einsamen Sandstrand des *Bryan Beach*.

Schouten Island

Die weglose Insel *Schouten Island* vor der Südspitze der Freycinet Peninsula ist nur mit dem Boot zu erreichen. Die Insel ist durch eine gut erkennbare Störungslinie geologisch zweigeteilt. Während die Nordhälfte von Schouten Island aus Granit aufgebaut ist, dominiert im Süden das Intrusionsgestein Dolerit. Die Vegetation der Insel besteht vorwiegend aus salzbeständigem Küstengebüsch und Heide. Auf der Insel wartet ein primitiver Zeltplatz ohne sanitäre Einrichtungen auf Entdeckungsfreudige.

90 Eine Schaukanzel ohnegleichen stellt der Gipfel des Mt. Graham, des höchsten Berges im Freycinet National Park, dar. Im Hintergrund begrenzen drei der vier Hazards-Gipfel den Blick, links des schmalen, sumpfigen Isthmus leuchtet das Sandband des Hazard Beach herauf, und rechts lockt Tasmaniens schönste Bucht, die Wineglass Bay.

91 Gedanken an das Paradies liegen angesichts des landschaftlichen Schmuckstücks der Wineglass Bay nahe. Kaum vorstellbar ist, daß diese Traumbucht einst der Standort einer florierenden Walfangstation war. Noch heute liegen die ausgebleichten Knochen der Meeressäuger am Strand und erzählen die grausame Geschichte.

Westaustralien

Das westliche Drittel des »Fünften
Kontinents« ist durch eine schnurgerade
Grenzlinie, die vom Joseph-Bonaparte-
Golf im Norden bis zum Scheitelpunkt
der Großen Australischen Bucht
im Süden verläuft, von seinen Nachbarn
Northern Territory und Südaustralien
getrennt. Solche ohne Rücksicht auf
natürliche oder historische Gege-
benheiten mit dem Lineal gezogenen
Landesgrenzen sind stets ein
sicheres Indiz für eine koloniale
Vergangenheit. Und Westaustralien
wurde auch erst 1890, als allerletzter der
australischen Bundesstaaten, von
Großbritannien in eine weitgehende
Autonomie entlassen. Daß das
überwiegend wüstenhafte Landesinnere –
weswegen weit mehr als zwei Drittel
der Bevölkerung im Großraum der
Hauptstadt Perth leben – kaum
Landwirtschaft ermöglicht, wird durch
reiche Bodenschätze ausgeglichen.
Westaustralien ist mit über 90 Prozent
an der australischen Erzförde-
rung beteiligt.

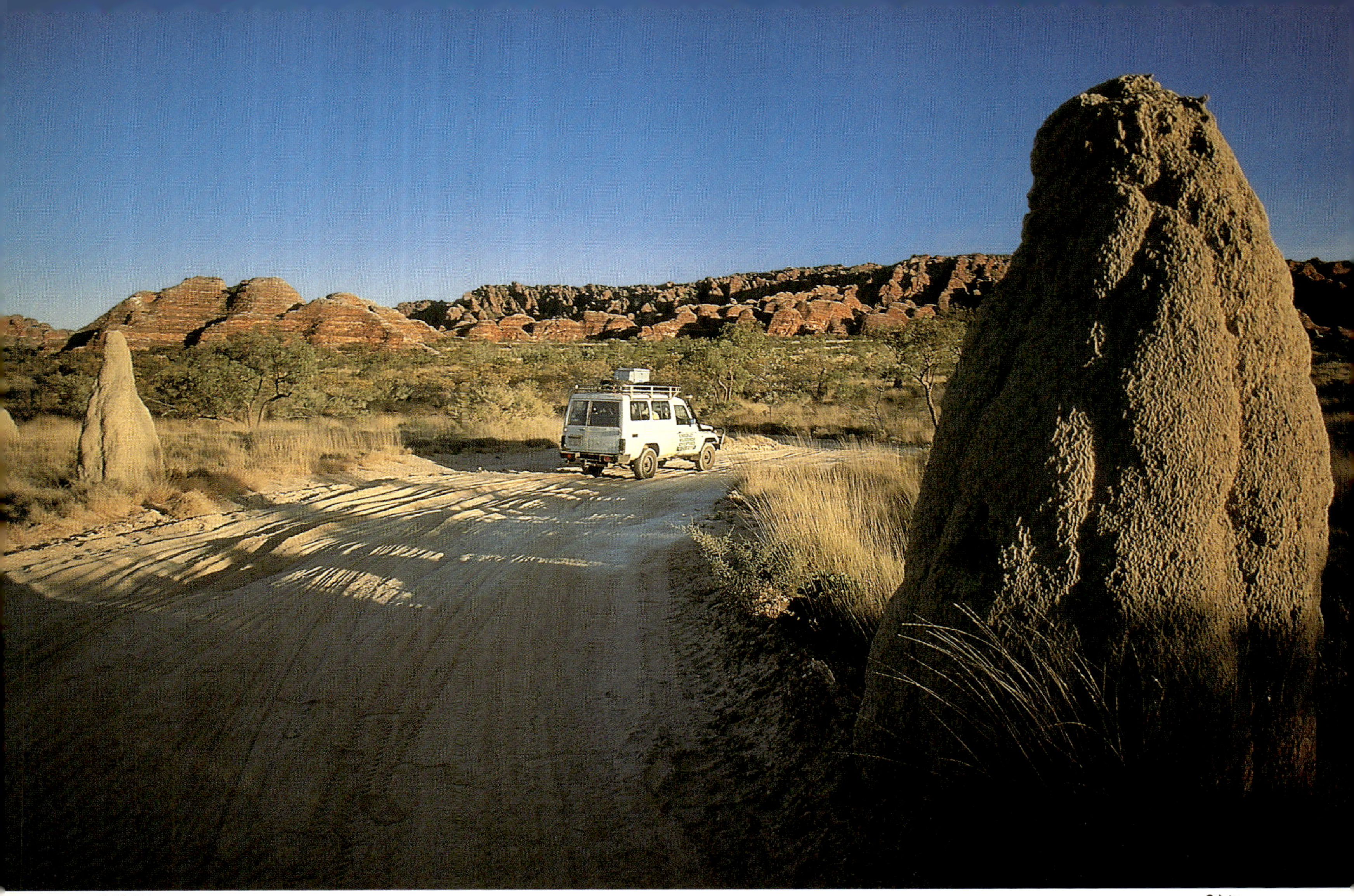

94 | 95

96 ▷

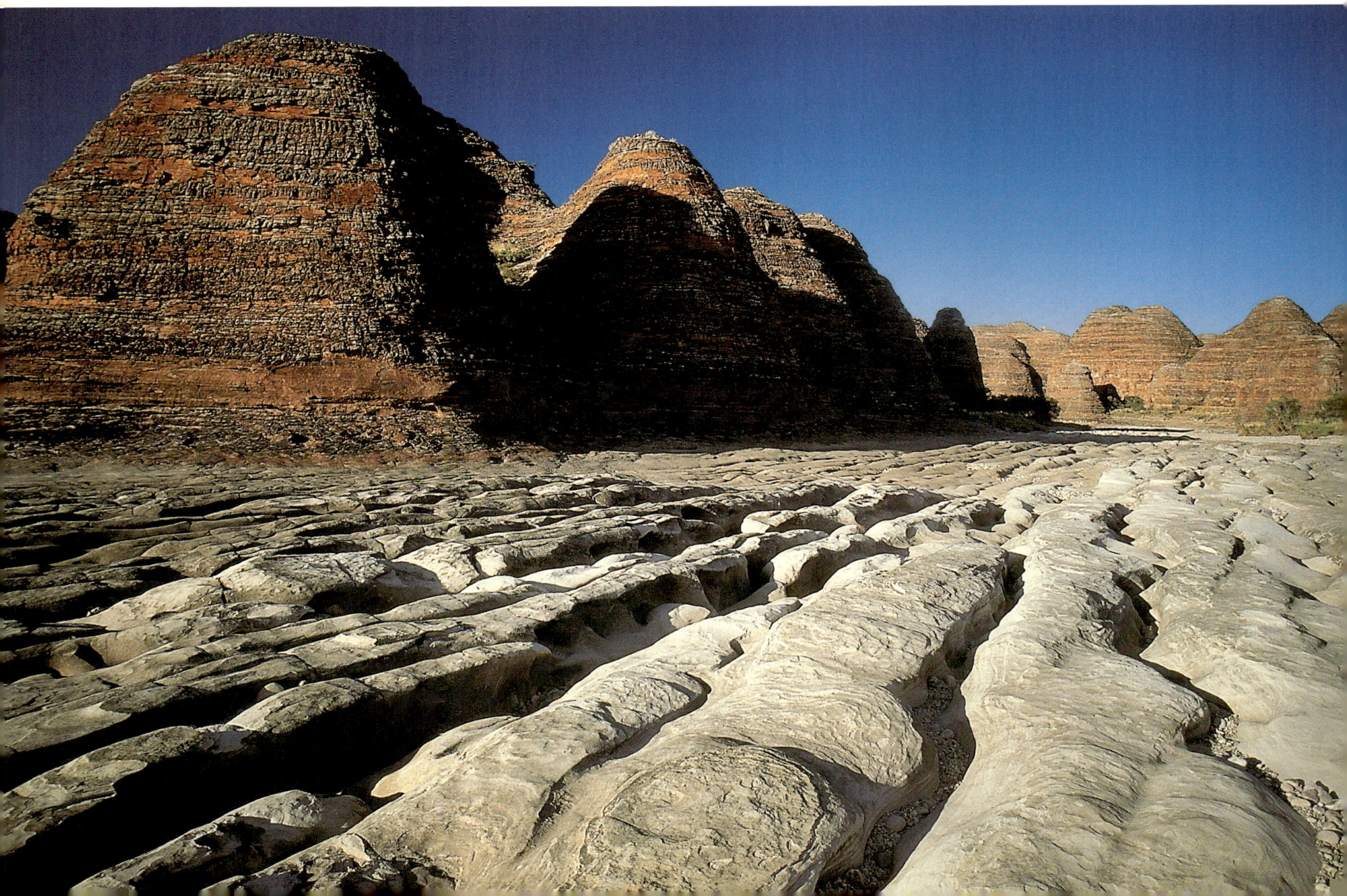

Vorhergehende
Abbildungen:

92 Im stillen Wasser der Kalamina Gorge spiegeln sich die roten Felswände aus eisenhaltigem Gestein. Die zahlreichen Schluchten am Nordrand der Hamersley Range gehören zu den eindrucksvollsten Schaustücken des Karijini National Parks.

93 Ein Wald aus bizarr verwitterten Kalksteinsäulen ragt im Nambung National Park aus dem hellen Sand auf und bildet eine Landschaft, die der Phantasie eines Science-fiction-Autors entsprungen sein könnte: »The Pinnacles«.

94/95 Ein Allradfahrzeug ist Voraussetzung, um in die steinerne Wunderwelt des Purunululu National Parks vorzudringen. Lohn des Aufwandes ist eine unvergleichbare, fremdartige Landschaft aus Sandsteindomen und -pagoden, die das merkwürdig bleiche, von Rillen durchzogene Felsbett des nur periodisch fließenden Piccaninny Creek flankieren (unten).

96 Ohne Übergang ragen die verkarsteten Kalksteinwände der Napier Range im Windjana Gorge National Park über der Steppenlandschaft der Kimberley auf. Die rötlichgraue Felsmauer stellt einen Teil eines uralten Riffs aus dem Devon dar.

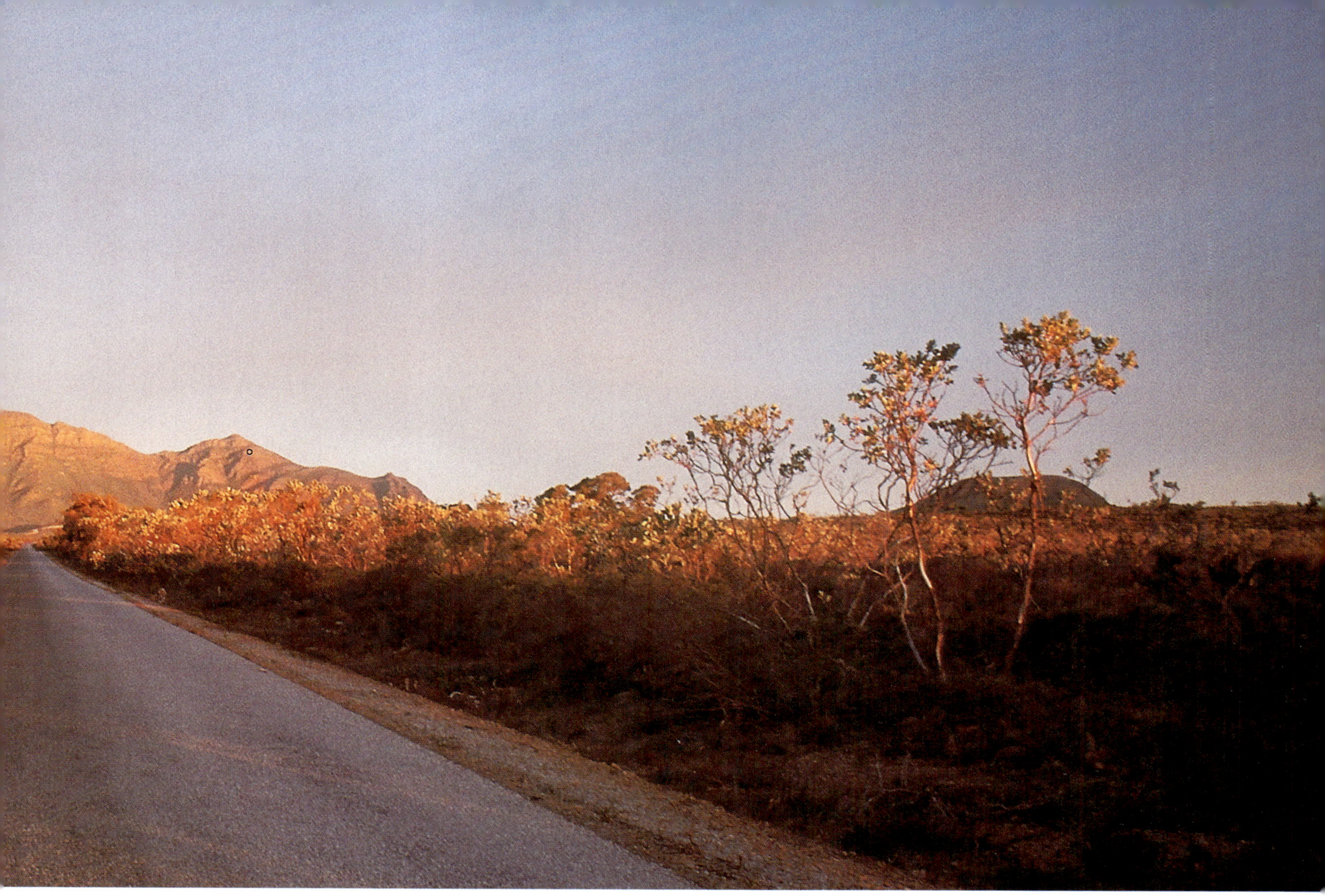

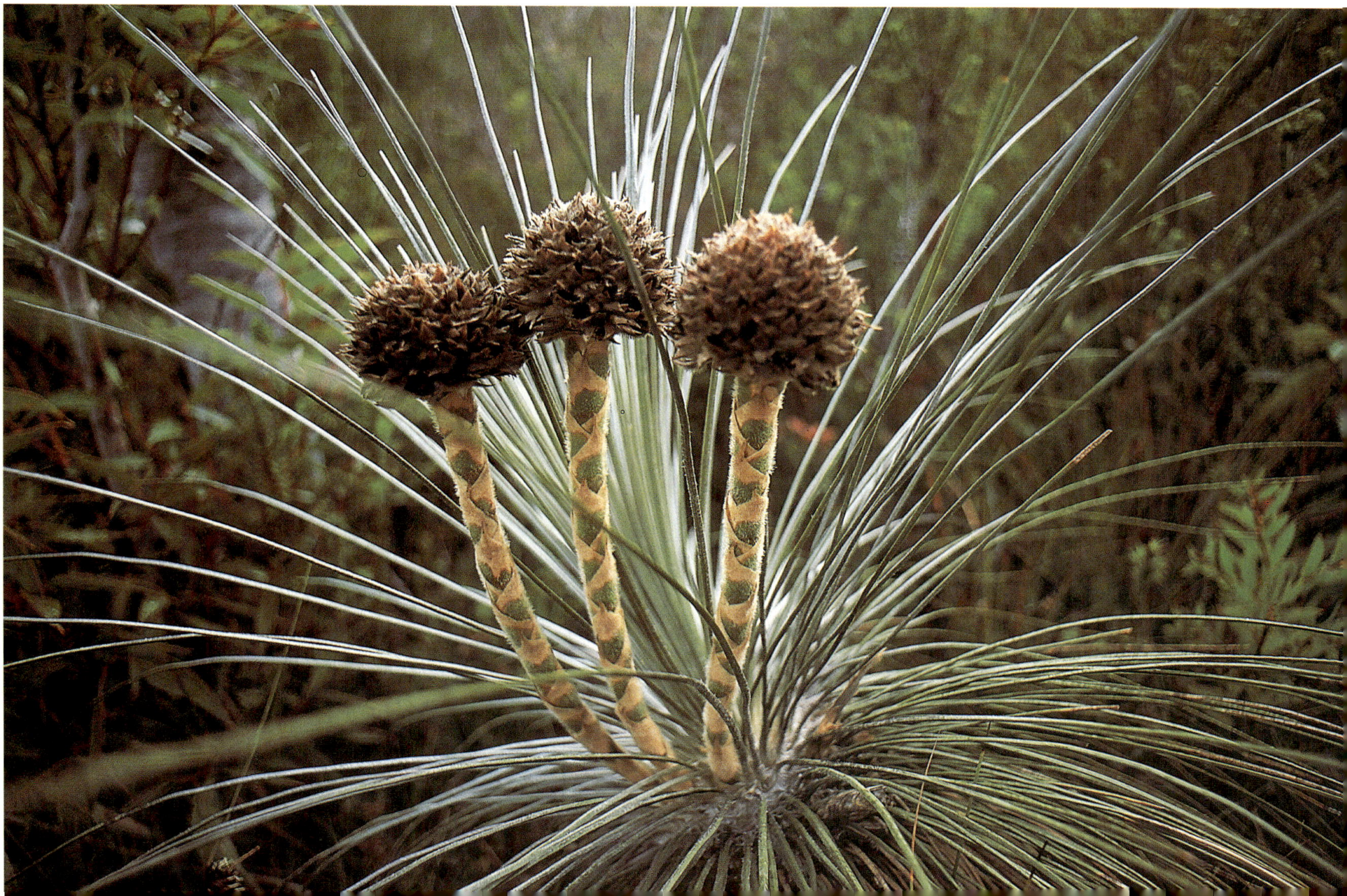

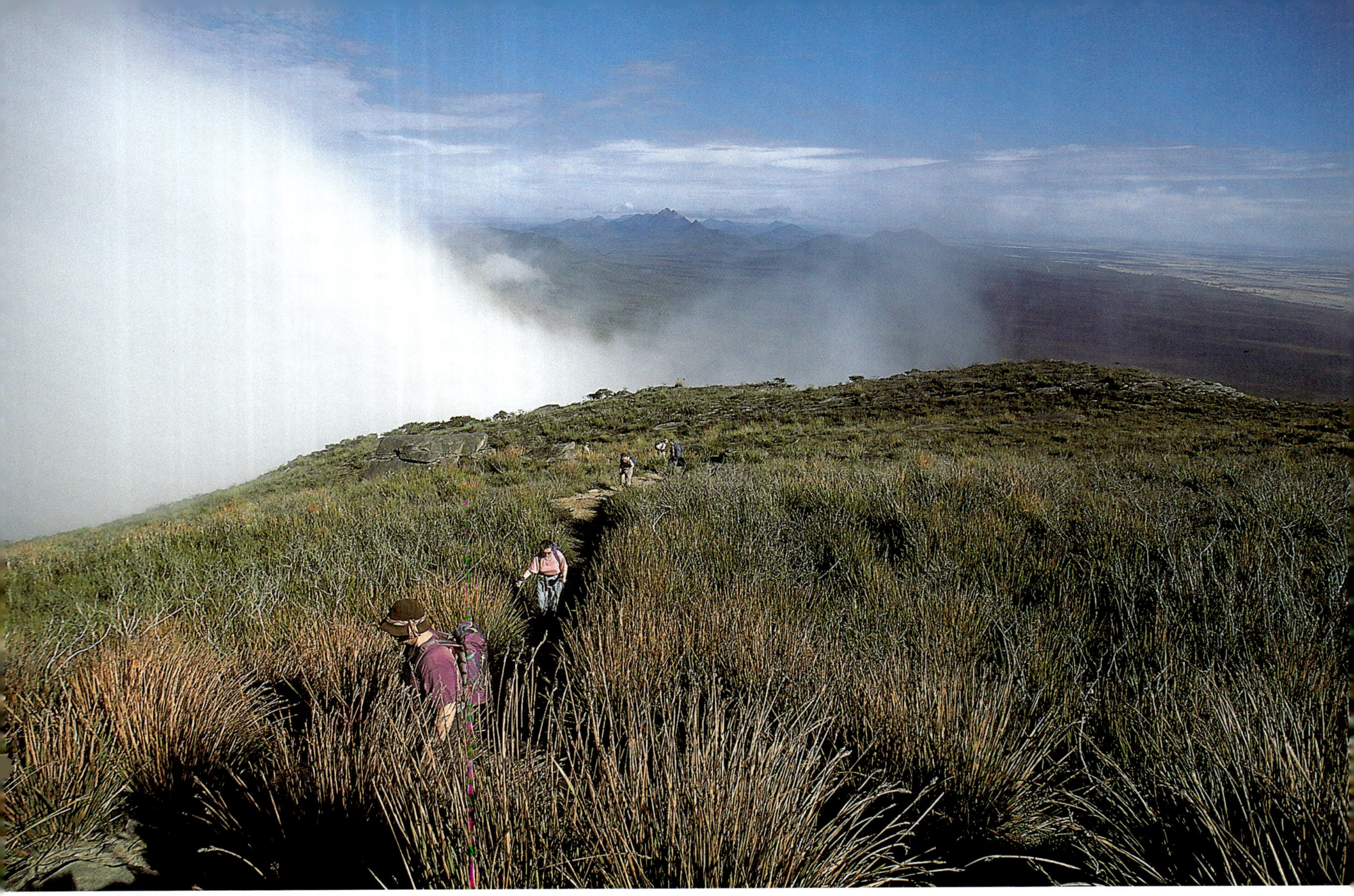

101 | 102

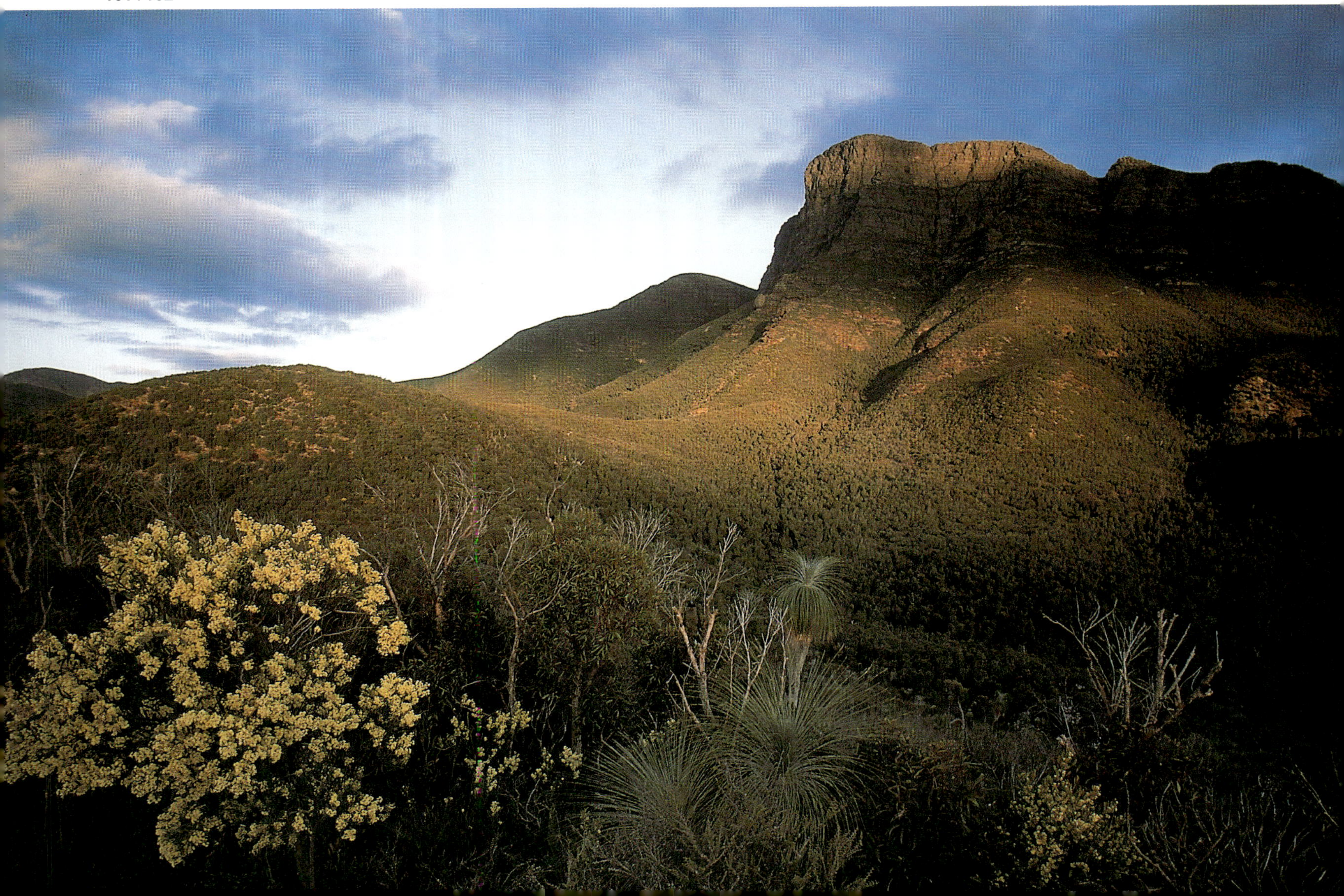

Der dünnbesiedelte Riese

Der flächenmäßig größte Bundesstaat Australiens ist gleichzeitig auch der am dünnsten besiedelte. Auf einer Fläche von weit über 2,5 Millionen Quadratkilometern – das entspricht etwa einem Drittel der Fläche Gesamtaustraliens oder siebenmal der Größe Deutschlands – leben gerade einmal 1,6 Millionen Menschen.

Vorhergehende Abbildungen:

97 Kurz nur bricht die abendliche Sonne durch die dunklen Wolken einer Gewitterfront und taucht die Landschaft des Stirling Range National Parks in ein unwirkliches Licht. Die Straße läuft direkt auf den Bluff Knoll zu, den höchsten Gipfel der Stirling Range.

98–100 Botaniker und Pflanzenfreunde aus aller Welt zieht es alljährlich zur Wildblumenblüte in das botanische Wunderland Westaustralien. Besonders reichhaltig ist die Flora im Stirling Range Nationalpark, mit Raritäten wie der Albany Banksi (Banksia coccinea) mit ihren großartigen, roten Blütenständen. Die gelben Blütenhäuschen gehören zu einer Wattle, Mitglied der mit 800 Spezies zu den größten Pflanzenfamilien Australiens zählenden Akazien. Nur auf die Südwestecke Westaustraliens beschränkt ist der silberblättrige Grass Tree (Kingia australis). Nach Buschbränden bildet die Pflanze regelmäßig Blüten aus, die an Paukenschlegel erinnern.

101/102 Als höchster Gipfel der Stirling Range gilt der Bluff Knoll als eines der nobelsten Ziele für Wanderer. Der Aufstiegsweg umgeht die steilen Nordabstürze des Berges und führt über die Graslandschaft der flachen Südabdachung auf den einen herrlichen Panoramablick gewährenden Kulminationspunkt des Parks. An klaren Tagen kann man von seinem Gipfel aus den Brandungssaum der etwa 60 Kilometer entfernten Küste erkennen.

Eine Million davon bevölkern die Hauptstadt *Perth*.

Von den Europäern erst spät erforscht, erwischte der riesige Bundesstaat wirtschaftlich einen langsamen Start. Größtes Hindernis bei der Entwicklung Westaustraliens waren die enormen Ausmaße des Landes, seine klimatische und geografische Struktur. Topografisch gesehen ist das Land zweigeteilt, in das große westaustralische Plateau mit Höhen zwischen 300 und 600 Metern und den schmalen, bis 60 Kilometer breiten Küstenstreifen, der das Plateau säumt. Die Küstenlinie Westaustraliens hat eine Länge von 12 500 Kilometern.

Während der *Norden* des Landes im Bereich des Monsuns liegt und von ausgeprägten Trocken- und Regenzeiten geprägt ist, weist der *mittlere Teil*, der zwei Drittel der Gesamtfläche einnimmt, wüstenhaftes Klima mit unregelmäßigen Niederschlägen (unter 250 Millimeter im Jahr) auf. Der *Süden* schließlich ist mit einem mediterranen Klima gesegnet.

Der erste Wirtschaftsboom fand in den Jahren 1885 bis 1895 statt, als man reiche *Goldvorkommen* in Westaustralien entdeckte. Auch heute noch sind es die enormen Rohstoffreserven, die die Wirtschaft des Landes antreiben. Eisen, Nickel, Gold, Bauxit und seit noch nicht allzulanger Zeit Öl, Erdgas und Diamanten begründen den Reichtum des Landes. Heute weist Westaustralien das größte Wirtschafts- und Bevölkerungswachstum aller Bundesstaaten des Fünften Kontinents auf. Neben dem Bergbau sind der Fischfang sowie die Land- und Forstwirtschaft die wichtigsten wirtschaftlichen Stützen Westaustraliens.

Auch touristisch ist Westaustralien ein »Spätzünder«. Mit seinen faszinierenden, menschenleeren Landschaften und zahlreichen Sehenswürdigkeiten ist der Bundesstaat auf der touristischen Landkarte noch nicht sehr lange präsent. Fremdenverkehr wird erst seit wenigen Jahren intensiv gefördert, aber langsam spricht sich herum, daß der große Bundesstaat am Indischen Oze-

Information

Anreise: Dreh- und Angelpunkt für Reisen in und nach Westaustralien ist die Hauptstadt Perth, die über einen internationalen Flughafen verfügt. Mehrere internationale Fluglinien bieten von Deutschland aus gute Verbindungen in die Stadt am Swan River an. Von hier sind Flugverbindungen zu allen wichtigen australischen Städten möglich.

Unterkunft: Die Millionenstadt Perth besitzt zahlreiche Hotels und Motels aller Preiskategorien. Die feinsten Adressen, wie z. B. das Hyatt Regency, Tel. 09/225 12 34, oder das Perth Parkroyal, Tel. 09/325 38 11, findet man direkt in der City. Preislich günstiger sind das Wentworth Plaza, Tel. 09/481 10 00, und das Grand Central Private Hotel, Tel. 09/325 56 38.

an viel zu bieten hat. Gerade hier kann man noch das »echte« Australien entdecken und erleben. Große Gebiete des Landes sind zudem als Nationalparks geschützt und mausern sich langsam zu Touristenattraktionen.

Stirling Range National Park
Blumenwunder im Südwesten

Tief im Süden des riesigen Bundeslandes Westaustralien, dort, wo man es eigentlich gar nicht mehr erwarten würde, erheben sich ohne Übergang die *Stirling Range* mit ihren steilen Gipfeln wie eine zerklüftete Insel aus den Weiten der landwirtschaftlich intensiv genutzten Küstenebenen. Die Millionenstadt *Perth* liegt etwa 380 Kilometer nordwestlich des Gebirgszuges, das Küstenstädtchen *Albany* dagegen ist nur noch 64 Kilometer entfernt, also praktisch in Sichtweite. An klaren Tagen erkennt man von den Höhen der Gipfel die Südküste Westaustraliens.

Benannt wurde der Gebirgszug zu Ehren von *Captain James Stirling*, des ersten Gouverneurs Westaustraliens. Der gleichnamige Nationalpark schützt heute ein Gebiet von 115 671 Hektar, umfaßt steile, zerklüftete Berggestalten, unzugängliche Geröllhänge, Sandebenen, weites Buschland und eine Kette von kleinen Seen im äußersten Südosten des Reservats. Fünf Gipfel ragen über 1000 Meter auf, oft eingehüllt in Nebel, und im Winter zaubert gelegentlicher Schneefall einen weißen Zuckerguß auf die Höhen der Stirling Range. Kumulationspunkt des Gebirges ist mit 1073 Metern der mächtige, nach Nordwesten hin steil abbrechende *Bluff Knoll*.

Die Annäherung an den Park, sei es vom Süden, also von *Albany* über die *Chester Pass Road*, oder von *Perth* erst über den *Albany Highway* und dann ab *Cranebrook* auf der zum Teil unbefestigten *Salt River Road*, ist bereits Teil der Dramaturgie. Kaum ein Besucher wird sich dem Erstaunen entziehen können, wenn plötzlich am Horizont über den endlosen Feldern der Region seltsame, unwirklich erscheinende Berggestalten, Sägezähnen nicht unähnlich, emporwachsen.

Geologie der Stirling Range

Die markanten Berge der Stirling Range stellen den verwitterten Rest einer einstmals mächtigen Sedimentdecke dar, die sich über Jahrmillionen in einem flachen Meer gebildet hatte. Beweise für diese erstaunliche Transformation vom Meeresboden zum zerklüfteten Gebirge finden sich an vielen Stellen des Parks. Im Gipfelbereich des steilen *Toolbrunup Peak* zum Beispiel sind die Rippelmarken des ehemaligen Meeresbodens erkennbar, als hübsches Muster verewigt in den harten Gesteinsplatten.

Schließlich zog sich das Wasser des Flachmeeres langsam zurück und das Land versank in einer flachen Mulde. Während das umliegende Land also der Erosion ausgesetzt war und die mächtigen Sedimentschichten bis auf den granitenen Untergrund verschwanden, überstanden die Sedimentgesteine der heutigen Stirling Range dem nagenden Zahn der Zeit. Erst als sich das Land zu heben begann, setzte der Verwitterungsprozeß ein, der das Antlitz der Berge gestaltete. Flüsse schnitten tiefe Täler in das weiche Gestein, Wind und Wetter zersetzten den Fels zu sandigem Boden, schufen die steilen Berge, deren Kanten und Ecken sich im Laufe der Jahrmillionen zum Teil wieder abschliffen; zahlreiche Berge weisen heute runde, domartige Formen auf. Vor 28 Millionen Jahren stieg der Meeresspiegel dann wieder an, die flachen Küstenebenen versanken erneut im Wasser, und die Gipfel der Stirling Range verwandelten sich in Inseln. Schließlich zog sich das Meer nach drei Millionen Jahren zurück und das Gebirge sowie die umliegenden Ebenen tauchten wieder aus dem Wasser auf.

103/104 Wenig beachtet im Schatten des bekannten Besuchermagnets »The Pinnacles« liegt der übrige Teil des Nambung National Parks. Dabei bildet die wilde Küste des Schutzgebietes eine Attraktion für sich. Im Frühjahr verwandeln sich die überwachsenen Dünen in ein Blütenmeer. Ein weiteres, vernachläßigtes Kleinod des Parks ist der Lake Thetis. Der brackige Binnensee gilt als einer der wenigen Orte auf der Welt, an dem man lebende Stromatolithen, eine primitive, steinharte Höcker bildende Lebensform, sehen kann.

Folgende Abbildung:

105 Den Faltentwurf der Erdgeschichte in leuchtenden Farben und aus nächster Nähe erleben kann man in der Tiefe der Hamersley Gorge am Nordwestrand des Karijini National Parks. Ein kurzer, aber steiler Pfad führt hinunter zu diesem geologischen Lehrstück. Das Schluchterlebnis wird noch vertieft durch ein Bad im kühlen Wasser des Fortescue River South, dessen glasklares Wasser auch zu Dürrezeiten nie versiegt.

Information

Auskünfte: Department of Conservation and Land Management, Chester Pass Road, c/o P. O. Amelup via Borden 6338, Tel. 089/27 92 30 oder 27 92 78. Im Park gibt es kein Visitor Centre.
Reisezeit: Der Park ist ganzjährig geöffnet. Die beste Zeit für einen Besuch ist der Spätfrühling und der Frühsommer, zur Blütezeit der Wildblumen. Dann sind die Tage warm und die Nächte mild. Die Winter in der Stirling Range sind feucht und kalt, Schneefälle in den höheren Lagen nichts Ungewöhnliches. Auch im Frühjahr kann es gelegentlich noch zu Kälteeinbrüchen kommen.
Unterkunft: Außer Camping gibt es keine Übernachtungsmöglichkeiten im Park. Motels und Hotels findet man in Cranebrook und im über 60 Kilometer entfernten Küstenstädtchen Albany.
Camping: Im Park selbst gibt es nur einen Campingplatz, nämlich die Moingup Springs Camping Area an der Chester Pass Road. Für diesen einfachen Campingplatz ist ein Permit notwendig. Voll ausgestattet ist dagegen der Stirling Range Caravan Park an der Chester Pass Road knapp außerhalb des Parks.
Aktivitäten: Neben der Pflanzenwelt gilt das Interesse der meisten Besucher den Wanderungen im Park. Die schönsten Touren führen auf den Bluff Knoll (4 Std. hin und zurück), Toolbrunup Peak (4 Std. hin und zurück), Mt. Trio (2 bis 3 Std. hin und zurück) und auf den Mt. Hassell (2 bis 3 Std. hin und zurück).

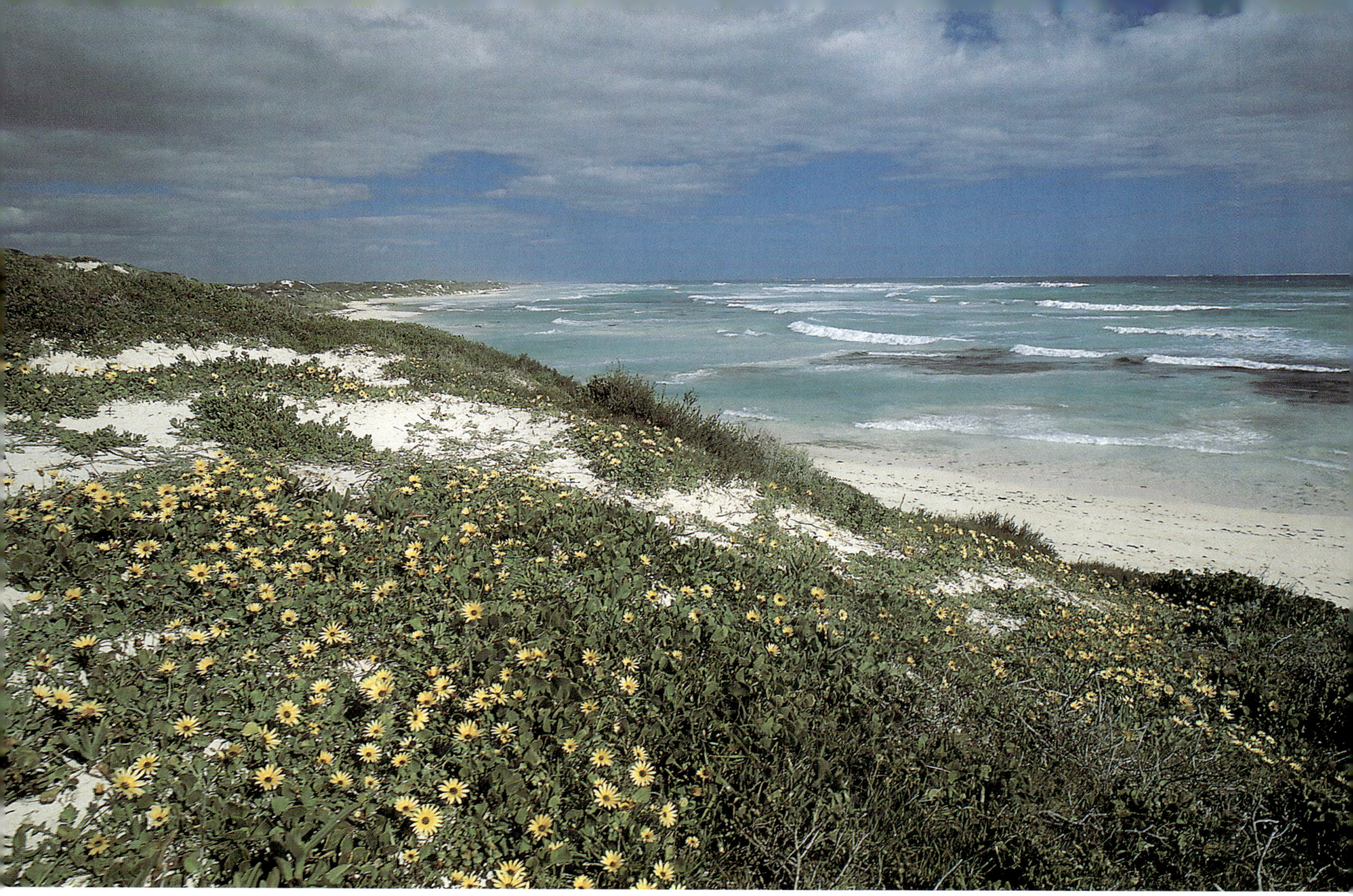

103 | 104

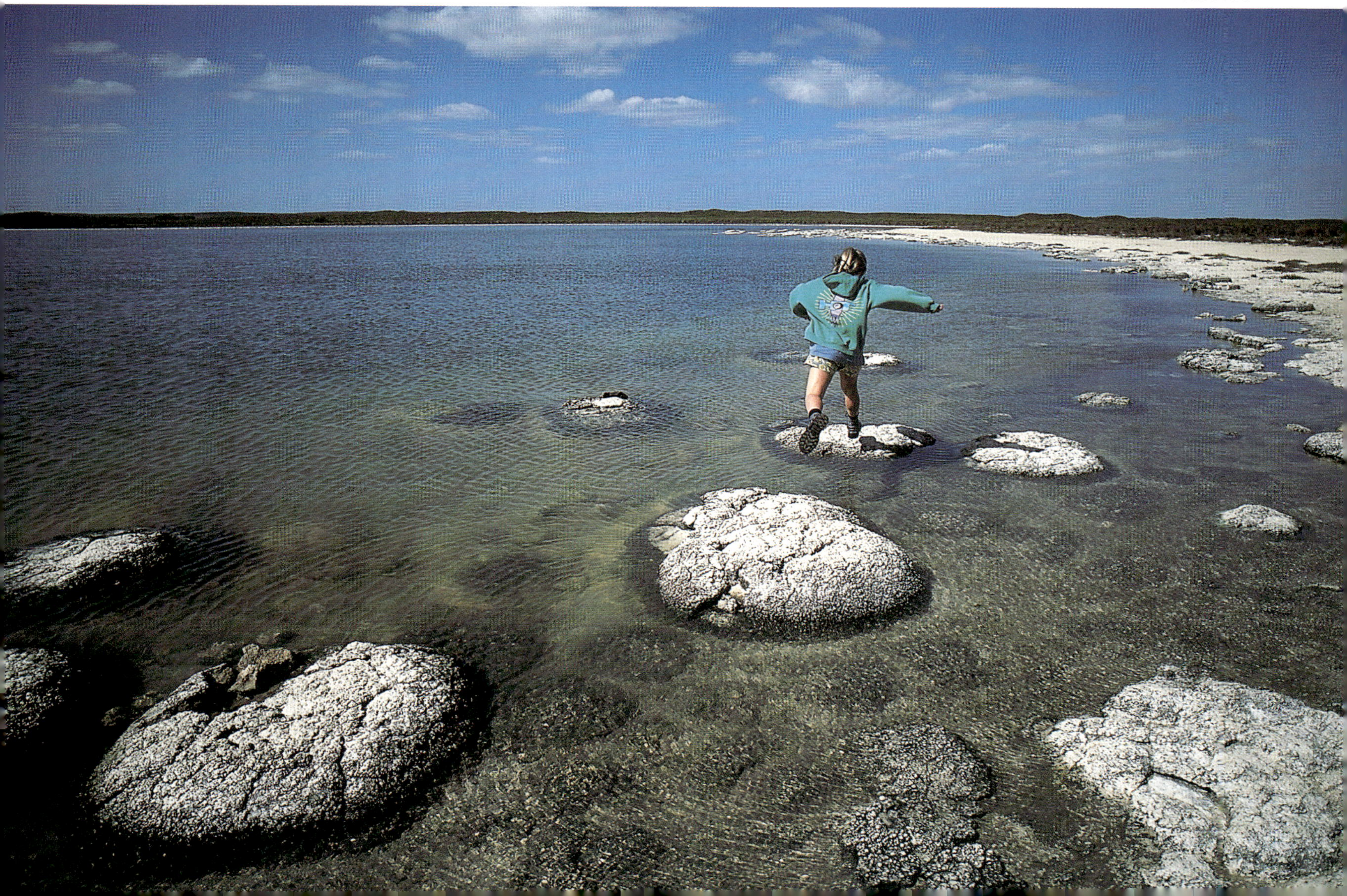

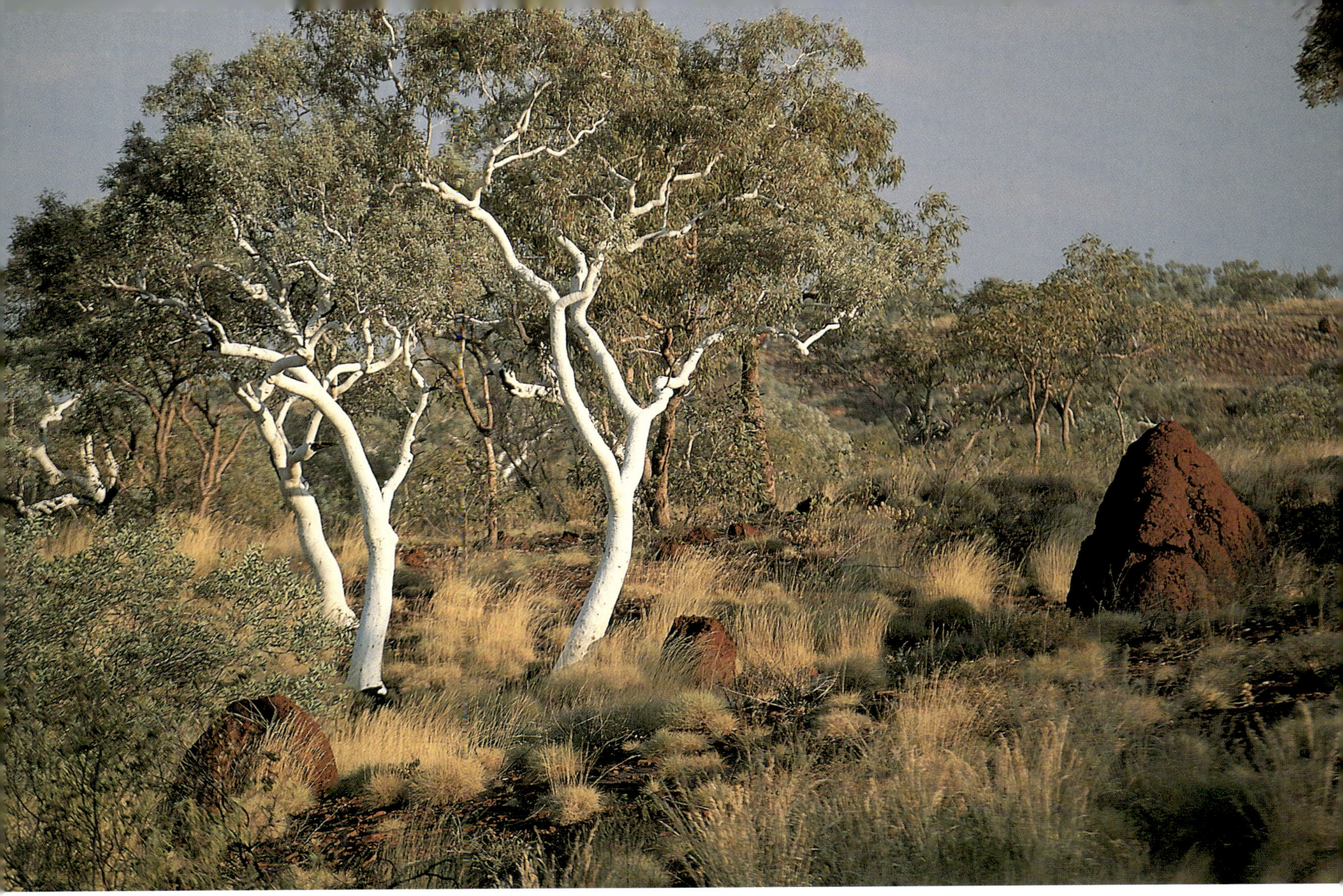

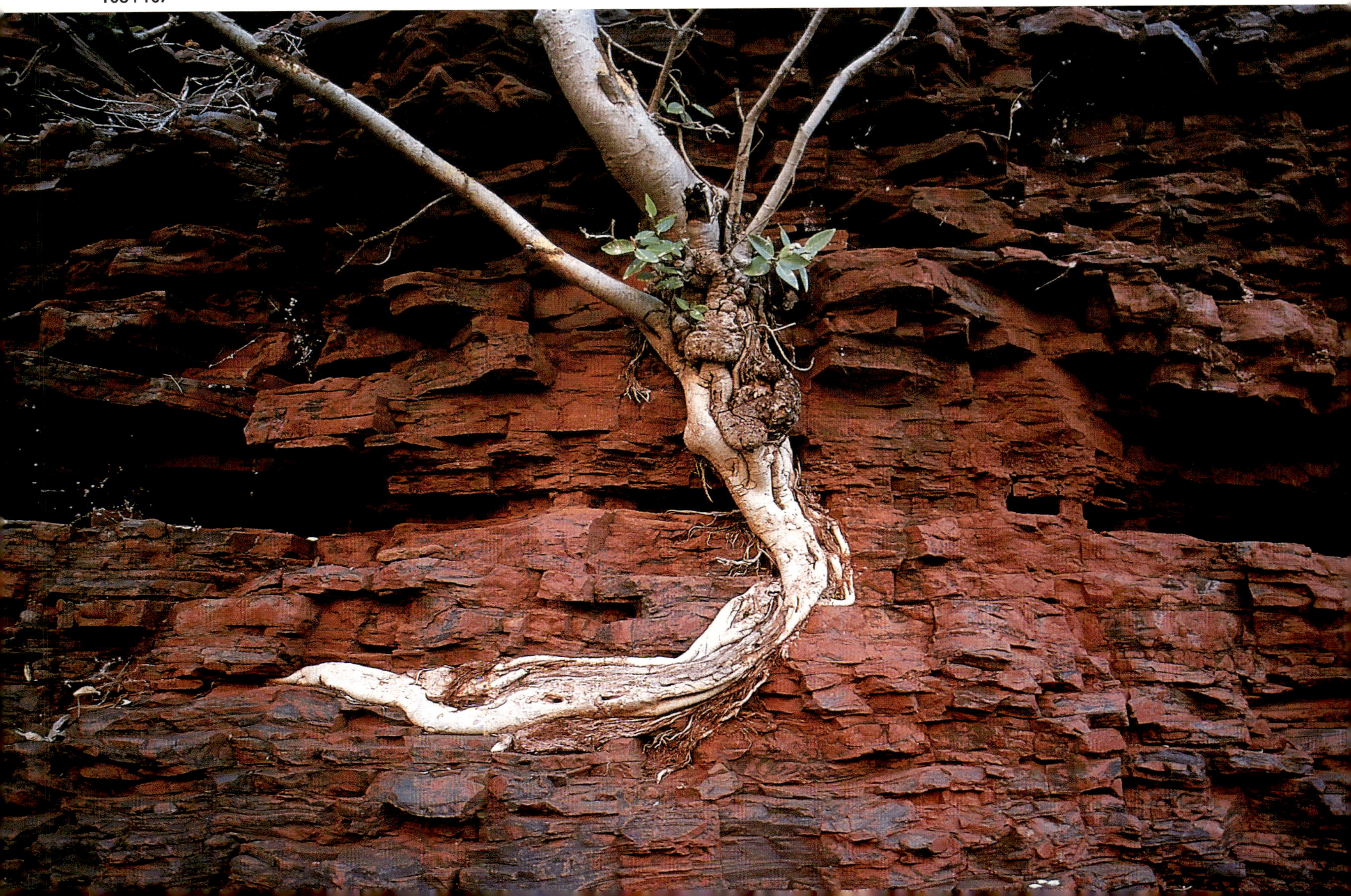

Eine botanische Wunderwelt

Es war während dieser langen Periode, in der nur die höchsten Gipfel der Stirling Range aus dem Meer aufragten, als der Grundstock für das größte Wunder des Nationalparks gelegt wurde – die außergewöhnliche Vielfalt an seltenen und ungewöhnlichen Pflanzen. Die lange Zeit der Isolation ermöglichte es, daß sich neue Pflanzenarten bildeten. Zur Zeit der Wildblumenblüte im Spätfrühling und Frühsommer, also von September bis Dezember, schlägt das Herz eines botanisch interessierten Besuchers höher. Dabei ist es nicht die schiere Masse an blühenden Blumen, Büschen und Bäumen, die fasziniert, sondern die erstaunliche Artenvielfalt und die gerade für europäische Augen ungewöhnlichen Ausprägungsformen, die den Park in dieser Zeit zum Mekka für Botaniker machen. Mehr als tausend Arten von Blütenpflanzen wurden bisher in dem botanischen Wunderland der Stirling Range identifiziert, sechzig davon findet man nur hier im begrenzten Bereich des Nationalparks. Die Bandbreite der Blütenpflanzen reicht von winzigen *Orchideen* – 44 Arten wurden im Park registriert –, deren betörende Schönheit sich oft erst bei einem Blick durch das Vergrößerungsglas offenbart, bis hin zu blühenden *Eukalypten*.

Botanisch interessierte Besucher, und das sollte man beim Besuch des Nationalparks auf alle Fälle sein, werden zur richtigen Jahreszeit ihr ganz persönliches Pflanzenparadies am besten entlang dem *Stirling Range Drive* finden. Diese ungeteerte Straße schlängelt sich durch das Zentrum des mit einem dichten Vegetationspelz überzogenen Gebirges, durchquert weite Senken und windet sich um Bergstöcke herum. Am Straßenrand erschließt sich eine wahre Wunderwelt an blühenden Pflanzen.

Besonders intensiv erleben wird man die Natur der Stirling Range auf den Wanderungen und Bergtouren im Park – die Bereitschaft zu dieser schweißtreibenden Tätigkeit auf schmalen, steinigen Pfaden und eine gewisse Fitneß vorausgesetzt. Vom *Stirling Range Drive* zum Beispiel zweigen mehrere kurze Wege ab, mit den Bergen *Mondurup Peak, Mt. Magog* oder *Mt. Hassell* als Ziel. Die Ausgangspunkte der Wege auf die zwei schönsten und lohnendsten Berge, den steilen Kegel des *Toolbrunup Peak* und das Felsmassiv des *Bluff Knoll*, erreicht man dagegen über kurze Stichstraßen von der *Chester Pass Road*.

Karijini National Park
Das rote Herz der Pilbara

Selbst in dem an Naturschönheiten so reichen Westaustralien stellt der *Karijini National Park* tief im Herzen der *Pilbara-Region* eine Ausnahmeerscheinung dar. Die herbe, strenge Schönheit der trockenen und kargen Landschaft hinterläßt einen tiefen Eindruck der Zeitlosigkeit. Wer sich auf den roten Staubstraßen durch die uralte Landschaft des Parks bewegt, wird vor allem die phantastischen Farben in Erinnerung behalten: das intensive, manchmal fast schon ins Schwarz übergehende Rot des Gesteins, den tiefblauen Himmel, über den weiße Thermikwolken segeln, das schimmernde Gold des allgegenwärtigen *Spinifexgrases*, die leuchtendweißen Baumstämme der knorrigen *Snappy Gum-Bäume*, das üppige Grün an den Wasserstellen.

Die Nordwestecke des Australischen Kontinents stellt eine der ältesten Landformen der Erde dar. Während andere Teile Australiens dramatische Änderungen erlebten, ist die Felsmasse der *Hamersley Range* seit über 600 Millionen Jahren praktisch unverändert geblieben. Die jüngsten Gesteine im Park sind zwischen 600 und 1000 Millionen Jahre alt. Auffällig ist der enorme Reichtum an *Eisenerz*. Die Entstehung dieser metallführenden Sedimente liegt 2500 Millionen Jahre zurück, als sich Eisen und Kieselerde am Grund eines urzeitlichen Ozeans ablagerten. Diese Schichten wurden wiederum von anderen Sedimenten überdeckt. Deren Gewicht preßte das eingeschlossene

106 Die charakteristischen, weißstämmigen Snappy Gums, eine knorrige Eukalyptusart, goldenes Spinifexgras und rote Termitenhügel prägen die weiten Steppenlandschaften des Karijini National Parks.

107 Eine völlig andere Welt präsentiert sich dem Besucher in den schattigen Schluchten der Hamersley Range. Hier klammert sich eine Felsenfeige an das eisenhaltige Gestein der Weano Gorge.

Information

Auskünfte: Karijini National Park, P. O. Box 29, Tom Price, WA 6751, Tel. 091/89 81 57; Pilbara Regional Office, Department of Conservation and Land Management, SGIO Building, Welcome Road, P. O. Box 835, Karratha, WA 6714.
Reisezeit: Der Park ist das ganze Jahr über geöffnet. Die beste Besuchszeit ist im Winter und Frühling. Dann sind die Tage warm und klar, nachts muß man allerdings mit tiefen Temperaturen, im Extremfall sogar mit Frost rechnen. Im Sommer wird es sehr heiß im Park. Temperaturen über 40° C sind dann keine Seltenheit. Die völlig unberechenbaren Niederschläge fallen in dieser Jahreszeit, meist begleitet von heftigen Gewittern oder gelegentlich sogar ausgelöst durch einen tropischen Wirbelsturm.
Unterkünfte: Im Park selbst gibt es (außer auf den Campingplätzen) keine Übernachtungsmöglichkeiten. Nächstgelegene Orte sind die Asbeststadt Wittenoom und die Eisenstadt Tom Price. Beide Orte bieten eine ganze Palette von Unterkünften an.
Camping: Camping ist nur an den drei ausgewiesenen Plätzen Weano Camping Area, Joffre Camping Area und Fortescue Camping Area erlaubt. Die Plätze sind mit einfachen Toiletten, Gasgrills und Holztischen ausgerüstet. Wasser gibt es hier nicht.
Aktivitäten: Die Hauptaktivität im Park ist Wandern. Auf zahlreichen beschilderten und markierten Wegen können die Schluchten im Nordteil des Parks erkundet werden.
Touren: Die Firma Snappy Gum Safaris aus Karratha hat sich auf Touren im Park spezialisiert. Informationen unter Tel. 091/85 12 78.

Wasser aus den Erzlagern und verwandelte diese langsam in Gestein. An vielen Stellen im Park, vor allem in den Schluchten am Rande des Plateaus der Hamersley Range, kann man die eisenhaltigen Bänder im Gestein gut erkennen, und die knapp außerhalb des Parks gelegene Eisenerzmine *Mt. Tom Price* gilt als die größte der Erde.

Die Schluchten

Ein Großteil des riesigen Nationalparks – mit einer Fläche von mehr als 600 000 Hektar stellt er die zweitgrößte Schutzzone des Staates dar – ist als Wildnisgebiet (»wilderness area«) ausgewiesen und weder durch Straßen noch Wege erschlossen. Nur der nördliche Bereich des Parks ist durch Staubstraßen zugänglich gemacht worden. Landschaftliche Höhepunkte stellen am Plateaurand die zahlreichen Schluchten dar. Bis zu hundert Meter tiefe Kammen und Canyons, durch Flüsse in das Gestein gesägt, haben sich hier im Lauf der Jahrmillionen gebildet. In den Tiefen vieler Canyons fließt das ganze Jahr über Wasser; Pflanzen und Tiere finden in den geschützten Schluchten einen idealen Lebensraum. Farne und Moose gedeihen in feuchten Felsnischen, Frösche und Fische bevölkern die Wasserbecken, Vögel lärmen durch die Waldoasen aus großen *Papierrindenbäumen*, *Flußeukalypten* und vereinzelten *Palmen*. *Reptilien* wie *Pythons* machen Jagd auf Fledermäuse und Vögel, zahlreiche Echsen finden Nahrung im Überfluß, scheue und seltene *Felsenwallabys* verbergen sich in den Klüften und Hohlräumen der Felswände.

Im Park unterwegs

Einen ersten, überwältigenden Einblick in die verborgene Welt der Schluchten bekommt man in der *Hamersley Gorge*. Eine kurze, ungeteerte Stichstraße führt von der *Nanutarra Wittenoom Road* zum Ausgangspunkt des steilen Abstiegs, der von der trockenen, heißen Hügelwelt in eine phantastische Szenerie führt. Vor allem geologisch interessierte Besucher kommen beim Anblick der hier aufge-

schlossenen Gesteinsfalten auf ihre Kosten. Vergleichbar einem von Titanenhand durchgekneteten Blätterteig, liegen in der Schlucht die bunten, oft nur wenige Zentimeter dicken Sedimentschichten bloß. Dominierende Farbe der Gesteine ist Rot, und so bildete dieser Faltenwurf der Erdgeschichte einen herrlichen Kontrast zum Grün der Pflanzen und dem Glitzern des Wassers in den tiefen Pools.

Den Zugang zu den abgelegeneren Schluchten bildet die *Hamersley Mt. Price Road*. Von dieser Straße wiederum zweigt die *Joffre Road* ab, die gleich ein ganzes System an solch engen Tälern erschließt. Berühmt ist der Felsbalkon des *Oxers Lookout*. Vier Einschnitte, *Joffre Gorge, Hancock Gorge, Weano Gorge* und *Red Gorge* treffen hier zusammen. Einen intimen Einblick in die kühle Welt der Schluchten vermittelt insbesondere eine Wanderung in die klammartige *Weano Gorge*. Über einen kurzen und steilen Abstieg taucht man in das Halbdunkel des engen Tals ein. Über eine mit Seil gesicherte Steilstufe klettert man zum mit Wasser gefüllten Becken des *Handrail Pools* hinunter. Abenteuerlustige, klettergewandte Wanderer können der engen Klamm weiter bis zu einem Steilabbruch folgen. Die nahe *Knox Gorge* erlebt man dagegen am besten von drei Aussichtspunkten aus, die durch einen kurzen Wanderweg miteinander verbunden sind. Die vom Oxers Lookout nicht einmal 25 Kilometer entfernte *Kalamina Gorge* dagegen ist vergleichsweise zahm und bietet auf einer dreistündigen Wanderung einen hervorragenden Einblick in die Welt der Schluchten des Karijini National Parks. Ziel des Weges ist der *Rock Arch Pool* mit einem großartigen Felsentor.

Der landschaftliche Höhepunkt des Parks ist für viele Besucher die *Dales Gorge*, erreichbar über die *Dales Gorge Road*. Der *Gorge Rim Walk* zwischen dem *Circular Pool Lookout* und dem *Dales Gorge Parkplatz* sowie die Fortsetzung, der *Callitris Track* zum *Fortescue Falls Parkplatz*, vermitteln atemberaubende Tiefblicke in die

Schlucht. Für die vielleicht schönste Unternehmung im Park, den Abstieg zu den ständig fließenden *Fortescue Falls* und die Wanderung am Schluchtgrund zum dunklen, von Farnen eingerahmten Felsbecken des *Circular Pool*, sollte man sich einen ganzen Tag Zeit nehmen.

Purunululu (Bungle Bungle) National Park
Dome, Kuppeln und Pagoden

Der *Purunululu National Park* in den östlichen Kimberleys – besser bekannt als *Bungle Bungle National Park* – hat eine erstaunliche Karriere hinter sich. Die Landschaft, die der Nationalpark heute schützt, wurde erst 1982 eher zufällig bei Filmaufnahmen vom Helikopter aus für die australische Allgemeinheit entdeckt. Bereits fünf Jahre später wurde hier ein Nationalpark eingerichtet, der sich in kürzester Zeit zu einem der bekanntesten Schutzgebiete Westaustraliens entwickelte. Viel dazu beigetragen hat die geradezu bizarre, scheinbar nicht zu diesem Planeten passende Landschaft der *Bungle Bungle Range*. Tausende von gerundeten und gestreiften *Sandsteinkuppeln* erheben sich hier über die mit *Spinifexgras* bewachsene Sandebene, enge Schluchten öffnen Tore in das Innere dieser Steinwelt, an den rotleuchten-

108 Nachmittagslicht fällt in das Schluchtende der Frog Hole Gorge im Purunululu National Park. In diesem natürlichen Felsenamphitheater wachsen die endemischen Livistona-Palmen. In der Regenzeit stürzt ein gewaltiger Wasserfall von den Höhen des Bungle Bungle Massivs in die Schlucht und macht jede Annäherung unmöglich.

Folgende Abbildung:

109 Erst aus der Vogelperspektive bekommt man einen Überblick über die bizarre Landschaft der Bungle Bungle. Da der größte Teil des Purunululu National Parks unzugängliche Wildnis ist, bietet ein Helikopterflug oft die einzige Möglichkeit, dieses Naturwunder aus Stein zu erleben.

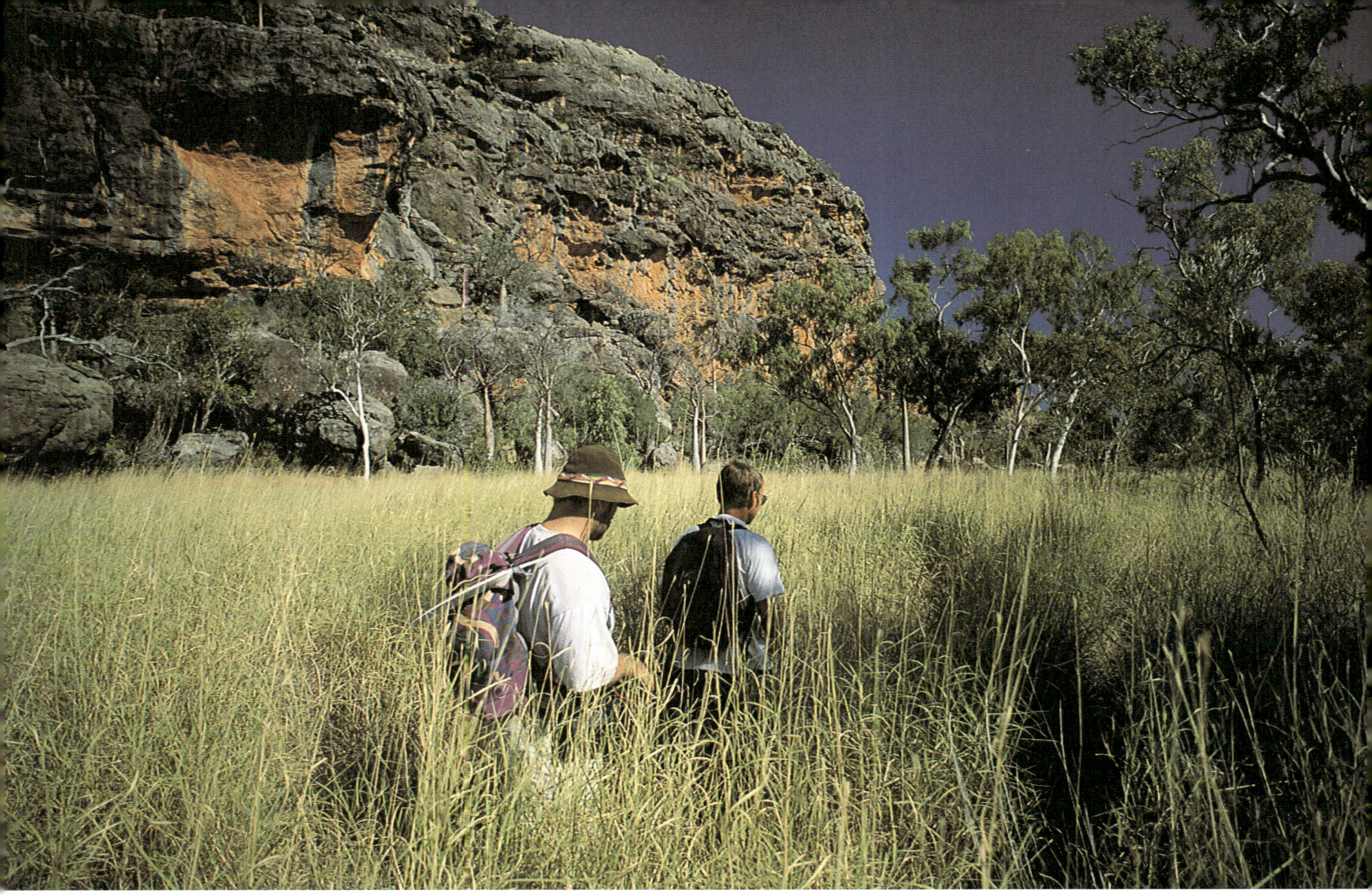

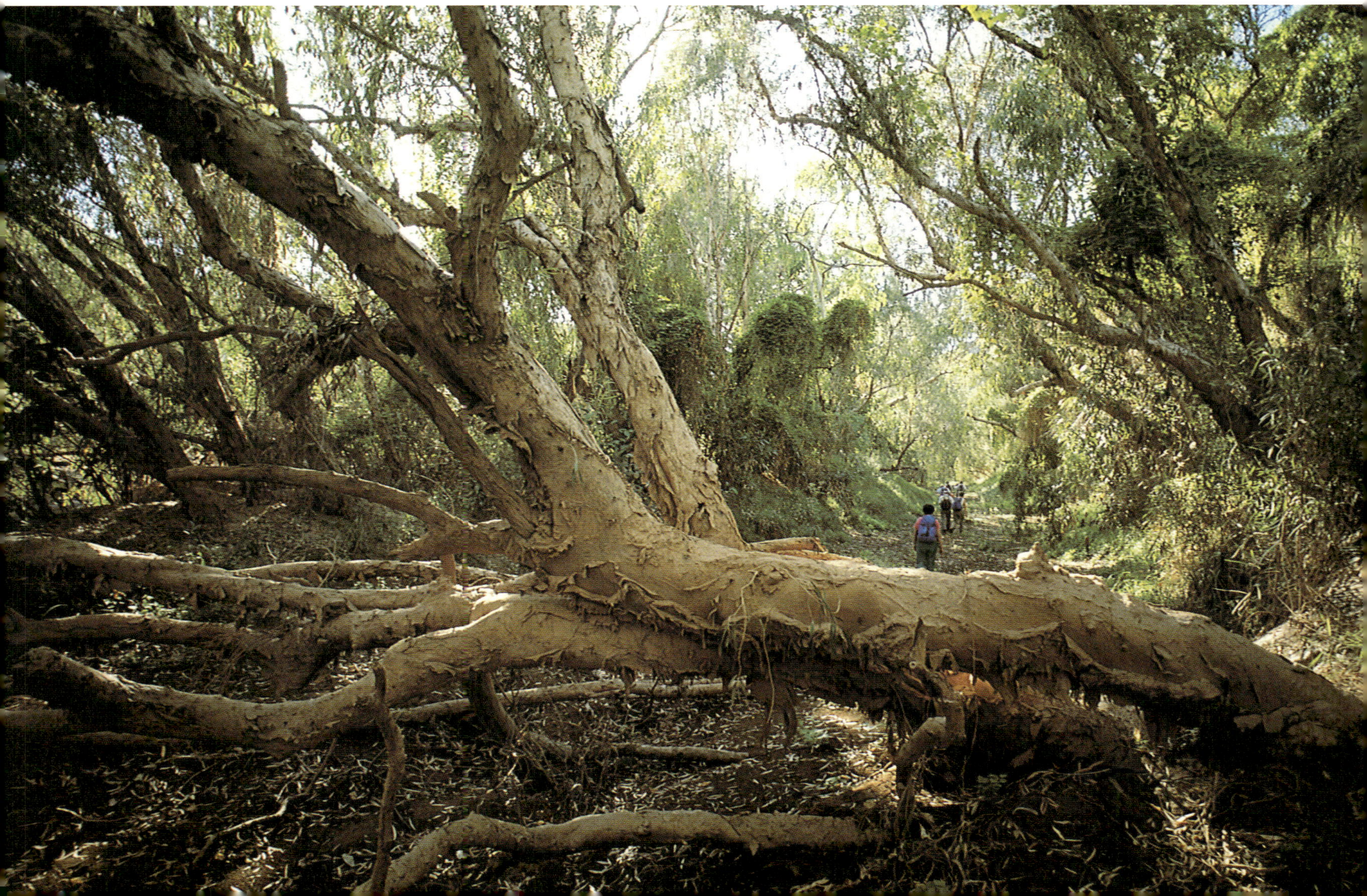

den Felswänden klammern sich Palmen.

Entstehungsgeschichte

Das Massiv der Bungle Bungle Range hat seinen Ursprung im Zeitalter des Devons, vor 350 Millionen Jahren. Flüsse und Bäche schwemmten nach und nach Sand und Geröll in das Gebiet des heutigen Nationalparks. Diese Ablagerungen verfestigten sich langsam zu Sandstein und Konglomerat. Später wurde das ganze Gebiet durch tektonische Bewegungen angehoben. Im Laufe der Jahrmillionen schufen dann die heftigen Niederschläge während der Regenzeiten jene bizarren Felsformen und Schluchten, die heute jeden Besucher faszinieren. Ein zweites bedeutendes Ereignis fand vor etwa 250 Millionen Jahren statt. Ein großer Meteorit schlug damals auf dem durch Hebung entstandenen Massiv ein und schuf einen Krater von zehn Kilometer Durchmesser. Dieser Einschlagskrater ist allerdings längst erodiert; alles, was man heute noch von dem Meteoritentreffer erkennen kann, ist eine kreisähnliche Struktur auf dem Plateau.

Besichtigungen

Der Großteil des abgelegenen Parks besteht aus unzugänglicher Fels- und Steppenwildnis, die ihre Geheimnisse geschickt vor dem Besucher verbirgt. Die touristische Infrastruktur im Park ist eher dürftig. Wie bei keinem anderen australischen Nationalpark bestimmen deshalb Hubschrauberrundflüge über die Bungle Bungle Range die Besucheraktivitäten. Denn gerade aus der Vogelperspektive bekommt man den besten Eindruck von der Größe und Wildheit des zerklüfteten Sandsteinmassivs, kann in Ecken des Parks vor-

dringen, die zu Fuß nur sehr schwer oder überhaupt nicht erreichbar wären, bekommt Einblicke in die dunklen Abgründe der Schluchten, staunt über die ungeheure Ansammlung bienenkorbartiger Sandsteindome, bei deren Anblick man sich in eine Welt versetzt fühlt, die der Phantasie eines Science-Fiction-Autors entstanden sein könnte. Kein Wunder also, daß viermal mehr Besucher den Park aus der Luft erleben als solche, die mit Allrad und Wanderstiefeln in die Steinwelt der Bungle Bungle Range eindringen.

Wer sich allerdings auf den beschwerlichen Weg in den Park macht, wird für seine Mühen mehr als belohnt. Das Abenteuer beginnt bereits mit dem *Spring Creek Track*, der 53 Kilometer langen Zufahrtspiste, die 250 Kilometer südlich von *Kununurra* vom *Great Northern Highway* abzweigt. Die Strecke gleicht eher einer Achterbahn als einer Straße. Sie ist nur mit Allradfahrzeugen zu bewältigen, und auch versierte Fahrer müssen für die Strecke zweieinhalb Stunden einplanen. Diese Anfahrt durch die zeitlose Landschaft aus weichen Hügeln, erodierten Gebirgsriegeln und spärlich bewachsener Steppe ist Teil der Annäherung, der erste Akt einer naturgegebenen Dramaturgie. Die Abgelegenheit der Bungle Bungle Range wird so spürbar, das lange Schlummern in der Unbekanntheit verständlich. Kommt dann der Felsriegel des plateauartigen Gebirgszuges mit seinen Felsfluchten in Sicht, sind die Erwartungen hochgespannt. Doch

die Schauseite der wilden Felsenlandschaft – die Dome, Pagoden und Kuppeln – liegt auf der dem Besucher abgewandten Westseite.

Bei *Three Ways* gabelt sich die Zufahrtspiste. Die *nach links abzweigende Route* hat die Nordspitze des Massivs mit ihren wenigen erschlossenen Sehenswürdigkeiten zum Ziel. Ein kurzer Weg führt dort entlang einem ausgetrockneten Bachbett in eine von himmelhohen Wänden eingezwängte schattige Klamm, die *Echidna Chasm*. Nicht weit davon entfernt kann eine weitere Schlucht erkundet werden, die *Froghole Gorge*. Über hohe Wände stürzt hier in der Regenzeit ein Wasserfall in das Felsrund der Schlucht und bildet ein tiefes Becken, in dem sich das Wasser noch Wochen nach dem Ende des Monsuns hält. In beiden Schluchten wachsen die endemischen *Livistona-Palmen*, an die Wände klammern sich *Felsfeigen*.

Die *nach rechts abzweigende Piste* dagegen führt in einem weiten Bogen um die Bungle Bungle Range herum und nähert sich dann von Süden dem Massiv. Hier nun ist man in dem Gebiet der bekannten und oft fotografierten Felskuppeln. Ziel der Piste ist der Parkplatz am *Piccaninny Creek*. Hier startet eine Wanderung entlang dem Bachbett in die *Piccaninny Gorge*. Die Wanderzeit in die gewaltige Schlucht ist mit achtzehn(!) Stunden angegeben. Kürzer ist der Weg in die *Cathedral Gorge*, deren Ende von einem riesigen, domartigen Überhang geprägt wird.

110/111 Zu Fuß unterwegs im Windjana Gorge National Park: Während außerhalb der Schlucht meterhohes Gras die Landschaft prägt, bildet im Schutz der Windjana Gorge tropischer Wald einen grünen Saum entlang der permanenten Wasserpools des Lennard Rivers. Besonders auffällig sind hier die mächtigen Papierrinden-Bäume.

Information

Auskünfte: Kununurra Visitor Centre, P. O. Box 446, Kununurra, WA 6743, Tel. 091/68 11 77; Halls Creek Information Centre, Halls Creek, WA 6770, Tel. 091/68 60 87.

Reisezeit: Trockenes Monsunklima prägt das Wetter im Park. Der größte Teil der Niederschläge fällt zwischen November und März. Da die Piste nach starken Regenfällen schnell unpassierbar wird, bleibt der Park in diesen Monaten geschlossen.

Unterkünfte: Im Park findet man außer den Zeltplätzen keine Unterkünfte.

Camping: Im Park gibt es zwei einfache Campingplätze, Bellburn Camp (Toiletten, kein Trinkwasser) und Kurrajong Camp (Toiletten, Trinkwasser).

Aktivitäten: Wandern, Fotografieren, Hubschrauber-Rundflüge (Tel. 091/68 18 11).

Touren: Die Firma Kimberley Wilderness Adventures (Tel. 091/68 17 11) aus Kununurra führt regelmäßig mehrtägige Touren in den Nationalpark durch. Übernachtet wird in einem festen Zeltcamp, das die Firma im Park errichtet hat.

Northern Territory

Der drittgrößte der australischen
Bundesstaaten zerfällt in zwei Regionen,
die unterschiedlicher kaum sein
können.
Der ans Meer angrenzende tropische
Norden mit der Hauptstadt Darwin, der
unter Einfluß des Monsuns steht, wartet
mit üppiger Vegetation auf und
kontrastiert mit dem wüstenhaften
Landesinneren, in welchem Alice Springs
die wichtigste Ansiedlung darstellt.
Stellvertretend für diese beiden
Klimazonen stehen auch die beiden
bekanntesten Naturreservate nicht nur
dieses Bundesstaates, sondern ganz
Australiens: der Kakadu National Park im
Norden, das flächenmäßig größte
Reservat des gesamten Kontinents und
von der UNESCO zum »Welterbe der
Menschheit« erklärt, und im äußersten
Süden der Uluru-Kata Tjuta
National Park mit den Olgas und dem
gewaltigen Monolithen des
Ayers Rock.

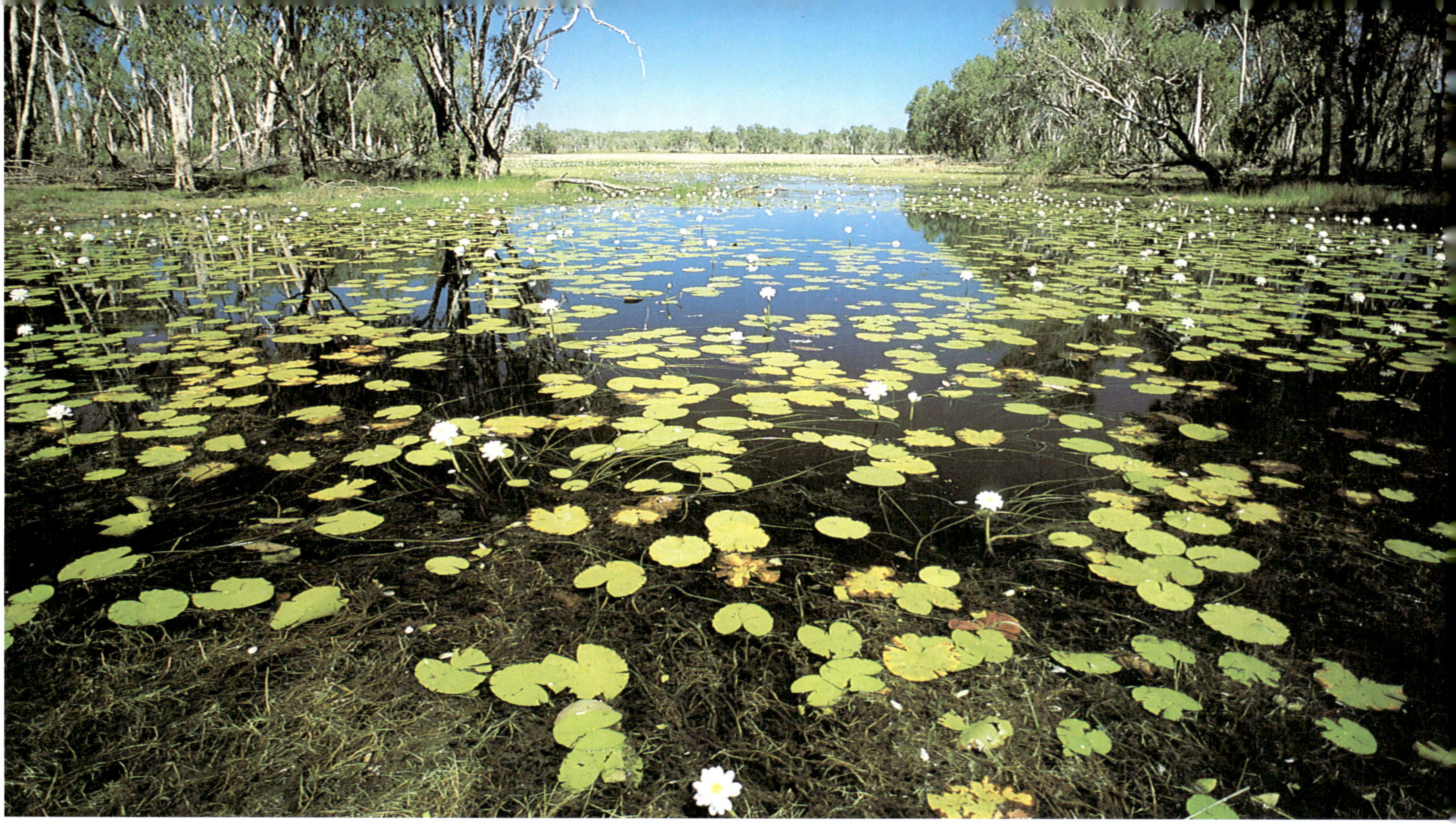

115 | 116

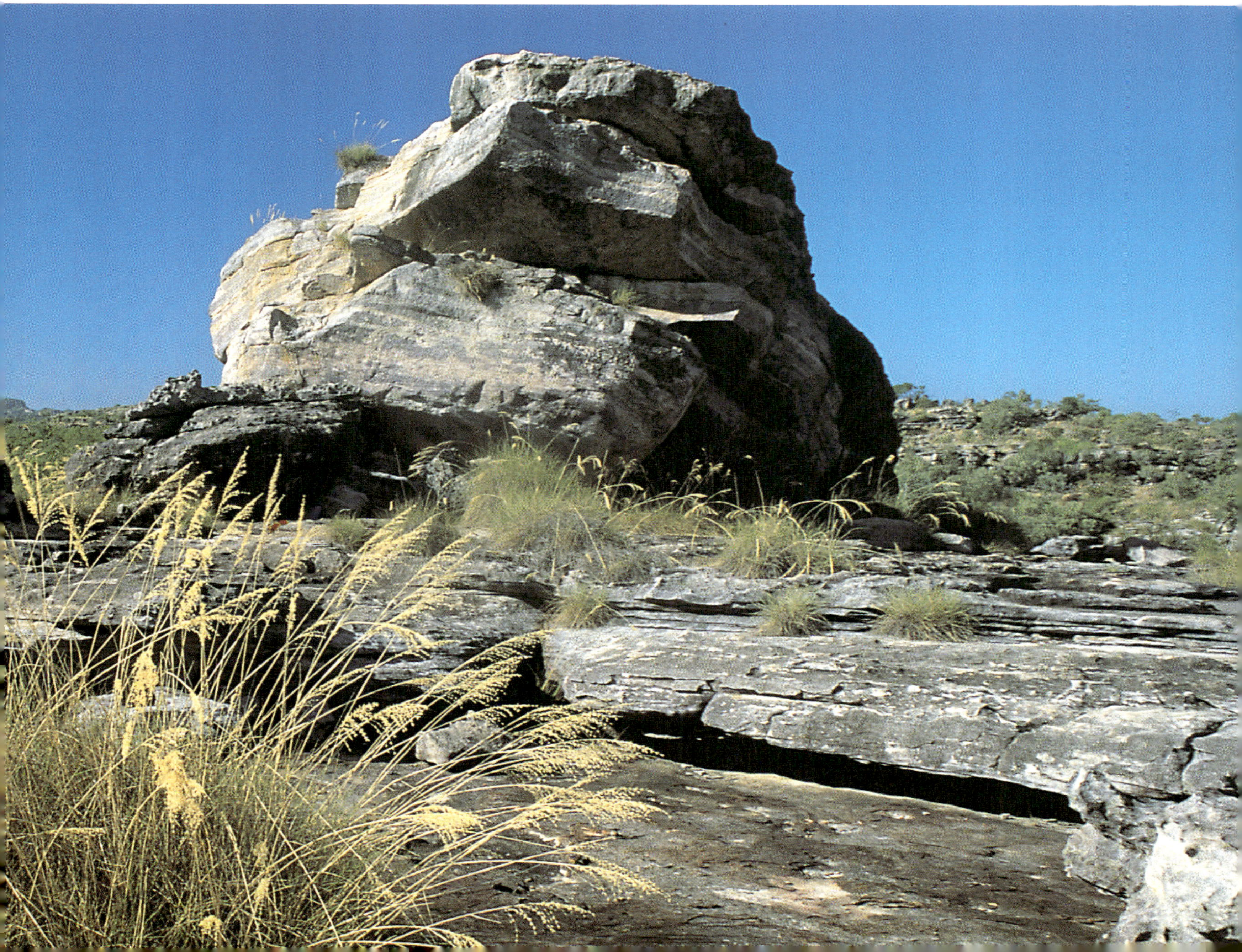

117 | 118

119 ▷

Vorhergehende
Abbildungen:

112 Ubirr, in der
äußersten Nordost-
ecke des Kakadu
National Parks
gelegen, bietet eine
der großartigsten
Sammlungen an
Felsmalereien der
Aborigines des
gesamten Schutz-
gebiets.

113 Von den
Sandsteinfelsen von
Ubirr geht der Blick
hinaus über die
weiten Über-
schwemmungs-
ebenen des East
Alligator Rivers.

114 Darstellung
des gefährlichen
und furcht-
einflößenden
Dämons Nabulwinj-
bulwinj findet man
im Kakadu Natio-
nal Park.

115 Ubirr: Verwit-
terte Sandsteinfel-
sen mit den golden
glänzenden Bü-
scheln des stacheli-
gen Spinifex-
Grases.

116 Seerosen
bedecken die
Oberfläche des
Anbangbang
Billabongs nahe
Nourlangie.

117 Meterhohe
Termitenbauten
dominieren die
Ebenen im Litchfield
National Park.

118 Wasser, selbst
während der Trok-
kenzeit im Überfluß
vorhanden, stellt –
wie hier am Buley
Rockhole – eine der
größten Attraktio-
nen des Litchfield
National Parks dar.

119 Cycads bilden
oberhalb der
Tolmer Falls im
Litchfield National
Park ausgedehnte
Bestände.

Tropen und Wüste – Kontraste pur

Denkt man an Outback, an Staub-straßen in roter Unendlichkeit, an das »wahre« Australien, dann denkt man vermutlich an das *Northern Territory*. Das riesige Land – es steht flächenmäßig an dritter Stelle nach Westaustralien und Queensland – entspricht so ganz und gar den gängigen Klischeevorstellungen vom »Fünften Kontinent«. Geografisch läßt sich das Northern Territory zweiteilen: in den *tropischen Nordteil* mit der Hauptstadt *Darwin* und in das *wüstenhafte Land* um die Stadt *Alice Springs* – jene Region, die oft als das »rote Zentrum« Australiens bezeichnet wird. Während der Norden im Bereich des Monsuns liegt, herrscht im Inneren Wüstenklima vor. Ein Großteil des 1346200 Quadratkilometer umfassenden Landes ist arid oder semiarid: Spinifex-Savannen, Sand- und Steinwüsten, erodierte Gebirgszüge prägen die Landschaft. Nur im Norden findet man üppige Vegetation. Kein Wunder also, daß dieses abweisende, extreme Land äußerst dünn bevölkert ist. Lediglich ein Prozent der australischen Gesamtbevölkerung lebt im Northern Territory, das entspricht einer Populationsdichte von 0,12 Einwohnern pro Quadratkilometer. Vor der Ankunft der Weißen lebten etwa 35000 Aborigines im Northern Territory. Auch heute noch ist hier der Anteil der Ureinwohner größer als in allen anderen Bundesstaaten, und 34 Prozent der Landesfläche ist als sogenannter *»Aboriginal Land Trust«* ausgewiesen und wird von der Urbevölkerung selbst kontrolliert.

Wirtschaftlich steht das Northern Territory auf zwei Standbeinen, dem Bergbau – Bauxit, Mangan, Uran und Gold – und dem wachsenden Tourismus. Dabei konzentrieren sich die Aktivitäten auf die zwei wichtigsten Orte des Landes, *Darwin* und *Alice Springs*. Mit den beiden Weltparks *Kakadu National Park* und *Uluru-Kata Tjuta National Park* beherbergt der Bundesstaat zwei der größten touristischen Zugpferde des gesamten Inselkontinents auf seinem Gebiet. Keine Australienreise gilt als vollständig, ohne den *Ayers Rock* zumindest gesehen und dem Kakadu National Park einen Besuch abgestattet zu haben.

Kakadu National Park

Das Land des Crocodile Dundee

Als der Schauspieler *Paul Hogan* in dem erfolgreichen australischen Kinofilm *»Crocodile Dundee«* augenzwinkernd australische Lebensart einem weltweiten Publikum vorführte, brachte er dem »Fünften Kontinent« einen grandiosen Public Relation-Erfolg.

Vorhergehende Abbildung:

120 Sonnenaufgang auf dem Ayers Rock: Für die meisten Besucher des Uluru-Kata Tjuta National Parks gehört die Besteigung des mächtigen Monolithen zum Höhepunkt ihres Aufenthalts.

121 Wo in der Trockenzeit nur ein schwarzer Wasserstreifen die Felswand markiert, stürzen in der Regenzeit gewaltige Wassermassen über die Abbruchkante des Arnhem Land Plateaus und bilden die beeindruckenden Jim Jim Falls. Dieser Teil des Kakadu National Parks ist dann von der Außenwelt abgeschnitten.

Information

Anreise: Mehrere internationale Fluglinien haben Darwin auf ihren Flugplänen. Die Hauptstadt des Northern Territory wird zudem von jeder größeren australischen Stadt aus angeflogen. Alice Springs hat keinen internationalen Flughafen, aber beste Flugverbindungen zu allen wichtigen australischen Städten.

Unterkunft: Darwin ist touristischer Anfangs- und Endpunkt aller Unternehmungen im Norden des Territoriums. Dementsprechend vielseitig ist das Angebot an Hotels, Motels und Pensionen. An der Esplanade gelegen ist die Darwin Travelodge, Tel. 089/815388, als erste Adresse in der Stadt gilt das Beaufort International Hotel, Tel. 089/829911.

Alice Springs dominiert das touristische Geschehen im roten Zentrum und bildet den Ausgangspunkt für alle Touren zu den Nationalparks des Outback. Die Auswahl an Hotels und Motels ist deshalb entsprechend groß. Empfehlenswert ist das Oasis Frontier Resort, Tel. 089/521444, erstklassig das Sheraton Alice Springs, Tel. 089/528000.

Und er hob den *Kakadu National Park*, der den fotogenen exotischen Rahmen der Geschichte bildete, in das Bewußtsein zahlloser Menschen. Eigentlich aber hätte dieses Reservat der Superlative den werbeträchtigen Erfolg als Filmkulisse gar nicht nötig gehabt. Allein die Fakten sprechen für sich: Der größte Nationalpark Australiens – er umfaßt 20000 Quadratkilometer – gilt als eines der wichtigsten Feuchtgebiete der Erde und bildet mit seinen riesigen Überschwemmungsflächen ein einzigartiges Rückzugsgebiet für Zug- und Wasservögel. Der Tier- und Pflanzenreichtum des tropischen Parks im Norden Australiens ist berühmt, seine internationale Reputation verdankt er aber vor allem seiner kulturellen Bedeutung. Nirgendwo in Australien finden sich mehr *Felsmalereien der Aborigines* als hier. Wegen seiner außergewöhnlichen Natur und seines herausragenden kulturellen Wertes wurde der Park 1987 von der UNESCO zum »Weltpark« erklärt und in die Liste des »*Erbes der Menschheit*« aufgenommen.

Die Topografie des Parks

Der Kakadu National Park ist das einzige Gebiet auf dieser Erde, in dem ein tropisches Flußsystem von den Quellen bis hin zur Mündung ins Meer einschließlich des Einzugsgebietes vollständig geschützt ist. Der *South Alligator River* mit seinen Zuflüssen durch-

quert sämtliche Regionen – fünf unterschiedliche topografische Zonen – des Parks, die sich in sich in fünf unterschiedliche Regionen unterteilen lassen. Weit ab der üblichen Touristenrouten erhebt sich die zeitlose Landschaft des *Arnhem Land Plateaus*. Das mächtige Sandsteinplateau bildet eine menschenleere, unzugängliche Steinwelt, die von Spalten, Schluchten und Rinnen durchzogen ist. Der nährstoffarme Boden des felsigen Plateaus ermöglicht nur Pflanzengemeinden, die in ähnlicher Ausprägung in ariden Gebieten vorkommen, ein Überleben. Hauptsächlich Gräser, darunter das anspruchslose *Spinifex*, und Buschwerk finden in der harschen Umgebung der Hochfläche ein Auskommen. Nur in den tiefen Rissen, Spalten und Schluchten, die das Sandsteinplateau durchziehen, gedeihen Palmen, Schraubenpalmen, Moose, Farne sogar Orchideen und andere Regenwaldpflanzen. Auf den Höhen des Plateaus haben die meisten Quellflüsse, die später die mächtigen Ströme bilden, ihren Ursprung. Wenn sich während der Regenzeit die Schleusen des Himmels öffnen, rinnt das Wasser über den Fels schnell ab und stürzt in mächtigen Wasserfällen über die Abbruchkanten des Plateaus, das sogenannte *Escarpment*, in die Tiefe. Hier, am Fuß der Hochebene, beginnt das *Waldland*. Endlose *Eukalyptuswälder* überziehen die trockenen Hügel und Höhenzüge und schaffen eine auf den

ersten Blick eintönige Landschaft. Doch der Eindruck täuscht. Es handelt sich hier um eines der artenreichsten Waldgebiete Australiens.

Eine eigenständige topografische Region stellen die *Southern Hills* im Süden des Nationalparks dar. Die Landschaft wird aus steinigen Hügeln und Granitketten gebildet und stellt ein wichtiges Einzugsgebiet für den *South Alligator River* dar. Außergewöhnlich sind hier die Fauna und Flora. Vertreter des feuchten Nordens sind ebenso ansässig wie Pflanzen und Tiere aus dem wüstenhaften Inneren Australiens. Das Areal bildet ein wichtiges Rückzugsgebiet für seltene oder gefährdete Arten.

Das Waldland geht nun in die *Wetlands*, die ausgedehnten Feuchtgebiete, über. Die Fließgeschwindigkeit der Gewässer nimmt ab, der inzwischen mächtig gewordene *South Alligator River* windet sich nun in weiten Mäandern Richtung Meer. *Mangroven* und Schlickflächen zeigen an, daß die Flüsse bereits bis zu achtzig Kilometer vom Meer entfernt vom Salzwasser beeinflußt werden. In der Regenzeit verwandelt sich die Ebene in einen mehrere hundert Quadratkilometer großen See. In dieser amphibischen Landschaft kommt es dann zu einer wahren Explosion des Tier- und Pflanzenlebens.

Dort, wo sich die Flüsse in den *Van Demian Gulf* ergießen, liegt die letzte topografische Zone des Parks, der Küstensaum. *Küsten-Monsunregenwälder*, Relikte aus einer feuchteren Zeit, *Mangrovenwälder*, die eine wichtige Brutstätte für Fische bilden, und Sandinseln, wie die als Nestplatz der *Seeschildkröten* wichtige *Field Island*, bilden das abgelegene und nicht erschlossene Ende des Kakadu National Parks.

Information

Auskünfte: Kakadu National Park, P. O. Box 71, Jabiru, NT 0886, Tel. 089/381100; Australien Nature Conservation Agency, G. P. O. Box 1260, Darwin, NT 0801, Tel. 089/815299.
Reisezeit: Der Park ist das ganze Jahr über geöffnet. Die meisten Besucher bereisen den Park in der Trockenzeit zwischen Mai und September. In der Regenzeit (November bis März) sind die Bewegungsmöglichkeiten im Park stark eingeschränkt und das Klima schwülheiß. Kenner bezeichnen diese Jahreszeit aber als die schönste.
Unterkunft: Übernachtungsmöglichkeiten im Park bieten das Gagudju Crocodile Hotel (Tel. 089/792800), die Gagudju

Cooinda Lodge (Tel. 089/790145), das Kakadu Holiday Village (Tel. 089/790166) und die Kakadu Frontier Lodge (Tel. 089/792422).
Camping: Zeltplätze mit Duschen und Toiletten sind bei Merl, Mardugal, Muirella und Gunlom eingerichtet worden.
Aktivitäten: Wandern, Tierbeobachtungen, Fotografie, Rundflüge, Fischen.
Touren: Neben von Rangern geleiteten Wanderungen bieten zahlreiche Unternehmen von Darwin und Jabiru aus Touren in den Park an, z. B. Rundflüge mit Kakadu Air (Tel. 089/792411) oder eine Flußfahrt mit East Alligator River Cruise (Tel. 089/792411).

122/123 Um die Schluchten des Katherine Rivers im Nitmiluk National Park zu erkunden, gibt es zwei Möglichkeiten: Entweder schließt man sich einer geführten Bootstour an, oder man nimmt das Paddel selbst in die Hand und dringt aus eigener Kraft in die faszinierende Schluchtenlandschaft ein.

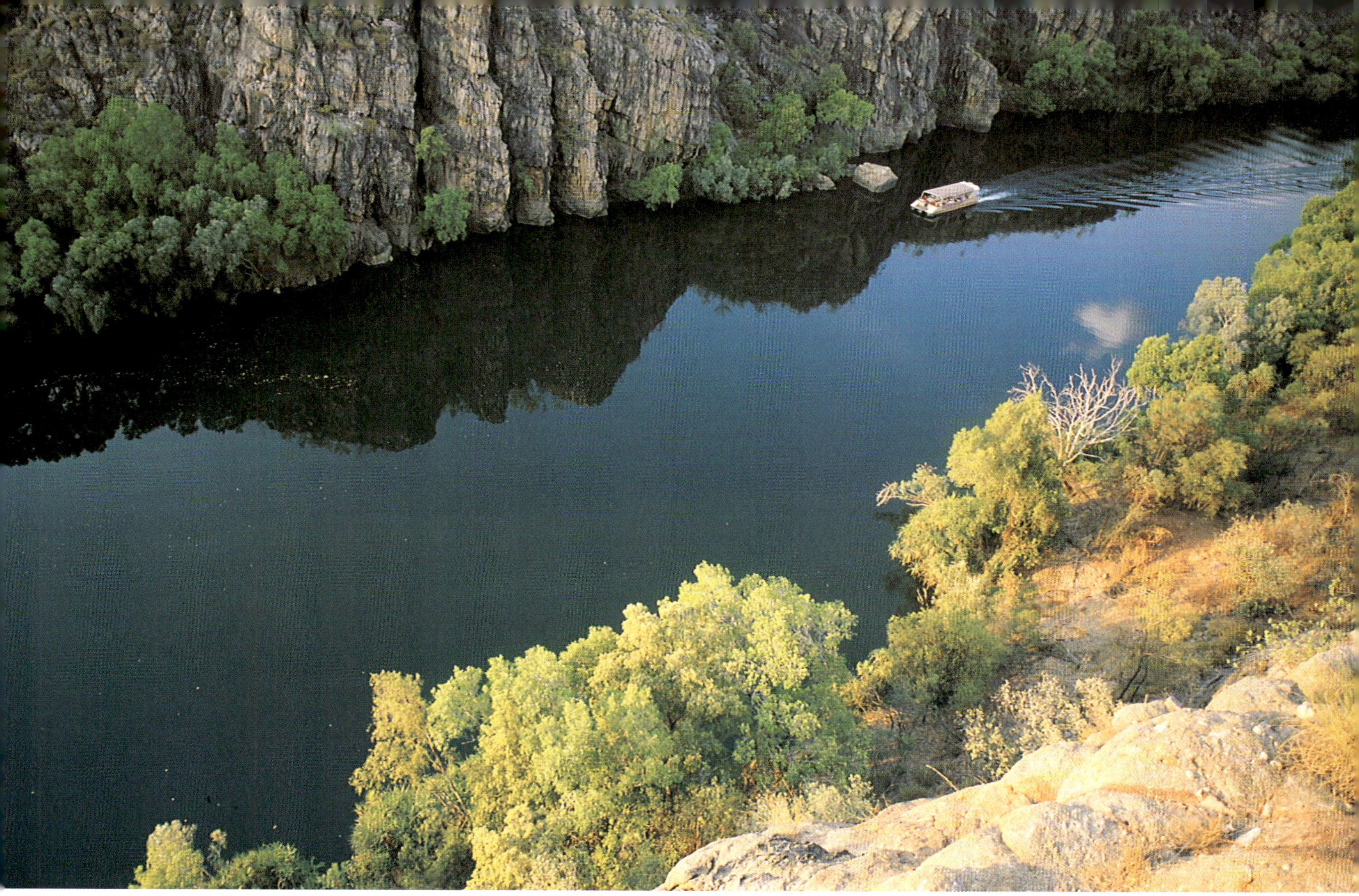

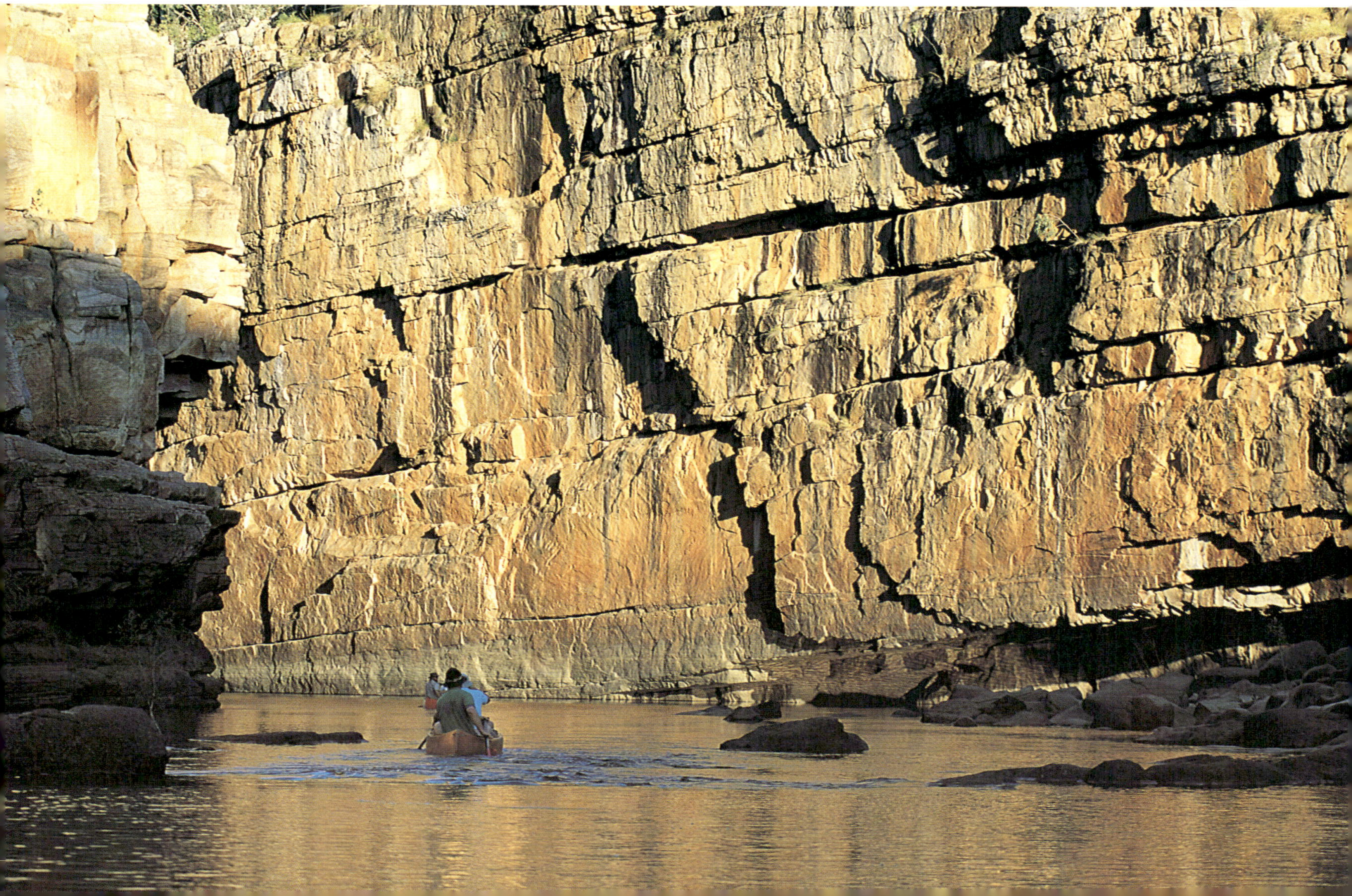

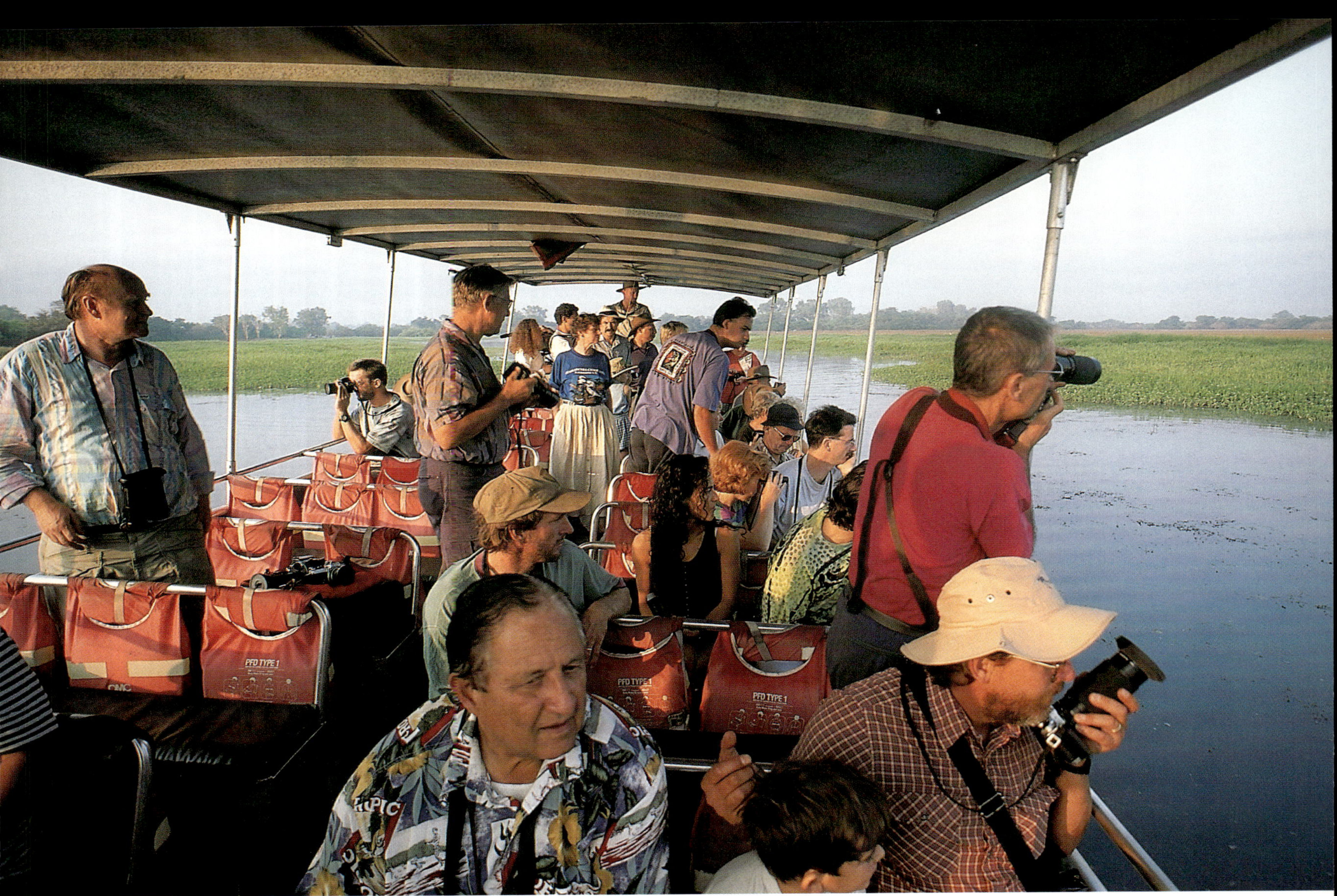
PFD TYPE 1
PFD TYPE 1
PFD TYPE 1

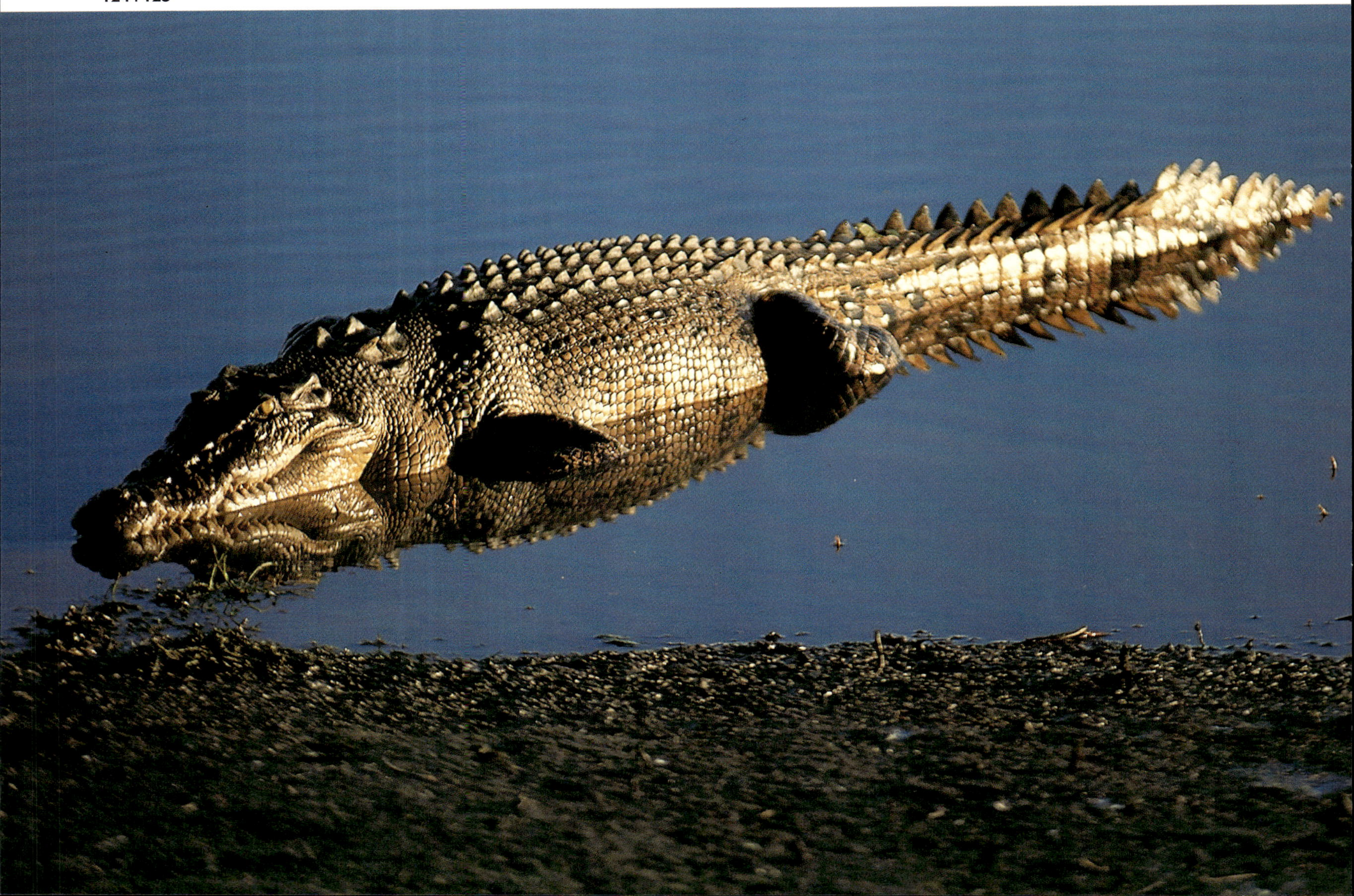

Aborigines

Das Gebiet des Kakadu National Parks ist uraltes Aboriginal-Land. Wann die ersten Menschen hier im Norden des Kontinents auftauchten, ist nicht eindeutig belegt. Man geht aber davon aus, daß die Aborigines vor etwa 50 000 Jahren Australien erreichten. Von frühester Zeit an hinterließen die Menschen im späteren Kakadu National Park *Felsmalereien*, die die Jahrtausende überstanden. Das genaue Alter dieser Wandbilder läßt sich allerdings nicht feststellen. Man geht heute davon aus, daß die ältesten Malereien mindestens 23 000 Jahre alt sind, vermutlich sogar 35 000 Jahre. Das würde bedeuten, daß sie die ältesten Kunstwerke der Menscheit und Zeugen einer der ältesten Kulturen überhaupt darstellten. Ungefähr 7000 Fundplätze dokumentieren im Park die Kultur der Aborigines über einen Zeitraum von Tausenden von Jahren hinweg, und die Tradition der Felsmalerei dauert nach wie vor an. Ursprünglich bewohnten Aborigines von nicht weniger als dreißig Clans mit unterschiedlichen Sprachen das Gebiet, das heute als Kakadu bekannt ist. Die *Bunity* und ihre benachbarten Clans, die am Westufer des *East Alligator Rivers* lebten, sprachen *Gagudju*. Als Weiße begannen, das Gebiet zu besiedeln, wurde Gagudju zur Hauptsprache der Urbevölkerung in der Region. Heute ist diese Sprache, aus deren Namen die Bezeichnung *Kakadu* entstand, ausgestorben.

Die Tierwelt des Parks

Klima, Nahrungsangebot und Vegetation bestimmen die Fauna im Park.

124/125 **Nur auf einem organisierten Bootsausflug läßt sich die amphibische Landschaft der Feuchtgebiete von Yellow Water im Kakadu National Park erkunden. Die großartige Landschaft, die überaus reichhaltige Vogelwelt und die gelegentlichen Salzwasserkrokodile am Ufer lassen diese Tour zu einem Fest für Fotografen werden.**

Aufgrund der harten klimatischen Bedingungen in der lebensfeindlichen Steinwelt des *Arnhem Land Plateaus* findet man dort außer dem scheuen *Kurzohr-Felsenwallaby* keine größeren Säugetiere. *Ringtail-Possums, Northern Quoll, Sugar Glider* und *Fledermäuse* leben in den Schluchten und Canyons des zerklüfteten Sandsteinmassivs. Unterhalb des Plateaus ist der Lebensraum völlig anders. Hier verstecken sich so seltene Tiere wie der *Hoodet Parrot*, der in aufgelassenen Termitenbauten nistet, oder der farbenprächtige, vom Aussterben bedrohte *Gouldian Finch*. Daß die Tierwelt Kakadus immer noch Überraschungen bereithält, beweisen zwei erst kürzlich in den Waldhügeln entdeckte Tierarten, die *Calabys Mouse* und der *Kakadu Dunnart*. Die Feuchtgebiete, Wasserläufe und Überschwemmungsebenen dagegen sind fest in der Hand der Vögel. *Magpie-Gänse, Kraniche* und *Schwarzkopf-Störche, Pelikane, Enten* und *Reiher* kommen in großer Zahl vor, von den zahllosen kleineren Wasservögeln ganz zu schweigen. *Seeadler* und andere große Raubvögel patrouillieren im Luftraum. Die Lagunen und Billabongs sind äußerst fischreich. Ein Viertel aller Süßwasserfischarten Australiens, darunter der begehrte *Barramundi*, leben im Park. Hier finden auch *Schildkröten* wie die seltene *Pig-nose Turtle* ein sicheres Rückzugsgebiet. Und natürlich bevölkern neben zahlreichen anderen Reptilien auch die gefürchteten *Salzwasserkrokodile* und die als ungefährlich geltenden *Süßwasserkrokodile* das Reservat.

Im Park unterwegs

Um den riesigen Kakadu National Park mit all seinen landschaftlichen Facetten richtig kennenzulernen, müßte man mehrere Wochen veranschlagen. Aber auch bei einem Kurzbesuch ist es durchaus möglich, einen Überblick über die vielfältige Natur und Kultur des Reservats zu bekommen. Zwei Straßen durchziehen den riesigen Nationalpark, von denen aus auf Abstechern die wichtigsten Sehenswürdig-

keiten erreicht werden können. Von *Darwin* kommend benützt man den durchgehend geteerten *Arnhem Highway*, der zur im Park gelegenen Uranstadt *Jabiru* führt. Von der Parkgrenze über die *Northern Entrance Station* führt die Straße durch trockenes Wald- und Buschland. Erst im Bereich des *Kakadu Holiday Village* ändert sich die Landschaft. Hinter dem Feriendorf breitet sich ein *Monsunwald* aus, der auf dem 3,6 Kilometer langen *Gungarre Walk* erkundet werden kann. Kurz nach dem Feriendorf überquert der Highway den hier bereits mächtigen *South Alligator River*. In der Nähe der Brücke legen die Boote der *Kakadu Spirit River Cruises* ab. Nur sieben Kilometer nach dem Fluß zweigt die kurze Stichstraße nach *Mamukala* ab. Schon vom Parkplatz aus hört man das Geschnatter unzähliger Wasservögel, deren geschäftiges Treiben man von zwei Beobachtungsständen aus in aller Ruhe bewundern kann. Nicht ganz dreißig Kilometer weiter, bereits kurz vor Jabiru, zweigt die Zufahrtsstraße nach *Ubirr*, einer der bedeutendsten Kunststätten des Parks, ab. Einige der *Felszeichnungen* hier sind vermutlich bis zu 20 000 Jahre alt, die jüngsten stammen aus dem Jahr 1985. Unter den verschiedenen Stilarten der Felszeichnungen sind besonders die im sogenannten *Röntgenstil* gezeichneten Tiere bemerkenswert. Sie scheinen deren Skelettstrukturen darzustellen.

Die zweite Hauptstraße im Park, der *Kakadu Highway*, führt von Süden durch den Park nach *Jabiru*. Weite Strecken des Kakadu Highways sind nach wie vor Staubstraße und erfordern – vor allem, wenn man mit einem normalen PKW unterwegs ist – besondere Aufmerksamkeit. Die erste Abzweigung vom Highway führt über eine stellenweise recht rauhe Piste nach *Gunlom*. Der *Waterfall Creek* stürzt hier über die Abbruchkante des Plateaus in einen malerischen, fischreichen Teich, der zum Schwimmen geradezu herausfordert. Ein kurzer Weg führt zu schönen Felspools oberhalb des Wasserfalls. Zur nächsten Seitenstraße sind es dann über vierzig Kilometer. Vor allem während der Hitze des Tages ist die *Barramundi Gorge (Maguk)*, die über eine zwölf Kilometer lange Allradpiste und nach einer kurzen Wanderung erreicht wird, ein kleines Paradies. Hier kann man sich in den kühlen Fluten des *Barramundi Creeks* tummeln, der über einen Wasserfall in einen tiefen, fischreichen Teich stürzt. Tropische Vegetation macht das Tal zur Oase, und gelegentlich sieht man hier den *Rainbow Pitta*, einen farbenprächtigen, etwa amselgroßen Vogel. Darüber hinaus erschließt ein Wanderweg oberhalb des Felsabsturzes versteckte Felsbecken und Pools.

Der *Kakadu Highway* führt nur direkt in das Zentrum des Parks und erreicht mit *Yellow Water* einen touristischen und landschaftlichen Höhepunkt. Die große Lagune, ein Teil des *Jim Jim Creek*, ermöglicht einen phantastischen Einblick in die Welt der Feuchtgebiete. Auf geführten Bootstouren – am schönsten ist die erste Fahrt des Tages bei Sonnenaufgang – dringt man in eine amphibische Welt aus Wasserläufen und Kanälen ein. Krokodile und eine kaum zu überblickende Zahl an Wasservögeln können garantiert werden.

Abenteuerliche Naturen, die mit einem Allradfahrzeug ausgerüstet sind, sollten die sechzig Kilometer lange Schotterstraße, die auf den letzten zehn Kilometern besondere Vorsicht verlangt, nicht scheuen und einen Abstecher zu den *Jim Jim Falls* einplanen. In der Regenzeit stürzen hier die Wassermassen des *Jim Jim Creek* über die Pla-

teaukante in eine tiefe Schlucht. Obwohl das Wasser in der Trockenzeit – und nur dann ist die Schlucht erreichbar – nicht fließt, entschädigt die grandiose Umgebung für die Mühen. Das untere Ende der Fälle kann auf einer kurzen Wanderung erreicht werden.

Ein weiterer Höhepunkt des Parks wartet 32 Kilometer von der Abzweigung zu den *Jim Jim Falls* entfernt auf die Besucher: *Nourlangie Rock*, eine wichtige archäologische Stätte mit großartigen *Felsmalereien* der Aborigines. Auf einem anderthalb Kilometer langen Rundweg taucht man in die Vergangenheit der australischen Ureinwohner ein.

Kurz vor der Einmündung des *Kakadu Highway* in den *Arnhem Highway* liegt das neu errichtet *Visitor Centre*. In hervorragend gestalteten Ausstellungen und Diashows bekommt man einen guten Überblick über den außergewöhnlichen Park.

Litchfield National Park

Termiten, Tropenwälder, Wasserfälle

Auf dem Deckblatt einer Karte des *Litchfield National Parks* ist das glasklare, sprudelnde Wasser des *Florence Creeks* zu sehen. Eingerahmt von tropischem Grün, rauscht der Bach über Felsstufen und weckt die Assoziation eines erfrischenden Bades. Mit diesem Bild wird die Quintessenz des tropischen Parks im Norden Australiens eingefangen. Denn die größte Attraktion

des Litchfield National Parks ist der große, nie versiegende Reichtum an Wasser. Das ganze Jahr über rauschen im Park muntere Bäche durch üppige Monsun-Regenwälder, stürzen Wasserfälle über Felskanten in tiefe Schluchten und bilden große Becken, die zu einem erfrischenden kühlen Bad locken. Dann lassen sich die tropische Hitze und die hohe Luftfeuchtigkeit schnell vergessen.

Im Schatten des großen Bruders

Vor ein paar Jahren noch fristete der etwa einhundert Kilometer südwestlich von *Darwin* gelegene Nationalpark ein wenig beachtetes Dasein im Schatten des berühmten Kakadu National Parks. Das hat sich inzwischen gründlich geändert, und für viele Wildnisfreunde ist der überschaubare und wasserreiche Litchfield National Park zu einer echten Alternative – wenn auch nicht vergleichbar – zum recht überlaufenen Touristenmagneten Kakadu National Park geworden! Im Gegensatz zu diesem weltbekannten Reservat ist der Litchfield National Park ein Schutzgebiet der leisen Töne, der stillen Attraktionen, dessen Reiz eben darin liegt, nicht eine der Top-Attraktionen des Northern Territory zu sein.

Topografisch ist der Park recht einfach strukturiert. Kernstück ist das bewaldete *Sandsteinplateau* der *Tabletop Range*, das sich über tropischem Waldland erhebt. Im Bereich dieses Plateaus, vor allem an den steil abfallenden Rändern, konzentrieren sich alle wichtigen Sehenswürdigkeiten des Reservats. Erschlossen werden sie durch die *Litchfield Park Road*. Der Rest des Schutzgebietes bleibt als weglose Wildnis den meisten Besuchern vorenthalten.

Information

Auskünfte: The Conservation Commission of the Northern Territory, First Floor, Gaymark Building, P. O. Box 496, Palmerston, NT 0831, Tel. 089/894559.

Reisezeit: Obwohl der Park das ganze Jahr über geöffnet ist, kommt es während der Regenzeit (November bis April) immer wieder zu Überflutungen in den tiefer gelegenen Bereichen, und der Zugang kann für Wochen unmöglich werden. Bevor man in dieser Zeit zu einem Besuch des Parks

aufbricht, sollte man deshalb den Straßenzustand bei der Northern Territory Police (Tel. 089/223394) erfragen.

Unterkünfte: Im Park selbst gibt es, abgesehen von den Campingplätzen, keine Unterkünfte. Motels gibt es in dem nahen Ort Batchelor.

Camping: Einfache Zeltplätze finden sich bei Wangi und Florence Falls sowie am Buley Rockhole und den Tjaynera Falls.

Aktivitäten: Wandern, Schwimmen.

---

126 Die Barramundi Gorge im Süden des riesigen Kakadu National Parks ist auf einem nur für Allrad-Fahrzeuge befahrbaren Abstecher vom Kakadu Highway aus zu erreichen. Zahlreiche vom Barramundi Creek geschaffene Felsbassins bieten einen erfrischenden Zufluchtsort vor der Hitze des Tages.

Die Litchfield Park Road

Die *Litchfield Park Road* durchzieht den nördlichen Teil des Parks in einem großen Bogen, überwindet die Hochfläche der *Tabletop Range* und steigt dann wieder ins Flachland ab. Sie bildet die touristische Lebensader, von der aus alle bekannten Sehenswürdigkeiten auf Abstechern zu erleben sind. Mit dem ersten Stopp, noch bevor die Straße das Plateau erklimmt, bekommt man gleich eine der Besonderheiten des Parks zu sehen. Auf einer baumlosen Ebene stehen zahlreiche Bauten der sogenannten *Magnetic Termites*. Der Name ist irreführend. Die Vorstellung, daß die Termiten einen eingebauten Kompaß besäßen, kommt daher, weil alle der keilförmigen, an Grabsteine erinnernden Termitenbauten exakt von Nord nach Süd ausgerichtet sind. Heute geht man davon aus, daß die Tiere mit dieser Nord-Süd-Orientierung die Temperatur im Bau regulieren können. So scheint die Morgensonne auf die breite Ostseite und sorgt für eine rasche Erwärmung, während zur Mittagszeit, wenn die Sonne am Zenit steht, nur ein kleiner Teil des Baus bestrahlt wird. Am Parkplatz an den Termitenbauten informieren Tafeln und Schaubilder über die Natur und Geschichte des Schutzgebietes.

Nur wenige Kilometer später zweigt die ebenfalls geteerte Stichstraße zu den *Florence Falls* ab. Einen kurzen Abstecher zum *Buley Rockhole* auf dem Weg dorthin sollte man auf jeden Fall unternehmen. Der glasklare *Florence Creek* stürzt in einem kleinen Tal etwas abseits der Straße über mehrere Felsstufen, bildet Kaskaden und wunderschöne Felsbecken, die ein kühlen-

127 Die Tjaynera Falls am südwestlichen Absturz der Tabletop Range im Litchfield National Park bilden eine versteckte, von Monsun-Regenwald umstandene Oase. Nur wenige Besucher unterziehen sich der Mühe einer Allrad-Anfahrt und einer anschließenden Wanderung zu diesem stillen, tropischen Kleinod.

des Refugium vor der Tropenhitze darstellen.

Nicht weit von hier bietet dann der Bach noch einmal ein Naturschauspiel: die *Florence Falls*. An der Ostkante des *Tabletop Plateaus* stürzt das Wasser über einen roten Felsabbruch in einen großen, von Monsun-Regenwald gesäumten Teich. Zugänglich ist dieses paradiesische Kleinod über zwei kurze Wanderwege, und kaum ein Besucher kann sich den Lockungen des kühlen Wassers entziehen.

Auf dem Plateau der Tabletop Range

Zurück auf der *Litchfield Park Road* führt diese nun auf die bewaldete Hochfläche der *Tabletop Range*, und nach vier Kilometern zweigt die Zufahrtsstraße zur *Lost City* ab, einer der wenigen Sehenswürdigkeiten im Park, die nichts mit Wasser zu tun hat. Hier geht es nur noch mit Allradfahrzeugen weiter. Die achtzehn Kilometer lange Piste zu den bizarr verwitterten Sandsteinsäulen und -türmen der »verlorenen Stadt« ist extrem ruppig und verlangt auch mit geländegängigen Fahrzeugen Fingerspitzengefühl vom Fahrer. Man muß die abenteuerliche Annäherung an die steinerne Stadt als Teil des Erlebnisses sehen. Von der Weiterfahrt von den Felsformationen der Lost City zu *Blyth Homestead* sollte man allerdings Abstand nehmen. Dieser Abschnitt der »Straße« ist auch für australische Verhältnisse ziemlich abenteuerlich. Das historische Farmhaus hat zudem einen einfacheren Zugang.

Die zweite Sehenswürdigkeit auf dem Plateau bildet ein paar Kilometer weiter der *Tabletop Swamp*. In einer Senke des Plateaus bildet sich zur Regenzeit ein Teich, dessen Wasser während der Trockenzeit langsam in dem Sandstein des Plateaus versickert. Übrig bleibt dann nur ein von Papierrindenbäumen umstandener Sumpf, der mit seinem Nahrungsangebot eine ganze Reihe von Wasservögeln anlockt, darunter den *Kingfischer*, die *Magpie-Gänse* und *Reiher*. Für Vo-

gelfreunde ist der Tabletop Swamp deshalb immer eine sichere ornithologische Adresse.

Mit dem *Abstieg* der *Litchfield Park Road* vom *Tabletop Plateau* beginnen sich die Abstecher zu häufen. Etwa auf halber Höhe führt eine Stichstraße an den Rand der Felsabstürze zu den *Tolmer Falls*. Ein Wasserfall stürzt über die Felskante in ein tiefes Becken am Ende einer engen Schlucht. Ein kurzer Rundweg führt zu Aussichtspunkten, von denen aus Einblicke in die Schlucht gewonnen werden können. Auf Schautafeln wird die Vegetation entlang des Weges erklärt. Auffälligste Pflanze ist eine palmenähnliche *Cycadia*-Art, die nur hier vorkommt.

Die Schlucht selbst wurde zur Schutzzone erklärt und darf nicht betreten werden. In Höhlen und Grotten nisten verschiedene *Fledermausarten*, die empfindlich auf Störung reagieren.

In weiten Kurven windet sich die Straße nun in die Ebene hinaus. Am *Greenant Creek* bekommt man gute Einblicke in ein üppiges, von einem munteren Bach durchflossenes Stück Monsun-Regenwald, und ein Wanderweg führt zu den versteckt gelegenen *Tjaetaba Falls*. Kurz darauf zweigt in Richtung Süden eine nur für Allradfahrzeuge befahrbare Piste von der Hauptstraße ab. Sie bildet den einfachen Zugang zur 1992 errichteten *Blyth Homestead* und zu den *Tjaynera Falls (Sandy Creek Falls)*. Aber auch auf dieser Piste ist ein Allradfahrzeug notwendig. Hinter der restaurierten Homestead sind noch die Spuren eines *Zinnbergwerks* zu sehen. Nun ist man nicht mehr weit von den *Wangi Falls* entfernt, der Hauptattraktion des Parks. Der große Teich unterhalb des Wasserfalls ist besonders populär und dementsprechend überlaufen. Abstand zu den Besuchern bekommt man hier auf einem Rundwanderweg, der durch Monsunregenwälder zur Kante des Wasserfalls hinaufführt.

Ab der Abzweigung zu den Wangi Falls geht die gut ausgebaute Teerstraße der *Lichfield Park Road* in eine unbefestigte Piste über. Für kurze Zeit verläßt die Staubstraße den Park, führt über Privatland, um dann wieder in das Reservat einzudringen. Die letzten beiden Sehenswürdigkeiten sind der _Walker Creek_ und die Ruinen der _Bamboo Creek Tin Mine_ in der äußersten Nordwestecke des Schutzgebietes.

Watarrka National Park

Riesenspalte im roten Sandstein

Der Eingang der gewaltigen Schlucht – mehr Canyon als Tal – ist weit geöffnet. Verstreut liegen mächtige Gesteinsbrocken am Grunde des Tals, große Bäume wachsen im trockenen Bachbett des _King Creek_. Doch nicht weit von dem einladenden Portal entfernt zieht die Schlucht in einem sanften Bogen nach Osten und zeigt nun ein anderes Gesicht: rechts ragt die _Südwand_ über 200 Meter hoch auf – unnatürlich glatt, wie mit dem Messer geschnitten, abweisend; der Gedanke an eine Besteigung kommt erst gar nicht auf. Gegenüber droht die _Nordwand_ des Canyons – weit überhängend, stärker strukturiert, mit absturzbereiten Felsbalkonen. Dort, wo beide Felswände trichterförmig zusammenlaufen, beendet eine unüberwindbare Steilstufe diesen Teil der Schlucht. Die Fortsetzung findet ein Stockwerk höher statt. Im rechten Winkel zum bisherigen Verlauf zieht der Canyon als tiefe Spalte in den roten Sandstein des verwitterten Gebirges hinein.

Geologie

In der zeitlosen, sonnendurchglühten Landschaft Zentral-Australiens versteckt sich eines der größten Wunder des Outbacks: der _Kings Canyon_, die tiefste und beeindruckendste Schlucht des roten Zentrums Australiens. Der gewaltige Canyon mit seinen versteckten Geheimnissen inmitten der kargen Steinwelt der _Gorge Gill Range_ bildet die größte Sehenswürdigkeit im _Watarrka National Park_.

Quarzitreicher Sandstein ist das prägende Gestein der _Gorge Gill Range_ – entstanden aus Sanden, die sich vor etwa 350 Millionen Jahren am Grund eines flachen Meeres ablagerten. Dann hob sich das Land – der Gebirgszug der heutigen Gorge Gill Range bildete sich. Bei diesem Hebevorgang entstanden zahllose Risse und Fugen, die sich gitterartig durch den Gesteinskörper zogen. Sie bildeten Ansatzpunkte für Wind und Wetter. Ergebnis der jahrmillionenlangen Feinarbeit der Erosion sind die Sehenswürdigkeiten von heute: ein Meer aus seltsam gerundeten, an Bienenkörbe erinnernden Sandsteindomen, die das Plateau bedecken. Im Bereich des _Kings Canyon_ werden die Gesteinsgebilde _Lost City_, »vergessene Stadt«, genannt.

Auch die Südwand des Canyons folgte einer dieser tiefen Spalten im Gestein. Dies erklärt die ungewöhnliche Glattheit der kompakten Wand. Der _Kings Canyon_ selbst entstand dann durch Verwitterung von weicherem Sandstein in der Tiefe. Das unterminierte, härtere Gestein der darüberlie-

genden Schichten auf der Nordseite brach nach, und die Schlucht erweiterte sich immer mehr. Die Geologie des Gebirges birgt auch den Grund für die permanenten Wasserstellen im Park in sich. Die oberste Schicht der Sedimente, der sogenannte _Mereenie Sandstein_, ist porös und saugt das Wasser der unregelmäßigen Niederschläge wie ein gigantischer Schwamm auf. In der Tiefe, über einer dünnen, undurchlässigen Lage _Tonschiefer_, bildet sich der Grundwasserspiegel. Dieses im Gestein gespeicherte Wasser tritt an verschiedenen Stellen der _Gorge Gill Range_ ans Tageslicht und bildet in der wüstenhaften Region ständig fließende Quellen und Tümpel.

Geschichte

Die ersten Weißen, die das gewaltige Naturmonument des _Kings Canyon_ zu sehen bekamen, waren die Mitglieder einer Expedition des Forschers _Ernest Giles_ im Jahre 1872. Den in der Gegend lebenden _Aborigines_, dem Volk der _Luritja_, waren die gewaltige Schlucht und die Wasserstellen an der Basis der _Gorge Gill Range_ natürlich längst bekannt. Die Luritja bewohnten das Gebiet bereits seit etwa 22000 Jahren und durchstreiften vor der Ankunft der Weißen als nomadisierende Jäger und Sammler die Gegend. Heute lebt diese Urbevölkerung in drei kleinen Siedlungen innerhalb des Parks, ganz in der Nähe für sie wichtiger, heiliger

---

128 Unangefochtener Mittelpunkt des Watarrka National Parks in Zentralaustralien ist die gewaltige Schlucht des Kings Canyon, dessen gewaltige überhängende Nordwände hier im Abendlicht leuchten. Die beeindruckende Schlucht in der Gorge Gill Range ist durch einen lohnenden Rundwanderweg erschlossen.

Folgende Abbildung:

129 »Lost City« nennen sich die bienenkorbförmigen Sandsteinkuppeln oberhalb des Kings Canyon. Im Vordergrund sind die Rippelmarken eines flachen, längst vergangenen Meeres zu erkennen, in dem sich die Sedimente, die heute die Gorge Gill Range bilden, abgelagert haben.

Information

Auskünfte: Conservation Commision of the NT, P. O. Box 1046, Alice Springs, NT 0871, Tel. 089/518211.
Reisezeit: Das Gebiet des Parks gilt als Halbwüste, Regenfälle sind selten und völlig unvorhersehbar. Im Sommer wird es sehr heiß, die Winter sind mild mit gelegentlich frostigen Nächten. Neben dem Winter sind die Übergangszeiten für den Outback-Park die beste Reisezeit.
Unterkunft: Die neu errichtete Frontier

Kings Canyon Lodge bietet die einzige Übernachtungsmöglichkeit im Park, Tel. 008/891101.
Camping: Der Kings Canyon Lodge angegliedert ist ein Campingplatz mit allen sanitären Einrichtungen und einem Swimming Pool.
Aktivitäten: Wandern.
Touren: Zahlreiche Unternehmen bieten von Alice Springs aus Touren in den Park an.

Stätten. An der Verwaltung des Wüstenparks ist sie beteiligt, ihre Stimme hat im *Park Management Committee* Gewicht.

Obwohl die Gorge Gill Range bereits relativ früh entdeckt wurde und bereits 22 Jahre nach der Auffindung des Areals durch *Ernest Giles* die durchziehende *Horn-Expedition* den dortigen Reichtum an Pflanzen und Tieren erkannte, blieb das Gebiet bis 1960 praktisch unerforscht. Ende des 19. Jahrhunderts wurde dann in der Gegend mit der Viehhaltung begonnen, und 1889 grasten über 6000 Rinder auf dem Gebiet des heutigen Nationalparks. Die Folge waren die Verschmutzung der Wasserstellen und ein großer Schaden an den zum Teil seltenen Pflanzen. Erst als der damalige Besitzer der ehemaligen *Wallara Ranch* eine Piste durch den Busch legte und damit den Zugang zu diesem abgelegenen Gebirgszug erleichterte, begann die wissenschaftliche Bestandsaufnahme des Gebietes. Bei einer großangelegten systematischen Untersuchung im Jahre 1981 registrierte man 572 Pflanzenarten, darunter über sechzig seltene sogenannte Reliktpflanzen aus einer Epoche mit einem wesentlich feuchteren Klima. Sie überlebten die Austrocknung in den schützenden Schluchten der _Gorge Gill Range_. Trotz der nachgewiesenen Schäden wurde die Viehzucht noch bis 1983 weiterbetrieben. In diesem Jahr schließlich wurde ein Gebiet von über 71 000 Hektar zum *Kings Canyon National Park* ernannt. Erst später änderte man den Namen in _Watarrka National Park_.

Im Park unterwegs

Noch vor wenigen Jahren hatte der Besuch des Parks etwas Abenteuerliches

---

130 Zwei »Wüsteneichen«, eine Kasuarinenart, bildet den Rahmen dieses Blicks zum Ayers Rock. Der mächtige Monolith im Zentrum des Fünften Kontinents hat sich zu einem weltbekannten Wahrzeichen Australiens entwickelt. Der Felsen – er gilt als eines der wichtigsten Heiligtümer der Aborigines – zieht jährlich zahllose Besucher aus aller Welt an.

an sich. Die damals einzige Zufahrtsstraße war bis auf wenige Kilometer eine rauhe Outbackpiste, touristische Einrichtungen – von einem primitiven Campingplatz ohne sanitäre Einrichtungen einmal abgesehen – fehlten in dem abgelegenen Park. Die Schotterstraße gehört der Vergangenheit an, der _Ernest Giles Drive_ ist inzwischen durchgehend geteert, und die _Frontier Kings Canyon Lodge_, nur ein paar Kilometer vom _Kings Canyon_ entfernt in den Busch gebaut, bietet heute allen erdenklichen Komfort. Nur die Anfahrt über den erst 1994 eröffneten _Namatjiara Drive_, der von _Alice Springs_ aus einen neuen Zugang zum Park schafft, vermittelt noch richtiges Outback-Gefühl. Für die Benutzung dieser Schotterstraße benötigt man ein Permit, da ein Großteil der Strecke über Aborigines-Land führt.

Trotz touristischem Fortschritt, der dem Park zweifelsohne eine große Popularität eingebracht hat, offeriert der _Kings Canyon_ nach wie vor atemberaubende Erlebnisse. Denn um dieses Naturwunder zu erleben, muß man sich zu Fuß aufmachen, und wer den _Kings Canyon Walk_ nicht erwandert hat, hat den Park nicht erlebt. Auf einer sechs Kilometer langen Rundtour werden alle landschaftlichen Höhepunkte der großen Schlucht berührt. Ein kurzer Steilaufstieg führt vom Parkplatz auf den nördlichen Canyonrand hinauf.

Herrliche Tiefblicke in die talähnliche Öffnung der Schlucht würzen diesen Teil. Oben angelangt, dringt man in das Labyrinth der Sandsteinkuppeln ein: die »Lost City« ist erreicht. Ein markierter Abstecher bildet einen Zugang zum Schluchtrand oberhalb der Nordabstürze. Nur absolut Schwindelfreie wagen sich an die ungesicherte Abbruchkante. Der Hauptweg selbst führt über Holztreppen in den oberen, engen Teil der Schlucht hinunter, in den _Garden Eden_. Üppiges Grün umsteht eine Reihe tiefer, wassergefüller Becken und schafft einen urzeitlichen Garten von berückender Schönheit. Auf einem Seitenweg kann man in der Tiefe des Canyons bis zur Abbruchkante in die Hauptschlucht vordringen; ein dunkles Bassin mit kühlem Wasser erfrischt dort die Besucher. Der Hauptweg erklimmt – wieder über Holztreppen – die andere Seite des Canyons und führt in einem weiten Bogen zurück zum Ausgangspunkt.

Uluru-Kata Tjuta National Park

Das rote Zentrum

Die Annäherung an Australiens bekanntestes Naturdenkmal beginnt meist mit einem Irrtum. Etwa 120 Kilometer nach der Abzweigung des _Lasseter Highways_ vom _Stuart Highway_

Information

Auskünfte: Uluru-Kata Tjuta National Park, P. O. Box 119, Yulara, NT 0872, Tel. 089/56 22 99. Eine Broschüre mit einer Karte bekommt man am Parkeingang, weitere Informationen und Auskünfte erteilen die Ranger im Visitor Centre in Yulara und am Ayers Rock.
Reisezeit: Der Park ist ganzjährig geöffnet. Am angenehmsten ist der Aufenthalt im Park in den Monaten Mai bis Oktober. Gelegentlich sinken die Nachttemperaturen im Juli unter den Gefrierpunkt. Im Sommer wird es unerträglich heiß, und Temperaturen über 40 Grad werden nicht selten erreicht.
Unterkunft: Im Park gibt es keine Übernachtungsmöglichkeiten. Alles konzentriert

sich auf das außerhalb des Parks aus dem Sand gestampfte Touristendorf Yulara. Zahlreiche Hotels nehmen hier die Besucher auf.
Camping: Ebenfalls in Yulara situiert ist ein riesiger Campingplatz, der 500 Stellplätze umfaßt.
Aktivitäten: Sightseeing, Wandern.
Touren: Es werden regelmäßig von Rangern geführte Wanderungen im Park angeboten. Zahlreiche kommerzielle Unternehmen offerieren ebenfalls eine weite Palette an Touren im Park. Beliebt sind außerdem Helikopter-Rundflüge. Auskünfte über das Tourenangebot erteilt das Ayers Rock Resort Visitor Centre in Yulara, Tel. 089/56 22 40.

wächst ein mächtiger Tafelberg aus der hitzeflimmernden Ödnis Zentralaustraliens auf. Doch die bei den meisten Besuchern hier einsetzende Aufregung ist übereilt: Es handelt sich nicht um den berühmten Monolithen des *Ayers Rock*, sondern um den 863 Meter hohen *Mt. Connor*. Bis zum Ayers Rock und damit zum *Uluru-Kata Tjuta National Park* sind es von dort immer noch einhundert Kilometer!

Den Titel des bekanntesten und meistbesuchten Nationalparks Australiens darf – daran gibt es keine Zweifel – der Uluru-Kata Tjuta National Park im trocken-heißen Zentrum Australiens für sich beanspruchen. Innerhalb seiner Grenzen liegen zwei der bekanntesten Naturmonumente des gesamten Kontinents: die *Olgas (Kata Tjuta)*, eine Ansammlung beeindruckender Felsdome, und natürlich der *Ayers Rock (Uluru)*. Dieser gewaltige rote Felsbuckel, der nahe dem geografischen Zentrum Australiens ohne Vorwarnung aus der endlosen Weite wächst, hat sich zu einem Symbol für den »Fünften Kontinent« entwickelt und schlägt – zumindest was den Bekanntheitsgrad betrifft – sämtliche Sehenswürdigkeiten des Landes. Obwohl nicht der größte Monolith der Erde – diesen Superlativ darf der *Mt. Augusta* in den Weiten Westaustraliens für sich beanspruchen –, prägt der charakteristisch geformte Gesteinsbrocken für viele das landschaftliche Bild Australiens und verschaffte ihm den Stellenwert eines »Wallfahrtsortes«.

Geologie des Parks

Die Entstehung der beiden großartigen Schaustücke des Parks liegt etwa 550 Millionen Jahre zurück, als die kilometerdicken Sedimente des sogenannten *Amadeus-Beckens* zu einem Gebirge hochgedrückt und aufgefaltet wurden. Verwitterung setzte ein, und am Fuß des Gebirges bildeten sich riesige Schuttfächer, aus deren verfestigten Ablagerungen schließlich der *Ayers Rock* und die *Olgas* entstehen sollten. Fest steht heute, daß die beiden Naturmonumente ihren Ursprung in zwei getrennten Schuttfächern haben. Dies erklärt die deutlichen Unterschiede in der Zusammensetzung der Gesteine der beiden Felsburgen. Die mit Sand und Geröll angereicherten Muren, die den »Ayers Rock-Schuttfächer« aufbauten, ergossen sich über einen schwach nach Norden geneigten Hang und erreichten eine Dicke von bis zu 2,5 Kilometern. Das Konglomerat, aus dem die vielköpfigen Olgas aufgebaut sind, war sogar noch mächtiger und vermutlich an die sechs Kilometer dick. Die Größe der Kiesel und Felsen – einige haben einen Durchmesser von bis zu 1,5 Metern – belegen, daß sich dieser Schuttfächer näher an dem Gebirge befand, denn grobes Material lagert sich wegen seines Gewichts früher ab als feiner Kiesel und Sand. Die Bildung der Schuttkegel verebbte, als das Gebirge schließlich verwittert war. Vor etwa 500 Millionen Jahren begann sich in diesem Bereich ein flaches Meer auszubreiten, und im Lauf der Jahrmillionen lagerten sich riesige Mengen an Sand und Schlamm sowie kalkhaltige Sedimente über die Schuttfächer ab. Vor etwa 430 Millionen Jahren zog sich das Meer wieder zurück, und vom Wind verfrachteter Sand begann sich über den Sedimenten aufzutürmen. Unruhige Zeiten begannen dann vor etwa 400 Millionen Jahren, als die Sedimente, darunter die ehemaligen Schuttfächer, gefaltet und hochgedrückt wurden. 300 Millionen Jahre hatte anschließend die Erosion Zeit, die weltbekannten Felsformationen und Touristenmagneten *Ayers Rock* und *Olgas* herauszumodellieren.

Geschichte

Seit Jahrtausenden war die Uluru-Kata Tjuta-Region der Brennpunkt religiöser, kultureller und wirtschaftlicher Beziehungen zwischen den Völkerschaften der *Western Desert*. Das Netzwerk enger Beziehungen verband die Region mit großen Gebieten des Northern Territory, dem Nordwesten Südaustraliens und den zentralen sowie südöstlichen Bereichen Westaustraliens. Seit Jahrtausenden gilt der Ayers Rock für die Ureinwohner Australiens als zentrales Heiligtum. Zahlreiche Details des großen Felsens haben ihre mythologische Bedeutung und gelten den Aborigines als heilige Orte. Sie dürfen weder betreten noch fotografiert werden. Am Ayers Rock treffen zahlreiche Traumpfade der mythologischen Vorfahren zusammen.

Mit der Ankunft der Weißen begann eine weniger friedvolle Zeit für die *Anangu* – wie sich die in der Region ansässigen Aborigines selbst nennen. Bald sahen sie ihr Land von Schafen und Rindern überrannt. Überweidung und zwei Dürrekatastrophen in den dreißiger und fünziger Jahren zerstörten ihre Nahrungsgrundlagen und zwangen sie, in Missionen, Rinderfarmen und von der Regierung errichteten Siedlungen Zuflucht zu suchen. Trotzdem blieb die starke Bindung zum Land bestehen, die traditionellen Fertigkeiten und Vorstellungen wurden weitergegeben, die Kultur der Anangu blieb lebendig. Nach einem langen Kampf wurde 1985 das Land, auf dem sich der heutige Nationalpark befindet, im Zuge der Landrechtsbewegung (»*land right movement*«) an die Anangu zurückgegeben. Gleichzeitig wurde der Park an den *»Australian National Parks and Wildlife Service«* verpachtet. Seitdem wird das Reservat gemeinsam von Aborigines und Weißen verwaltet. Wegen seiner außergewöhnlichen kulturellen und ökologischen Bedeutung wird der Uluru-Kata Tjuta National Park seit 1987 in der UNESCO-Liste als *»Erbe der Menschheit«* geführt.

Im Park unterwegs

Den einzigen Zugang für Fahrzeuge zu dem abgelegenen Park bildet der durchgehend geteerte, 247 Kilometer lange *Lasseter Highway*, der 202 Kilometer nach *Alice Springs* vom *Stuart*

131 Mit Hilfe einer Eisenkette überwinden Touristen die fugenlose Steilflanke des Ayers Rock. Trotz der Absicherung wird der Aufstieg zum Gipfel des Monolithen oft sträflich unterschätzt – die Folge sind Unfälle, die nicht selten tödlich enden.

134 ▷

132/133 Wesentlich vielgestaltiger als der nahe Felsklotz des Ayers Rock präsentieren sich die über dreißig Felsdome der Olgas, des zweiten Höhepunkts des Uluru-Kata Tjuta National Parks. Das Innere der Olgas wird durch einen Rundweg erschlossen, der das »Valley of the Winds«, ein enges Tal zwischen zwei mächtigen Domen, durchquert.

134 Geologie, Geschichte, Fauna und Flora sind Themen auf den von Rangern geführten Wanderungen im Uluru-Kata Tjuta National Park. Die freundlichen Ranger stehen Rede und Antwort und ermöglichen eine kompetente Einführung in den vielseitigen Nationalpark.

Highway abzweigt und in dem knapp außerhalb des Schutzgebiets gelegenen Touristenresort *Yulara* endet. Nachdem alle touristischen Einrichtungen aus dem Park entfernt wurden, stellt Yulara den Ausgangs-, Dreh- und Angelpunkt für den Besuch des Reservats dar. Yulara ist auch mit dem Flugzeug zu erreichen. Der etwa 10 Kilometer von Yulara entfernte *Connellan Airport* wird regelmäßig von verschiedenen Städten Australiens angeflogen.

Von Yulara aus führt eine Teerstraße in Richtung Park und erreicht nach fünf Kilometern zunächst die *Park Entrance Station*. Dreizehn Kilometer weiter warten die *Ranger Station* und das *Park Visitor Centre* auf die Besucher. Eine ständige Ausstellung vermittelt hier Wissenswertes über den Park und die Aborigines. An die Ranger Station angegliedert ist das *Maruku Arts and Crafts Centre*, wo von Aborigines handgefertigte Gegenstände ausgestellt und zum Verkauf angeboten werden.

Nach einem weiteren Kilometer ist dann die *Ringstraße* um den *Ayers Rock* erreicht. Hält man sich hier links, kommt man als erstes zum Parkplatz am Beginn des Aufstiegswegs *(The Climb)* zum Gipfel der roten Gesteins-

burg. Für die Besteigung des 863 Meter hohen Gipfels des *Uluru* sollte man mindestens zwei Stunden (hin und zurück) veranschlagen. Man überwindet dabei einen Höhenunterschied von 348 Metern und eine einfache Strecke von 1,6 Kilometern.

Wer sich die Strapazen des ungeschützten Aufstiegs nicht zumuten will, kann hier zur neun Kilometer langen Umwanderung des Felsens, dem *Uluru Circuit Walk*, aufbrechen. Die etwa vierstündige, landschaftlich sehr reizvolle Wanderung führt an zahlreichen Sehenswürdigkeiten und heiligen Plätzen vorbei. Zu den wichtigsten Attraktionen entlang dem Rundweg, wie zum Beispiel der *Kantju Gorge* oder der *Mutitjulu (Maggie Springs)*, führen auch von der Ringstraße kurze Stichwege.

Höhepunkt für die meisten Parkbesucher ist allerdings das Spektakel des *Sonnenuntergangs* am *Ayers Rock*, das jeden Abend von zahllosen Menschen zelebriert wird. Kaum ein Besucher will sich dieses vielgepriesene Ereignis entgehen lassen. Treffpunkt aller Fotografen, Romantiker und Neugierigen ist dabei die *Sunset Viewing Area*, an der Straße zum Ayers Rock gelegen.

Die Olgas

Etwas weiter, nämlich 51 Kilometer ab *Yulara*, gestaltet sich die Anfahrt zu den *Olgas*. Unterwegs kann man sich an der *Kata Tjuta Viewing Area* die Füße vertreten. Von der Höhe einer überwachsenen Sanddüne aus schweift der Blick über *Spinifexebenen* und großartige Bestände an *Wüsteneichen* zu den beeindruckenden Kuppeln der Olgas hinüber. Kurz nach der Abzweigung der *Docker River Road* weist ein Hinweisschild zur *Sunset Viewing Area*. Von dort aus können die Olgas im Licht des Sonnenuntergangs betrachtet werden. Der Andrang ist hier im Vergleich zum Ayers Rock wesentlich geringer. Ganz in der Nähe beginnt der *Olga Gorge Walks*, ein zwei Kilometer langer Weg, der in die beeindruckende Schlucht zwischen dem 1069 Meter hohen *Mt. Olga* und dem *Nachbargipfel* führt. Der Ausgangspunkt zum *Valley of the Winds Walk* schließlich bildet das Ende der Straße. Auf dieser vielleicht schönsten *Rundwanderung* im Park dringt man in den zentralen Bereich der Olgas ein und durchwandert den engen Einschnitt des *Valley of the Winds*.

135 Nur Frühaufsteher kommen in den Genuß, den Sonnenuntergang über den endlosen Ebenen Zentralaustraliens von dem Gipfel des Ayers Rock aus zu erleben.

136 Eine lohnende Alternative zum anstrengenden und schweißtreibenden Aufstieg auf den Ayers Rock stellt die an Sehenswürdigkeiten so reiche Umrundung des Monolithen dar. Heilige Stätten der Aborigines, Wasserlöcher, interessante Erosionsphänomene und eine ganz spezielle Vegetation lassen die etwa vierstündige Wanderung äußerst kurzweilig werden.

Queensland

Was sich in den letzten fünfundzwanzig
Jahren in Queensland wirtschaftlich
getan hat, kann ohne Übertreibung als
dramatisch beschrieben werden.
Australiens zweitgrößter Bundesstaat
wandelte sich vom Agrargebiet zu einer
dynamischen Industrieregion. Seine
beiden wichtigsten Standbeine sind heute
Bodenschätze und Tourismus. Kein Land
Australiens hat sich so hemmungslos dem
Fremdenverkehr verschrieben
wie Queensland. Seit Jahren herrscht
diesbezüglich wahre Goldgräber-
stimmung.
Die Voraussetzungen dafür sind
günstig. Kein Teil des »Fünften Kontinents« kann dem Besucher so viel
bieten wie der »Sunshine State«, so die
marketinggerechte Bezeichnung
für Queensland. »Australien im kleinen«
wäre eine passendere Bezeichnung für
den vielseitigen Bundesstaat, der
praktisch alle Naturlandschaften dieses
Erdteils in sich vereinigt.

◁ 139

Vorhergehende
Abbildungen:

137 Luxus im
Regenwald: Nobel
nächtigt man in
dem erst 1994
eröffneten Ferntree
Resort am Cape
Tribulation. Das
Resort wurde ohne
größere Eingriffe in
den üppigen
Regenwald der
Region eingefügt.
Trotzdem wird die
touristische Ent-
wicklung im Cape
Tribulation Natio-
nal Park von
Umweltschützern
mit wachsendem
Argwohn betrach-
tet.

138 Ein Bild, das
Sehnsüchte wecken
kann: Vor den
Hügeln des Magne-
tic National Parks
erstreckt sich der
helle Traumstrand
der Balding Bay.
Das glasklare
Wasser der als
Marine Park ge-
schützten Bucht ist
ideal zum Schwim-
men.

139 Bunt gefärbte,
verwitterte Sand-
klippen ziehen
sich entlang dem
Cathedral Beach
im Great Sandy
National Park auf
Fraser Island.

140 Eines der
herausragendsten
Naturphänomene
auf Fraser Island
stellt der Lake
Boomanjin dar,
dessen Wasser
durch Tannin rot
gefärbt ist.

141 Wenig Scheu
zeigen die Dingos
auf Fraser Island.
Sie gelten als
reinste Rasse in
Australien, da sie
sich nicht mit
Haushunden ver-
mischt haben.

143 | 144

Australien im kleinen

n Queensland, dem anerkannt vielfältigsten der australischen Bundesstaaten, finden sich – von den im Winter schneebedeckten Bergen einmal abgesehen – so ziemlich alle Naturlandschaften des »Fünften Kontinents«: tropischer Regenwald und Feuchtgebiete, das Outback mit trockenen Buschlandschaften, Wüsten, zerklüftete Berge ebenso wie wilde Flüsse, endlose Ebenen und Savannen; und natürlich die Küste und das als *Marine Park* geschütze *Great Barrier Reef* mit seinen artenreichen Riffen und Inseln – nicht nur ein touristischer Superlativ. Kein Wunder also, daß Queensland auch die größte Anzahl an Nationalparks für sich beanspruchen darf. Über 300 Schutzgebiete nennt der Bundesstaat sein eigen – und jährlich kommen

neue dazu. Allein in den Jahren 1991 und 1992 wurde die Gesamtfläche der Parks um fast eine Million Hektar erweitert. Auch das Wetter trägt dazu bei, daß der Tourismus boomt. Das subtropisch-tropische Klima macht Queensland zu einer Ganzjahresdestination.

Die politische Geschichte des Staates ist geprägt von Skandalen. Erst 1989 wurde eine langjährige Korruptionsaffäre größten Ausmaßes aufgedeckt, die das Ende des damaligen Premierministers *Joh Bjelke-Petersen* bedeutete. Seine 32 Jahre während Regierungszeit war geprägt von ungehemmter kommerzieller Erschließung des Landes, Rassismus – vor allem gegenüber den Aborigines –, Chauvinismus und starker Opposition zu Ge-

werkschaften. In dieser Zeit war die Politik weniger von der Sorge um die als vom Raubbau an der Natur geprägt. Artenreiche *Regenwälder* fielen der Holzindustrie zum Opfer, der *Bergbau* forderte seinen Preis, und intensive Agrarwirtschaft engte den Naturraum immer mehr ein. Eine weitere Gefahr für die vielseitigen ökologischen Strukturen des Landes bedeutete der aufstrebende Tourismus. Erhaltung der Natur und schnelle Erschließung sind immer noch ein kontroverses Thema in Queensland. Inzwischen ist man sich aber des Wertes der außergewöhnlichen Natur bewußt geworden, und eine wache, starke Umweltlobby versucht recht erfolgreich, dem Wildwuchs Einhalt zu gebieten.

Vorhergehende Abbildung:

142 Einer der Gründe, warum die Whitsunday Islands als eines der besten Segelreviere Australiens gelten, sind die zahlreichen sicheren Ankerplätze in tiefen geschützten Fjorden und Buchten – wie der Nara Inlet, ein tiefer Einschnitt in der als Nationalpark geschützten Hook Island.

143 Eine der Charakterpflanzen in den tief gelegenen Regenwäldern des Cape Tribulation National Parks stellt die anmutige Fan Palm (Lucuala Ramsyi) dar.

144 Mangroven bilden einen wichtigen Bestandteil des vielseitigen Ökosystems des Cape Tribulation National Parks. Die bogenförmigen Wurzeln ermöglichen es der Pflanze, bei Ebbe Sauerstoff direkt aus der Luft aufzunehmen.

Information

Anreise: Queensland besitzt mit Cairns und Brisbane zwei internationale Flughäfen, die von Deutschland aus regelmäßig angeflogen werden. Von hier sind leicht inneraustralische Anschlußflüge zu nahezu allen wichtigen Städten zu bekommen.

Unterkunft: Cairns ist das touristische Zentrum Nordqueenslands und bietet eine kaum mehr zu übersehende Fülle an Hotels, Motels, Resorts und Pensionen an. Nach wie vor entstehen an allen Ecken und Enden Bettenburgen, da seit Jahren die Kapazitäten in der aufstrebenden Touristenregion Far North Queensland ausgelastet sind. Die Palette reicht dabei von der Nobelherberge bis hin zur einfachen Unterkunft für »Backpacker« (Rucksackreisende), die auf den Luxus eines eigenen Zimmers verzichten können und mit Schlafsälen vorliebnehmen.

Beliebt ist der Cairns Colonial Club Resort, Tel. 070/53 51 11; erst 1994 eröffnet wurde das Palm Royale etwas außerhalb des Stadtzentrums, Tel. 070/32 27 00. Als erste Adresse gilt das zentral gelegene Radisson Plaza Hotel at the Pier, Tel. 070/31 14 11. Brisbane, die Hauptstadt Queenslands und drittgrößte Stadt Australiens, besitzt ebenfalls ein breitgefächertes Angebot an Hotels und Motels sowie Übernachtungsmöglichkeiten für jeden Geldbeutel. Empfehlenswert sind dabei vor allem das Albert Park Inn, Tel. 07/831 31 11, das Mayfair Crest International, Tel. 07/229 91 11, sowie die Brisbane City Travellodge, Tel. 07/238 22 22.

Informationen: Queensland Tourist & Travel Corporation, Neuhauser Str. 27, 80331 München, Tel. 089/260 96 93.

Cape Tribulation National Park

Wo der Regenwald auf das Riff trifft

Die neben dem großartigen *Barrier Reef* größte Attraktion des tropischen Nordens von Queensland stellt der artenreiche *Regenwald* der Region dar. Etwa 140 Kilometer nördlich des quirligen Touristenmekkas *Cairns*, begrenzt vom *Daintree River* und dem *Bloomfield River*, findet der Urwald Australiens seine vielleicht schönste Ausprägung. Von den Höhen eines steilen, meist wolkenverhangenen *Granitgebirges* – höchster Gipfel ist mit 1375 Metern der *Thornton Peak* – bis hinunter zur *riffgesäumten Küste* mit *Mangrovenwäldern* zieht sich jungfräulicher *Regenwald* mit einem atemberaubenden Artenreichtum. Und das Besondere: Nirgendwo sonst auf der Welt liegen Regenwald und Korallenriff buchstäblich nur wenige Meter auseinander. Diese etwa 17 000 Hektar umfassende Region ist seit 1981 als *Cape Tribulation National Park* geschützt und bildet nun einen Teil der zum ›*Erbe der Menschheit*« erklärten »*Wet Tropics*«.

Die Region um das *Cape Tribulation* ist eines der regenreichsten Gebiete Australiens. Die Schauer verteilen sich über das ganze Jahr. Während der Regenzeit zwischen Februar und Mai sorgt der Monsun für hohe Niederschlagsmengen, während außerhalb dieser nassen Jahreszeit die vorherrschenden Passatwinde feuchtigkeitsgeladene Wolken gegen die abrupt aus dem Meer aufragende Gebirgskette treiben. Hier steigen die Wolken in kühlere Höhen auf und regnen sich als heftige tropische Schauer ab. Diese kontinuierlichen Niederschläge und die gleichbleibend hohen Temperaturen schaffen ein Treibhausklima, das die Entwicklung des vielleicht artenreichsten Regenwaldes der Erde begünstigte. Einige der am leichtesten zu identifizierenden Regenwaldpflanzen sind die *Fan Palm* mit ihren auffälligen runden Wedeln, die schlanken *Black Palms*, die *Würgerfeige* und das *Lawyer Cane*, eine palmähnliche, dornenreiche Kletterpflanze.

Entstehungsgeschichte

Immer wieder ist der Regenwald in der *Daintree-Region* Schauplatz aufregender botanischer Entdeckungen. So fand man 1971 im Tal des *Noah Creek* Exemplare der primitiven Baumart *Idiospermum australiense*, die bislang nur aus Versteinerungen bekannt war. Zahlreiche andere primitive Blütenpflanzen, Relikte aus fernen Urzeiten, leben in der unzugänglichen Urwaldregion. Inzwischen vermuten einige Wissenschaftler, daß dieser Regenwald der älteste der Erde sein könnte. Die Theorie, daß sich die Urwälder Australiens aus den asiatischen entwickelt hätten, muß vielleicht bald umgeschrieben werden.

Man geht heute davon aus, daß die Bildung des Regenwaldes hier bereits in der Mitte der Kreidezeit, also vor etwa 110 Millionen Jahren, abgeschlossen war – zu einer Zeit, in der das Auseinanderbrechen des Superkontinents *Gondwanaland* noch nicht begonnen hatte. Australien trennte sich erst vor etwa 50 Millionen Jahren von der Antarktis und begann nach Norden zu driften. Dann wurde das Klima trockener, *Eukalypten* und *Akazien* begannen sich aus Urwaldspezien zu entwickeln; der Regenwald zog sich in die Küstenregion zurück – dorthin, wo heute unter anderem der *Cape Tribulation National Park* liegt. Die hohen Berge boten dort dem Regenwald Schutz und garantierten ausreichend Niederschläge. Die *Daintree-Region* bildete somit ein sicheres Refugium für feuchtigkeitsabhängige Pflanzen. Als dann während der letzten 20 Millionen Jahre

145 Nirgendwo im Cape Tribulation National Park läßt sich das Zusammentreffen von Regenwald und Korallenriff besser erleben als am Coconut Beach. Nur ein schmaler Sandstreifen trennt hier die beiden artenreichen, so unterschiedlichen Ökosysteme.

Folgende Abbildungen:

146 Entlang der Straße zum Cape Tribulation hat eine tierfreundliche Familie ein Waisenhaus für Tierkinder eingerichtet. Hier wird ein junges Wallaby, dessen Mutter von einem Auto überfahren wurde, mit einer Flasche aufgepeppelt.

147 Obwohl Teilstrecken inzwischen geteert sind, hat die Zufahrtsstraße zum Cape Tribulation immer noch etwas Abenteuerliches an sich. Auf einer Brücke aus groben Balken überquert man den mächtigen Noah Creek.

148 Gewaltige Baumriesen mit mächtigen Brettwurzeln bilden die Schaustücke des artenreichen Regenwaldes im Cape Tribulation National Park.

149 Von der Felsenspitze des Cape Tribulation blickt man zurück zum palmengesäumten Myall Beach. Dahinter ragen die mit dichtem Regenwald überzogenen Berge der Thornton Range auf.

Information

Auskünfte: Cape Tribulation National Park, P. O. Box 2066, Cairns, QLD 4870, Tel. 070/523096.
Reisezeit: Der Park ist das ganze Jahr über geöffnet; während der Regenzeit zwischen Dezember und März kann es zu Überflutungen kommen. Als beste Reisezeit gelten die Wintermonate.
Unterkunft: Gehobene Unterkunft bieten das Coconut Beach Rainforest Resort, Tel. 070/521311, und das Ferntree Resort, Tel. 070/980000, am Cape Tribulation. Junge Leute bevorzugen dort das Jungle Village, Tel. 070/980040.
Camping: Einen Campingplatz mit allen sanitären Einrichtungen gibt es am Cape Tribulation; hingegen sind die Zeltplätze am Thornton und Noah Beach nur sehr einfach.
Aktivitäten: Wandern, Schwimmen, Reiten, botanische Exkursionen.
Touren: Viele der außergewöhnlichen Sehenswürdigkeiten am Rande des Nationalparks liegen versteckt oder sind nur über Privatland zu erreichen. Deshalb ist besonders für diesen Nationalpark empfehlenswert, sich einer geführten Tour anzuschließen. Erfahrene Guides können Besuchern die verwirrende Pflanzenwelt und ihre Geheimnisse am besten nahebringen. Ausgezeichnete Regenwald-Exkursionen bieten Paul Masons Rainforest Walks (Buchungen über das Ferntree Resort) und Wet Tropics Safaris, Tel. 070/500673, an.

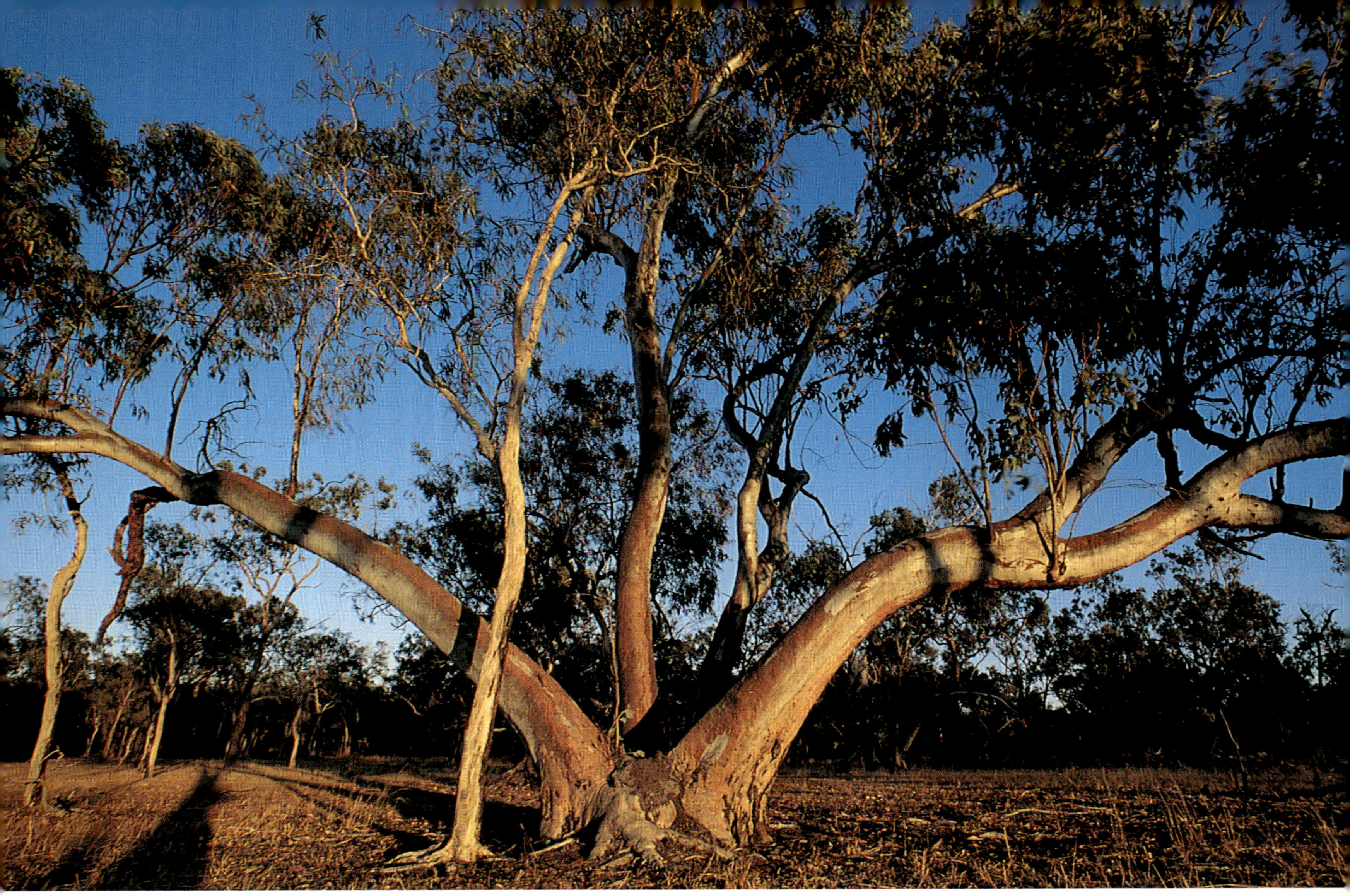

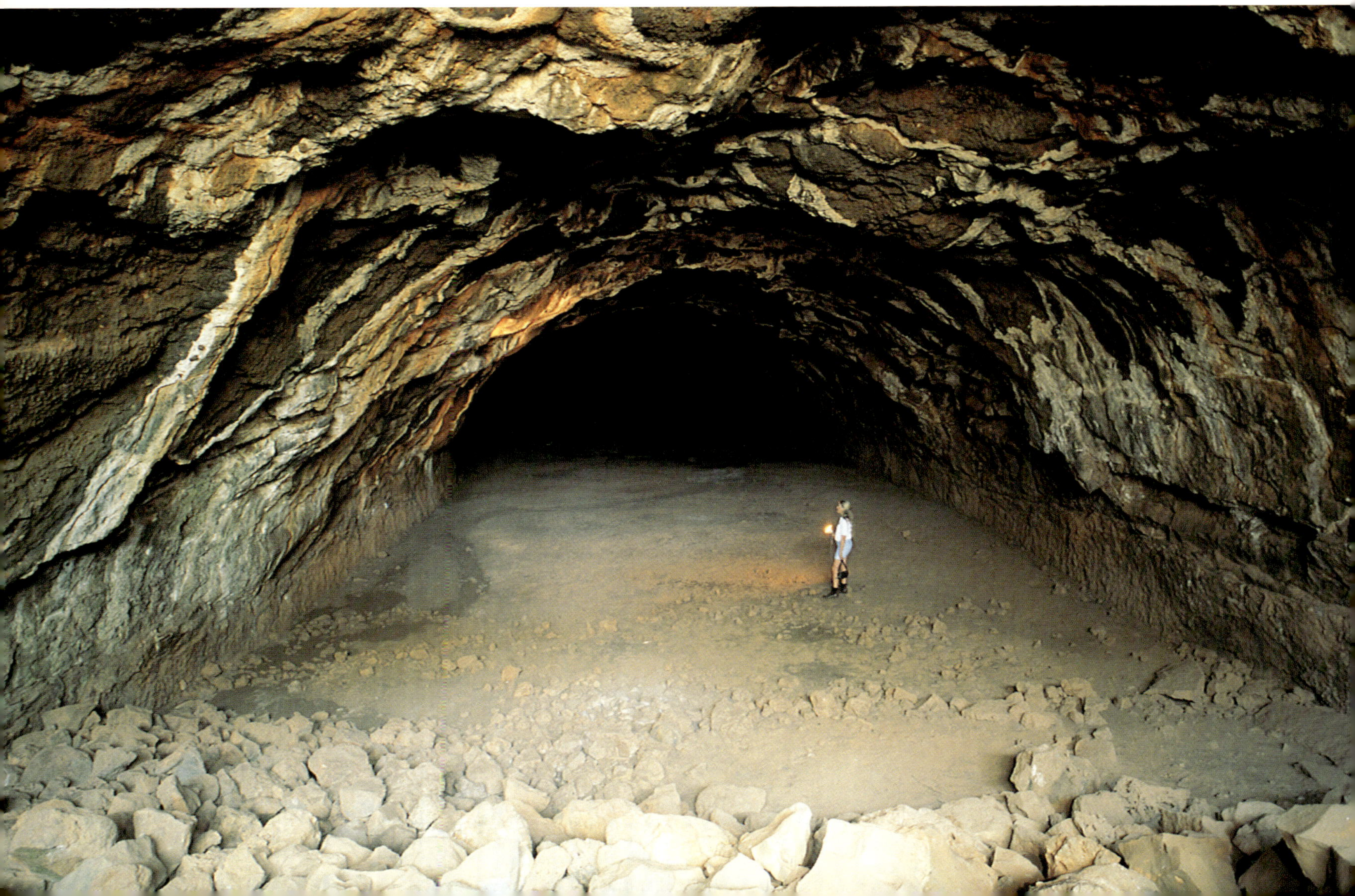

gewaltige Vulkanausbrüche große Flächen des Regenwaldes zerstörten, blieb die Daintree-Region vor dem vulkanischen Holocaust verschont. Auch das Ansteigen des Meeresspiegels am Ende der letzten Eiszeit konnte dem Regenwald nichts anhaben. Nur ein Teil des Tiefland-Urwaldes verschwand in den Fluten.

Im Park unterwegs

Obwohl der Großteil des Regenwaldes im Nationalpark völlig unzugänglich ist, gibt es doch ausgezeichnete Möglichkeiten, einen hautnahen Eindruck von seiner botanischen Wunderwelt zu bekommen. Eine inzwischen teilweise geteerte Straße von *Mossman* nach *Cooktown* erschließt die Küstenregion des Parks.

Das Erlebnis Regenwald beginnt mit der Überquerung des breiten, träge fließenden *Daintree Rivers*, der wegen seiner großen *Salzwasserkrokodile* berühmt-berüchtigt ist. Hinter dem Fluß wendet sich die Straße erst einmal ins Landesinnere und überwindet das bergige Hindernis der *Alexander Range*. Erst nach der Überquerung des Cooper Creek führt die Straße wieder Richtung Meer. Die Mündung des *Cooper Creek* ist ein beliebter Aufenthaltsort der »Salties«, wie die Australier die mächtigen Salzwasserkrokodile nennen. Parallel zum *Thornton Beach* zieht die Straße nun nach Norden und wendet sich erst zur Überquerung des *Noah Creek* wieder ins Landesinnere. Kurz hinter der Holzbrücke über den Noah Creek führt der *Marrdja Nature Walk* durch artenreichen Tiefland-Regenwald. Durch einen wahren Waldtunnel verläuft nun die Straße parallel zur Küste weiter. *Noah Beach* und *Co-*

150/151 Etwa 200 Kilometer südwestlich der Küstenstadt Cairns verbirgt sich unter trockener Savannen- und Waldlandschaft eines der größten Naturwunder Queenslands: die Lavahöhlen von Undara. Über dreißig Kilometer mißt das bisher entdeckte System an Röhren und Tunnels und bildet damit das größte bisher bekannte System an Lavahöhlen auf der Erde.

conut Beach werden passiert, sind aber von der Straße aus nicht einsehbar. Am Coconut Beach bietet sich die beste Gelegenheit, bei Ebbe das küstennahe Riff zu erkunden. Schließlich ist das *Cape Tribulation* erreicht, das touristische Epizentrum im Park. Ein neues Luxusresort ist dort entstanden; an die Zeiten, als nur abenteuerliche Rucksackreisende diesen abgelegenen Ort besuchten, erinnert eine Jugendherberge. Die felsige *Landzunge des Cape Tribulation* liegt etwas nördlich des gleichnamigen Ortes und kann auf einer Strandwanderung entlang dem *Myall Beach* erreicht werden. Nach dem Kap beginnt die Straße anzusteigen, eine riesige *Würgerfeige* am Straßenrand ist eine weitere Attraktion auf dem Weg zum *Bloomfield River*. Die Piste ist jetzt nur noch mit Allradantrieb befahrbar, extrem steile Abschnitte verlangen gute Nerven. Für die meisten Besucher jedoch endet ihr Ausflug in den Regenwald am *Cape Tribulation*, einem der bezauberndsten Plätze Australiens.

Undara Volcanos National Park

Outback – Unterwelt

Die Tarnung ist perfekt. Scheinbar endlos zieht sich flaches, in der Hitze flimmerndes Busch- und Grasland hin, hie und da unterbrochen von Granitfelsen. Nur in der Ferne begrenzen ebenmäßige, flache Hügel den Horizont. Schütterer Baumbestand und dürres Gras bestimmen die Vegetation – ein Land-

strich ohne Höhepunkte. Doch hier, in der Weite des *Savannah Country*, wie sich das trockene Innere von Nord-Queensland nennt, verbirgt sich eine Sehenswürdigkeit der Superlative: das geologische Wunder der *Lavahöhlen von Undara*. 295 Straßenkilometer südwestlich der Touristenmetropole *Cairns* wartet das größte und längste System an Lavahöhlen der Welt darauf, von neugierigen Besuchern »entdeckt« zu werden. Noch muß sich die geologische Sensation der Anziehungskraft des *Great Barrier Reefs* und der großartigen *Regenwälder an der Küste* geschlagen geben. Das wird sich ändern! Seit August 1994 sind die Höhlen als *Undara Volcanos National Park* – Queenslands jüngster Nationalpark – geschützt, und eine steigende Besucherzahl zeigt, daß dieses neue Schutzgebiet in Zukunft eine attraktive Ergänzung für die an Höhepunkten so reiche Region »Far North Queensland« darstellen wird.

Die Entstehung der Lavahöhlen

Die feurige Geburt der Lavahöhlen fand vor etwa 190000 Jahren statt, als ein gewaltiger Ausbruch des heute 1020 Meter hohen *Undara-Vulkans* die Landschaft umgestaltete. Bemerkenswert bei dieser Eruption war die Menge des ausgeworfenen Materials. Wissenschaftler errechneten, daß der Vulkan pro Sekunde ungefähr 1000 Kubikmeter Lava ausspuckte, die sich vor allem nach Nordwesten ergoß. Mit einer Fließgeschwindigkeit von etwa 500 Metern pro Stunde dauerte es nur zwei bis drei Wochen, bis 1550 Quadratkilometer flaches Land mit einer zwischen fünf und zwanzig Meter mächtigen Gesteinsschicht überzogen waren. Das Gesamtvolumen des ausgeflossenen Materials betrug 23 Kubikkilometer. Der Hauptstrom des glutflüssigen Magmas folgte dabei einem alten Flußbett, und es entstand – mit einer unglaublichen Länge von 160 Kilometern – der längste Lavafluß der Erde. Das ganz besondere an *Undara* sind aber die *Lavaröhren*, die sich bei diesem Ausbruch bildeten. Auch hier bestimmen Superlative die Fakten: Bis zu einhundert Kilometer lang ist das System der Höhlen, und mit einer maximalen Breite von zwanzig sowie einer Deckenhöhe von stellenweise fast vierzehn Metern stehlen sie jeder bekannten Lavahöhle auf dieser Erde die Schau. Der längste Höhlenabschnitt, die *Bayliss Cave*, weist eine Länge von 1350 Metern auf und gilt als die längste Lavaröhre Australiens. Die Entstehungsgeschichte dieser Superröhren ist einfach erklärt: Die glühende Lava begann, während sich das flüssige Gestein durch das Flußtal ergoß, an der Oberfläche, am Boden und an der Seite zu erhärten. So bildete sich eine gut isolierte Röhre, in der die ständig nachströmende Lava wie in einer Pipeline weiterfloß und so den Lavastrom immer weiter verlängerte. Als die Eruptionen schließlich verebbten und der Nachschub ausblieb, trat die restliche Lava aus diesem Kanal aus und hinterließ riesige Röhren, Tunnel und Kavernen.

Im Lauf der Zeit brachen die Tunnels an vielen Stellen ein und bildeten Einsturzkrater, in denen sich eine dünne, aber fruchtbare Humusschicht bildete. Feuchtigkeit durch Sickerwasser und der Schutz vor Buschfeuern ermöglichten es, daß in diesen Vertiefungen der Regenwald die stetige Austrocknung der Region überlebte. Die Pflanzengemeinschaft in den geschützten Kratern hat große Ähnlichkeit mit Wäldern auf Madagaskar und in Ostafrika. Wissenschaftler vermuten deshalb, daß dieser Typ von Wald ein Relikt aus den Zeiten des Superkontinents *Gondwana* darstellt. Nähert man sich Undara mit dem Flugzeug, erkennt man deutlich die dunklen Einsturzstellen, die den Verlauf des Lavahöhlensystems nachzeichnen.

Entdeckungsgeschichte

In den sechziger Jahren des vorigen Jahrhunderts begann die Familie *Collins* mit der Viehzucht in der Undara-Region, hatte aber lange Jahre keine Ahnung davon, was für ein geologischer Schatz sich unter ihrem Grund und Boden verbarg. Erst in den neunziger Jahren des vorigen Jahrhunderts entdeckte sie die Lavahöhlen. Es dauerte weitere Jahrzehnte, bis die Wissenschaft auf die Höhlen aufmerksam wurde. Einige davon wurden bei Kartografiearbeiten in den Jahren 1972 bis 1974 dokumentiert, aber erst in den achtziger Jahren begann man das gesamte Ausmaß des Systems zu begreifen. 1988 entdeckten zwei Wissenschaftler den *Wind Tunnel* und den *Inner Dome*. Im Jahr 1989 wurden bei einer großangelegten Erkundung durch den *Queensland National Parks and Wildlife Service* einundzwanzig neue Höhlenabschnitte entdeckt. Heute sind über fünfzig davon erforscht und vermessen.

In den achtziger Jahren begann auch der Besucherstrom langsam einzusetzen. Auslöser war das 1985 erschienene Buch »*Natural Wonders of Australia*«, in dem die Höhlen erstmals in Farbfotos vorgestellt wurden. Die Familie *Collins*, inzwischen in der vierten Generation, begann Touren zu den Lavaröhren anzubieten. 1990 schließlich wurde die *Undara Lava Lodge* errichtet, um den zunehmenden Besucherzahlen gerecht zu werden. Schließlich verkaufte die Familie das Land, auf dem die Höhlen liegen, an die Regierung von Queensland, und 1994 wurde das Gebiet zum *Nationalpark* erklärt. Nach wie vor wird die Lodge von den Collins betrieben, ihnen untersteht auch die Organisation der geführten Touren.

Die in der Gegend lebenden *Aborigines* wußten bereits lange vor den weißen Siedlern von der Existenz der Höhlen, mieden die dunklen Röhren allerdings. Es fanden sich in ihnen weder Höhlenmalereien noch Spuren von Feuerstellen, die beweisen würden, daß Menschen diese Höhlen als Unterschlupf nutzten.

Besichtigung der Höhlen

Eine Besonderheit in dem neu geschaffenen Nationalpark ist, daß die Höhlen nur in Begleitung von erfahrenen und kompetenten Führern betreten werden dürfen. Alle Führer gehören der *Savannah Guides Organisation* an, die wegen der strengen Maßstäbe bei der Auswahl ihrer Mitglieder in Australien Standards setzte. Hauptgründe dieser für australische Nationalparks ansonsten unüblichen Regelung waren die Sicherheit der Besucher und der Schutz der einzigartigen unterirdischen Welt. Für die Öffentlichkeit zugänglich ist deshalb auch nur ein kleiner Teil der mehr als fünfzig bisher bekannten Höhlen. So ist beispielsweise die *Barkers Cave*, eine wichtige Brutstätte für *Fledermäuse*, in den entsprechenden Monaten gesperrt. Die freigegebenen Höhlen können auf Halb- oder Ganztages-Exkursionen erlebt werden. Miteinbezogen in die speläologischen Touren wird auch die auf den ersten Blick eintönig wirkende »Oberwelt« von Undara mit ihrer interessanten Flora und Fauna. Eines der spektakulärsten Naturmonumente ist der *Archway*, eine großartige Naturbrücke, die entstand, als die Höhle an zwei Stellen einbrach und einen weiten Gesteinsbogen übrig ließ.

152 Typisch für Magnetic Island sind die von Granitfelsen gesäumten Küstenabschnitte. Unterbrochen werden die abweisenden Gestade von paradiesischen Sandstränden.

153 Besonders zahlreich im Magnetic Island National Park vertreten ist die Death Adder, die Todesotter. Sie zählt zu den giftigsten Schlangen Australiens. Besonders gefürchtet ist das Reptil, weil es sich auf seine perfekte Tarnung im Laub des Waldbodens verläßt und bei Annäherung nicht wie andere Schlangen flüchtet.

Magnetic Island National Park

Ferieninsel mit grünem Anstrich

Die Menschen von *Townsville* haben eines der schönsten Ausflugsziele der Region praktisch täglich vor Augen. Nur 12 Kilometer nördlich der Stadt ragt die gebirgige *Magnetic Island* – ihr Kulminationspunkt ist mit 497 Metern der *Mt. Cook* – aus dem Meer. Die Fährfahrt in das Ferienparadies dauert gerade einmal eine halbe Stunde.

Schutzgebiete und Siedlungen – es leben etwa 2500 Menschen auf der Insel – sowie die Touristenresorts sind so ineinander verwoben, daß man die Insel nur als Einheit betrachten kann – mit dem Nationalpark als stärkstem Besucherargument. Die Kombination aus landschaftlicher Schönheit, Nationalpark und einer ausgedehnten Infrastruktur machen den Reiz der Region aus. Der *Magnetic Island National Park* nimmt etwas mehr als die Hälfte der gesamten Insel ein, wobei weite Teile des Reservats unzugänglich sind. Die schönsten Buchten, Riffe und Küstenabschnitte sind geschützter *Marine Park*.

Die Insel und der Park

Ihren seltsamen Namen verdankt die Insel *Captain James Cook*, der im Jahre 1770 beim Vorbeisegeln eine Mißweisung an seinem Kompaß bemerkte und dies dem Magnetismus der Insel zuschrieb. Heute weiß man, daß seine Vermutung falsch war. *Magnetic Island* besteht hauptsächlich aus Granit und weist keinerlei Magnetismus auf. Die Topografie der Insel ist erstaunlich wild. Charakteristisch sind die riesigen gerundeten Granitfelsen, die überall aus dem schütteren, trockenen Wald ragen. Besonders die felsigen Küsten mit den zahlreichen Landzungen bekommen durch die scheinbar von Titanenhand aufgehäuften Felsbrocken einen ganz eigenen Charakter. Große Flächen des Parks sind mit trockenem *Eukalyptuswald* bedeckt, in den geschützten Rinnen und Bachtälern gedeiht stellenweise *Regenwald*. Auffälligster Baum der Insel ist die *Hoop Pine*, die als Standort vor allem die felsigen Landzungen bevorzugt.

Die Fauna der Insel ist auffallend reichhaltig. *Koalas, Possums, Echidnas* und *Rock Wallabies* sind häufig, acht verschiedene *Fledermausarten* leben auf Magnetic Island, auch die Reptilien sind mit *Geckos, Skinks* und *Schlangen* reich vertreten. Am erstaunlichsten allerdings ist die Vogelwelt. Eine von Rangern erstellte Liste beinhaltet 195 Arten, die dauernd oder periodisch auf der Insel zu finden sind. Einer der auffälligsten Vögel ist dabei der *Bush Thicknee* (auch *Curlew*), dessen weinerlich-heulende Rufe die ganze Nacht über zu hören sind.

Auf der Insel unterwegs

Zwei Tatsachen machen Magnetic Island für Naturliebhaber so reizvoll. Einmal sind es die wunderschönen, nie überlaufenen Sandbuchten, die sich zwischen felsigen Landzungen verstecken, und zum anderen ist es – betrachtet man die Größe der Insel – ihr Reichtum an Tieren. Beliebtes Fortbewegungsmittel vor Ort sind die sogenannten *Mokes*, kleine, spartanisch ausgerüstete offene Fahrzeuge, die für das kurze Straßennetz der Insel ideal sind. Ein Wanderwegenetz von 22 Kilometer Länge erschließt Randbereiche des Parks und bietet Zugang zu den abgelegenen Buchten. Besonders empfehlenswert ist die kurze Wanderung hinauf zu *»The Forts«*. Es handelt sich um alte Wehranlagen aus der Zeit des Zweiten Weltkriegs, als man eine Invasion der Japaner befürchtete. Entlang dieses Wegs sollte man die Augen offenhalten und die Bäume nach Koalas absuchen. Da die *Eukalypten* hier nicht sehr groß werden und die Tiere recht zahlreich sind, können *Koala*-Sichtungen nahezu garantiert werden! Der späte Nachmittag ist dafür die beste Zeit. Ein weiterer ausgezeichneter Platz für Tierbeobachtungen ist die felsige Halbinsel, die bei *Arcadia* die *Geoffrey Bay* begrenzt. In der Nähe der alten Bootsanlegestelle kann man jeden Morgen die hübschen *Unadorned Rock Wallabies* sehen. Weitere lohnende Wanderungen führen vom Ostende der *Horseshoe Bay* zu den vielleicht schönsten Buchten der Insel, *Balding Bay* und *Radikal Bay*. Einen guten Einblick in das Inselinnere gibt die Wanderung von *Nelly Bay* nach *Arcadia*. Einen landschaftlich ganz anderen Aspekt erschließt eine acht Kilometer lange unbefestigte Buschstraße (kaum Verkehr, da nur mit Allrad-Fahrzeugen befahrbar) von *Picnic Bay* nach *West Point*. *Mangroven* und *Wattgebiete* charakterisieren diesen Teil der Küste. Bei Niedrigwasser (Gezeitenplan beachten) kann man in der *Geoffrey Bay* eine

---

154 Entlang der Ostküste von Hinchinbrook Island verläuft der Thorsborne Trail. Diese abenteuerliche viertägige Wanderung bietet die einzige Möglichkeit, den wilden Inselnationalpark intensiv zu erleben. Der Trekker im Bild befindet sich im Abstieg über eine mit Seilen gesicherte Steilstufe zur Basis der Zoe Falls.

Information

Auskünfte: The Ranger, 22 Hurst Street, Picnic Bay, Magnetic Island, QLD 4816, Tel. 077/78 53 78 (nur an Wochentagen zwischen 1.30 und 4.30 Uhr); Department of Environment and Heritage, Great Barrier Reef Wonderland Office, Box 5391, Townsville Mail Centre, Townsville, QLD 4810, Tel. 077/21 23 99.

Reisezeit: Der Park ist ganzjährig geöffnet. Das Klima der Insel ist geprägt von warmen trockenen Wintern und heißen regenreichen Sommern (Dezember bis März).

Unterkunft: Unterkünfte jeglicher Preislage und Ausstattung finden sich in den kleinen Ortschaften Picnic Bay, Nelly Bay, Arcadia und Horseshoe Bay. Die Palette reicht von einfachen Backpackers Hostels bis hin zu luxuriösen Resorts.

Camping: Zelten ist im Park nicht erlaubt.

Aktivitäten: Wandern, Tierbeobachtungen, Fischen, Schnorcheln, Tauchen, Schwimmen. Vorsicht: zwischen Oktober und Mai machen giftige Quallen (box jellyfish) das Schwimmen gefährlich!

kurze Riffwanderung unternehmen. Schilder erläutern die Korallen und Riffbewohner. Daß die Insel weiter auf den Nationalpark setzt, zeigen die Pläne der Tourismusplaner: In naher Zukunft sollen Wanderwege Zugang zum Gipfel des *Mt. Cook* und zur abgelegenen *Five Beach Bay* ermöglichen, um damit die Attraktivität des Reservats und der Insel weiter zu erhöhen.

Whitsunday Islands National Park

Die verzauberten Inseln

Wie von großzügiger Hand ausgestreut liegt vor der Küste Ost-Queenslands – geschützt durch das *Great Barrier Reef* – eine Gruppe von 74 Inseln und Inselchen im blauschimmernden tropischen Meer des Pazifiks: die *Whitsunday Islands*. Diese größte Inselgruppe an der Ostküste Australiens steht seit Jahren auf der touristischen Hitliste ganz oben und ist sicher die beliebteste Ferienregion der Australier. Die außergewöhnliche Schönheit des Areals, ein Landschaftsmix aus subtropischer Üppigkeit, glitzerndem Meer, farbenfrohen Korallenriffen, einsamen Traumbuchten und verschwiegenen Fjorden, aus zerklüfteten Bergen und unberührten Tropenwäldern, hat dafür gesorgt, daß sich hier eine boomende Tourismuswirtschaft etablierte.

Aber obwohl die Whitsunday Islands fest in der Hand der Tourismusindustrie zu sein scheinen, hat man viel zum Schutz der Inselwelt getan. Fast alle Inseln sind ganz oder teilweise zu *Nationalparks* erklärt worden. Nur die Resortinseln *Hayman Island* und *Hamilton Island* sowie *Dent Island* haben diesen Status nicht. Die Gewässer und Riffe um die Inseln sind Teil des riesigen *Great Barrier Reef Marine Parks* und damit ebenfalls vor Übererschließung und Raubbau geschützt.

Geologie

Während der letzten Eiszeit, als der Wasserspiegel etwa hundert Meter niedriger lag als heute, bildeten die Whitsunday Islands eine Gebirgskette auf dem Festland. Als dann mit zunehmender Erwärmung die Eiskappen an den Polen zu schmelzen begannen und das gebundene Wasser wieder frei wurde, stieg der Wasserspiegel kontinuierlich an und überflutete die tiefen Täler dieses Gebirges. Von dem ehemaligen Gebirge ragen heute nur noch die Gipfel als Inseln aus dem Wasser. Korallen begannen schließlich, Riffe an den Inseln zu bilden, aus deren Bruchstücken die meisten Sandstrände der Inseln entstanden.

In der Inselwelt unterwegs

Ausgangspunkte für die meisten Unternehmungen in der verzauberten Inselwelt sind *Airlie Beach* und *Shute Harbour*. Die wohl beste Möglichkeit, die Whitsunday Islands in ihrer ganzen Vielfalt und Schönheit kennenzulernen, bietet ein mehrtägiger Segeltörn. Da die meisten Inseln weglose Wildnis sind, lassen sich viele der »Sehenswürdigkeiten« nur vom Wasser aus erreichen. So ist die größte Attraktion der namensgebenden Hauptinsel *Whitsunday Island* ein kilometerlanger Traumstrand aus blendendweißem Quarzsand – *Whitehaven Beach*. Weitere beliebte Anlegestrände auf Whitsunday Island sind *Trekker Beach* und *Hill Inlet*. Die stark bewaldete Granitinsel umfaßt 19900 Hektar und ist die größte Insel der Gruppe. Der Hauptgipfel, der *Whitsunday Peak*, erreicht eine Höhe von 435 Metern. Den höchsten Punkt der gesamten Inselgruppe aber bildet der *Hook Peak* mit 459 Metern. Der Berg ist der Kulminationspunkt von *Hook Island*, der zweitgrößten, nur durch einen schmalen Kanal von Whitsunday getrennten Insel. Auch Hook Island ist vollständig als Nationalpark geschützt und völlig unerschlossen. Sie hat vor allem bei Seglern einen guten Namen, denn mit dem fjordähnlichen, tief eingeschnittenen *Nara Inlet* bietet sie einen bei jedem Wetter sicheren Ankerplatz. Einen beliebten Ausflug vom Nara Inlet aus bildet der kurze Aufstieg zu einer *Felsgrotte mit Felszeichnungen der Aborigines*. Landschaftlich ähnlich wie das Nara Inlet stellt sich das benachbarte *Macona Inlet* dar.

155 Nach einem langen Wandertag auf dem Thorsborne Trail genießen die beiden Trekker den stillen Anblick der mangrovengesäumten Mündung des South Zoe Creeks.

156 Der verschlafene Fischerort Dungeness ist der südliche Ausgangspunkt für den Hinchinbrook Island National Park. Von hier kann man sich zur nur sechs Kilometer entfernten Insel übersetzen lassen.

Folgende Abbildungen:

157–159 Die Zahl der Trekker auf dem Thorsborne Trail wird durch ein Permitsystem strikt reguliert. Da sich nie mehr als dreißig Wanderer gleichzeitig auf der viertägigen Wanderung befinden dürfen, kann man die landschaftlichen Schönheiten des Inselnationalparks ungestört genießen. Mit dem Überqueren eines Baches haben die Trekker den Strand der Little Ramsey Bay erreicht. Die menschenleere Zoe Bay bildet einen der zahlreichen Höhepunkte entlang des Trails, der stellenweise über Felspassagen führt und gutes Gleichgewichtsgefühl verlangt.

Information

Auskünfte: Whitsunday District Information Centre, Crn. Mandalay and Shute Harbour Rd., Airlie Beach, QLD 4802, Tel. 079/467022.
Reisezeit: Auf den Inseln herrscht das ganze Jahr über Saison. Die Sommer können allerdings heiß und regenreich sein. An der Küste ist das Schwimmen im Meer zwischen Oktober und Mai wegen der Quallen gefährlich.
Unterkunft: Auf folgenden Inseln gibt es Ferienresorts: Hayman Island, Hamilton Island, Lindeman Island, Long Island, South Molle Island und Daydream Island.
Camping: Auf den Inseln gibt es zahlreiche Campingplätze, über die eine ausführliche Broschüre, die im District Office in Airlie Beach erhältlich ist, Auskunft gibt.
Aktivitäten: Segeln, Fischen, Tauchen, Schnorcheln, Wandern.
Touren: Mehrtägige Segeltörns auf der »Coral Trekker«, einem liebevoll restaurierten Rahsegler, veranstaltet die Firma Whitsunday Sailing, Tel. 079/467197.

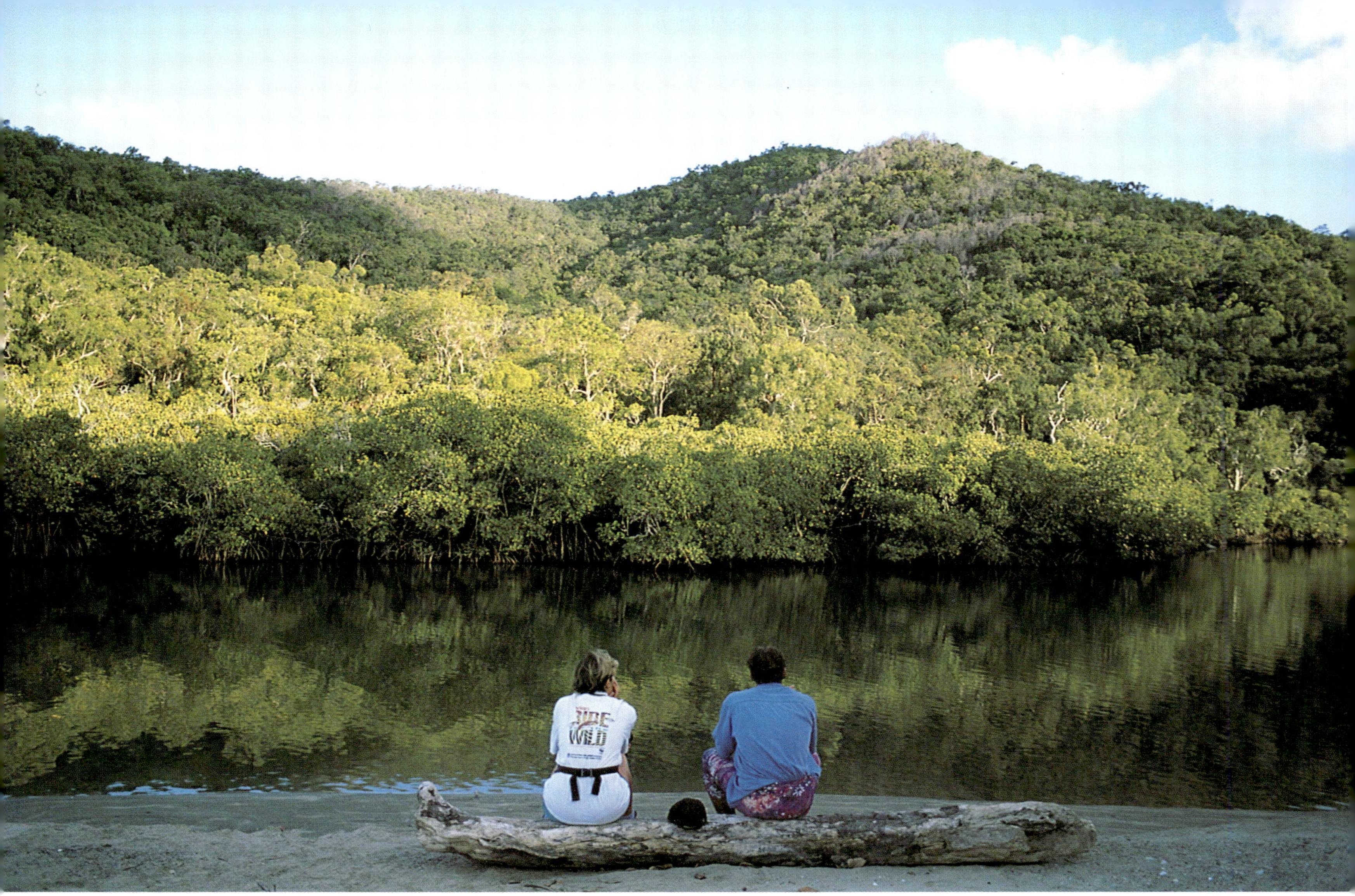

155 | 156

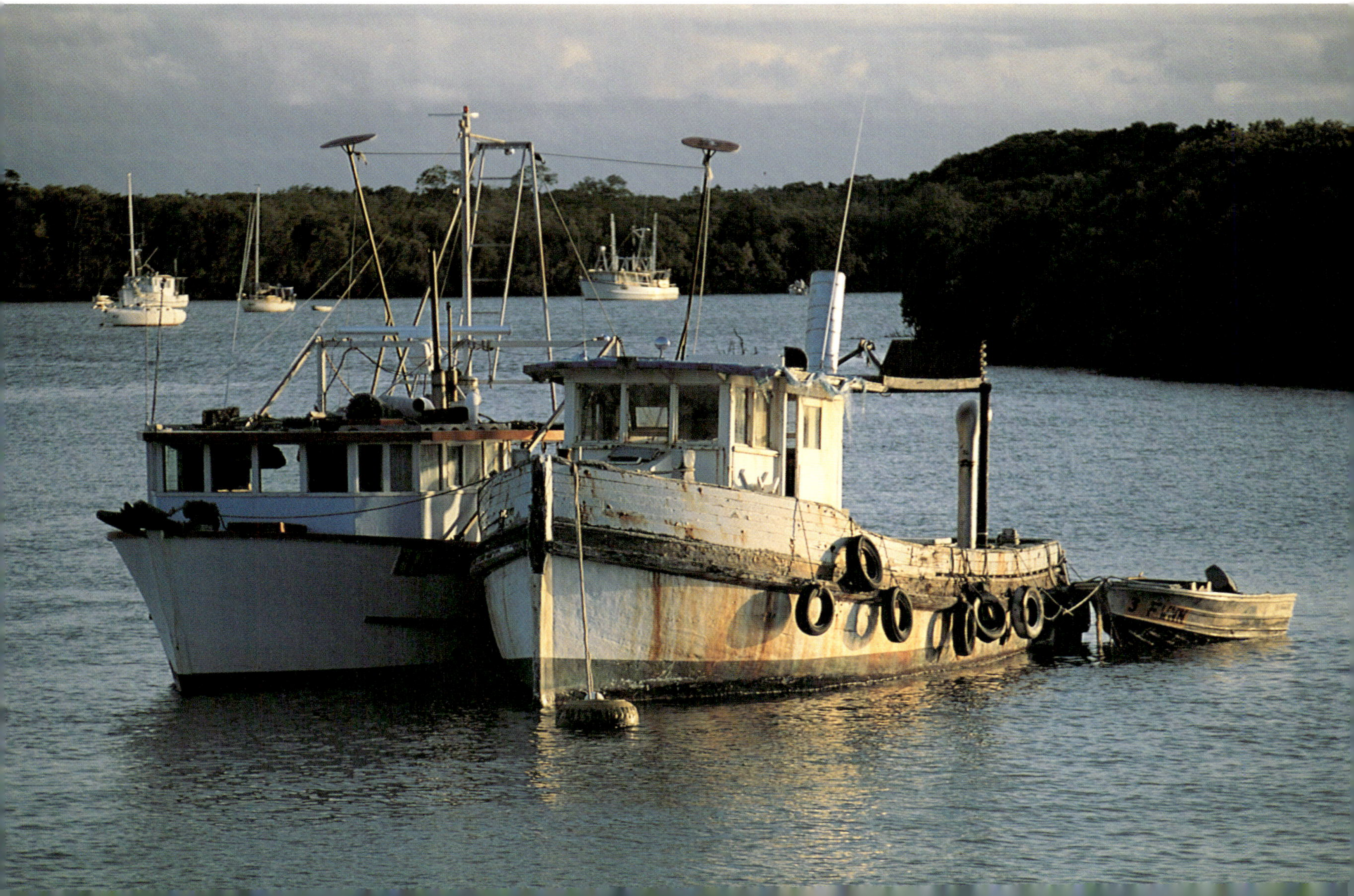

Im *Unterwasser-Observatorium* an der Südspitze von *Hook Island* können Besucher Korallen und Fische neun Meter unter der Meeresoberfläche beobachten. Meeresbiologen erklären die Wunderwelt des Riffs. Eine interessante Symbiose zwischen Tourismus und Nationalpark ist man auf der 800 Hektar großen *Lindeman Island* eingegangen. Dort wurde erst vor kurzem das *Club Med Village Resort* eröffnet. Da der Großteil des Parks als Nationalpark geschützt ist, arbeitet das Resort mit den Rangern zusammen, um den Gästen die Natur der Insel nahezubringen.

Einer der beliebtesten Wanderwege auf Lindeman Island führt auf den Gipfel des *Mt. Oldfield*. Als eine der schönsten Inseln gilt die dem Festland am nächsten gelegene *Long Island*. Wunderschöne Strände und Wanderwege mit einer Gesamtlänge von dreizehn Kilometern machen die 144 Hektar große Nationalparkinsel attraktiv. Zwei Resorts, *Palm Bay Hideaway* und *Radisson Long Island Resort*, sorgen für den touristischen »Anstrich« der Insel. Ebenfalls dem Festland dicht vorgelagert sind *North Molle* und *South Molle Island*. Während die Nordinsel unbewohnt ist, sorgt ein Resort auf South Molle Island für touristische Infrastruktur. Zahlreiche der kleinen, unbewohnten Inseln sind dagegen das Ziel von Seglern, die dem Trubel entgehen wollen. Als Geheimtip wird dabei *Border Island* östlich von *Whitsunday Island* gehandelt.

Eungella National Park
Land in den Wolken

Wenn man bei der Stadt *Mackay* die Küste verläßt und sich nach Westen wendet, durchfährt man Zuckerrohr-

160 **Bei Ebbe zieht sich von Langford Island eine schmale Sandbank kilometerweit ins Meer hinaus und lädt zu einem Spaziergang ein. Langford Island ist, wie die große, dichtbewaldete Hook Island im Hintergrund, Teil des Whitsunday National Parks.**

land. So weit das Auge reicht, ziehen sich die Felder hin. Nur das Stahlungetüm der *Zuckerrohrfabrik* von *Mirani* vermittelt einen Hauch von Industrie. Später dann beginnt das Land Wellen zu werfen; die Straße zieht in das weite und sanfte, von grünen Hügeln begrenzte *Pioneer Valley* hinein. Reizvolles, tropisches Farmland, unterbrochen von kleinen Orten mit stillem Hinterwäldlercharme wie *Mirani* oder *Finch Hatton*, umfängt den Besucher. Wenn man in dieses schöne Gelände hineinfährt, erkennt man schon von weitem einen dunklen Querriegel, dessen Höhen in weißen Wolken verschwinden und die das Tal absperren. Es sind die Berge der *Clark Range*, die die gemütliche Landstraße plötzlich zur steilen, kurvenreichen Paßstraße machen. Fast abrupt, kurz nach Beginn der Steigung, beginnt dann der Regenwald, der sich an den steilen Bergflanken bis in die Wolken hinaufzieht. Der *Eungella National Park* ist erreicht. Eungella – der Name bedeutet »*Land in den Wolken*« – macht diesem Namen meist alle Ehre, wolkenlose Tage sind selten.

Der Nationalpark, der die *Clark Range* krönt, schützt über 50 000 Hektar größtenteils unzugängliche, zerklüftete Wildnis. Mit dem 1280 Meter hohen *Mt. Dalrymple* erreicht er seinen höchsten Punkt. Steile, dicht mit *Regenwald* bewachsene Berghänge ziehen sich ins Tiefland hinunter, zerschnitten von schnellfließenden Bächen. Auf dem trockeneren und unzugänglichen *Dicks Tableland* dagegen dominiert *offenes Waldland* die Landschaft.

Entstehungsgeschichte

Hauptattraktion im Park ist und bleibt der *Regenwald*. Vor der letzten Eiszeit war die Gegend von einer Mischung aus tropischem und subtropischem Regenwald bedeckt. Dann, als die Welt im kalten Griff der Eiszeit lag, wurde das Klima auch hier kühler und trockener. Der Regenwald zog sich in geschützte Gebiete der wolkenbedeckten Gipfelregionen und in die tiefen Schluchten

zurück. In der Umgebung etablierte sich offener Wald und isolierte den Regenwald von anderen Tropenwäldern. Als dann das Klima wieder feuchter und wärmer wurde, verhinderte das regelmäßige Abbrennen der umliegenden Wälder durch die *Aborigines* ein Ausbreiten der Regenwälder. Heute bilden die Regenwälder im Eungella National Park eine einzigartige *Mischung* aus den subtropischen Wäldern des Südens und den tropischen Wäldern des Nordens.

Im Park unterwegs

Der große Nationalpark ist für Besucher nur an zwei Stellen zugänglich. Kurz vor dem verschlafenen Ort *Finch Hatton* zweigt die Zufahrtsstraße zur *Finch Hatton Gorge*, einer der größten Attraktionen im Park, ab. Ein lohnender Wanderweg führt in die Schlucht des *Finch Hatton Creek*. Der Bach rauscht hier, eingerahmt von herrlichem Regenwald, über Felsstufen in die Tiefe und stürzt über zahlreiche Kaskaden in tiefe Becken. Eines davon, an den *Araluen Falls*, ist ein beliebter Platz zum Schwimmen während der heißen Jahreszeit. Eine halbe Wegstunde weiter oben ergießen sich die *Callistemon Cascades* über die Felsen der urwaldgesäumten Schlucht.

Wieder zurück auf der Hauptstraße folgt man der *Mackay Eungella Road* über die steilen Hänge der *Clark Range* hinauf zur kleinen Ortschaft *Eungella*. Hier zweigt die *Broken River Road* ab, die den Zugang zu den meisten Wanderwegen des Parks schafft. Noch in der Nähe des *Eungella Chalets* beginnt der *Cedar Grove Track*, der durch wild-romantischen Regenwald zur *Picnic Area* am *Sky Window* führt. Zahlreiche Palmen, darunter die *Bangalow Palms*, *Picabeen Palms* und *Fan Palms*, unterstreichen das tropische Ambiente, große *Würgerfeigen* umschlingen mit ihrem Stammgeflecht ihre Wirtsbäume, *Laywer Cane*, eine Rattanart, klettert an großen Bäumen hoch und sucht sich so den Weg zum Sonnenlicht. Am Picknickplatz erreicht man wieder die *Broken River Road*.

Der nur wenige hundert Meter lange Rundkurs des *Sky Window Circuits* bietet durch zwei Öffnungen im Pflanzengewirr des Regenwaldes herrliche Aussichtspunkte, die einmal den Steilanstieg der *Mackay Eungella Road* und zum anderen das weite *Pioneer Valley* überblicken. Nur einen knappen Kilometer weiter zweigt der *Palm Walk Track* von der *Broken River Road* ab. Dieser Wanderweg führt erst entlang dem Höhenzug und steigt dann in das tiefe Tal des *Broken River* ab. Dort trifft der reizvolle Weg auf den *Broken River Track*, der zurück zur Straße führt.

Die meisten Besucher aber ziehen es vor, mit dem Auto bis zum *Broken River* zu fahren. Die größte Attraktion am Fluß ist eine *Beobachtungsplattform*. Die Chancen, am frühen Morgen oder am späten Abend in dem tiefen Pool *Schnabeltiere* zu sehen, stehen nicht schlecht. Was man auf jeden Fall zu Gesicht bekommt, sind *Schildkröten*, die zahlreich die stillen Becken des Flusses bevölkern. Bevor man sich nun aufmacht, die Broken River Region zu erkunden, sei ein Besuch der hier errichteten *Broken River Ranger Station* empfohlen. Sie ist Ausgangspunkt des *Broken River Track*, eines stillen, acht Kilometer langen Pfades, der entlang dem gleichnamigen Fluß durch Regenwald zur *Credition Road* führt. Über diese Schotterstraße erreicht man wieder den Ausgangspunkt.

Carnarvon National Park

Das verlorene Tal

Tieforange steigt die Sonne über den niedrigen Hügeln vor der großen Ebene auf. Ein dichter Schleier aus Rauch liegt schwer über den Wäldern, sammelt sich am trichterartigen Ausgang der *Carnarvon Gorge*. Die berückende Landschaft, die sich von der Felskanzel des *Boolima Bluff* ausbreitet, ist in weiche Pastellfarben getaucht. Seit Tagen fressen sich Feuer durch die Wälder der Region. Nachts hatten sich die Glutfronten, bedingt durch das Nachlassen des Windes und die höhere Luftfeuchtigkeit, verlangsamt, bald allerdings werden trockene Winde und die unbarmherzige Sonne die Brände wieder aufleben lassen – zum Wohle des Parks! Denn die Feuer wurden von Menschenhand gelegt, um das Unterholz auszudünnen und großen verheerenden Buschbränden die Nahrung zu nehmen. Feuer als Schutzmaßnahme – das erscheint widersinnig und erfüllt doch seinen Zweck.

Die meisten Nationalparks des an Schutzgebieten so reichen Bundesstaates Queensland ziehen sich entlang der Küste, liegen in den küstennahen Bergen oder umfassen vorgelagerte Inseln. Je weiter man jedoch in das trockene, sonnenverbrannte Innere Queenslands eindringt, desto spärlicher ist es um Reservate bestellt. Eine der großartigsten

Ausnahmen bildet der *Carnarvon National Park* in Zentral-Queensland, ein Juwel unter den australischen Schutzgebieten.

Das riesige Reservat umfaßt 251 000 Hektar des *Consuelo Tablelands*, eines gewaltigen Sandsteinplateaus, und ist in vier Sektionen gegliedert: *Mount Moffat, Salvator Rosa, Ka Ka Mundi* und *Carnarvon Gorge*. Diese Schlucht stiehlt den anderen, abgelegenen Bereichen des Parks eindeutig die Schau und läßt deren touristische Bedeutung gegen Null schrumpfen. Neben der außergewöhnlichen Schönheit dieser Schlucht sind es vor allem der relativ einfache Zugang und die bestehende Infrastruktur, die diese Entwicklung bedingten. Wenn man heute vom Carnarvon National Park spricht, meint man eigentlich die *Carnarvon Gorge*.

Die Entstehung der Schlucht

Das *Sandsteinplateau* des *Consuelo Tablelands*, in das sich die einzigartige Schlucht eingegraben hat, ist aus mäch-

---

161 Ein Paradies für Taucher und Schnorchler bilden die fischreichen Korallenstöcke des Bait Reef. Das Riff liegt nordöstlich von Hayman Island, einer der Whitsunday-Inseln.

162 Ein wenig abenteuerlich, auf jeden Fall sehr romantisch, sind Segeltörns auf alten Segelbooten – im Bild der Rahsegler »Coral Trekker« – zwischen den Whitsunday Islands. Das Boot verläßt gerade den schützenden Nara Inlet auf Hook Island.

Folgende Abbildungen:

163–166 Schaustück des großen Carnarvon National Parks in Zentral-Queensland ist die Carnarvon Gorge, ein tiefer Schluchteinschnitt im Sandsteinplateau des Consuelo Tablelands (163). Zahlreiche Sehenswürdigkeiten warten in der Schlucht auf gehfreudige Besucher – wie der mit Baumfarnen bewachsene Seitencanyon der Violet Gorge (164), der bezaubernde »Moss Garden«, wo ein dichtes Moospolster die Felsen überzieht (165), oder die Cathedral Cave, deren Wände mit Felsmalereien der Aborigines geschmückt sind (166). Buschfeuer sind in diesem Park – wie in vielen anderen Australiens – nichts Ungewöhnliches. Durch kontrolliertes Abbrennen versucht die Parkverwaltung, verheerende Feuer zu verhindern – nicht immer mit Erfolg.

Information

Auskünfte: The Ranger, Eungella National Park, c/o Post Office, Dalrymple Heights, QLD 4740, Tel. 079/58 45 52; Mackay District Office, Cnr. River and Wood Sts., Mackay, QLD 4740, Tel. 079/51 87 88
Reisezeit: Der Park ist das ganze Jahr über geöffnet. Das Klima ist subtropisch bis tropisch, mit sehr warmen und feuchten Sommern. Meist sind die Berge in Nebel oder Wolken gehüllt. Im Winter herrscht meist trockenes und vor allem in den Höhenlagen gelegentlich recht kühles Wetter.
Nach starken Regenfällen treten der Pioneer und der Broken River sowie deren

Zuflüsse schnell über die Ufer. Die Zufahrt zum Park kann dann für mehrere Tage unterbrochen sein.
Unterkunft: Im Park gibt es, abgesehen von einem Campingplatz, keine Unterkünfte. Im Ort Eungella findet man verschiedene Übernachtungsmöglichkeiten, wie zum Beispiel das Eungella Chalet, Tel. 079/58 45 03.
Camping: Campingplätze mit guten Einrichtungen sind die Broken River Camping Area und die Fern Flat Camping Area, beide in der Nähe der Broken River Ranger Station gelegen.
Aktivitäten: Wandern.

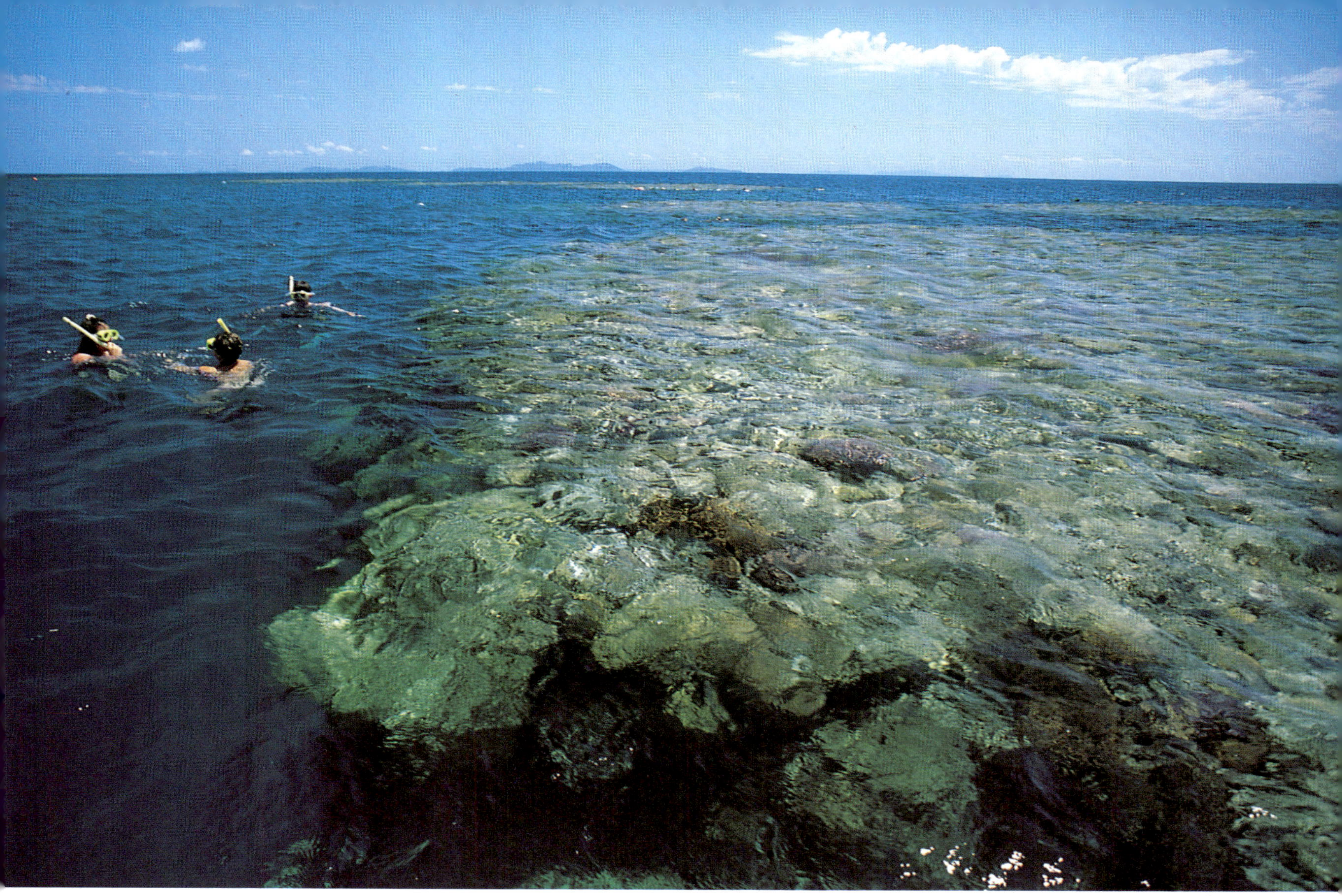

161 | 162

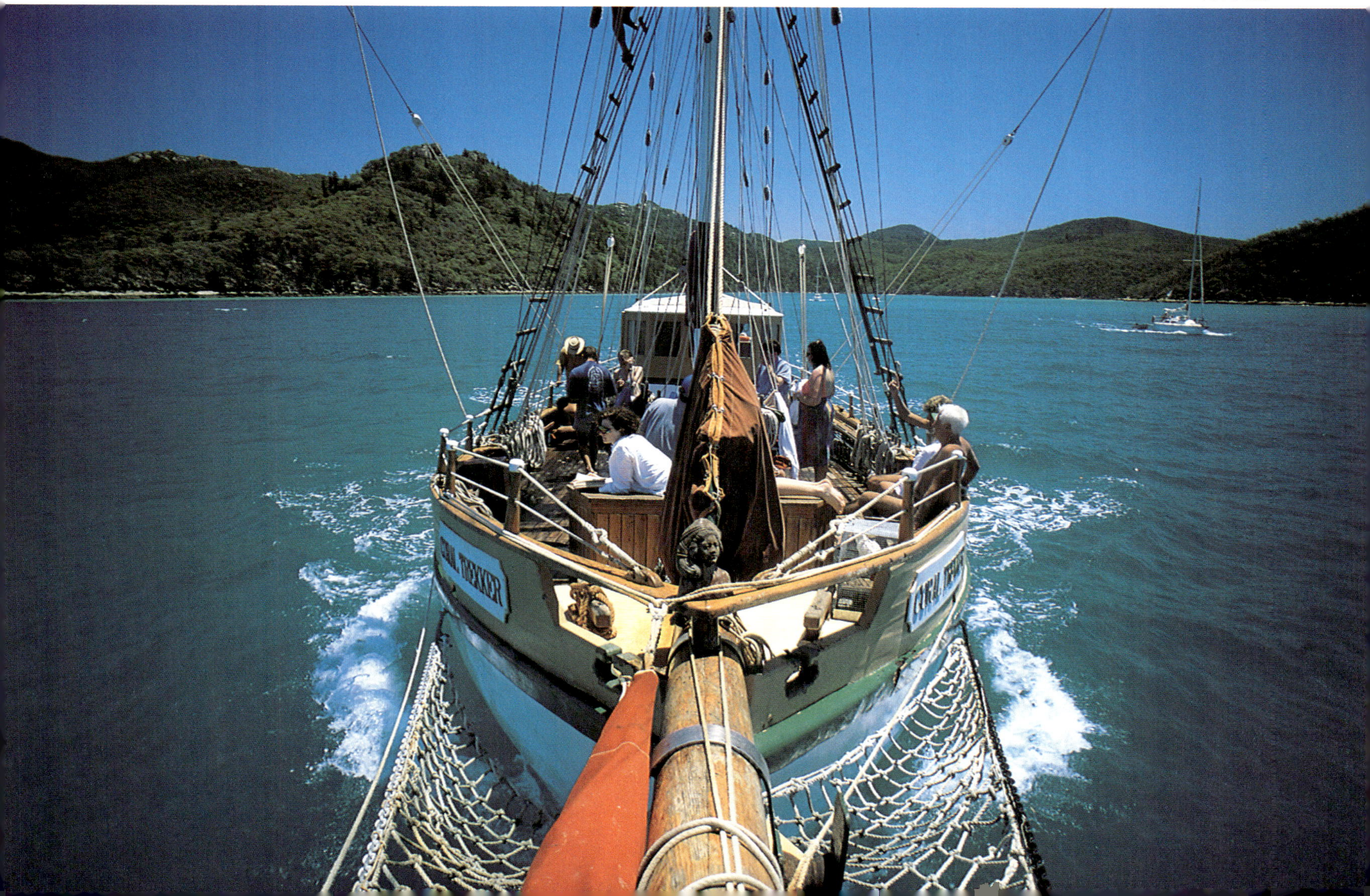

tigen Sedimenten aufgebaut, welche Flüsse vor etwa 160 Millionen Jahren abgelagert haben. Durch Hebung der Region entstand aus den Gesteinslagen im Lauf der Jahrmillionen ein gewaltiges Plateau. Es folgte eine feurige Epoche, in der die Landschaft erneut umgestaltet wurde. In einer Periode vulkanischer Aktivitäten bildete Lava eine etwa 300 Meter dicke Basaltschicht über dem Sandstein des Plateaus. Heute ist diese dunkle Basaltdecke zum größten Teil verwittert, und der helle Sandstein liegt wieder offen. Entlang der Störungslinien innerhalb des Gesteinskörpers gruben sich Bäche in den weichen Sandstein ein und schufen in unendlicher Kleinarbeit schließlich die großartige *Carnarvon Gorge*. Die Schlucht – flankiert von bis zu 200 Meter hohen Sandsteinwänden – windet sich 30 Kilometer tief in das Plateau hinein. Zahlreiche Seitencanyons und Klamme bildeten sich entlang dem Haupteinschnitt – versteckte Welten von erstaunlicher Schönheit. Dank des permanent verfügbaren Wassers – der *Carnarvon Creek* trocknet das ganze Jahr über nicht aus – schmückt eine üppige und erstaunlich vielseitige Vegetation die verzweigte Schlucht. Umgeben von trockenen Weiten hat sich hier in den Tiefen der Schlucht eine verwunschene Oase gebildet.

Exkursion in die Schlucht

Auf einer herrlichen Wanderung, die ihren Ausgangspunkt am *Visitor Centre* hat, kann man über neun Kilometer in die beeindruckende *Carnarvon Gorge* eindringen. Von diesem Hauptweg zweigen beschilderte Seitenpfade zu den versteckten Attraktionen der Schlucht ab. Gleich nach der ersten Überquerung des *Carnarvon Creeks* beginnt der erste Abstecher, der Aufstieg zum *Boolimba Bluff*, einer lufti-

gen Aussichtskanzel hoch über dem Schluchteingang.

Der weitere Weg in die Schlucht überquert nun mehrmals den Bach, bis ein Seitenpfad zum *Moss Garden* abzweigt. Versteckt in der tief eingeschnittenen *Violet Gorge*, einer engen Seitenschlucht, sickert Wasser aus dem Gestein und bildet den Nährboden für eine feuchte Miniaturwelt aus üppig wachsenden Moosen, welche Wände, Felsbrocken und Baumstämme mit einem grünen Pelz überzogen haben.

Ziel eines weiteren »Seitensprungs« ist das *Amphitheatre*. Über Eisenleitern dringt man in einen engen Felsspalt ein, der sich kurz darauf zu einem gewaltigen, von hohen Wänden umgebenen Rund weitet. Das Zusammentreffen zweier Störungslinien und die Erosion schufen dieses erstaunliche Naturdenkmal.

Durch den *Casuarina Grove* führt der Hauptweg zum nächsten Abzweig, den vor allem botanisch interessierte Besucher nicht auslassen dürfen. Im *Wards Canyon*, einer engen Seitenschlucht, wächst der äußerst seltene *Königsfarn* (Angiopteris evecta) – die größte Farnart der Erde. Knapp einen Kilometer weiter wartet eine Attraktion ganz anderer Art auf die Wanderer: die *Art Gallery*. Unter einem gewaltigen Überhang verzieren *Malereien der Aborigines* die Felsen. Zahllose Hände, Bumerangs, Keulen und andere Utensilien und Gebrauchsgegenstände lassen sich auf den hellen Sandsteinwänden identifizieren. Die Bilder sind nach der sogenannten Schablonenmethode gefertigt. Dabei nimmt der Künstler einen Schluck Farbe in den Mund und sprüht sie über den an die Wand ge-

drückten Gegenstand, so daß dessen Umriß nachher negativ ausgespart bleibt. Seltener sind Darstellungen, die mit einem pinselähnlichen Gegenstand aufgetragen wurden. Über die Bedeutung der unzähligen Ritzzeichnungen im Fels, die ausschließlich Vulvas darstellen, rätseln die Wissenschaftler nach wie vor. Den Endpunkt des Hauptweges bildet schließlich *Cathedral Cave*. Ähnlich wie in der Art Gallery finden sich auch hier unter einem gewaltigen, domartigen Überhang zahlreiche *Felsmalereien*. Grabungen bewiesen, daß *Aborigines* hier schon vor mindestens 3600 Jahren gelagert haben.

Fraser Island und Great Sandy National Park
Auf Sand gebaut

Schier endlose Strände mit mächtiger Brandung, imposante Dünenlandschaften, farbenprächtige Klippen aus verfestigtem Sand, versteckte Süßwasserseen, glasklare Bäche und geheimnisvoll stille Urwälder: *Fraser Island* vor der Ostküste Queenslands überrascht mit seiner landschaftlichen Vielfalt und ungewöhnlichen Natur. Denn die Insel – ein beliebtes Ferienziel mit zahllosen Erholungsmöglichkeiten – ist gänzlich aus Sand aufgebaut.

Die 184 000 Hektar große Insel – sie hat eine Länge von 123 Kilometern und eine schwankende Breite zwischen sieben und fünfundzwanzig Kilometern – darf sich mit diesen eindrucksvollen Maßen die größte Sandinsel der Welt nennen; und der an Naturwundern so reiche Bundesstaat Queensland kann sich mit einem weiteren Su-

167 Arm an spektakulären Sehenswürdigkeiten, aber reich an versteckten Kleinodien ist der Eungella National Park. Eine davon sind die regenwaldgesäumten Araluen Falls in der Finch Hatton Gorge.

Information

Auskünfte: Carnarvon National Park, via Rolleston, QLD 4702, Tel. 079/82 45 55.
Reisezeit: Der Park ist das ganze Jahr über geöffnet; in der Regenzeit zwischen Dezember und März wird die Zufahrtsstraße häufig schnell unpassierbar.
Unterkünfte: Außer dem Campingplatz gibt es im Park keine Unterkünfte. Kurz vor der

Parkgrenze der Carnarvon-Sektion des Parks bietet die Oasis Tourist Lodge stilvolle Unterkünfte in Zelthütten.
Camping: Am Eingang der Carnarvon Gorge, in der Nähe des Visitor Centres, liegt die Carnarvon Gorge Camping Area.
Aktivitäten: Die einzige Möglichkeit, den Park kennenzulernen, ist zu Fuß.

perlativ schmücken. Der inselbildende Sand, der sich just hier zu einem riesigen Haufen ansammelte, hat eine weite Reise hinter sich. Er kommt aus dem Süden und hatte seinen Ursprung in den Küstengebirgen des Bundesstaates New South Wales. Flüsse schafften das feine Material, ein Erosionsprodukt, in großen Mengen ins Meer und übergaben dort ihre Fracht den kräftigen Meeresströmungen, die – unterstützt von den vorherrschenden Südost-Winden – das zermahlene Gestein in Richtung Norden verfrachteten. Dort aber stießen die driftenden Sandmassen auf ein Hindernis – dunkle Felsinseln vulkanischen Ursprungs, die quasi als Anker für das Material dienten und die Keimzellen für die Geburt der großen Sandinsel bildeten. Denn hier lagerten sich die Sedimente ab, bauten sich immer weiter auf und ließen Fraser Island entstehen. Die Felsen – das einzige feste Gestein auf der Insel – tragen heute die Namen *Indian Head, Middle Rock* und *Waddy Point* und stellen das nördliche Ende des *Seventy-five Mile Beach* dar.

Der nördliche Teil von Fraser Island, knapp mehr als die Hälfte der Insel, bildet den *Great Sandy National Park*. Das Schutzgebiet umfaßt weitläufige Sandgebiete mit Wanderdünen; zahlreiche Seen und Lagunen, die für Vögel große Anziehungskraft besitzen, ausgedehnte Heideflächen und Regenwälder gehören ebenso zu seinen Attraktionen wie weitläufige Strände und die drei bereits erwähnten felsigen Halbinseln. Doch einige der bekanntesten Sehenswürdigkeiten der Insel befinden sich im Süden. Sich angesichts dieser Naturwunder nur auf den geschützten Nordteil von Fraser Island zu beschränken, würde bedeuten, eine Grenze zu ziehen, wo es eigentlich gar keine gibt. Die Insel läßt sich nur als ein geschlossener Naturraum betrachten, was auch dadurch deutlich wird, daß sie in ihrer Gesamtheit die strengen Auflagen der UNESCO erfüllte und zum »Erbe der Menschheit« erklärt wurde. Es bestehen zudem konkrete Pläne, auch den Südteil der Insel, trotz ehemaligem in-

tensivem Holzeinschlag und großangelegter Sandgewinnung, zum Nationalpark zu erklären.

Auf der Insel unterwegs

Regelmäßig verkehrende Fähren von *Urangan* und *River Heads* bei *Harvey Bay* schaffen Besucher und Fahrzeuge vom Festland auf die Sandinsel. Um zu den zahlreichen Sehenswürdigkeiten und Naturwundern der Insel zu gelangen, ist übrigens ein Allrad-Fahrzeug Grundvoraussetzung. Das Gelände ist durchzogen von einem ausgedehnten Netz an einspurigen Sandpisten, die ein etwas anderes Fahrerlebnis vermitteln. Die Hauptverkehrsader von Fraser Island ist ebenfalls auf Sand gebaut: wie ein mehrspuriger Highway offeriert der über 120 Kilometer lange, breite *Sandstrand der Ostküste* die schnellste Nord-Süd-Verbindung. Bevor man zu den Allrad-Abenteuern aufbricht, sollte man sich allerdings genauestens über die Gefahren, Besonderheiten und Regeln erkundigen – und die Schautafel im *Eurong Visitor Centre* studieren. Anhand von abschreckenden Fotos wird hier verdeutlicht, in welch prekäre Situationen unachtsame und unerfahrene Allradpiloten auf der wilden Insel geraten können.

Am meisten befahren ist die stellenweise zweispurige Sandpiste vom *Wanggoolba Creek*, dem Anlegepunkt der Fähre von *River Heads*, zum Touristenresort *Eurong*. Sie stellt die schnellste West-Ost-Verbindung dar und führt quer durch die Insel. Auf dem halben Weg zur Ostküste liegt *Central Station*. Ehemals ein Holzfällercamp, informiert hier ein kleines *Visitor Centre* über die einmalige Natur der Insel; das kleine Museum zeigt Relikte aus der noch gar nicht so weit zurückliegenden Zeit der forstwirtschaftlichen Nutzung. Ein Campingplatz unter großen, schattigen Bäumen lädt zum Bleiben ein. Central Station ist Ausgangspunkt für eine kleine Wanderung entlang dem glasklaren *Wanggoolba Creek*, der hier durch wunderschönen, palmenbestandenen subtropischen Urwald fließt. Verlängern läßt

sich der Weg bis zum *Pile Valley*. Hier wachsen beeindruckende *Satinay-Bäume* in den Himmel. Sie waren zur Zeit des Holzschlags gefragte Gewächse, weil sich das Holz als resistent gegenüber Bohrmuscheln erwies. Die bis zu 70 Meter hoch wachsenden Bäume wurden in die ganze Welt verkauft und unter anderem beim Bau des Suezkanals eingesetzt.

Eine der großen Attraktionen auf der Sandinsel sind überraschenderweise *Süßwasserseen*. Dabei unterscheidet man zwei verschiedene Arten von Seen, die sogenannten »Window Lakes«, die genau auf dem Niveau des Grundwasserspiegels liegen, und die sogenannten »Perched Lakes«, die höher als der Grundwasserspiegel in wasserundurchlässigen Senken in der Sonne glitzern. Kurz nach *Central Station* zweigt eine Piste ab, die sich als erster Ausflug anbietet. Sie führt zuerst durch das mit Baumriesen bestandene *Pile Valley* zum *Lake McKenzie*. Leuchtendweiße Strände und glasklares Süßwasser machen ihn zu einem der beliebtesten und schönsten Badeseen der Insel. Die stellenweise recht rauhe Sandpiste leitet nun in einem großen Bogen zum Ausgangspunkt des kurzen Pfades, zum *Lake Wabby*, dem mit elf Metern tiefsten See der Insel. Während das Gewässer auf drei Seiten von dichtem Wald umgeben ist, bedroht auf der Ostseite eine hochaufgetürmte Wanderdüne die Idylle und wird den kleinen, fischreichen See eines Tages unter sich begraben. Die Piste erreicht schließlich knapp sechs Kilometer oberhalb von *Eurong* die *Ostküste*.

Eine weitere interessante Seenrunde hat ebenfalls ihren Ausgang in *Central Station*. Diesmal führt die Strecke nach

168/169 Die meisten Sehenswürdigkeiten auf Fraser Island, der größten Sandinsel der Welt, haben mit Sand zu tun – wie die wilden Sandklippen der Pinnacles, die das Allradfahrzeug am Strand winzig erscheinen lassen. Außergewöhnlich ist auch der von einer mächtigen Wanderdüne bedrohte Lake Waddy. Er gilt als tiefster See auf Fraser Island und bildet ein beliebtes Badeziel.

Süden und verbindet die Seen *Lake Jennings, Lake Birrabeen* – einen weiteren beliebten Badesee mit kristallklarem Wasser und blendend weißen Stränden – und *Lake Benaroon* mit dem großen *Lake Boomanjin*. Dieses Gewässer stellt eine Besonderheit dar. Es handelt sich um den größten der sogenannten »perched lakes«, und sein Wasser ist, im Gegensatz zu den anderen Seen, rot gefärbt. Ursache für diese Laune der Natur ist die Gerbsäure *Tannin*, die von den zahllosen *Tea-Trees* an seinen Ufern freigesetzt wird. Diese Seenrunde endet schließlich bei *Dilli Village* an der Ostküste.

Ein Unternehmen für sich ist die Fahrt von *Eurong* entlang der *Ostküste* zum *Great Sandy National Park*. Schon die Anfahrt auf dem breiten »Küsten-Highway« wird zum Erlebnis. Vorsicht ist besonders bei der Querung der zahlreichen Süßwasserbäche angeraten, die über den *Seventy-five Mile Beach* ins Meer fließen. Mit dem wasserreichen *Eli Creek* ist die Schlüsselstelle und die Nationalparkgrenze erreicht. Über vier Millionen Liter glasklares Trinkwasser fließen hier stündlich ins Meer. Das ständig wechselnde Mündungsbett des wasserreichsten Bachs der Insel macht eine Überquerung bei Flut gefährlich. Ein kurzer Wanderweg führt am Ufer des paradiesischen Gewässers entlang.

Nun reihen sich auf dem Weiterweg nach Norden die Attraktionen. Kurz nach *Eli Creek* verrostet das Stahlgerüst der *Maheno* am Strand. Das ausrangierte Passagierschiff wurde während eines Zyklons an das Ufer getrieben. *The Pinnacle* und später *The Cathedrals* – hoch aufragende, farbenfrohe Sandklippen – begleiten den wei-

teren Weg auf den nächsten Kilometern bis zum Touristenresort *Dundubara*. Hier zweigt eine interessante Route ins Inselinnere ab, die unter anderem zum *Lake Bowarrady* führt. Der stille, abgelegene See ist für seine zutraulichen *Schildkröten* und das reiche Vogelleben bekannt. Die felsigen Halbinseln des *Indian Head, Middle Rock* und *Waddy Point* könnten dann das Ziel dieser Tages-Exkursion sein. Von den senkrecht in das Meer abfallenden Klippen des *Indian Head* kann man im klaren Wasser *Mantas, Haie, Seeschildkröten* und in den Wellen spielende *Delphine* beobachten.

Lamington National Park
Abenteuer Regenwald

Würgerfeigen halten mit einem Netzwerk aus kräftigen Wurzeln uralte Baumriesen im Todesgriff, schlanke Palmen filtern in versteckten Tälern das Tageslicht, Moose und Farne überziehen im Tröpfchenschauer der zahllosen Wasserfälle das vulkanische Gestein, seltsame, bemooste Baumgestalten zaubern im diffusen Nebellicht Urweltatmosphäre…

Ohne Zweifel zählt der *Lamington National Park* am südöstlichen Ende Queenslands zu den bekanntesten und beliebtesten Nationalparks des Bundesstaates – eigentlich erstaunlich: muß man sich doch, will man das Reservat in all seiner Schönheit erleben, zu Fuß aufmachen. Viel zur Popularität des Parks beigetragen haben ohne Zweifel

die zwei gut erreichbaren Ausgangszentren, *Binna Burra* mit der gleichnamigen Lodge im *Westen* und *Green Mountains* mit dem berühmten *O'Reilly's Rainforest Resort* im *Osten*. Wie selten in Australien kann man hier Komfort und Gastfreundschaft mit dem Erlebnis unberührter Natur kombinieren. Und natürlich hat die Nähe zur Millionenstadt *Brisbane* und zum Touristenmekka *Gold Coast* zum hohen Stellenwert des Parks beigetragen.

Von der wissenschaftlichen Seite her betrachtet stellt sich die Frage nach der Bedeutung des Parks erst gar nicht. Das über 20 000 Hektar große Reservat umfaßt die größte zusammenhängende Fläche subtropischen Regenwalds in Queensland und kann sich zudem mit einer botanischen Rarität schmücken: In seinen Höhenlagen findet man ausgedehnte *Südbuchen*-Bestände (Nothofagus moorei). Diese knorrigen, moosbewachsenen Bäume kommen nur in Höhen über 1050 Meter vor und stellen ein eindrucksvolles Relikt aus der Vegetation des Superkontinents *Gondwanaland* aus der Frühzeit unseres Planeten dar. Diese Gewächse zeugen zudem von einer wesentlich kühleren Epoche im Südosten Queenslands.

Zur artenreichen Flora gesellt sich eine ganz spezielle Fauna. Vor allem der Vogelreichtum – man hat etwa 190 Arten gezählt – ist bemerkenswert. In den dichten Wäldern leben unter anderem so auffällige Vertreter der Vogelwelt wie der *Seidenlaubenvogel*, der prächtige *Schwarzleierschwanz*, der farbenfrohe *Königssittich* oder der sel-

170 Tief im Regenwald des Lamington National Parks verstecken sich die Elabana Falls, einer der zahlreichen Wasserfälle des West Canunga Creeks. Der Anblick des schäumenden Wassers ist Wanderern vorbehalten.

171 In den zahlreichen Bächen des Lamington National Parks lebt der blauweiß gefärbte Lamington Spiny Crayfish, eine Flußkrebsart, die nur im Bereich des Nationalparks vorkommt.

Information

Auskünfte: Queensland NPWS, Rainbow Beach Road, Rainbow Beach, QLD 4581, Tel. 074/863160. Detaillierte Auskünfte erteilen die Ranger im Eurong Vistor Centre.
Reisezeit: Der Park ist ganzjährig geöffnet. Das Klima ist mild, die Sommer können allerdings gelegentlich heiß und schwül sein.
Unterkunft: Mehrere Resorts offerieren Unterkünfte verschiedener Preisklassen. Nobel ist das Kingfisher Bay Resort an der Westküste, günstig an der Ostküste liegen

Dilli Village, Eurong und Happy Valley.
Camping: Gut ausgestattete Campingplätze findet man an folgenden Lokalitäten: Dilli Village, Lake Boomanjin, Central Station, Lake McKenzie, Cathedral Beach Resort, Dundubara und Orchid Beach. Wildes Zelten ist überall erlaubt, Ausnahmen sind gekennzeichnet.
Aktivitäten: Wandern, Fischen, Schwimmen, Tierbeobachtungen; Rundflüge veranstaltet Harry's Aircharter, Tel. 071/289056.

tene *Rufus Bird*, der ein heimliches Leben in den kühlen Südbuchenwäldern der Höhenzüge führt. Obwohl der Park ein Paradies für Ornithologen darstellt, ist es schwer, Vögel in freier Wildbahn zu beobachten. Einige der Flugtiere sind nachtaktiv oder fristen ein verborgenes Dasein. Gute Gelegenheit, einen Teil der farbenprächtigen oder seltenen Vögel ganz aus der Nähe zu beobachten, bietet sich vor allem am *O'Reilly's Rainforest Resort*, wo die Tiere regelmäßig gefüttert werden. Auch an der *Binna Burra Lodge* zeigt sich so manch scheuer gefiederter Waldbewohner ganz offen.

Ähnlich verhält es mit der übrigen Fauna des Waldes. Auf Exkursionen und Wanderungen im Park wird man selten größere Tiere sehen. Das *Pademelon* trifft man aber mit Sicherheit im Bereich der Lodges an. Im Wald selbst sind die kleinen, känguruhähnlichen Tiere so gut wie unsichtbar. Die baumbewohnenden *Brushtail-* und *Ringtail-Possums* oder das *Bandicoot*, ein Bodenbewohner, sind nachtaktiv und zeigen sich tagsüber praktisch nie. Obwohl zahlreiche Reptilien – darunter auch einige *Giftschlangen* – im Park leben, wird man selten das »Vergnügen« haben, ihre nahe Bekanntschaft zu machen.

Geschichte

Wo heute üppiger und artenreicher Waldpelz die Hänge und Bergkuppen bedeckt, regierte vor 20 bis 23 Millionen Jahren das Feuer. Über einem sogenannten »hot spot«, einer hochgelegenen Magmakammer, bildete sich die Kuppe eines vermutlich an die 2000 Meter hohen Schildvulkans. Nach dem Abklingen der Eruptionen setzte die Erosion ein und begann, den gewaltigen Vulkan grundlegend zu verwandeln. Die heutige *Border Range* mit dem *Lamington National Park* ist aus den Flanken des Urvulkans entstanden. Der von Tälern und Schluchten zerfressene Höhenzug legt sich halbkreisförmig um den auffälligen Gipfel des *Mt. Warning* (1156 m), der nichts anderes darstellt als den erkalteten Lavapfropfen des Haupteruptivgangs des einstigen Vulkans. Von einigen Wanderwegen des Parks aus hat man Gelegenheit, durch Waldfenster zu diesem steilen Berg hinüberzublicken. Es hat fast zwanzig Jahre gedauert, bis die einmaligen Wälder schließlich unter den Schutz des Staates gestellt wurden.

Wandern im Park

Ein ausgezeichnet beschildertes und gut unterhaltenes Wegenetz von etwa 160 Kilometern Länge durchzieht heute große Teile des Reservats und macht den Lamington zu einem idealen Wanderpark. Die zwei gut mit dem Auto erreichbaren Ausgangspunkte für Exkursionen zu Fuß sind *Binna Burra* und *Green Mountains*. Beide Zentren werden durch den eindrucksvollen *Border Track*, einen knapp 22 Kilometer langen Wanderweg, wie mit einer Klammer verbunden. Diese Route, die praktisch alle Vegetationszonen des Parks durchläuft, bildet das Rückgrat des gesamten Wegenetzes im Park. Von ihr zweigen die meisten Ausflugswege ab.

Lohnende Wanderziele im *Westen* des Parks, also von *Binna Burra* aus, sind das *Hidden Valley* mit einem wunderschönen Hain aus Palmen, ein herausragender Abschnitt des knapp 20 Kilometer langen *Ship Stern Circuits*, die 64 Meter hohen *Goomera Falls*, erreichbar über den *Goomera Falls Circuit*, oder der *Dave Creek Circuit*, der im Gegensatz zu den meisten anderen Wegen durch offenen *Eukalyptuswald* und *sumpfiges Heideland* führt. Als ideale Einführung in die botanische Welt des Parks eignen sich die regelmäßig von Rangern geführten Wanderungen, die ihren Ausgangspunkt in *Binna Burra* haben. Hier findet man auch den *Senses Trail*, einen kurzen Naturlehrpfad, ausgestattet mit einem Führungsseil für Sehbehinderte.

Green Mountains im *Osten* des attraktiven Parks, wo man auch eine *Ranger Station* findet, bietet mit dem *Tree Top Walk* ein in ganz Australien einmaliges Erlebnis. Auf diesem nicht ganz einen Kilometer langen »Weg« erlebt man den Regenwald aus einer ungewohnten Perspektive. Neun *Hängebrücken*, die sich zum Teil fünfzehn Meter über dem Boden von Baum zu Baum spannen, und eine *Aussichtsplattform* in einem riesigen *Feigenbaum* erlauben erstaunliche Einblicke in die Beletage des Waldes.

Beeindruckende Baumriesen (*pink barked brush box/Tristania conferta*) findet man entlang dem *Box Forest Circuit*. Ein weiterer Höhepunkt dieser Runde sind die fotogenen *Elabana Falls*. Eine gute Gelegenheit, den blauen, nur im Lamington National Park beheimateten *Flußkrebs* (*Lamington spiny creyfish*) in einem der zahllosen Gumpen des *Toolona Creek* zu entdecken, bietet sich auf dem *Toolona Creek Circuit* – mit 17,4 Kilometern Länge praktisch eine Tagestour.

Information

Auskünfte: Für den Ostteil des Parks: The Ranger, Lamington National Park, Binna Burra via Nerang, QLD 4211, Tel. 075/333548. Für den Westteil des Parks: The Ranger, Lamington National Park, Green Mountain via Canungra, QLD 4275, Tel. 075/440634. Schriftliche und mündliche Informationen über den Park bekommt man außerdem bei: Queensland National Parks & Wildlife Service, P. O. Box 42, Kenmore, QLD 4069, Tel. 07/2020200.
Reisezeit: Der Park ist ganzjährig geöffnet. Das Klima ist subtropisch und regenreich. Die Niederschläge fallen zum größten Teil zwischen Oktober und März. Im Winterhalbjahr ist das Wetter stabiler, die Temperaturen sind dann vor allem in den Hochlagen recht kühl. Für Wildblumenfreunde empfiehlt sich der Frühling.
Unterkunft: O'Reilly's Rainforest Guesthouse, Tel. 075/440644, Binna Burra Lodge, Tel. 075/333622 oder 333566.
Camping: Privater Campingplatz in der Nähe der Binna Burra Lodge, Tel. 075/333622 oder 333566, und ein Nationalpark-Campground nahe der Green Mountain Ranger Station, Tel. 075/440634.
Aktivitäten: Wandern, Tierbeobachtungen.
Touren: Geführte Wanderungen werden von der Binna Burra Lodge und dem O'Reilly's Rainforest Resort aus angeboten.

Impressum

Ein kostenloses Gesamtverzeichnis erhalten Sie beim
Bruckmann Verlag
D-81664 München

www.bruckmann.de

Alle Angaben dieses Werkes wurden von den Autoren sorgfältig recherchiert
sowie vom Verlag geprüft. Für die Richtigkeit der Angaben kann jedoch keine
Haftung übernommen werden. Für Hinweise und Anregungen sind wir jederzeit
dankbar.
Bitte richten Sie diese an:

Bruckmann Verlag
Produktmanagement
Innsbrucker Ring 15
D-81673 München
E-Mail: lektorat@bruckmann.de

Bildnachweis

Australien:
Bongarts Sportfotografie, Hamburg: 21
Tibor Bozi, München: 11, 143
Günter Karl, Oberasbach: 13, 14, 16, 22, 25, 29, 24–39, 41, 45, 47–50, 62–64, 66, 67,
69, 70, 74, 75, 77, 78, 83, 115, 120, 124, 128, 132, 151, 157
Stefan Weindl, Aglasterhausen: 1–10, 12, 15, 17–20, 23, 24, 26–28, 30–33, 40, 42–44,
46, 51–61, 65, 68, 71–73, 76, 79–82, 84–114, 116–119, 121–123, 125–127, 129–131,
133–142, 144–150, 152–156, 158–160

Nationalparks Australien:
Don Fuchs

Kartographie
Übersichtskarte Australien: Eugen E. Hüsler, Dietramszell
Übersichtskarte Nationalparks Australien: Elsner & Schichor, Karlsruhe

Die Deutsche Bibliothek – CIP Einheitsaufnahme
Ein Titeldatensatz für diese Publikation ist bei Der Deutschen Bibliothek erhältlich.

© 2004 Sconto bei Verlagshaus GeraNova Bruckmann GmbH, München

Printed in Slovenia by Mladinska
ISBN 3-86517-013-7